ŒUVRES

DE

J. F. COOPER

IMPRIMERIE DE H. FOURNIER ET Cᵉ, 14 RUE DE SEINE.

J. F. COOPER

TRADUCTION

par Defauconpret

LE BOURREAU DE BERNE.

Paris,
FURNE & Cie, CH. GOSSELIN,
Éditeurs.

OEUVRES

DE

J. F. COOPER

TRADUITES

PAR

A. J. B. DEFAUCONPRET

TOME TRÉIZIÈME

LE BOURREAU DE BERNE

PARIS

FURNE ET Ce, CHARLES GOSSELIN
ÉDITEURS

M DCCC XXXIX

INTRODUCTION.

Au commencement d'octobre 1832, une voiture de voyage s'arrêta sur le sommet de cette longue descente qui conduit des plaines élevées de Moudon en Suisse, au niveau du lac de Genève, précisément au-dessus de la petite vallée de Vévey. Le postillon était descendu de cheval pour enrayer la roue, et cette halte donna le temps à ceux qu'il conduisait de jeter un regard sur la scène remarquable qu'ils avaient sous les yeux.

C'était une famille de voyageurs américains qui depuis longtemps parcourait l'Europe; elle ne savait pas trop où sa destinée la conduisait, et venait de traverser une partie de l'Allemagne. Quatre ans auparavant, cette même famille s'était arrêtée dans le même lieu, presque le même jour du mois d'octobre, et précisément dans la même intention. Elle se rendait alors en Italie, et en admirant la vue du lac de Genève, entouré de Chillon, de Châtelard, de Blonay, de Meillerie, des pics de la Savoie, et des montagnes sauvages des Alpes, elle avait regretté de n'avoir pas plus d'instants à donner à cette belle scène. Cette seconde fois le cas était tout différent, et, cédant au charme d'une nature si noble et en même temps si douce, en peu d'heures la voiture fut sous une remise, une maison fut louée, et les dieux pénates des voyageurs furent installés pour la vingtième fois sur une terre étrangère.

Notre Américain (car cette famille avait son chef) était habitué à l'Océan, et la vue de l'eau éveillait en lui d'agréables souvenirs. Il était à peine établi à Vévey, comme maître de maison, qu'il songea à se procurer un bateau. Le hasard le mit en rapport avec un certain Jean Descloux, avec lequel il fit un marché, et ils naviguèrent de compagnie sur le lac.

Cette rencontre accidentelle devint le commencement d'une agréable connaissance. Jean Descloux, outre qu'il était habile marin, était aussi un philosophe respectable dans son genre, possédant une bonne dose d'érudition. Ses connaissances sur l'Amérique étaient particulièrement remarquables. Il savait que c'était un continent à l'ouest de la Suisse, et qu'on y trouvait une ville qui s'appelait New-Vévey ; que tous les blancs qui s'y étaient rendus n'étaient pas encore devenus noirs, et qu'il y avait des espérances plausibles d'en civiliser un jour les habitants. Trouvant Jean Descloux si éclairé sur un sujet qui est l'écueil de la plupart des savants de l'est, l'Américain songea à l'interroger sur d'autres matières. Le digne batelier était réellement un homme tout à fait distingué ; il se connaissait fort bien au temps, avait diverses merveilles à raconter sur les hauts faits du lac, trouvait que la ville avait tort de ne pas faire un port de sa grande place, et maintenait toujours que le vin de Saint-Symphorien était une liqueur très-savoureuse pour ceux qui ne pouvaient pas s'en procurer d'autre ; il riait de l'idée de certaines gens qui supposent qu'il se trouve assez de cordes dans le monde pour atteindre le fond du lac Léman ; il pensait que la truite était un meilleur poisson que la féra, parlait avec une singulière modération de ses anciens maîtres les bourgeois de Berne, qui cependant, affirmait-il, entretenaient de fort mauvaises routes dans le pays de Vaud, tandis que celles qui entouraient sa ville natale étaient les meilleures de l'Europe ; il se montrait en toute autre chose un homme fort discret et un profond observateur. Enfin, l'honnête Jean Descloux présentait un parfait échantillon de ce bon sens naïf et droit qui semble faire l'instinct des masses, et dont on se moque dans ces cercles où les mystifications passent pour être de bon goût, les mensonges hardis pour des vérités, un sourire pour de l'esprit, des priviléges personnels pour de la liberté, et dans lesquels on regarde comme une offense mortelle contre les bonnes manières, de faire entendre qu'Adam et Eve furent les parents communs du genre humain.

— Monsieur a choisi un temps favorable pour visiter Vévey, observa Jean Descloux un soir qu'il naviguait avec l'Américain en face de la ville. (Toute la scène ressemblait plutôt à un beau tableau qu'à une partie de notre misérable monde.) Il souffle un vent de ce côté du lac qui pourra effrayer les mouettes hors des montagnes. A la fin du mois, nous ne verrons plus de bateaux à vapeur.

L'Américain jeta un regard sur les montagnes, rappela dans sa mémoire les tempêtes qu'il avait essuyées, et pensa que les paroles du batelier étaient moins extravagantes qu'il ne l'avait jugé d'abord.

— Si vos barques étaient mieux construites, observait-il tranquillement, vous auriez moins peur du mauvais temps.

M. Descloux n'avait point envie de se quereller avec une pratique qui l'employait tous les soirs, et qui aimait mieux voguer avec le courant que d'être conduite avec une rame crochue. Il manifesta sa prudence en faisant une réponse réservée:

— Il n'y a pas de doute, Monsieur, dit-il, que les peuples qui vivent sur la mer font de meilleurs vaisseaux, et savent les conduire plus habilement : nous en avons eu une preuve ici l'été dernier; vous serez peut-être charmé de connaître cette histoire. Un Anglais, qu'on disait capitaine dans la marine, fit construire une barque à Nice, et on la traîna à travers nos montagnes jusque sur le lac. Il fit un tour dans sa barque jusqu'à Meillerie par une belle matinée, et un canard ne nagerait pas plus légèrement et plus vite! Ce n'était point un homme à prendre conseil d'un batelier suisse, car il avait passé la ligne, et il avait vu des trombes et des baleines! Bon! Il revenait le soir dans l'obscurité, lorsque le vent vint à souffler des montagnes; il se dirigea hardiment vers notre ville, jetant la sonde en s'approchant de la terre, comme il aurait pu le faire à Spithead par un brouillard, et il avança comme un brave marin qu'il était sans doute.

Jean Descloux frissonna à l'idée de sonder le Léman.

— Il aborda, je suppose, parmi les bagages de la grande place?

— Monsieur se trompe. Il cassa le nez de son bateau contre cette muraille, et le lendemain on n'aurait pas pu en trouver un morceau assez grand pour faire une tabatière. Il eût aussi bien fait de sonder le ciel.

— Le lac a un fond néanmoins?

— Je vous demande pardon, Monsieur, le lac n'a point de fond. La mer peut avoir un fond, mais nous n'en avons point ici.

Il était inutile de disputer sur ce point.

M. Descloux parla alors des révolutions qu'il avait vues. Il se rappela le temps où le pays de Vaud était une province de Berne.

Ses observations sur ce sujet étaient justes, et assaisonnées d'un grand bon sens. Sa doctrine était simplement celle-ci : « Si un homme gouverne, il gouvernera dans ses propres intérêts et dans ceux de ses parasites ; si la minorité gouverne, nous aurons plusieurs maîtres au lieu d'un seul. » (L'honnête Jean avait pris là un mot des privilégiés qu'il tournait ingénieusement contre eux.) « Il faut que chacun de ces maîtres soit nourri et servi ; et si la majorité gouverne, et gouverne injustement, le minimum du mal est accompli. » Il admettait que le peuple pouvait être trompé à son désavantage, mais il ne pensait pas que cela pût aussi facilement arriver que lorsqu'il était gouverné sans la participation d'aucun agent de sa classe. Sur ce point, l'Américain et le Vaudois étaient parfaitement d'accord.

De la politique à la poésie, la transition est naturelle, car la fiction semble être un des principes de chacune d'elles. Relativement à ses montagnes, M. Descloux était un vrai Suisse. Il s'extasiait avec éloquence sur leur sublimité, leurs orages et leurs glaciers. Le digne batelier avait, au sujet de la supériorité de sa patrie, les opinions de ceux qui n'ont jamais quitté leur pays. Il s'arrêtait avec la complaisance d'un Veveisan sur les célébrités d'une Abbaye des Vignerons, et semblait penser que ce serait un coup habile en politique, que d'instituer, le plus promptement possible, une nouvelle fête du genre de celle qui existait autrefois. Enfin, pendant l'espace d'un mois, ces deux philosophes discutèrent à qui mieux mieux sur le monde et ses intérêts.

Notre Américain n'était point homme à perdre légèrement une telle instruction. Il restait des heures entières sur les bancs du bateau, regardant les montagnes, contemplant quelque voile paresseuse sur le lac, et spéculant sur l'érudition dont le hasard le rendait accidentellement dépositaire. Sa vue, d'un côté, était limitée par le glacier du Mont-Vélan, proche voisin du célèbre Saint Bernard ; d'un autre, son œil pouvait parcourir les beaux champs qui entourent Gênes. C'est un des plus magnifiques tableaux de la nature, et il repassa dans son souvenir toutes les actions humaines dont ce lieu avait été témoin. Par une transition assez naturelle dans cette occasion, il imagina une vie passée au milieu de ces scènes sublimes, et il réfléchit à l'influence que pourrait avoir sur les passions des hommes la présence immédiate de la majesté du Créateur, puis à l'analogie qui existait entre la nature inanimée et nos fantasques inégalités, à l'effrayant mélange de bien et de mal dont nous sommes composés, et enfin à la faiblesse avec laquelle nos meilleures qualités sacrifient quelquefois à l'esprit des ténèbres, tandis que nous montrons jusque dans nos vices des lueurs de cet éternel principe du bien dont nous avons été doués par le Créateur. Il songea aussi à ces tempêtes qui dorment au fond de nos cœurs, comme dans le lac Léman pendant le calme, mais qui, lorsqu'elles sont excitées, en égalent la furie quand il est bouleversé par les vents ; il réfléchissait aussi sur la force des préjugés, l'instabilité de nos opinions les plus chéries, et ce mélange incompréhensible, étrange, et cependant séduisant, de contradictions, de faussetés, de vérités, de torts, qui composent notre existence.

Les pages suivantes sont le résultat de ce rêve. L'intelligence du lecteur en trouvera la morale.

Un respectable auteur anglais a observé que :

« Toutes les pages de la vie humaine méritent d'être lues. L'homme sage nous instruit, celui qui est gai nous amuse, l'imprudent nous enseigne ce qu'il faut éviter, l'absurde nous guérit du spleen. »

LE
BOURREAU DE BERNE,

OU

L'ABBAYE DES VIGNERONS.

CHAPITRE PREMIER.

Je partais ; un jour pur éclairait l'horizon, une douce brise effleurait le Léman.
ROGERS. *L'Italie.*

C'ÉTAIT au déclin de l'année, suivant une poétique expression, mais par une belle matinée, qu'une des barques les plus légères qui aient jamais navigué sur le Léman, prête à partir pour le pays de Vaud, se trouvait placée près du quai de l'ancienne et historique ville de Genève. Cette barque se nommait *le Winkelried*, en souvenir de l'Arnold de ce nom qui sacrifia si généreusement sa vie et ses espérances au bonheur de sa patrie, et qu'on a mis à juste titre au rang de ces héros dont on conserve les authentiques légendes.

Lancée sur le lac au commencement de l'été, elle portait encore au sommet du petit hunier une touffe de chèvrefeuille ornée de nœuds et de banderoles, présent des amies du patron et gage présumé de succès. L'usage de la vapeur, la réunion des matelots de diverses contrées qui se trouvent sans emploi dans notre siècle peu guerroyant, ont amené depuis, il est vrai, de lentes innovations, et même quelques améliorations, dans la navigation des lacs d'Italie et de Suisse ; mais il y a encore peu de changement dans les habitudes et les opinions de ceux que leur genre d'industrie retient sur les eaux extérieures. *Le Winkelried* avait ses deux mâts divergents peu élevés, les vergues minces et ornées de pittoresques dessins en fer-blanc, les voiles légères et triangulaires, le passe-avant en saillie, la poupe rentrée et penchée, la proue haute et pointue, et en général il avait cette tournure classique et quelque peu affectée qu'on remarque aux vaisseaux représentés dans les vieux tableaux ou les vieilles gravures. Une boule dorée brillait au sommet de chaque mât ; car nulle voile ne surpassait les vergues minces et légères. Au-dessus de l'une d'elles s'élevaient les branches de chèvrefeuille avec leurs gais festons qui frémissaient au moindre souffle du vent d'ouest ; le corps du bâtiment répondait à l'appareil ; il était spacieux, commode, et d'une forme convenable. Le fret, assez considérable, était pour la plus grande partie entassé sur le pont ; il formait ce que nos bateliers appellent une cargaison assortie ; elle était cependant principalement composée de marchandises étrangères, regardées alors comme objet de luxe, quoique l'usage les ait rendues maintenant presque indispensables dans l'économie domestique. Cependant les habitants des montagnes, même les plus riches, n'en font encore qu'une faible consommation. On y avait joint les deux principaux produits de la laiterie, destinés à être vendus dans les pays les plus arides du midi. Les effets d'un nombre peu ordinaire de passagers étaient placés sur le haut de la partie la plus pesante de la cargaison, avec un ordre et un soin que méritait à peine leur peu de valeur. Cet arrangement, nécessaire à la propreté et même à la sûreté de la barque, avait été fait par le patron, dans la vue de placer chaque individu près de son bagage, de prévenir ainsi toute confusion, et de laisser à l'équipage l'espace et la facilité nécessaires pour la manœuvre.

Tout était prêt ; le vent était favorable, un jour pur éclairait l'horizon ; il était tout simple que le patron du *Winkelried*, qui en était aussi le propriétaire, éprouvât le désir de partir ; mais un obstacle imprévu se présenta à la porte même où se tenait l'officier chargé de surveiller ceux qui entraient dans la ville ou qui en sortaient par la porte d'eau ; cinquante individus représentant au moins vingt-cinq nations se pressaient autour de lui, parlant tous à la fois en langues différentes, et remplissant l'air d'une confusion de paroles qui avait probablement quelque affinité avec celle qui troubla les ouvriers de la tour de Babel. On pouvait comprendre, à travers les fragments de phrases et les plaintes interrompues, également adressées au batelier, dont le nom était Baptiste, et au fonctionnaire génevois, que ces turbulents voyageurs étaient persuadés que Balthazar, le bourreau du riche et aristocrate canton de Berne, avait été introduit parmi eux par la cupidité du patron ; ce qui non seulement blessait les sentiments et les droits de ces honorables citoyens, mais compromettait leur sûreté au moment où ils allaient se confier aux vicissitudes des éléments, considération sur laquelle ils insistaient avec beaucoup de véhémence.

Le plus grand amateur de la diversité des caractères aurait été satisfait du bizarre assemblage que le hasard et l'habileté de Baptiste avaient réuni, car les passions, les intérêts, les désirs et les opinions de ces hommes étaient aussi différents que leur langage. Quelques marchands revenant de leur tour de France et d'Allemagne, d'autres se dirigeant vers le sud avec un assortiment de marchandises, de pauvres écoliers allant faire à Rome un pèlerinage littéraire ; un ou deux artistes riches d'enthousiasme, pauvres de connaissances et de goût, soupirant pour le ciel de l'Italie ; une troupe de jongleurs des rues qui venaient d'exercer leurs bouffonneries napolitaines au milieu des graves habitants de la Souabe, plusieurs domestiques sans place, six ou huit capitalistes vivant de leurs bons mots, et une foule de ces gens que les Français appellent *mauvais sujets*, titre qui est à présent disputé d'une manière assez bizarre entre la lie de la société et une classe qui a la prétention de marcher au premier rang.

A quelques différences près, qu'il n'est pas nécessaire de détailler, telle était composée la majorité, cette partie essentielle de toute assemblée représentative. Ceux dont nous n'avons pas encore parlé étaient d'un genre différent. Pas loin de la foule bruyante et agitée qui encombrait et entourait la porte, se trouvait un groupe dans lequel on distinguait la figure vénérable et belle encore d'un homme portant un habit de voyage, mais qui n'avait pas besoin de deux ou trois domestiques en livrée qui l'accompagnaient, pour attester qu'il appartenait à la classe des hommes fortunés, puisque les biens et les maux sont ordinairement estimés ainsi dans le calcul des chances de la vie. Il donnait le bras à une femme si jeune, si attrayante, qu'elle faisait éprouver un sentiment de regret à tous ceux qui observaient sa pâleur, et le doux et mélancolique sourire qui venait éclairer ses traits charmants lorsque la scène prenait un caractère de folie plus marqué; mais les traces visibles de la souffrance n'empêchaient pas sa figure d'approcher de la perfection. Si, malgré les symptômes d'une santé délicate, elle semblait s'amuser de la volubilité et des arguments des orateurs, elle témoignait souvent encore quelque frayeur d'être au milieu de gens si indisciplinés, si violents, et d'une ignorance si grossière. Un jeune homme portant une roquelaure et les autres accessoires d'un Suisse qui sert en pays étranger, position qui, dans ce siècle, n'excitait ni observation ni commentaires, était près d'elle, et répondait aux questions qui lui étaient adressées de temps en temps, d'une manière qui annonçait une connaissance intime, quoique plusieurs choses dans son équipage de voyageur prouvassent qu'il ne faisait pas partie de leur société habituelle. De tous ceux qui n'étaient pas immédiatement engagés dans la tumultueuse discussion, ce jeune soldat, que les personnes placées près de lui nommaient ordinairement M. Sigismond, était celui qui y prenait l'intérêt le plus vif. Remarquable par sa taille et par une constitution qui annonçait une force plus qu'ordinaire, il paraissait violemment agité. Ses joues, qui n'avaient pas encore perdu la fraîcheur que donne l'air des montagnes, devenaient, par moment, aussi pâles que la faible fleur qui était à ses côtés; et quelquefois le sang refluait sur son front avec une telle impétuosité, qu'il semblait sur le point de rompre les veines dans lesquelles on le voyait circuler. Il gardait le silence, se contentant de répondre quand on l'interrogeait, et son angoisse paraissait se calmer par degrés lorsqu'elle fut trahie par le mouvement convulsif de ses doigts, qui avaient saisi, sans qu'il s'en aperçût, la garde de son épée.

Le tumulte durait depuis quelque temps, les gosiers se fatiguaient, les langues s'embarrassaient, on n'entendait plus que des voix rauques, des paroles incohérentes, quand un incident tout à fait à l'unisson de la scène vint mettre un terme à ces inutiles clameurs. Deux énormes chiens, couchés à peu de distance, attendaient probablement leurs maîtres qui avaient disparu dans la masse de têtes et de corps qui obstruaient le passage; l'un de ces animaux avait le poil court, épais, d'un jaune sale; sa poitrine, ses pattes et les parties inférieures de son corps étaient d'un blanc terne. La nature avait donné à son rival une robe sombre, brune et velue, dont la teinte générale était relevée par quelques taches d'un noir foncé. Leurs forces et leurs poids semblaient presque égaux, cependant la balance aurait peut-être incliné légèrement en faveur du premier, qui l'emportait évidemment, sinon par la vigueur de ses membres, au moins par leur longueur.

Ce serait dépasser la tâche que nous nous sommes imposée, que de rechercher à quel point l'instinct de ces animaux sympathisait avec les passions farouches des humains qui les entouraient, ou si, persuadés que leurs maîtres soutenaient chacun un avis contraire dans cette querelle, ils crurent devoir, comme de fidèles écuyers, livrer un combat en l'honneur de ceux qu'ils suivaient. Après s'être mesurés des yeux pendant quelques instants, ils s'élancèrent avec fureur l'un contre l'autre, et se saisirent corps à corps selon la coutume de leur espèce. Le choc fut terrible, et la lutte entre deux combattants d'une taille et d'une force si prodigieuses fut des plus violentes; leurs rugissements, qui ressemblaient à celui des lions, couvrirent le bruit des voix: bientôt il se fit un profond silence, tous les yeux se retournèrent vers le lieu du combat. La jeune femme, effrayée, recula en détournant la tête, tandis que son voisin s'élançait vivement pour la protéger, car elle n'était qu'à quelques pas du champ de bataille; mais, malgré sa force et son courage, il hésitait à intervenir dans cette lutte acharnée. A ce moment critique, et lorsqu'il semblait que ces animaux furieux allaient se déchirer mutuellement, deux hommes, s'ouvrant avec peine un passage, s'élancèrent hors du groupe : l'un portait la robe noire, la coiffure ample et élevée d'un habitant de l'Asie, et le blanc ceinturon d'un moine augustin; les vêtements de l'autre semblaient annoncer un marin, sans cependant mettre la chose hors de doute. Le premier avait une figure ovale et régulière, son teint était coloré, ses traits portaient l'empreinte d'une paix intérieure et d'une douce bienveillance; le dernier avait la peau basanée, l'air fier et l'œil brillant d'un Italien.

— Uberto! dit le moine d'un ton de reproche, et affectant cette espèce de mécontentement qu'on pourrait montrer à une créature plus intelligente, mais ne paraissant pas se soucier d'approcher davantage, honte sur toi, mon vieil Uberto! As-tu donc oublié les leçons que tu as reçues? Es-tu sans respect pour ta propre renommée?

L'Italien ne perdit pas de temps en vaines paroles; se précipitant avec une insouciante témérité entre les deux chiens, il parvint à les séparer, non sans de nombreux coups de pieds dont la plus grande partie tomba sur le compagnon du moine.

— Ah! Neptune, s'écria-t-il avec la sévérité d'un homme accoutumé à exercer une autorité absolue, aussitôt qu'il eut terminé son glorieux exploit et recouvré un peu sa respiration perdue dans ce violent exercice, à quoi penses-tu? Ne peux-tu pas trouver un amusement plus convenable qu'une querelle avec un chien de Saint-Bernard? Fi! Neptune, je suis honteux de toi: comment peux-tu, après avoir traversé sagement tant de mers, perdre ainsi la tête sur quelques gouttes d'eau fraîche!

Le chien, qui était un noble animal de Terre-Neuve, baissa la tête, donna des signes de repentir en approchant de son maître, balayant la terre de sa queue, tandis que son adversaire était tranquillement assis avec une espèce de dignité monastique, prêtant l'oreille comme s'il s'efforçait de comprendre les reproches que son puissant et courageux rival recevait avec tant de douceur.

— Mon père, dit l'Italien, nos chiens sont tous deux trop utiles, chacun à sa manière, et d'un trop bon caractère pour être ennemis. Je connais Uberto depuis longtemps, car les sentiers du Saint-Bernard ne me sont pas étrangers; et si sa renommée n'est pas trompeuse, ce n'est pas un serviteur négligent au milieu des neiges.

— Il a sauvé sept chrétiens de la mort, — répondit le moine en regardant son chien d'un air amical, qui fit disparaître toute trace du vif mécontentement qu'il avait d'abord montré, — sans parler des corps qui ont été retrouvés par ses actives recherches lorsque l'étincelle de la vie était éteinte.

— Pour ce dernier article, mon père, on ne peut savoir gré à votre chien que de sa bonne intention: si on évaluait les services de cette manière, je pourrais déjà être pape ou au moins cardinal; mais préserver sept personnes de la mort, leur donner la facilité de mourir tranquillement dans leur lit après s'être réconciliées avec le ciel, n'est pas une mauvaise recommandation pour un chien. Neptune est en tout digne d'être ami du vieil Uberto, car je l'ai vu arracher treize naufragés aux avides mâchoires des requins et autres monstres de l'Océan. Qu'en dites-vous, mon père, ne faut-il pas rétablir la bonne intelligence entre eux?

Le moine s'empressa de contribuer à une action si louable, et par un mélange d'ordres et de prières, les chiens qu'une récente et pénible expérience de la guerre disposait à la paix, sentant l'un pour l'autre ce respect que le courage uni à la force inspire toujours, furent bientôt aussi bons amis que s'ils n'avaient jamais eu de discussion.

Le fonctionnaire de la ville profita du calme produit par ce léger incident pour regagner une partie de son autorité méconnue. Repoussant la foule avec sa canne, il dégagea l'entrée de la porte afin que chaque voyageur pût s'approcher à son tour; et il déclara qu'il était non-seulement prêt, mais décidé à faire son devoir sans le moindre délai. Baptiste, qui voyait perdre un temps précieux et qui présumait que le vent pourrait changer pendant tous ces retards, pressait vivement les passagers de remplir les formalités nécessaires, et de venir prendre leurs places dans sa barque le plus promptement possible.

— Qu'importe, disait le prudent batelier, connu par cet amour du gain généralement attribué à ses compatriotes, qu'importe qu'un ou vingt bourreaux soit dans la barque, pourvu qu'elle obéisse au gouvernail? Les vents du Léman sont des amis peu constants; le sage profite de leur bonne volonté. Donnez-moi la brise à l'ouest, et je chargerai jusqu'à fleur d'eau *le Winkelried* des plus pernicieuses créatures que le monde puisse fournir; prenez ensuite la barque la plus légère qui ait jamais traversé le lac, et nous verrons qui touchera le premier au port de Vévey.

Le principal orateur était le chef de la troupe napolitaine; sa voix dominait toutes les autres, point très-important dans une discussion semblable. Une forte poitrine, une agilité qui n'avait point de rivale parmi les assistants, et un certain mélange de superstition et de bravade confondues en lui, à un degré presque égal, le rendaient propre à exercer une grande influence sur les hommes que leur ignorance et leurs habitudes portent à aimer le merveilleux et à respecter tous ceux qui les surpassent en audace et en crédulité. Le peuple est séduit par tout ce qui passe les bornes même de la raison; l'excès d'une qualité lui en paraît la perfection.

— Bon pour celui qui reçoit, mais celui qui paie peut y trouver la mort! s'écria l'enfant du midi; distinction qui obtint un grand succès, car l'argument était aussi clair que celui entre le vendeur et l'acheteur : — On te paie pour exposer ta vie; mais nous, notre seul bénéfice sera une tombe au fond de l'eau; il ne peut arriver que des malheurs dans la compagnie d'un méchant, et maudits seront à l'heure du danger ceux qui fraterniseront avec un être dont l'état est d'envoyer les chrétiens dans l'autre monde avant le temps marqué par la nature! Santa Madre! je ne voudrais pas traverser ce lac orageux avec un tel misérable, pour l'honneur de sauter en présence du Saint-Père et de tout le conclave!

Cette déclaration solennelle, débitée avec un accent et une véhémence qui prouvaient la sincérité de l'orateur, entraîna tout l'auditoire; de bruyantes acclamations convainquirent le batelier que toutes ses paroles seraient vaines. Dans cet embarras, il imagina un plan qui lui parut propre à dissiper toutes les inquiétudes; l'officier de police l'appuya vivement, et il fut enfin adopté par un consentement unanime, après de nombreuses objections suggérées d'ordinaire par la méfiance et l'irritation qui suivent une dispute prolongée. On décida que les formalités ne seraient pas différées plus longtemps, que des hommes choisis par la foule se placeraient à la porte et ne laisseraient passer personne sans examen; que, dans le cas où ils découvriraient le proscrit Balthazar, le batelier lui rendrait son argent, et le dissuaderait de faire partie d'une société qui redoutait tellement sa présence, quoique avec si peu d'apparence de raison.

Le Napolitain, qui se nommait Pippo, un des pauvres étudiants, car la science était, il y a un siècle, l'appui de la superstition plutôt que son ennemie, et un certain Nicklaus Wagner, habitant de Berne, remarquable par son embonpoint, et de plus propriétaire de la plus grande partie des fromages dont la barque était chargée, furent les élus. Le premier dut cette préférence à la chaleur et à la volubilité de ses paroles, choses que le vulgaire est très-porté à prendre pour un effet de la conviction et du savoir. Le second en fut redevable à son silence et à une gravité qui passe, dans une autre classe, pour le calme d'une eau profonde; et le dernier à son opulence bien connue, avantage qui, en dépit des prédictions des alarmistes et des assurances des enthousiastes, exercera toujours sur les hommes, moins bien partagés sous ce rapport, une influence plus grande même qu'il ne serait nécessaire pour qu'elle fût raisonnable et salutaire, toutes les fois que l'arrogance ou des priviléges extravagants et oppressifs ne portent pas à se révolter contre elle. Les députés chargés de veiller à la sûreté générale se trouvèrent tout naturellement obligés de soumettre d'abord leurs papiers à l'examen du Génevois [1].

Le Napolitain savait qu'un fripon d'archer, ou un homme qui aurait quelques escapades à se reprocher, ne ferait pas bien de se présenter ce jour-là à la porte d'eau, et il s'était en conséquence muni de toutes les précautions que son expérience de vagabond avait pu lui suggérer. On lui permit de passer. Le pauvre écolier westphalien présenta un document écrit en latin scholastique, et échappa à toute autre enquête par la vanité de l'ignorant agent de police, qui s'empressa de déclarer qu'il était agréable de rencontrer des papiers aussi en règle. Le Bernois, ayant l'air de penser que toute information était superflue, allait se placer près des deux autres, et se dirigeait en silence vers la porte, tout en serrant les cordons d'une bourse bien garnie, qu'il venait d'alléger d'une petite monnaie de cuivre en faveur du garçon de l'auberge où il avait passé la nuit, et qui l'avait suivi jusqu'au port pour obtenir ce faible salaire. L'officier pensa que l'importance de cette occupation lui faisait oublier la formalité que tous ceux qui sortaient de la ville devaient respecter.

— Vous avez sûrement un nom et un état? observa-t-il avec un laconisme officiel.

— Dieu vous bénisse, mon ami! Je ne croyais pas que Genève fût si pointilleuse avec un Suisse, et un Suisse si bien connu sur les bords de l'Aar, et en vérité dans tout le grand canton! Je suis Nicklaus Wagner. Ce nom est peu célèbre peut-être, mais il est estimé de tous les hommes de poids; son influence s'étend même jusqu'au Bürgerschaft. Nicklaus Wagner de Berne. Voulez-vous quelque chose de plus?

— Rien, mais seulement la preuve. Rappelez-vous que vous êtes ici à Genève, et que les lois d'un petit État doivent être strictes dans de semblables affaires.

— Je n'ai jamais douté que je fusse à Genève, mais je m'étonne que vous puissiez douter que je sois Nicklaus Wagner! Je pourrais voyager pendant la nuit la plus sombre, entre le Jura et l'Oberland, sans rencontrer une seule personne qui ne crût pas à

---

1. Nous avons si souvent parlé de cette formalité, qu'il est bon d'expliquer que le système de gendarmerie et de passeports qui existe actuellement en Europe, n'a été établi que près d'un siècle après celui qui fut témoin de l'histoire que nous racontons; mais Genève était un État faible, exposé aux attaques de voisins puissants, et la loi dont il est question est une des précautions auxquelles on avait recours de temps en temps pour protéger cette liberté et cette indépendance qui lui étaient chères avec tant de raison.

ma parole. Voici le patron Baptiste qui vous dira que sa barque flotterait plus légère, s'il mettait à terre tout ce qui porte mon nom.

Cependant Nicklaus ne refusait pas de montrer ses papiers, qui étaient tout à fait en règle; il les tenait; son pouce et l'un de ses doigts séparaient les feuillets. L'hésitation venait uniquement d'un sentiment de vanité qui lui faisait croire qu'un personnage si important et si connu devait être exempté de cette petite vexation. L'officier, qui avait une grande habitude d'exercer sa charge, comprit sur-le-champ le caractère de l'homme auquel il avait affaire, et ne voyant nulle bonne raison de se refuser à satisfaire un sentiment très-innocent, quoique un peu sot, il céda à l'orgueil de l'habitant de Berne.

— Vous pouvez passer, dit-il; et quand vous retournerez au milieu de vos concitoyens, vous leur direz comment Genève traite ses alliés.

— J'avais bien jugé que vous aviez agi avec trop de promptitude, répondit le riche paysan avec le contentement d'un homme qui obtient justice, quoique un peu tard. A présent, occupons-nous d'éclaircir notre affaire.

Se plaçant alors entre le Napolitain et le Westphalien, il prit un air grave et une contenance austère, qui prouvaient assez sa ferme résolution de remplir avec équité la charge qui lui était imposée.

— Vous êtes bien connu ici, pèlerin, dit, d'un ton un peu sévère, l'officier à celui qui s'approchait de la porte.

— Cela n'est pas étonnant, mon maître; saint François courait, je dois en faire autant; et c'est à peine si les saisons vont et viennent avec plus de régularité.

— Il faut qu'il y ait quelque part une conscience bien malade, pour que Rome et vous, ayez si souvent besoin l'un de l'autre?

Le pèlerin, dont les habits déguenillés étaient couverts de coquilles, qui portait une longue barbe, et offrait dans sa personne entière une dégoûtante image de la dépravation humaine, rendue plus révoltante encore par une hypocrisie mal déguisée, se mit à rire aux éclats.

— Vous ne parleriez pas ainsi, maître, répliqua-t-il, si vous n'étiez pas un serviteur de Calvin. Mes propres fautes m'inquiètent peu. Je suis au service de quelques paroisses d'Allemagne, et je prends sur mon pauvre corps toutes leurs souffrances physiques. Il ne serait pas aisé de trouver quelqu'un qui eût rempli plus de messages de ce genre et avec plus de fidélité; si vous aviez quelques petites offrandes à me faire, vous pourriez parcourir des papiers qui prouvent ce que j'avance, des papiers qui serviraient de passeport à saint Pierre lui-même !

« L'officier s'aperçut qu'il avait affaire à un vrai tartuffe, — si un tel nom peut s'appliquer à celui qui juge à peine nécessaire de tromper, — à un homme qui faisait un trafic de ce genre d'exploitation; pratique assez commune à la fin du dix-septième siècle et au commencement du dix-huitième, et qui n'a même pas disparu entièrement de l'Europe : il rejeta avec une aversion visible les papiers de ce misérable, qui, les reprenant, alla se placer, sans en avoir été sollicité, près du trio choisi pour accorder ou refuser la permission de s'embarquer.

— Va, s'écria l'officier comme s'il ne pouvait plus contenir le dégoût qu'il éprouvait, tu as raison de dire que nous sommes les serviteurs de Calvin; Genève n'a rien de commun avec la ville au manteau d'écarlate, et tu feras bien de te le rappeler à ton prochain pèlerinage, si tu ne veux pas que les sergents fassent connaissance avec tes épaules. — Arrêtez ! Qui êtes-vous ?

— Un hérétique damné d'avance et sans espoir, si la foi de ce marchand de prières est la véritable, répondit un homme qui s'éloignait déjà avec la confiance d'atteindre le but sans être exposé aux questions ordinaires.

C'était le maître de Neptune. Sa tournure de marin, son calme parfait, firent craindre à l'officier d'avoir arrêté un batelier du lac, classe privilégiée qui sortait et rentrait librement.

— Vous connaissez nos usages, dit le Génevois à demi satisfait.

— J'ai été bien fou ! mais l'âne qui foule toujours le même sentier revient aussi, avec le temps, raconter ses tours et ses détours. N'est-ce pas assez de l'avoir emporté sur l'orgueil du digne Nicklaus Wagner? N'êtes-vous pas content d'avoir forcé ce bon citoyen à faire ses preuves, et voulez-vous encore m'interroger? Viens ici, Neptune; tu répondras pour nous deux, car tu es un chien prudent, tu sais que nous n'habitons pas entre le ciel et la terre : notre patrie, à nous, c'est la terre et l'eau.

En prononçant ces mots d'un ton ferme et élevé, l'Italien semblait plutôt s'adresser aux dispositions de ceux qui l'entouraient qu'à l'intelligence du Génevois : son appel fut entendu, de bruyants applaudissements lui répondirent, et cependant il est probable qu'aucun des assistants n'aurait pu rendre raison du motif qui leur faisait prendre si vite parti pour un étranger contre les autorités de la ville, si ce n'est peut-être un pur instinct d'opposition aux lois.

— N'avez-vous pas un nom? continua le gardien du port, hésitant, mais à demi ébranlé.

— Croyez-vous donc que je ne vaille pas autant que la barque de Baptiste? J'ai des papiers aussi, si vous voulez que j'aille les chercher dans le bâtiment; ce chien est Neptune, il vient d'un beau pays où les animaux nagent aussi bien que les poissons; moi, je m'appelle Maso, quoique les hommes mal disposés me nomment plus souvent *Il Maledetto*.

Tous ceux qui comprirent les paroles de l'Italien rirent aux éclats, et parurent enchantés, car l'audace a pour le vulgaire un charme irrésistible. L'officier sentit qu'il était le sujet de cet accès de gaieté, sans trop savoir pourquoi, car il ignorait la langue dans laquelle ce surnom étrange était exprimé, mais il prit le parti de rire aussi, comme quelqu'un qui a saisi tout le sel d'un bon mot. L'Italien profita du moment, lui fit un signe de tête accompagné d'un sourire bienveillant, et continua son chemin. On le laissa s'établir tranquillement dans la barque, où il entra le premier en sifflant son chien et conservant toujours le calme d'un homme qui se sent privilégié et au-dessus de toute vexation. Celui qui éludait ainsi les lois était depuis longtemps l'objet de secrètes et actives recherches; mais sa froide insolence lui réussit, et il s'assit près du petit ballot qui renfermait sa modeste garderobe.

CHAPITRE II.

> C'est pour un noble chevalier que je vous implore,
> noble seigneur; il a pu commettre quelques fautes,
> mais son âme est restée pure.
>
> CHATTERTON.

TANDIS qu'un coupable échappait avec tant d'impudence et de bonheur à la vigilance de l'autorité, les trois députés, aidés du pèlerin, leur compagnon volontaire, mettaient tous leurs soins à empêcher que l'exécuteur des hautes-œuvres ne vînt souiller par sa présence une réunion si étrangement assortie. Dès qu'un voyageur avait reçu du Génevois la permission de passer, il se trouvait soumis à un second interrogatoire plus redoutable, et plus d'une fois l'homme timide et ignorant fut sur le point d'être renvoyé sur de simples soupçons. Le rusé Baptiste feignait de partager leur sollicitude et affectait un zèle égal au leur, avec toute l'adresse d'un démagogue, mais il excitait leurs craintes seulement lorsqu'il était bien sûr qu'elles ne seraient pas justifiées. Presque tous avaient subi l'épreuve, leur innocence était reconnue, et le petit nombre de ceux qui restaient encore permettait de circuler librement. Le vénérable seigneur que nous avons déjà présenté au lecteur s'avança alors vers la porte, accompagné d'une jeune fille et suivi par ses domestiques. L'agent de police salua l'étranger avec respect, car son calme extérieur et son maintien imposant formaient un singulier contraste avec les bruyants éclats de voix et les manières grossières de la populace qui l'avait précédé.

— Je suis Melchior de Willading, de Berne, dit le voyageur en offrant la preuve de ses paroles avec l'aisance d'un homme sûr de n'avoir rien à se reprocher ; voici mon enfant, ma seule enfant, répéta le vieillard en appuyant sur ces derniers mots avec une mélancolique expression ; ceux-ci, qui portent ma livrée, sont de vieux et fidèles serviteurs de ma maison. Nous traverserons le Saint-Bernard pour échanger ces froides Alpes contre un climat plus doux, pour voir si le soleil d'Italie a assez de chaleur pour ranimer cette fleur languissante, et lui rendre la force de se relever légère et joyeuse comme elle était naguère dans la demeure de ses pères.

L'officier sourit et s'inclina de nouveau en refusant de prendre les papiers qu'on lui présentait ; il était ému, et les accents qu'il venait d'entendre auraient éveillé une sensibilité même plus émoussée que ne l'était la sienne.

— Cette dame est jeune et a un tendre père près d'elle, dit-il ; ce sont des biens précieux quand la santé nous abandonne.

— Elle est en vérité trop jeune pour disparaître si tôt, répondit le père, qui semblait avoir oublié l'affaire du moment, en fixant ses yeux pleins de larmes sur les traits altérés, mais charmants encore, de la jeune fille, qui le remercia de sa sollicitude par le plus tendre regard; mais vous ne vous êtes pas assuré si je suis l'homme dont j'ai pris le nom.

— C'est inutile, noble baron; la ville n'ignore pas qu'elle est honorée de votre présence, et j'ai l'ordre spécial de faire tout ce qui peut contribuer à rendre le passage de Genève un agréable souvenir pour l'un de ses plus honorables alliés.

— La courtoisie de votre ville est bien connue, répondit le baron de Willading en remettant les papiers dans son portefeuille, et recevant cette faveur en homme habitué à des honneurs de ce genre; — avez-vous des enfants?

— Le ciel n'a pas été avare pour moi de dons semblables: ma table reçoit par jour onze convives, sans compter ma femme et moi.

— Onze! La volonté divine est un mystère redoutable! Vous voyez la seule espérance de ma famille, l'unique héritière qui soit laissée au nom et aux biens de Willading! — Votre position est-elle heureuse?

— Plus que celle d'un grand nombre de mes concitoyens; recevez tous mes remercîments pour cette bienveillante question.

Un léger coloris se répandit sur les joues d'Adelheid de Willading, tel était le nom de la fille du baron, et elle fit un pas vers l'officier.

— Ceux qui sont si peu à leur propre table, doivent s'occuper de ceux qui sont si nombreux, dit-elle en laissant tomber une pièce d'or dans la main du Génevois. — Puis elle ajouta d'une voix qui ressemblait à un faible murmure: Si votre jeune famille veut offrir une prière en faveur d'une pauvre fille qui a besoin de soutien, Dieu l'en récompensera, et peut-être servira-t-elle à adoucir la douleur de celui qui craint de rester sans enfant.

— Dieu vous bénisse, Madame! dit l'officier peu accoutumé à un tel langage, et ému jusqu'aux larmes de la douce et pieuse résignation de la malade et de ses manières simples mais toujours attrayantes; nous tous, vieux comme jeunes, nous prierons pour vous, pour tout ce qui vous est cher.

Le visage d'Adelheid reprit sa pâleur habituelle, et elle suivit son père qui se dirigeait lentement vers la barque.

L'obstination que les trois sentinelles avaient montrée jusque alors céda à l'impression de cette scène; ils n'avaient au fait rien à dire à un personnage d'un rang aussi élevé, et le baron de Willading entra dans le bâtiment sans qu'on lui adressât une seule question. L'influence de la beauté et de la naissance unies à la grâce naïve que l'étrangère venait de montrer dans le petit incident que nous avons rapporté, fut senti même par le Napolitain et ses compagnons; non seulement ils laissèrent passer les domestiques sans les interroger, mais pendant quelques instants leur vigilance prit une forme moins acerbe, et deux ou trois voyageurs profitèrent de cet heureux changement dans leurs dispositions.

Le premier qui se présenta fut le jeune militaire que le baron de Willading avait souvent désigné sous le nom de M. Sigismond. Ses papiers étaient en règle, aucun obstacle ne s'opposait à son départ. Il était difficile de pressentir de quelle manière ce jeune homme supporterait les questions peu légales des trois députés, s'ils tentaient de les lui adresser; ses regards, tandis qu'il s'acheminait vers le quai, n'exprimaient qu'un calme affectueux. Le respect ou un autre sentiment le protégea si bien que personne, excepté le pèlerin qui déployait un zèle outré dans ses recherches, ne s'aventura à hasarder même une simple remarque lorsqu'il passa.

— Voici un bras et une épée qui pourraient bien raccourcir les jours d'un chrétien, s'écria le dissolu et effronté marchand des abus de l'Église, et cependant personne ne lui demande son nom ni son état.

— Tu ferais bien de l'interroger toi-même, puisque tu fais commerce de pénitences, répondit le bouffon Pippo; pour moi, je me contente de sauter à ma guise, et je ne veux avoir rien à démêler avec le bras de ce jeune géant.

L'étudiant et le bourgeois de Berne parurent être du même avis; rien de plus ne fut ajouté à ce sujet. Pendant ce temps, un autre voyageur se présentait à la porte. Il n'avait rien dans son extérieur qui pût éveiller les craintes du superstitieux trio; sa position dans le monde semblait également éloignée de l'opulence et de la pauvreté, son air était paisible et doux, son maintien calme et sans prétention. Le gardien de la ville lut son passeport, jeta un prompt et curieux regard sur l'individu qui était devant lui, et lui rendit ses papiers avec un empressement qui décelait le désir d'en être débarrassé.

— C'est bien, dit-il, vous pouvez continuer votre route.

— Pour le coup, s'écria le Napolitain, qui plaisantait autant par disposition naturelle que par état, nous tenons Balthazar; le voilà avec son air cruel et son regard fier. Un rire général accueillit cette saillie et l'encouragea à continuer. — Vous connaissez le devoir que nous remplissons, mon ami; il faut nous montrer vos mains; celui qui porte la marque du sang ne passera pas!

Le voyageur parut troublé; il était évident qu'habitué à une vie paisible et retirée, les chances d'un voyage avaient pu seules le mettre en contact avec de tels hommes; il tendit la main néanmoins avec une simplicité si confiante, qu'elle excita la gaieté de tous les spectateurs.

— Cela ne suffit pas; le savon, la cendre et les larmes des victimes peuvent rendre nettes les mains de Balthazar. Les taches que nous cherchons sont sur l'âme; il faut que nous visitions la tienne avant de te permettre de faire partie de cette honorable société.

— Vous n'avez pas interrogé ainsi ce jeune soldat, répondit l'étranger dont les yeux brillèrent un instant à cet outrage non mérité, quoique son corps tremblât violemment en se voyant l'objet des insultes de ces hommes grossiers. — Vous n'avez pas osé le questionner ainsi!

— Par les prières de saint Janvier, qui arrêtent la lave brûlante, j'aime mieux que tu t'en charges que moi. Ce jeune militaire est un honorable coupe-tête; c'est un plaisir de voyager avec lui, car sans doute il est sous la protection de six ou huit bienheureux. Mais celui que nous cherchons est repoussé de tous; bon ou mauvais, il est en horreur au ciel et sur la terre, et même dans cette chaude demeure qu'il ira habiter quand son heure sera venue.

— Et cependant il ne fait qu'exécuter la loi.

— Qu'appelles-tu la loi, mon ami? Mais, va, personne ne te soupçonne d'être l'ennemi de nos têtes. Poursuis ton chemin pour l'amour du ciel, et prie-le de te préserver de la hache de Balthazar.

Le maintien de l'étranger semblait annoncer quelque envie de répondre, mais, changeant tout à coup de projet, il continua sa route et disparut dans la barque. Le moine de Saint-Bernard vint ensuite; lui et son chien étaient connus depuis longtemps de l'officier, qui les laissa passer.

— Notre mission est toute pacifique, dit le moine en s'approchant de ceux dont les droits auraient pu souffrir quelques discussions; nous vivons au milieu des neiges, pour empêcher des chrétiens de mourir sans les secours de l'Église.

— Honneur à vous et à votre sainte mission, dit le Napolitain qui, au milieu de son insouciante légèreté, conservait cet instinct de respect que les hommes, même les plus égoïstes, éprouvent pour ceux qui se dévouent au bien des autres. Passez en toute liberté avec votre vieil Uberto; nos vœux vous accompagneront tous les deux.

Ce long et inutile examen était enfin terminé, et les plus superstitieux d'entre les voyageurs, après s'être consultés quelques minutes, finirent par se persuader que le bourreau, intimidé par leurs justes remontrances, s'était évadé sans être aperçu, et les avait heureusement délivrés de sa présence. A cette nouvelle, tous les membres de cette bizarre compagnie se félicitèrent mutuellement et ne pensèrent plus qu'à hâter leur départ, car Baptiste déclarait hautement qu'il ne pouvait plus accorder aucun délai.

— A quoi donc pensez-vous? s'écria-t-il avec une chaleur bien jouée; prenez-vous les vents du Léman pour des laquais en livrée qui vont et viennent à volonté? Croyez-vous qu'il souffleront tantôt à l'est, tantôt à l'ouest, suivant vos désirs? Imitez le noble Melchior de Willading qui depuis long-temps est à sa place, et priez les saints, chacun dans votre langage, pour que ce bon vent d'ouest ne nous quitte pas en punition de notre négligence.

— En voici d'autres qui viennent en toute hâte pour être de la partie, interrompit le rusé Italien, lâchez bien vite les câbles, maître Baptiste, ou bien, par saint Janvier! ce sera encore un retard!

Le patron se calma sur-le-champ, et s'empressa d'aller voir ce qu'on pouvait espérer de cette bonne fortune inattendue.

Deux voyageurs vêtus en hommes habitués à fréquenter les grandes routes, suivis d'un domestique et d'un porte-faix presque courbés sous le poids de leur bagage, s'avançaient à grands pas, comme s'ils pressentaient que le moindre délai pouvait leur faire manquer l'occasion de partir. Celui qui marchait à la tête du groupe avait dépassé de beaucoup le milieu de la vie; il était évident que la déférence de ses compagnons, plutôt que ses propres forces, lui faisait conserver ce poste. Un manteau était jeté sur un de ses bras, de l'autre main il portait la rapière que tout noble considérait alors comme l'accessoire nécessaire de son rang.

— Vous êtes au moment de manquer la dernière barque qui

mette à la voile pour l'abbaye des Vignerons, seigneurs, dit le Génevois, reconnaissant au premier coup d'œil la patrie de ces étrangers, si vous comptez assister à ces fêtes, comme la route que vous prenez et votre empressement me le font présumer.

— Tel est en effet notre projet, répondit le plus âgé des voyageurs, et nous sommes, comme vous le dites, très en retard. — Un départ précipité et de mauvais chemins en sont la cause; — mais heureusement nous pouvons encore profiter de cette barque. Faites-nous le plaisir de regarder notre passeport.

L'officier examina le papier qu'on lui offrait, avec son attention ordinaire, puis le tourna de plusieurs côtés comme si tout n'était pas en règle, mais d'un air qui exprimait le regret que les formalités n'eussent pas été remplies.

— Seigneur, votre passeport est tout à fait régulier pour ce qui regarde la Savoie et le Comté de Nice, mais il ne l'est pas pour Genève.

— Par saint François! ceci est pitoyable. Nous sommes d'honnêtes gentilshommes de Gênes, désirant assister aux fêtes de Vévey, dont on fait un grand éloge; notre seule envie est d'aller et de venir paisiblement; nous sommes arrivés tard, comme vous voyez. En descendant de voiture, nous avons appris qu'une barque allait partir pour l'autre extrémité du lac, nous n'avons pas eu le temps de remplir les formalités prescrites par les lois de votre ville. Tant de personnes suivent la même direction pour être témoins de ces antiques réjouissances, que nous avons regardé notre rapide passage à travers la ville comme trop peu important pour donner à ses employés l'ennui de parcourir nos papiers.

— Vous vous êtes trompé en ceci, seigneur; je ne puis laisser sortir personne sans la permission de la république.

— Cela est très-malheureux, pour ne pas dire plus. — Etes-vous le patron de la barque, mon ami?

— Et son propriétaire aussi, Signore, répondit Baptiste qui les écoutait, partagé entre la crainte et l'espérance. Je serais trop heureux de compter de si honorables voyageurs parmi mes passagers.

— Voudriez-vous alors différer votre départ, tandis que ce gentilhomme ira voir les autorités de la ville et obtenir la permission nécessaire? votre complaisance ne restera pas sans récompense.

En prononçant ces mots, le Génois laissa tomber dans une main bien accoutumée à de tels présents, un sequin de la célèbre république dont il était membre. L'or exerçait sur Baptiste une influence toute naturelle et, de plus, cultivée avec soin, et ce fut avec une répugnance bien sincère qu'il reconnut la nécesssité de ne pas mettre à profit dans cette circonstance une aussi bonne disposition. Tenant toujours le sequin, car il ne savait comment surmonter le chagrin qu'il éprouvait à s'en séparer, il répondit d'une manière assez embarrassée pour faire voir au Génois que sa libéralité n'était pas tout à fait perdue.

— Votre Excellence ne sait pas ce qu'elle demande, dit le patron en tournant la pièce entre ses doigts. Nos citoyens de Genève aiment à rester chez eux jusqu'au lever du soleil; ils auraient peur de se rompre le cou en marchant à tâtons dans leurs rues inégales; il se passera deux heures avant qu'un seul bureau ait ouvert ses fenêtres. Ensuite ces gens de la police ne sont pas, comme nous, heureux de gagner un morceau de pain quand le temps et l'occasion le permetttent. Leurs repas sont réguliers, et ils ne feront rien pour le service public avant d'avoir déjeuné. Le *Winkelried* souffrirait de rester oisif en écoutant siffler entre ses mâts ce vent frais de l'ouest, tandis que ce pauvre gentilhomme maudirait en vain à la porte de l'hôtel-de-ville la paresse des employés. Je connais ces drôles mieux que Votre Excellence; je crois qu'il faudrait penser à quelque autre expédient.

Baptiste jeta alors un coup d'œil si expressif sur le gardien de la porte d'eau, que le voyageur le comprit, et considéra le Génevois pendant quelques instants; mais plus exercé et plus habile peut-être que le batelier à juger les hommes, il refusa fort heureusement de se compromettre lui-même en cherchant à séduire l'officier. Si dans le cours de la vie on rencontre souvent des individus enchantés qu'une séduction vienne les tenter d'oublier leur devoir, on en voit aussi quelques uns qui ressentent une satisfaction bien plus douce à être jugés supérieurs à une telle influence. L'officier se trouvait faire partie de cette dernière classe, et, par une des nombreuses et bizarres vicissitudes du cœur humain, la même vanité qui l'avait porté à laisser passer *le Maledetto* pour ne pas montrer sa propre ignorance, lui inspirait à présent le désir de faire quelque chose d'agréable à l'étranger, en reconnaissance de la bonne opinion qu'il avait de sa probité.

— Voudriez-vous me permettre de regarder encore le passepont, seigneur? demanda le Génevois comme s'il espérait découvrir une garantie suffisante pour la permission que lui-même désirait accorder.

La recherche fut inutile. Peu importait que le plus âgé des Génois s'appelât le signor Grimaldi, et que son compagnon portât le nom de Marcelli. Il rendit le papier en secouant la tête comme un homme trompé dans ses espérances.

— Vous n'avez pas lu la moitié du contenu de cette feuille, dit Baptiste avec vigueur; un simple coup d'œil n'est pas suffisant pour la déchiffrer. Examinez-la encore, peut être trouverez-vous tout en règle. Il n'est pas raisonnable de supposer que ces seigneurs se soient mis en route avec des papiers suspects, comme de purs vagabonds.

— Il ne manque rien, excepté la signature de la ville, sans laquelle mon devoir ne me permet pas de laisser sortir aucun voyageur.

— Tout ceci vient, seigneur, de ce maudit art d'écrire qu'on a perfectionné depuis peu, et qui est une source d'abus. J'ai entendu nos vieux bateliers du Léman faire l'éloge du bon vieux temps : les caisses et les ballots allaient et venaient alors sans qu'un seul mot d'écrit fût tracé entre celui qui envoyait et celui qui portait; et à présent les choses en sont venues au point qu'un chrétien ne peut pas se transporter sur ses propres jambes sans la permission d'un barbouilleur.

— Nous perdons en vaines paroles un temps qui pourrait être mieux employé, reprit le signor Grimaldi. Ce passeport est heureusement dans la langue du pays; un seul regard lui fera obtenir l'approbation de l'autorité. Dites-moi seulement si vous pouvez attendre le temps nécessaire pour terminer cette petite affaire.

— Je ne le pourrais, lors même que Votre Excellence m'offrirait la couronne du Doge; les vents du Léman n'attendraient ni rois, ni nobles, ni évêque, ni prêtre; et mon devoir envers les passagers m'ordonne de quitter le port le plus tôt possible.

— Vous êtes très-chargé en effet, dit le Génois avec une légère méfiance en regardant la foule qui se pressait sur la barque. J'espère qu'en recevant tant de monde vous n'avez pas outrepassé les forces du bâtiment?

— J'en aurais diminué le nombre avec joie, seigneur; car tous ceux que vous voyez entassés au milieu des bagages ne sont que des drôles, bons seulement à causer de l'embarras, et à s'opposer au départ des gens qui paient mieux qu'eux-mêmes. Le noble Suisse qui est assis près de la poupe avec sa fille et ses gens, le digne Melchior de Willading, me donne pour son passage à Vévey beaucoup plus à lui seul que tous ces misérables ensemble.

Le Génois s'approcha du batelier avec une vivacité qui trahissait la soudaine émotion que ces paroles venaient d'exciter.

— Est-ce bien Willading! s'écria-t-il avec tout l'empressement qu'un homme beaucoup plus jeune aurait manifesté à la nouvelle inattendue d'un événement heureux, et Melchior aussi !

— Oui, seigneur, nul autre ne porte ce titre à présent ; on dit même que cette ancienne famille va s'éteindre. Je me souviens du temps où ce même baron était aussi prompt à lancer sa barque sur un lac agité, qu'aucun habitant de la Suisse.

— La fortune m'a réellement favorisé, cher Marcelli ! interrompit l'autre, en saisissant la main de son compagnon avec une profonde émotion. — Allez à la barque, maître, et dites à votre passager, — que dois-je dire à Melchior ? Faut-il lui apprendre que je suis ici, ou mettre à l'épreuve la sûreté de sa mémoire ? Par saint François, je veux l'essayer, Henri ; il sera plaisant de le voir hésiter et deviner — et cependant je gagerais ma vie qu'il me reconnaitra au premier regard : je suis vraiment peu changé pour un homme qui a vu tant de choses.

Le signor Marcelli baissa les yeux à cette opinion de son ami, mais ne jugea pas à propos de combattre une croyance produite par un vif souvenir de ses jeunes années. Baptiste fut envoyé sur-le-champ avec l'ordre de dire au baron qu'un noble étranger le priait de lui faire le plaisir de venir à l'instant à la porte d'eau.

— Dites-lui que c'est un voyageur contrarié dans son désir de s'embarquer, répéta le Génois, — ce sera assez ; — je connais sa courtoisie, et il ne serait pas mon Melchior, bon Marcelli, s'il différait une minute. Vous le voyez ! il quitte déjà la barque ; je ne l'ai jamais vu se refuser à un acte de bonté. — Cher, cher Melchior, tu es à soixante-dix ans ce que tu étais à trente !

Ici l'agitation du Génois ne connut plus de bornes ; rougissant de sa faiblesse, il s'éloigna pour en dérober les signes. Le baron de Willading s'avançait du côté de la porte d'eau, ne soupçonnant pas que sa présence fût désirée pour un autre motif qu'un simple acte de politesse.

— Baptiste m'a dit qu'il y avait ici des gentilshommes de

Gênes, qui sont pressés d'arriver aux fêtes de Vévey, dit ce dernier en se découvrant, et que je pourrais probablement contribuer à un départ qui me procurerait le plaisir de voyager avec eux.

— Je ne me ferai pas connaître avant que nous soyons bien embarqués, Henri, dit tout bas le signor Grimaldi; non, et même, par la messe! nous rirons à ses dépens tout à notre aise. Signore, dit-il en s'adressant au Bernois avec une tranquillité affectée, et s'efforçant de prendre les manières d'un étranger, quoique sa voix tremblât d'impatience, nous sommes à la vérité de Gênes, et nous désirons beaucoup partir dans votre barque. — Il est loin de penser que c'est moi qui lui parle, Marcelli! — Mais, Signore, il y a une petite omission dans les signatures de cette ville, et nous avons besoin d'une bienveillante protection, soit pour sortir, soit pour retenir la barque jusqu'à ce que la formalité exigée soit remplie.

— La cité de Genève, Seigneur, a besoin d'être sur ses gardes; elle est faible et entourée de dangers. J'ai peu d'espoir de parvenir à décider ce fidèle gardien à s'écarter des règles prescrites pour la barque; une petite libéralité aurait une grande influence sur l'honnête Baptiste, s'il ne craignait pas le changement de vent qui pourrait lui occasionner une perte considérable.

— Vous dites la vérité, noble Melchior, dit le batelier se mêlant de la conversation; si le vent était debout, ou si la matinée était moins avancée de deux heures, ce léger délai ne coûterait pas aux étrangers un batz, c'est-à-dire rien qui ne fût raisonnable. Mais dans l'état des choses, je n'ai pas vingt minutes à perdre, lors même qu'il s'agirait de tous les magistrats de la ville en propre personne.

— Je regrette vivement qu'il en soit ainsi, Signore, reprit le baron se tournant vers le solliciteur avec les égards qu'emploient les hommes accoutumés à adoucir leur refus par la politesse la plus exquise; mais ces bateliers semblent connaître avec certitude le moment précis où tout retard deviendrait nuisible.

— Parbleu! Marcelli, je veux l'éprouver un peu; moi, je l'aurais reconnu sous un déguisement de carnaval. Signore baron, nous sommes de pauvres gentilshommes italiens, de Gênes, il est vrai: vous avez sans doute entendu parler de notre république, du petit État de Gênes.

— Sans avoir de grandes prétentions à la science, Signore,

répondit Melchior en souriant, je n'ignore pas tout à fait l'existence d'un tel État. Vous ne pourriez nommer aucune cité sur la côte de la Méditerranée qui fît battre mon cœur aussi vite que la ville dont vous parlez ; mes heures les plus heureuses se sont en grande partie écoulées dans ses murs, et souvent, même dans ces derniers jours, je crois revivre en me rappelant cette période de bonheur. Si nous avions plus de loisir, je prouverais ce que j'avance en citant d'honorables noms qui sont sans doute familiers à votre oreille.

— Quels sont-ils, signor baron ? — Pour l'amour des saints et de la Vierge, dites-les moi, je vous en conjure.

Un peu étonné de cette ardente prière, Melchior de Willading regarda avec attention cette figure sillonnée de rides profondes, et pendant un instant, une espèce d'incertitude se peignit sur ses propres traits.

— Rien ne me serait plus facile, Signore, que d'en nommer plusieurs. Le premier dans mon souvenir, comme il l'est toujours dans ma tendresse, est Gaëtano Grimaldi. Je ne doute pas que vous n'en ayez, tous deux, souvent entendu parler.

— Sûrement, sûrement ! c'est..... — Je pense, Marcelli, que nous pouvons dire que nous avons souvent entendu parler de lui, et ce n'était pas d'une manière défavorable. Bien ! que pensez-vous de ce Grimaldi ?

— Il est tout simple que vous désiriez causer de votre noble compatriote, Signore ; mais si je cédais au plaisir que je ressens à parler de Gaëtano, je craindrais que l'honnête Baptiste n'eût quelques raisons de se plaindre.

— Que le diable emporte Baptiste et sa barque, Melchior ! Cher, très-cher ami ! m'as-tu donc oublié ?

En prononçant ces mots, le Génois lui tendait les bras. Le baron était troublé, mais si loin encore de soupçonner la vérité, qu'il n'aurait pu rendre raison de l'émotion qu'il éprouvait : contemplant attentivement les traits agités du vieillard, ses souvenirs semblaient errer dans le passé ; mais l'image qu'ils lui présentaient prolongeait son erreur.

— Tu ne me reconnais pas, Willading ? Peux-tu méconnaître l'ami de ta jeunesse ? — celui qui a partagé tes joies et tes chagrins ? — ton camarade dans les camps ? — Veux-tu plus encore ? — le confident de ton affection la plus chère ?

— Gaëtano seul peut réclamer de tels titres !

— Suis-je donc un autre ? — Ne suis-je plus ton Gaëtano, cet ami que tu as tant chéri ?

— Vous, Gaëtano ! s'écria le baron, en reculant d'un pas au lieu de s'avancer pour recevoir les tendres embrassements du Génois qui avait conservé toute l'impétuosité de la jeunesse ; vous, le brave, l'actif, le beau Grimaldi ! Signore, vous vous jouez de l'émotion d'un vieillard.

— Ce n'est pas moi qui te trompe, j'en atteste nos saints mystères ! Ah ! Marcelli, comme autrefois, il est difficile à persuader ; mais dès qu'il est convaincu, le serment d'un prêtre n'est pas plus sûr que sa parole. — Si quelques rides suffisent pour nous faire douter l'un de l'autre, tu pourrais aussi trouver des objections contre ta propre identité. Je suis Gaëtano, le Gaëtano de tes jeunes ans, — l'ami que tu n'as pas vu depuis si longtemps !

Le baron hésitait encore ; peu à peu, chaque trait lui rappela un souvenir, et la voix surtout dissipa tous ses doutes ; mais comme les caractères froids sont ceux qui exercent le moins d'empire sur eux-mêmes lorsqu'une fois ils sont émus, l'agitation du baron parut la plus vive quand sa propre conviction vint enfin confirmer les paroles de son ami ; il se précipita au cou du Génois, posa sa tête sur sa poitrine, et l'inonda de larmes qui s'échappaient avec violence d'une source que, depuis longtemps, il croyait tarie.

CHAPITRE III.

> Ah ! cousin, silence, que n'as-tu vu ce que ce
> chevalier et moi nous venons de voir !
> SHAKESPEARE. *Henri IV.*

LE prudent Baptiste avait suivi patiemment, avec une profonde satisfaction, les différents progrès de la scène que nous venons de décrire ; dès qu'il vit les étrangers assurés de la puissante protection de Melchior de Willading, il se disposa à en tirer parti, pour son propre compte, sans plus de délai. Les deux amis se serraient les mains, après un embrassement plus tendre encore que le premier ; des larmes coulaient sur leurs joues sillonnées par l'âge, lorsqu'il s'approcha.

— Nobles seigneurs, dit-il, si les félicitations d'un pauvre batelier sont dignes de vous être offertes, je vous supplie de les accepter ; mais les vents sont insensibles, ils s'inquiètent peu de nous faire perdre ou gagner ; et je suis obligé, comme patron de la barque, de rappeler à vos seigneuries que nous sommes attendus par beaucoup de voyageurs qui sont loin de leur demeure et de leurs familles ; et je ne parle pas du pèlerin et de ces autres aventuriers qui s'impatientent sans doute, mais dont le respect lie la langue tandis que nous perdons les moments les plus favorables de la journée.

— Par saint François, il a raison, dit le Génois en se hâtant de faire disparaître les traces de sa récente émotion. La joie de nous revoir nous a fait oublier tous ces pauvres gens, il est temps que nous y pensions. Peux-tu m'aider à être dispensé de cette signature ?

Le baron réfléchit : l'on peut facilement imaginer que, s'il était disposé à obliger même un étranger qui se trouvait dans une position embarrassante, sa bonne volonté n'avait pas diminué en découvrant en lui son ami le plus cher ; mais réussir n'était pas facile ; l'officier s'était prononcé d'une manière trop publique pour qu'il fût probable qu'il voulût céder ; il fallait cependant essayer, et le baron lui adressa les plus vives instances.

— Il n'y a pas un seul de nos syndics que j'obligeasse avec plus de plaisir que vous, noble baron, mais ceci passe mon pouvoir, répondit l'officier ; la sentinelle ne peut qu'obéir strictement aux ordres de ceux qui l'ont placée à son poste.

— Ce n'est pas nous qui nous plaindrons d'une telle réponse, Gaëtano ; nous avons passé ensemble trop de jours dans la tranchée, nous avons trop souvent dormi dans des situations où la plus légère faute de discipline aurait pu nous coûter la vie, pour quereller ce brave homme de sa ponctuelle vigilance. Puis il faut convenir qu'on ne réussit guère à ébranler la fidélité d'un Suisse ou d'un Génevois.

— D'un Suisse bien payé pour être fidèle, répondit le Génois en riant d'un air qui prouvait assez qu'il venait de répéter une de ces plaisanteries un peu mordantes que les meilleurs amis sont peut-être les plus sujets à s'adresser ; le baron la prit en bonne part, et, prouva par sa réponse que l'allusion lui rappelait ce temps où leurs heures oisives s'écoulaient au milieu des élans d'une douce gaieté.

— Si nous étions dans ton Italie, Gaëtano, un sequin suffirait, non seulement pour suppléer à douze signatures, mais, par san Francesco, ton favori, il donnerait encore à l'honnête gardien ce don de seconde vue dont s'enorgueillissent, dit-on, les devins écossais.

— Nos deux patries resteront ce qu'elles sont, en dépit de nos discussions; mais les jours que nous avons vus ne reviendront plus! Nous ne serons plus ce que nous avons été, cher Melchior!

— Un million de pardons, Signore, interrompit Baptiste. Mais ce vent d'ouest surpasse en inconstance les désirs mêmes de la jeunesse.

— Le coquin est encore dans son droit : nous oublions cette fournée de passagers dont nous retardons le départ et qui vraiment nous verraient avec plaisir dans le sein d'Abraham. — Bon Marcelli, avez-vous quelque expédient pour nous tirer d'embarras?

— Vous oubliez, Signore, que vous possédez un papier qui pourrait suffire, répondit avec déférence la personne interrogée, et qui paraissait occuper un rang intermédiaire dans la société.

— C'est vrai, — et cependant j'aurais préféré ne pas le montrer, — mais il vaut mieux faire ce sacrifice que d'être séparé de toi, Melchior.

— Ne prononce pas ces mots! nous ne nous quitterons pas, dût *le Winkelried* périr à cette même place; il serait plus facile de séparer nos fidèles cantons, que des amis tels que nous.

— Vous ne pensez plus, noble baron, à la fatigue des pèlerins et à l'impatience des voyageurs.

— Si vingt couronnes peuvent acheter ton consentement, honnête Baptiste, l'affaire sera terminée.

— Il est impossible de résister, noble Signore! — Si les pèlerins ont mal aux pieds, le repos leur vaudra mieux que le passage des montagnes, et pour les autres, ils quitteront la barque si cela leur convient. Je ne gêne personne.

— Non, non, je n'y consens pas; garde ton argent, Melchior, et que l'honnête Baptiste garde ses passagers, pour ne rien dire de sa conscience.

— Je supplie Votre Excellence, interrompit Baptiste, de ne pas s'inquiéter pour moi. Je suis prêt à faire des choses beaucoup plus difficiles pour obliger ce généreux seigneur.

— N'en parlons plus.—Voudriez-vous, Signore, avoir la bonté de jeter un coup d'œil sur cette feuille?

Le Génois remit alors à l'officier un papier qu'il n'avait pas encore montré : celui-ci lut d'abord attentivement, mais quand il fut arrivé à la moitié, il leva les yeux, et considéra avec une respectueuse attention les traits de l'Italien ; la lecture terminée, il se découvrit, s'inclina profondément, et laissa le passage libre aux étrangers, en disant :

— Il n'y aurait pas eu le moindre délai si j'avais su plus tôt ce que je viens d'apprendre ; j'espère que Votre Excellence voudra bien me pardonner ; j'ignorais.....

— Pas un mot sur cela, mon ami, vous avez agi comme vous le deviez ; recevez, je vous prie, ce léger gage de mon estime.

Le Génois laissa tomber un sequin dans la main de l'officier en le quittant pour s'avancer vers le lac. Cette seconde offrande fut mieux accueillie que la première, car la répugnance du Génevois à recevoir quelques pièces d'or lui était plutôt inspirée par la crainte de blesser son devoir que par une aversion particulière pour ce métal.

Le baron de Willading n'avait pas vu sans surprise le succès inattendu de son ami ; mais il était à la fois trop prudent et trop poli pour laisser pénétrer l'étonnement qu'il éprouvait.

Rien ne s'opposant plus au départ du *Winkelried*, Baptiste et tout l'équipage s'occupèrent à déployer les voiles et à lâcher les câbles. Le mouvement de la barque fut d'abord très-lent, le vent étant intercepté par les monuments de la ville ; mais, à mesure qu'elle s'éloigna de la côte, les voiles commencèrent à s'enfler, et se gonflèrent bientôt avec un bruit semblable à l'explosion d'une arme à feu. Dès ce moment, le *Winkelried* glissa sur les flots avec une rapidité qui consola les voyageurs de la longue attente qui avait presque épuisé leur patience.

Dès qu'on fut embarqué, Adelheid apprit ce qui venait de se passer. Depuis longtemps elle connaissait, par les récits de son père, le nom et l'histoire du signor Grimaldi, de ce noble Génois, l'ami dévoué, le compagnon inséparable de Melchior de Willading, quand celui-ci suivait en Italie la carrière des armes. Tout ce qui était relatif à leur liaison avait pour Adelheid une couleur historique, et précédait de beaucoup sa naissance et même le mariage de ses parents, dernier gage de leur union, elle était aussi le seul reste d'une nombreuse famille. Le vieillard fut accueilli par elle avec affection, quoiqu'elle éprouvât presque autant de difficulté que son père à reconnaître, sous ses traits où le temps avait laissé de profondes traces, le jeune, le gai, le brillant Gaëtano, que son imagination lui représentait toujours tel que l'amitié le dépeignait dans des narrations souvent répétées. Mais quand il s'approcha pour l'embrasser, elle rougit; aucun homme, si ce n'est son père, n'avait encore pris une telle liberté; après un moment d'hésitation naïve, elle présenta une de ses joues en souriant et rougissant tout à la fois.

— Je n'ai pas reçu de tes nouvelles, Melchior, depuis la lettre que m'apporta l'ambassadeur suisse qui traversa Gênes en allant dans le midi ; elle m'apprenait la naissance de ta fille.

— Non, pas de celle-ci, cher ami, mais d'une sœur aînée, qui depuis longtemps est un ange dans le ciel. Tu vois le neuvième enfant que Dieu m'a accordé, et le seul que sa bonté m'ait laissé.

Un nuage obscurcit le front du signor Grimaldi, et un long silence suivit ces derniers mots. Ils vivaient dans un siècle où les communications entre amis séparés par les frontières de différents États étaient rares et incertaines. Leurs rapports interrompus dans les premiers temps de leur mariage, continués ensuite malgré tous les inconvénients inhérents à cette époque, ne cessèrent même pas lorsque le devoir les appela dans des carrières différentes ; mais les nombreux changements qu'amènent les années, joints à des guerres successives, avaient enfin presque entièrement rompu la chaîne de cette correspondance. Ils avaient donc mutuellement beaucoup de choses à se dire ; mais tous deux craignaient de s'interroger de peur qu'une question indiscrète ne vînt rouvrir une blessure trop récente encore. La quantité de faits renfermés dans le peu de paroles prononcés par le baron, venaient de leur montrer en combien de manières ils pouvaient s'affliger involontairement, et combien la circonspection était nécessaire dans les premiers jours de leur réunion.

— Cette jeune fille est à elle seule un trésor dont je puis t'envier la possession, reprit enfin le signor Grimaldi.

Le Suisse fit un geste qui trahit sa surprise : il était évident que dans cet instant il était plus ému par un sentiment relatif à son ami, que par la crainte qui l'agitait ordinairement quand on faisait une allusion directe à son unique enfant.

— Gaëtano, tu as un fils?
— Il est perdu; — irrévocablement perdu, — pour moi du moins.

C'étaient de fugitives mais pénibles lueurs répandues sur leurs mutuels chagrins; un silence d'embarras et de tristesse leur succéda, et le baron, en observant la profonde douleur de son ami, sentit se glisser dans son cœur la pensée que la Providence, en le condamnant à pleurer sur la mort prématurée de ses propres enfants, lui avait peut-être épargné des larmes bien amères.

— Dieu l'a voulu, Melchior, continua l'Italien, et nous devons, comme soldats, comme hommes, et plus encore comme chrétiens, nous soumettre à sa volonté.

— La lettre dont je parle contenait les dernières nouvelles directes que j'ai reçues de ton intérieur; depuis, plusieurs voyageurs m'ont cité ton nom parmi ceux des hommes les plus honorables et les plus estimés de ton pays, mais sans entrer dans aucun détail de ta vie privée.

— La solitude de nos montagnes, et le peu d'étrangers qui visitent la Suisse, m'ont privé même de cette légère satisfaction. Je n'ai rien reçu de toi depuis le courrier envoyé, suivant une ancienne convention, pour m'annoncer.....

Le baron hésita, il sentait qu'une corde sensible allait encore vibrer:

— Pour annoncer la naissance de mon malheureux fils, continua avec fermeté le signor Grimaldi.

— Depuis cet événement tant désiré, les nouvelles que j'ai eues de toi étaient si vagues, qu'elles servaient plutôt à exciter l'envie d'en savoir davantage qu'à apaiser les inquiétudes de l'amitié.

— Ces incertitudes sont le tribut que les amis paient à l'absence. Autrefois nous jouissions de toutes les affections avec la sécurité de l'espérance; mais quand nos devoirs ou nos intérêts nous ont séparés, nous avons commencé à sentir que ce monde n'était pas le ciel que nous avions rêvé, et que chaque plaisir a sa peine, comme chaque douleur sa consolation. As-tu servi depuis que nous combattions ensemble?

— Comme Suisse seulement.

Cette réponse fit briller un éclair de gaieté dans les yeux de l'Italien, dont l'expression était aussi rapide que ses pensées.

— Au service de quelle nation?

— Trêve à tes anciennes plaisanteries, mon bon Grimaldi, — et cependant je ne t'aimerais pas comme je t'aime, si tu n'étais pas ce que tu es! Je crois que nous finissons par chérir les faiblesses mêmes de ceux que nous estimons véritablement.

— Il faut bien qu'il en soit ainsi, Madame, ou de puériles folies auraient depuis longtemps éloigné votre père de moi. Je ne l'ai jamais épargné sur les neiges et sur l'argent! il a tout supporté avec une merveilleuse patience. Il est vrai que celui qui aime beaucoup souffre beaucoup. Le baron vous a-t-il souvent parlé du vieux Grimaldi, du jeune, devrais-je dire?

— Si souvent, Signore, répondit Adelheid qui avait souri et pleuré tour à tour en écoutant leur entretien, que je pourrais vous répéter une partie de votre propre histoire. Le château de Willading est au milieu des montagnes, il est rare que ses portes s'ouvrent pour recevoir un étranger. Durant les longues soirées de nos rudes hivers, j'ai prêté une oreille attentive aux récits de vos communes aventures; et j'ai appris non seulement à connaître, mais à honorer celui qui est à juste titre si cher à mon père.

— Je ne doute pas alors que vous ne sachiez par cœur l'anecdote du plongeon dans le canal, pour apercevoir la belle Vénitienne.

— Je me rappelle quelque chose de semblable, répondit Adelheid en souriant.

— Et votre père vous a-t-il dit aussi de quelle manière sa brillante valeur vint m'arracher à une mort certaine au milieu d'une charge de la cavalerie impériale?

— J'ai aussi entendu quelques légères allusions à cet événement reprit Adelheid en paraissant chercher à se rappeler les détails de cette affaire, mais........

— Il en a parlé comme d'une bagatelle? Je désire ne voir rien d'aussi sérieux. Est-ce là l'impartialité de tes narrations, mon bon Melchior? et crois-tu qu'une vie sauvée, des blessures reçues, et une charge à rendre les Allemands aussi pacifiques que des cailles, sont des choses qui ne valent pas la peine d'être racontées?

— Si j'ai été assez heureux pour te rendre ce service; n'avons-nous pas déjà devant Milan.....?

— Bien, bien, tout cela peut aller ensemble. N'en parlons plus, car si nous nous mettions à bavarder sur les louanges l'un de l'autre, cette jeune fille pourrait nous prendre pour de vrais fanfarons ; ce serait juste. As-tu conté à ta fille, Melchior, notre folle excursion dans la forêt des Apennins, pour chercher la dame espagnole dont les bandits s'étaient emparés ; entreprise qui nous fit mener pendant plusieurs semaines la vie de chevaliers errants, tandis que l'offre de quelques sequins faite à propos par le mari aurait rendu complètement inutile cette chevaleresque, pour ne pas dire ridicule, expédition.

— Dites chevaleresque, mais non ridicule, répondit Adelheid avec la simplicité d'un cœur jeune et sincère : j'ai entendu parler de cette aventure, elle ne m'a jamais paru risible. Un motif généreux pouvait excuser une tentative commencée sous des auspices aussi favorables.

— Ah! il est fort heureux, reprit d'un air pensif le signor Grimaldi, lorsque la jeunesse et des opinions exagérées vous ont entraîné à des extravagances sous prétexte d'honneur et de générosité, qu'il se trouve toujours de jeunes et généreux esprits qui partagent vos sentiments et approuvent vos folies.

— Ceci est plus digne d'une prudente tête grise que du bouillant Grimaldi que j'ai connu jadis, s'écria le baron tout en riant comme s'il ressentait au moins une partie de l'indifférence de son ami pour des sentiments qui avaient exercé tant d'influence sur leurs premières années. J'ai vu le temps où les seuls mots politique et calcul t'auraient éloigné d'un ami.

— On dit que le prodigue de vingt ans devient avare à soixante-dix. Il est certain aussi que notre soleil même du midi ne peut réchauffer le sang glacé par l'âge. Mais il ne faut pas ternir ainsi l'avenir de ta fille par une peinture trop fidèle, laissons-lui ses illusions. Je me suis souvent demandé, Melchior, quel était le don le plus précieux, d'une vive imagination ou d'une froide raison. Il me serait moins difficile de dire celui que j'aimerais mieux posséder ; chacun aurait à son tour la préférence, ou plutôt je les souhaiterais tous deux, mais avec un changement graduel dans leur intensité. Le premier l'emporterait à l'aurore de la vie, et céderait à l'autre vers le soir, car celui qui débute comme un froid raisonneur, finit par devenir égoïste, et quand l'imagination est notre seul guide, l'esprit, échauffé par ses rayons, risque de prendre ses chimères pour des réalités. Si le ciel avait daigné me laisser le fils chéri qui m'a été si promptement ravi, j'aurais préféré qu'il jugeât les hommes trop favorablement au lieu de les examiner avec une philosophie prématurée; l'expérience serait venue ensuite dissiper ses généreuses illusions. On dit que nous sommes d'argile; mais la terre, avant d'être cultivée, produit d'elle-même les plantes le plus en rapport avec son sol; elles sont, il est vrai, de peu de valeur, et cependant j'aime mieux ces productions générales et spontanées qui prouvent la fertilité du terrain, que cette mesquine imitation que la culture a rendue plus utile sans doute, mais non plus agréable.

Le front du Génois devint plus sombre encore par cette allusion au fils qu'il avait perdu. — Vous voyez, Adelheid, continua-t-il après un court silence (je veux vous appeler ainsi en vertu des droits d'un second père), que nous cherchons à excuser nos folies, au moins à nos yeux. — Maître, votre barque me paraît bien chargée.

— J'en demande pardon à Vos Seigneuries, répondit Baptiste qui se tenait au gouvernail près du groupe de ses principaux passagers; mais de telles aubaines arrivent rarement aux pauvres gens, on ne peut pas les laisser échapper. Les jeux de Vévey ont réuni une foule de barques dans la partie supérieure du lac; et un peu de l'esprit de ma mère m'a inspiré de me confier au dernier tour de roue; vous voyez, Seigneur, que je n'ai pas tiré un billet blanc.

— Beaucoup d'étrangers ont-ils traversé Genève pour assister aux fêtes?

— Plusieurs centaines, Seigneur, et l'on porte à plusieurs mille ceux qui sont à Vévey et dans les villages environnants. Le pays de Vaud n'a pas eu, depuis bien des années, une si riche moisson.

— Nous sommes bien heureux, Melchior, que le désir d'assister à ces fêtes nous soit venu au même moment. Si j'ai quitté Gênes, où je dois retourner dans une quinzaine, c'était surtout dans l'espérance d'obtenir quelques renseignements certains sur la position; mais notre rencontre est un bienfait de la Providence.

— Je la regarde bien ainsi, reprit le baron de Willading; cependant l'espérance de te serrer bientôt dans mes bras était fortement éveillée en moi. Tu te trompes sur le motif qui m'a fait sortir de ma solitude; ce n'est ni la curiosité, ni le désir d'aller à Vévey; l'Italie est le but de mon voyage, comme elle est, depuis longtemps celui de tous mes désirs.

— Comment! l'Italie?

— Oui, il Italie. Cette plante fragile de la montagne languit depuis peu de temps dans son air natal; d'habiles médecins m'ont conseillé de lui chercher un abri au-delà des Alpes. J'ai promis à Roger de Blonay de passer une nuit ou deux dans son antique manoir; nous irons ensuite demander l'hospitalité aux moines de Saint-Bernard. Comme toi, j'espérais que cette course inusitée me fournirait les moyens de connaître la destinée présente de celui que je n'ai jamais cessé d'aimer.

Le signor Grimaldi tourna alors un regard plus attentif sur leur compagne de voyage. Sa douce et attrayante beauté le charma; mais une sollicitude éveillée par les paroles qui venaient d'échapper au baron lui fit remarquer, avec une silencieuse douleur, les signes de cette langueur prématurée qui menaçait d'envelopper cette dernière espérance de son ami dans le destin commun de sa famille. La souffrance n'avait cependant pas encore placé son sceau redoutable sur la douce figure d'Adelheid d'une manière qui pût frapper un observateur ordinaire. L'altération de sa fraîcheur, la mélancolique expression de son regard, une légère apparence de rêverie sur un front qui avait toujours été aussi serein que le jour le plus pur, tels étaient les symptômes qui avaient alarmé son père, que des pertes récentes, et un éloignement presque absolu du monde, ne rendaient que trop accessible à de douloureuses prévisions. Les réflexions excitées par cet examen réveillèrent de pénibles souvenirs, et, pendant longtemps, ils s'y abandonnèrent en silence.

Cependant le *Winkelried* n'était pas oisif. La force de la brise se faisait sentir, et sa course devenait plus rapide à mesure qu'il s'éloignait de Genève ; mais les hommes de l'équipage, en observant sa marche sur l'élément liquide, ne pouvaient s'empêcher d'exprimer, par des gestes assez significatifs, leur conviction que la force du bâtiment avait été surpassée. La cupidité de Baptiste n'avait pas consulté, il est vrai, la capacité de sa barque. L'eau était presque sur la même ligne que sa partie la plus basse, et lorsqu'on fut arrivé au point du lac où les vagues commencent à se faire sentir, son poids se trouva trop considérable pour être soulevé par les efforts faibles et interrompus de cet océan en miniature. Les conséquences, néanmoins, en furent plus gênantes que dangereuses. Quelques passagers, trop remuants, eurent les pieds mouillés; et la vague, en frappant de temps en temps sur le passe-avant, lança une légère écume sur la masse de têtes qui étaient réunies au milieu de la barque. Les inconvénients personnels et immédiats ne s'étendirent pas plus loin; mais la faute qu'un inexcusable amour du gain avait fait commettre à Baptiste avait un autre résultat plus fâcheux, celui de ralentir la marche du bâtiment, et de l'empêcher d'arriver au port avant la chute de la brise.

Le lac de Genève s'étend du sud-ouest au nord-est, sous la forme d'un croissant : ses rives septentrionales, situées sur le territoire helvétique, et surtout celles qui sont appelées, dans le langage du pays, *côte* ou pente cultivée, sont couvertes, à peu d'exceptions près, de vignobles renommés. Suivant la tradition la plus reculée, on y voit aussi plusieurs vestiges de colonies romaines; la confusion, ainsi que le mélange d'intérêts divers qui succéda à la chute de l'empire, y fit élever, dans le moyen-âge, un grand nombre de castels, de monastères et de forteresses, qui subsistent encore sur les bords de cette belle nappe d'eau, ou qui embellissent les éminences qui l'entourent. A l'époque dont je parle, la côte du Léman, si une telle expression peut s'appliquer aux rives d'un lac, était possédée par les trois États de Genève, de Savoie et de Berne : le premier avait seulement une portion de terrain à l'ouest, ou la pointe la plus basse du croissant; le second occupait presque tout le côté nord, ou la cavité de la demi-lune; et le dernier possédait toute la partie convexe et la pointe qui s'étend à l'orient. On aperçoit, sur les rives helvétiques, les pointes avancées des Hautes-Alpes, et au milieu d'elles le Mont-Blanc, qui s'élève majestueusement comme un souverain entouré d'une cour brillante; souvent aussi des rochers s'élancent hors de l'eau en masses perpendiculaires. Aucun des lacs de cette remarquable contrée n'offre des paysages plus variés que celui de Genève, qui change le riant aspect des riches et fertiles plaines qui se déploient dans sa partie intérieure contre les beautés sévères de la nature sauvage et sublime de ses parties les plus élevées. Le port de Vévey, destination du *Winkelried*, est à trois lieues du sommet du lac, point où le Rhône se mêle aux eaux azurées du Léman; il en sort bientôt, traverse Genève, et dirige sa course impétueuse vers la Méditerranée, à travers les riches campagnes de la France.

Tous ceux qui ont navigué sur des lacs, situés au milieu de hautes et inégales montagnes, savent que les vents y sont encore plus inconstants que partout ailleurs. C'est là ce qui inquiétait le plus Baptiste, durant les retards qu'avait éprouvés *le Winkelried;* car le batelier expérimenté savait bien qu'il avait besoin des premiers et des plus libres efforts du vent pour conduire la brise de terre, comme l'appellent les matelots, contre les courants opposés qui descendent fréquemment des montagnes dont le port est entouré. La forme du lac vient augmenter la difficulté. Il est rare que les vents soufflent dans la même direction sur toute la surface. Des espèces de tourbillons s'engouffrent dans le vallon, et vont se perdre entre les rochers. Il est très-rare que le même vent favorise un bâtiment depuis l'embouchure du Rhône jusqu'à son issue.

Les passagers du *Winkelried* s'aperçurent bientôt qu'ils avaient perdu un temps précieux. La brise les porta assez rapidement en vue de Lausanne; mais là l'influence des montagnes commença à se faire sentir; et lorsque le soleil s'inclina vers la longue et noire chaîne du Jura, le bâtiment était réduit à l'ordinaire expédient de lever et baisser les voiles.

Baptiste ne pouvait accuser de ce désappointement que sa propre cupidité, et sa mauvaise humeur s'augmentait par la conviction que, s'il était parti au point du jour comme il l'avait promis le soir précédent à la majeure partie des passagers, il serait à présent à même de faire son profit du concours d'étrangers réunis à Vévey; mais, suivant l'usage des hommes opiniâtres et intéressés qui exercent quelque autorité, il faisait payer aux autres la faute que lui seul avait commise; vexant l'équipage par des ordres inutiles et contradictoires, accusant les passagers inférieurs de les exécuter avec négligence, faute qui, disait-il, avait seule empêché la barque de naviguer avec sa vitesse accoutumée; et bientôt même il ne répondit plus aux questions accidentelles de ceux qu'il avait l'habitude de respecter, avec la déférence et la promptitude qu'il avait montrées jusqu'alors.

CHAPITRE IV.

Trois à toi, trois à moi, et trois encore font neuf.
SHAKSPEARE. *Macbeth*.

Le vent léger qui se jouait autour du *Winkelried* le laissait presque immobile, et ce ne fut qu'en donnant la plus grande attention à l'arrangement des voiles et en employant toutes les petites ressources des bateliers, qu'on parvint à entrer dans la pointe orientale au moment où le soleil atteignait la sombre ligne du Jura. Le vent tomba tout à fait, la surface du lac devint semblable à un miroir; il ne fut plus possible d'avancer. Les hommes de l'équipage, totalement découragés et fatigués des manœuvres précédentes, allèrent se coucher au milieu des bagages, et tâchèrent de dormir en attendant la brise nord qui, dans cette saison de l'année, s'élève d'ordinaire une heure ou deux après le coucher du soleil.

Les passagers prirent alors libre possession du pont; la chaleur, accablante pour cette époque de l'année, avait été rendue plus insupportable par la réflexion continuelle des rayons du soleil; et les voyageurs, pressés, presque étouffés, se sentirent renaître en respirant l'air frais du soir. L'effet produit par ce changement ressembla à celui qu'on observe sur un troupeau de moutons qui, après avoir en vain cherché un abri sous le feuillage durant l'ardeur du jour, se dispersent joyeux dans la prairie dès que le serein vient rafraîchir leurs flancs haletants.

Baptiste, comme cela n'arrive que trop aux hommes qui possèdent une autorité passagère, avait tyrannisé sans pitié les passagers d'un rang inférieur, et plus d'une fois même menacé des dernières violences ceux qui manifestaient trop ouvertement l'impatience qu'ils ressentaient d'une position si incommode et pour eux si inusitée; personne peut-être n'est moins sensible aux plaintes d'un novice que le marin accoutumé à braver les tempêtes, familiarisé avec les souffrances et la contrainte d'un vaisseau; libre de s'en distraire par les devoirs qu'il a à remplir et par les obstacles même qu'il rencontre, il peut à peine comprendre les privations et la gêne que ressent celui pour qui tout est si nouveau et si pénible. Mais dans le patron du *Winkelried*, une naturelle indifférence pour les souffrances des autres, et le plus étroit égoïsme, étaient venus corroborer les opinions inspirées par une vie de fatigues et de dangers. Il considérait les passagers vulgaires comme la cargaison la plus incommode ; elle lui rapportait, il est vrai, un peu plus que le même poids de matières inanimées, mais elle avait la désagréable faculté d'exprimer une volonté, et de changer de place. Malgré la jouissance qu'il paraissait prendre à effrayer ainsi ceux qui l'entouraient, l'adroit batelier faisait une silencieuse exception en faveur de l'Italien, qui s'est fait connaître lui-même au lecteur sous le nom de *Maledetto* ou le maudit. Ce formidable personnage avait employé un procédé très-simple et très-paisible pour se mettre à l'abri des effets de la tyrannie de Baptiste : au lieu d'être intimidé par ses farouches regards, de céder à ses grossières remontrances, il choisit le moment où il se livrait à la plus violente colère, où les malédictions et les menaces s'échappaient en torrents de ses lèvres, pour venir se placer tranquillement à l'endroit même dont Baptiste défendait l'approche ; il s'y établit avec un calme et un maintien qui pouvaient être également attribués à une extrême simplicité ou à un inexprimable mépris. C'est ainsi du moins que raisonnèrent les spectateurs ; quelques uns pensèrent que l'étranger cherchait à sortir de tout embarras en bravant ainsi la furie du patron, et d'autres supposèrent charitablement qu'il ne savait pas ce qu'il faisait : mais Baptiste fut d'un avis différent. Il lut dans le regard assuré et la ferme contenance de son passager un si profond dédain pour ses exigences, ses ruses et ses menaces, qu'il évita de lutter avec un tel homme, par le même sentiment qui portait les timides voyageurs à ne rien lui contester à lui-même. De ce moment, il *Maledetto* ou Maso, ainsi qu'il était appelé même par Baptiste, qui voulait paraître ne pas ignorer entièrement ce qui le concernait, fut aussi maître de ses mouvements que s'il avait été le personnage le plus honorable de la barque ; mais il n'abusait pas de ses avantages, et quittant rarement le poste qui lui était assigné près de sa valise, il semblait satisfait de rester dans une insouciante indolence, et, comme ses compagnons, il sommeillait de temps en temps.

Mais la scène avait tout à fait changé de face. Le patron,

naguère si exigeant, si querelleur, et à présent si malheureux, parce qu'il était trompé dans ses espérances, avoua qu'il lui était impossible d'arriver au port avant la brise de la nuit, et il se jeta sur une malle pour cacher son chagrin en feignant de dormir. On vit alors une multitude de têtes se lever successivement du milieu des ballots; les corps suivirent bientôt la même impulsion, et la barque se trouva remplie d'êtres animés.

L'excitante fraîcheur de l'air, le calme du soir, la perspective d'une arrivée heureuse, sinon très-prompte, et le repos après une fatigue excessive, produisirent une réaction aussi soudaine qu'agréable dans les dispositions des passagers.

Le baron de Willading et son ami, qui n'avaient ressenti aucun des inconvénients dont je viens de parler, partagèrent cet élan général de satisfaction et de bien-être, et ils encourageaient par leur affabilité et leur sourire plutôt qu'ils ne contraignaient par leur présence les plaisanteries et les bons mots des différents individus qui composaient la masse bizarre de leurs compagnons inconnus.

Nous devons décrire à présent avec plus de détails l'aspect et la position de la barque, ainsi que les caractères de ceux qui se trouvent à son bord. La manière dont le bâtiment était chargé jusqu'à fleur d'eau a déjà été mentionnée plus d'une fois. Tout le centre du grand-pont, partie du *Winkelried* qui, par la saillie du passe-avant, avait une étendue plus considérable que ne l'ont partout ailleurs les vaisseaux du même tonnage; ce qui, au reste, lui était commun avec toutes les autres barques du Léman, se trouvait si encombré par la cargaison, que l'équipage ne pouvait aller de l'avant à l'arrière qu'en montant parmi les caisses et les ballots entassés à une hauteur qui surpassait la taille d'un homme. On avait réservé près de la poupe un étroit espace dans lequel les personnes qui occupaient cette partie du pont pouvaient se mouvoir, quoique dans des limites assez rétrécies, tandis que, par derrière, la large barre du gouvernail s'agitait dans son demi-cercle. A l'autre extrémité, le gaillard d'avant était suffisamment libre, chose tout à fait indispensable; mais cette partie si importante du pont était cependant chargée des pattes de neuf ancres rangées dans sa largeur, précaution d'une indispensable nécessité pour la sûreté des bâtiments qui s'aventurent dans la pointe orientale du lac. Dans cet état de repos absolu, *le Winkelried* ressemblait à un petit fort au milieu de l'eau, rempli de créatures humaines et si bien incorporé à l'élément liquide, qu'il semblait sortir de son sein. Cette image se présentait d'autant plus naturellement à l'esprit, que la masse entière se répétait sur la paisible surface comme dans un miroir fidèle ; on y retrouvait ses formes pesantes dessinées presque aussi distinctement que l'original.

Il faut convenir cependant que la barre, les voiles, le bec élevé et pointu, formaient de spéciales exceptions à ce tableau d'un roc immobile. La vergue suspendue offrait l'image de ce que les matelots nomment un bec de coq (*cock-bill*); elle était dans une de ces positions à la fois pittoresques et négligées que le crayon d'un artiste aime à saisir. La voile retombait en gracieux et blancs festons, et semblait placée là par le hasard, après s'être échappée des mains du batelier. Le bec, ou la proue, élevée sur sa tige ressemblait au cou d'un cygne légèrement détourné, et s'inclinait presque imperceptiblement quand le bâtiment cédait à la secrète influence des courants opposés.

Quand cet essaim de passagers commença à s'agiter, que chacun eut successivement quitté son poste, l'espace leur manqua pour étendre leurs membres fatigués ; à peine pouvaient-ils remuer : mais la souffrance est la meilleure préparation pour le plaisir, et le souvenir de la contrainte rend la liberté plus douce. Dès que les ronflements de Baptiste se firent entendre, la cargaison amoncelée sur le pont se garnit d'hommes heureux de rentrer en pleine possession d'eux-mêmes, de pouvoir à leur guise se lever et s'asseoir, et aussi satisfaits que des souris sorties de leur trou durant le sommeil de leur mortel ennemi.

Le lecteur a été suffisamment instruit de la composition morale du *Winkelried*, dans le premier chapitre ; et comme elle n'a subi aucun changement que celui produit par la lassitude, il se trouve tout préparé à renouveler connaissance avec ses différents membres, tous également disposés à reparaître sous leurs caractères respectifs, du moment qu'ils en trouveront l'occasion. Le pétulant Pippo, qui avait été un des plus difficiles à contenir pendant le jour, sortit le premier de son réduit, dès qu'il vit le clairvoyant Baptiste fermer les yeux et qu'il sentit la fraîcheur de l'air ; son exemple fut promptement suivi, et il eut bientôt un auditoire tout prêt à rire de ses plaisanteries, et à applaudir à ses tours. S'animant de plus en plus, le bouffon, finit par s'établir comme sur un trône, sur ce qu'on pouvait appeler la pointe avancée du monticule formé par les tonneaux de Nicklaus Wagner ; là, il se livra à l'exercice de son art, à la grande satisfaction des joyeux spectateurs pressés autour de lui, et qui ne respectaient même pas la partie privilégiée du pont, tant ils étaient avides de le voir et de l'admirer.

Quoique la fortune adverse obligeât souvent Pippo à recourir aux plus basses ressources de son état, telles que les farces de Polichinelle et l'imitation de cris bizarres, dont on aurait en vain cherché le modèle sur la terre et dans le ciel, il était cependant un habile personnage dans son genre, tout à fait capable de s'élever à la hauteur de son art quand il se trouvait devant un auditoire digne d'apprécier ses talents. Il était cette fois obligé de s'adresser à des personnes placées à divers degrés de l'échelle sociale ; car la proximité du théâtre improvisé aussi bien que la bienveillante bonté qui porte à partager les plaisirs des autres, avait attiré près de lui les plus distingués des voyageurs.

— A présent, très-illustres seigneurs, continua le rusé jongleur, après s'être attiré une salve d'applaudissements par un de ses tours les plus adroits, j'arrive à la partie la plus importante et la plus mystérieuse des sciences que je professe ; la connaissance de l'avenir et des événements futurs. Si quelqu'un parmi vous désire savoir combien de temps encore il mangera le pain de son travail, qu'il s'approche ; si un jeune homme veut apprendre à quel point le cœur de celle qu'il aime est tendre ou cruel ; si une fille veut s'assurer de la sincérité et de la constance d'un jeune homme, tout en tenant ses yeux voilés de leurs longues paupières ; — ou bien si un noble seigneur a besoin de pénétrer les projets de ses rivaux à la cour ou dans le conseil ; qu'ils interrogent Pippo, il a une réponse prête pour chacun ; et une réponse si véridique que le plus habile des auditeurs jurera qu'un mensonge dans sa bouche vaut mieux que la vérité dans celle d'un autre.

— Celui qui veut qu'on croie à ses prédictions, dit gravement le signor Grimaldi, qui avait écouté en riant la longue tirade de compliments que son compatriote venait de s'adresser, ferait bien de montrer d'abord qu'il connaît le passé. Donne-nous un échantillon de ton talent de prophète en disant quel est l'homme qui te parle, et pourquoi il est ici ?

— Son Excellence est plus qu'elle ne paraît être, moins qu'elle ne mérite, et autant qu'aucun des assistants ; elle a à sa gauche un ancien ami qui lui est très-cher; elle est venue pour sa propre satisfaction assister aux jeux de Vévey. — la même raison la fera partir quand ils seront finis; elle retournera chez elle, sans se presser, — non comme le renard qui se glisse à la dérobée dans sa tanière, mais comme le noble vaisseau qui entre à pleines voiles dans le port, à la clarté du soleil.

— Ceci ne sera pas, Pippo, reprit le bon et gai vieillard, au besoin je puis l'assurer moi-même : tu aurais pu dire des choses moins vraisemblables, et cependant plus vraies.

— Seigneur, nous autres prophètes nous aimons à dormir en pleine sécurité. Si c'est le plaisir de Votre Excellence et celui de votre noble compagnie d'écouter des choses vraiment étonnantes, je parlerai à quelques uns de ces honnêtes gens sur des sujets qui les touchent de très-près, et qui ne leur sont pas connus : cependant ce sera aussi évident pour toute autre personne que le soleil dans le ciel en plein midi.

— Tu veux sûrement leur dire leurs défauts?

— Votre Excellence pourrait prendre ma place, aucun prophète ne pouvait mieux deviner mon intention, répondit le jovial Napolitain. Approchez-vous, mon ami, ajouta-t-il en s'adressant au Bernois, vous êtes Nicklaus Wagner, gras paysan du grand canton, zélé fermier qui s'imagine avoir droit au respect de tous ceux qu'il rencontre parce qu'un de ses aïeux a acheté je ne sais quel privilége dans le Bürgerschaft. Vous avez placé un fort enjeu dans *le Winkelried*, et vous cherchez dans ce moment quel châtiment mérite l'impudent devin qui ose pénétrer avec si peu de cérémonie dans les secrets d'un citoyen recommandable, tandis que tous ceux qui sont ici voudraient que tous vos fromages n'eussent jamais quitté la laiterie pour rendre nos membres tout endoloris, et retarder la marche de cette barque.

Cette saillie aux dépens de Nicklaus excita les éclats de rire de tous les assistants : le caractère égoïste et intéressé que tout trahissait en lui n'avait pas trouvé grâce parmi ses compagnons de voyage, qui possédaient toutes ces généreuses inclinations, apanage ordinaire de ceux qui n'ont rien ou peu de chose dont ils puissent disposer : ils étaient de plus si portés à la joie dans ce moment, que la moindre bagatelle aurait réussi à les égayer.

— Si cette bonne cargaison était à vous, mon ami, vous trouveriez sa présence moins incommode que vous ne semblez disposé à le supposer, répondit le lourd paysan, qui n'aimait pas à plaisanter et pour qui la moindre raillerie sur un sujet si respectable avait ce caractère d'irrévérence que l'opinion populaire et de saintes paroles attribuent au démon ; les fromages sont bien où ils sont ; si leur compagnie vous déplaît, vous avez l'alternative du lac.

— Faisons la paix, honorable citoyen, et terminons cette escarmouche d'une manière utile à tous deux : vous avez ce qui me serait très-agréable, et moi je possède ce qu'aucun marchand de fromages ne refuserait s'il savait les moyens de l'obtenir honnêtement.

Nicklaus murmura quelques mots d'indifférence et de doute, mais il était évident que le langage obscur du jongleur était parvenu, comme c'est l'ordinaire, à éveiller sa curiosité ; ce fut avec l'affectation d'un esprit qui sent sa propre faiblesse qu'il prétendit être très-indifférent à tout ce que l'autre pouvait dire, tandis que la rapacité de son âme intéressée trahissait le désir d'en savoir davantage.

— Je vous dirai d'abord, continua Pippo d'un air de bonté, que vous mériteriez de rester dans l'ignorance, en punition de votre orgueil et de votre peu de foi ; mais c'est la faute du prophète d'avoir mis au grand jour ce qui devait rester caché. Ne nourrissez-vous pas la flatteuse idée que ces fromages sont les plus gras, les meilleurs qui traversent dans cette saison les lacs de la Suisse pour se rendre en Italie ? Ne secouez pas la tête. — Il est inutile de chercher à me tromper.

— Je sais qu'il y en a d'aussi pesants, et même d'aussi bons ; mais ceux-ci ont l'avantage d'arriver les premiers, circonstance qui me laissera maître des prix.

— Tel est l'aveuglement de celui que la nature a placé sur la terre pour vendre des fromages ! — Le sieur de Willading et ses amis ne purent s'empêcher de sourire à la froide impudence du charlatan. — Tu t'imagines qu'il en est ainsi, et dans ce moment même une barque pesamment chargée nous précède, et s'approche, sous l'influence d'un vent favorable, de l'extrémité supérieure du lac des Quatre-Cantons ; de nombreux mulets l'attendent à Flüelen et porteront au travers du Saint-Gothard sa riche cargaison à Milan et aux autres marchés du midi. En vertu de mon secret pouvoir il m'est démontré qu'en dépit de ton insatiable avidité, ils arriveront avant les tiens.

Nicklaus s'agita, car les détails géographiques de Pippo le

portaient jusqu'à croire que l'augure pourrait bien se réaliser.

— Si cette barque avait mis à la voile suivant nos conventions, dit-il avec une simplicité qui laissait voir toutes ses inquiétudes, on chargerait à présent les mulets que j'ai retenus à Villeneuve. Et s'il y a une justice dans le pays de Vaud, Baptiste sera responsable de toutes les pertes que sa négligence me causera.

— Le généreux Baptiste dort, fort heureusement, reprit Pippo; sans cela le plan pourrait souffrir quelques objections. Mais, Signori, je vois que vous êtes satisfaits de cet aperçu du caractère de ce bon paysan, qui, pour dire la vérité, n'a pas grand'chose à nous cacher; et je veux tourner un regard scrutateur dans l'âme de ce pieux pèlerin, le révérend Conrad, dont la contrition profonde suffirait pour expier les fautes de tous ceux qui sont ici. — Tu portes avec toi, lui dit-il aussitôt, la pénitence et les prières de plusieurs pécheurs, et de plus, quelque marchandise du même genre pour ton propre compte.

— Je porte à Lorette les vœux et les prières de chrétiens qui sont trop occupés pour faire eux-mêmes le voyage, répondit le pèlerin qui ne mettait jamais tout à fait de côté le caractère de sa profession, quoiqu'il se souciât fort peu que son hypocrisie fût connue; je suis pauvre et humble en apparence, cependant j'ai vu plus d'un miracle dans ma vie.

— Si on t'a confié une offrande de quelque valeur, tu es un miracle vivant! Je n'aurais jamais cru que tu portasses autre chose que des *Avé.*

— Je ne prétends pas à beaucoup plus; les grands et les riches, qui envoient des vases d'or et de magnifiques parures à Notre-Dame, emploient leurs propres messagers; je suis seulement l'envoyé et le remplaçant des pauvres pénitents; mes souffrances leur appartiennent, ils recueillent le bénéfice de mes gémissements et de mes fatigues, et je ne prétends pas à un autre rôle qu'à celui de médiateur, comme ce marin l'a dit il y a peu de temps.

Pippo se retournant vivement, suivit la direction des yeux du pèlerin et rencontra le regard du *Maledetto.* Cet individu était le seul qui se tint éloigné de la foule qui entourait le jongleur. Soit paresse, soit manque de curiosité, il était resté tranquille sur la plate-forme qui se trouvait au sommet des bagages; remarquable à la fois par sa position élevée et par son maintien toujours si calme, et qui avait de plus cette expression d'intelligence particulière au marin quand il est sur son élément.

— Veux-tu que je te raconte les périls qui t'attendent, ami voyageur? cria le jovial charlatan; dans le calme où tu es, le récit des tempêtes futures t'amuserait peut-être? Veux-tu qu'une peinture fidèle des monstres qui habitent ces cavernes de l'Océan où dorment tant de marins, te donne le cauchemar pendant des mois entiers, et te fasse rêver, le reste de ta vie, de naufrages et d'os blanchis? Dis seulement que tu le désires, et les aventures de ton prochain voyage vont se dérouler à tes yeux.

— J'aurais meilleure opinion de ta science si tu pouvais me raconter le dernier.

— La demande est raisonnable, elle sera exaucée, car j'aime le courageux aventurier qui se confie aux vagues agitées, répondit l'audacieux Pippo; j'ai reçu les premières notions de nécromancie sur le môle de Naples, au milieu de gros Anglais, de Grecs au nez aquilin, de Siciliens basanés et de Maltais dont l'esprit est aussi fin que l'or de leurs belles chaînes. C'est dans cette école que je me suis formé; et j'ose dire que j'avais des dispositions à tout ce qui touche la philosophie et l'humanité. — Signore, ta main?

Sans quitter sa place, Maso étendit sa main nerveuse du côté du Napolitain, d'un air qui exprimait assez que sans vouloir contrarier les dispositions générales, il était bien supérieur à l'admiration et à la crédulité enfantine de la plupart de ceux qui attendaient le résultat de cet examen. Pippo affecta de se pencher pour mieux en étudier les lignes noires et profondes; il reprit ensuite son discours, paraissant très-content de ses découvertes.

— Cette main vigoureuse a plus d'une fois serré celle d'un ami; elle a souvent manié l'acier, les cordages et la poudre, et l'or plus souvent encore. Signori, c'est dans la main d'un homme que réside sa conscience; si l'une s'ouvre facilement, l'autre ne sera jamais troublée. De tous les maux qui pèsent sur les mortels, aucun n'est comparable aux tourments d'une âme qui ne sait ni donner ni prendre. C'est en vain qu'un homme sera doué de l'habileté nécessaire pour devenir cardinal, s'il est retenu, lié par de gênants scrupules, nous le verrons frère quêteur à son dernier jour. Et si un prince est ainsi resserré dans des opinions semblables, mieux vaudrait pour lui être né un obscur mendiant; car son règne pourra se comparer à un fleuve qui voit ses eaux sortir de son lit pour n'y jamais rentrer. Oui, mes amis, une main comme celle de Maso est un signe favorable, puisqu'il indique une volonté souple, qui s'ouvre et se ferme comme l'œil, suivant le bon plaisir du maître. Vous êtes entré dans plus d'un port, sans compter celui de Vevey, après le coucher du soleil, signor Maso !

— J'ai eu en cela le sort d'un marin, qui est plus guidé par les vents que par ses propres désirs.

— Vous avez estimé le fond de la barque dans laquelle vous avez désiré vous embarquer, comme beaucoup plus important que celui de l'ancien bâtiment. Vous avez pensé au fond, mais non à la couleur ; à moins qu'il ne vous convienne, ce qui peut arriver, de passer pour ce que vous n'êtes pas.

— Je soupçonne, maître devin, que vous pourriez bien être un officier de la sainte confrérie envoyé pour questionner et perdre peut-être de pauvres voyageurs ! répondit Maso. Je suis, comme vous le voyez, un simple matelot qui n'est pas dans une meilleure barque que celle de Baptiste, ni sur une mer plus étendue qu'un lac de la Suisse.

— Finement répliqué, dit Pippo en s'adressant gaiement à ceux qui étaient auprès de lui, mais au fond si peu satisfait des regards et de la contenance de Maso, qu'il ne fut pas fâché d'entamer un autre sujet. Mais à quoi bon, Signori, nous occuper si longtemps des qualités de l'homme ! nous sommes tous semblables, tous gens d'honneur, remplis de bonté, plus disposés à servir les autres qu'à nous servir nous-mêmes ; et si peu portés à nous aimer, que la nature a été obligée de nous munir d'une espèce d'aiguillon qui nous presse sans cesse de veiller à nos propres intérêts. Mais voici d'autres créatures dont les sentiments sont moins connus ; il ne sera pas inutile de leur consacrer quelques minutes. — Respectable moine, votre chien ne s'appelle-t-il pas Uberto ?

— Il est connu sous ce nom dans tous les cantons et chez leurs alliés. Sa renommée s'étend même à Turin et dans presque toutes les villes de la plaine de la Lombardie.

— A présent, Signori, vous allez bien voir qu'il n'occupe qu'un rang secondaire dans la création. Faites-lui du bien, il sera reconnaissant ; du mal, il vous pardonnera ; nourrissez-le, et il sera satisfait ; après avoir parcouru les sentiers du Mont Saint-Bernard jour et nuit, pour faire honneur à l'éducation qu'il a reçue, il demandera seulement pour récompense, quand sa tâche sera finie, la quantité d'aliments nécessaire au soutien de sa vie. Mais si le ciel l'avait doué d'une conscience et d'une intelligence plus développée, la première lui aurait dit que c'est une impiété de travailler pour les voyageurs les dimanches et les fêtes; et l'autre se serait empressée de lui prouver qu'il est un insensé de se tourmenter ainsi pour le salut d'autrui.

— Cependant ses maîtres, les bons Augustins, ne suivent pas des principes si égoïstes! dit Adelheid.

— Ah! c'est qu'ils pensent au ciel! j'en demande pardon aux pieux Augustins; mais, Madame, la différence se trouve à la fin du calcul. Quel malheur, mes frères, que mes parents ne m'aient pas élevé pour être évêque, vice-roi, ou pour quelque autre modeste emploi; l'art savant que je professe serait tombé en de meilleures mains! ou, si vous aviez perdu un peu d'instruction, moi, j'aurais été à l'abri des vertiges de l'ambition, et je serais mort avec l'espoir d'être mis un jour au nombre des saints. — Vous avez entrepris, Madame, une course inutile, si je connais bien le motif qui vous engage à traverser les Alpes dans cette saison avancée.

Ces paroles inattendues firent tressaillir Adelheid et son père; car en dépit de l'orgueil et des efforts de la raison, il est rare que nous soyons entièrement dégagés des liens de la superstition, et de cette crainte de l'avenir qui paraît avoir été gravée en nous, comme un perpétuel souvenir de cette éternelle existence vers laquelle nous marchons d'un pas silencieux mais certain. La jeune fille parut troublée, et, avant de répondre, ses yeux se tournèrent presque involontairement vers son père.

— Je vais à la recherche de la santé, dit-elle, et je serais fâchée de croire à votre prédiction; mais à mon âge, avec des forces qui ne sont pas altérées, et de tendres amis près de moi, j'ai quelques raisons de penser que cette fois, du moins, vous pourrez vous tromper.

— L'espérez-vous, Madame?

Pippo fit cette question comme il avait hasardé son présage, c'est-à-dire avec une insouciante suffisance, et très-indifférent sur l'effet qu'elle pouvait produire, pourvu qu'elle servît à augmenter son crédit sur son nombreux auditoire. Mais il sembla que, par un de ces hasards singuliers qu'offre si souvent la vie réelle, il avait touché involontairement une corde que sa belle compagne de voyage ne sentit pas vibrer sans émotion. Ses yeux se baissèrent, son front se colora, et l'observateur le moins péné-

-trant pouvait lire dans toute sa personne l'expression d'un pénible embarras. La prompte et inattendue intervention de Maso la dispensa de répondre.

— L'espoir est le dernier ami qui nous abandonne, dit le marin, fort heureusement pour plusieurs des membres de cette compagnie, même pour vous, Pippo; car, si j'en juge par l'apparence, les campagnes de la Souabe n'ont pas fourni un riche butin.

— Les moissons que l'esprit recueille sont dans les mains de la Providence comme celles des champs, répondit le jongleur, qui sentit le sarcasme avec toute l'amertume que la vérité pouvait y ajouter, puisque, il faut le dire pour mettre le lecteur au courant de sa situation, il était redevable de sa traversée du Léman à un accès extraordinaire de générosité dans Baptiste. — Le même vignoble qui aura versé une liqueur aussi précieuse que le diamant, sera stérile l'année d'après. Aujourd'hui vous entendez le fermier se plaindre que sa pauvreté l'empêche d'élever les bâtiments nécessaires pour placer ses récoltes, et demain vous l'entendrez gémir sur le vide de ses greniers. L'abondance et la famine voyagent sur la terre bien près l'une de l'autre, et il n'est pas étonnant que celui qui vit des ressources de son esprit, soit quelquefois trompé dans ses espérances, aussi bien que celui qui se livre à un travail manuel.

— Si une habitude constante peut assurer le succès, le pieux Conrad doit prospérer, répondit Maso; une spéculation fondée sur les fautes des autres doit être la plus active de toutes, et son commerce ne manquera jamais faute de demandes.

— Ceci est très-juste, signor Maso, et c'est surtout cette raison qui me fait regretter de ne pas avoir été destiné à un évêché; celui qui est chargé de prêcher son prochain n'a jamais à craindre un seul moment d'oisiveté.

— Vous parlez de ce que vous ne savez pas, interrompit Conrad; l'amour pour les saints a toujours été en diminuant depuis ma jeunesse. C'est à peine si l'on trouve à présent un chrétien disposé à échanger son argent contre les bénédictions de quelque châsse favorite; il y en aurait eu dix autrefois. J'ai entendu dire à nos vieux pélerins que c'était un plaisir de porter les péchés de toute une paroisse, il y a un demi-siècle : pour nous c'est une affaire dont l'importance repose plus sur la qualité que sur la quantité. Il y avait aussi autrefois des offrandes volontaires, des confessions sincères, et des égards généreux pour ceux qui se chargeaient d'un tel fardeau.

— Dans un commerce de ce genre, moins vous avez de temps à employer en faveur des autres, et plus il vous en reste pour l'expiation de vos propres fautes, remarqua, en appuyant sur ces paroles, Nicklaus Wagner, qui était un opiniâtre, assez enclin à porter des coups détournés aux partisans d'une croyance qu'attaquaient tous ceux qui s'étaient séparés des opinions et de la puissance spirituelle de Rome.

Mais Conrad était un exemple assez rare de l'effet que peuvent produire des préjugés d'enfance profondément enracinés. En présentant cet homme au lecteur, nous n'avons pas l'intention de combattre les doctrines de l'église dont il fait partie, mais simplement de montrer, comme la suite le prouvera, à quel excès d'extravagances et de prétentions absurdes les hommes sont capables d'arriver sur les sujets les plus graves et les plus solennels, quand ils ne sont pas retenus par le frein salutaire d'une saine raison. Dans ce siècle l'usage l'emportait, et l'esprit des assistants était si familiarisé avec un tel système, qu'il n'excita ni réflexions, ni commentaire; tandis qu'un cri général s'élèverait aujourd'hui pour la défense des principes qui nous semblent aussi évidents que la lumière, sans avoir le moindre doute sur l'existence de cette vérité divine qui remplit l'univers et dans laquelle tout vient se réunir. Nous pensons que le monde avec ses pratiques, ses théories, ses idées conventionnelles de bien et de mal, est dans un état de constante variation : c'est aux hommes sages et bons à favoriser, à guider cette disposition, à empêcher que les avantages qu'elle amène ne soient achetés par de trop violentes réactions. Conrad était un de ces êtres bas et dépravés qui se plaisent et se développent au milieu de la corruption morale, dont ils sont eux-mêmes la meilleure preuve; on peut les comparer à ces plantes nuisibles qu'engendre aussi la décomposition du monde végétal. La justesse de ce rapprochement ne doit pas être repoussée sans de sérieuses réflexions sur les désordres analogues qui nous entourent, ou sans étudier l'histoire des abus qui souillaient alors le christianisme, et qui prirent un caractère si intolérable et si repoussant, qu'ils devinrent la cause principale de sa destruction.

Pippo, qui possédait ce tact si utile qui fait apprécier à sa juste valeur le sentiment qu'on inspire aux autres, ne tarda pas à s'apercevoir que la partie la plus éclairée de son auditoire commençait à se fatiguer de sa prétendue gaieté. Employant alors un adroit subterfuge par le moyen d'un de ses tours de passe-passe, il parvint à transporter à l'autre bout du vaisseau les spectateurs que ses jongleries amusaient encore; ils s'établirent au milieu des ancres, mieux disposés que jamais à jouir d'un plaisir dont le peuple est insatiable; et il continua à développer ses idées dans ce langage bizarre, mais souvent pathétique, qui rend les baladins du midi si supérieurs à leurs rivaux du nord, débitant un mélange de vérités salutaires, de morale facile, et de satiriques remarques, qui ne manquaient jamais de faire rire aux éclats tous ceux qui n'en étaient pas les infortunés objets.

Une ou deux fois Baptiste leva la tête, et regarda autour de lui avec des yeux à demi éveillés; et, sûr qu'il n'y avait rien à faire pour hâter la marche, il reprit son somme sans se mêler des amusements de ceux qu'il semblait avoir pris jusque-là plaisir à tourmenter. Ainsi livrée à elle-même, la foule rassemblée sur le gaillard d'avant présentait un de ces journaliers mais utiles tableaux de la vie, qui s'offrent sans cesse à nous, fertiles en instruction variée, et qui sont cependant traités avec l'indifférence qui semble l'inévitable conséquence de l'habitude.

Cette barque surchargée peut se comparer au vaisseau de la vie humaine, qui flotte toujours exposé aux innombrables accidents qui menacent une machine si délicate et si compliquée; ce lac si paisible que son calme rend si attrayant, et qui peut d'une minute à l'autre frapper avec furie les rochers qui l'entourent, n'est-il pas l'image de ce monde trompeur, dont le sourire est presque aussi dangereux que le dédain; et, pour compléter le tableau, ce groupe qui entoure le bouffon joyeux, insouciant, et qu'un mot suffirait pour enflammer, n'offre-t-il pas la peinture fidèle du mélange inexprimable de douces sympathies, de passions soudaines et profondes, de vice et de folie, confondus d'une si inconcevable manière avec le bas égoïsme qui habite le cœur de l'homme; en un mot, de tant de sentiments beaux et divins qui semblent émanés du ciel, et de tant d'autres qui paraissent venir d'une source bien différente, réunion qui compose cette existence mystérieuse et redoutable que la raison et la révélation nous enseignent être seulement une préparation à une autre existence plus incompréhensible et plus merveilleuse?

CHAPITRE V.

> Quelle basse flatterie se peint dans ses regards!
> SHAKSPEARE. *Le Marchand de Venise.*

Le déplacement du théâtre de Pippo avait laissé les passagers, placés près de la poupe, paisibles possesseurs de cette partie du bâtiment. Baptiste et ses bateliers dormaient encore au milieu des malles; Maso continuait à se promener sur sa plate-forme, au-dessus de leurs têtes, et le pacifique étranger, dont l'embarquement avait inspiré à Pippo tant de bons mots, était assis à l'écart en silence, observant furtivement ce qui se passait, et ne quittant pas la place qu'il avait occupée le reste de la journée. A ces exceptions près, tous les autres voyageurs entouraient le charlatan; peut-être avons-nous eu tort de classer les deux voyageurs dont nous venons de parler dans les rangs vulgaires, car il se trouvait entre eux et leurs compagnons une différence assez fortement prononcée. L'extérieur et les avantages personnels du voyageur inconnu qui s'était soustrait si rapidement aux attaques du Napolitain, le mettaient fort au-dessus des passagers qui n'étaient pas dans les rangs de la noblesse, sans en excepter le riche fermier Nicklaus; sa contenance décente inspirait plus de respect qu'il n'était ordinaire d'en accorder alors à un homme obscur; la sérénité de son visage annonçait l'habitude de réfléchir sur ses impressions et de les maîtriser; et sa constante déférence envers les autres achevait de prévenir en sa faveur. Au milieu du bruit et de la joie tumultueuse qui régnait autour de lui, ses manières modestes et réservées avaient attiré l'attention du baron et de ses amis; ce contraste, si facile à remarquer, avait dû amener une communication plus franche entre ces gentilshommes et celui qui, sans être leur égal aux yeux du monde, était fort supérieur à ceux au milieu desquels l'avaient jeté accidentellement les hasards du voyage. Les sensations de Maso étaient différentes; il se trouvait probablement peu d'affinité entre lui et l'être silencieux et concentré que ses pieds touchaient presque dans les courtes excursions qu'il faisait sur sa pile de bagages. Le marin était beaucoup plus jeune ; à peine avait-il atteint sa trentième année, et les cheveux de l'inconnu se couvraient déjà d'une teinte grisâtre ; l'allure, l'attitude et les gestes du premier exprimaient la confiance en soi-même, l'indifférence pour les opinions des autres, et plus de disposition à commander qu'à obéir : on pourrait penser que sa situation présente prêtait peu à la découverte de telles qualités ; mais elles perçaient dans les regards froids et scrutateurs qu'il jetait de temps en temps sur les manœuvres ordonnées par Baptiste, dans l'ironique sourire que ces décisions amenaient sur ses lèvres, et plus encore dans les amères et laconiques remarques qui lui étaient échappées dans le cours de la journée, et qui exprimaient toute autre chose que des éloges pour le talent du patron et de son équipage d'eau douce. Il y avait aussi, dans ce personnage quelque peu suspect, des signes d'une meilleure nature que ceux qu'on observe d'ordinaire chez les gens dont les vêtements et la situation révèlent une lutte pénible avec la société, position qui était précisément celle du matelot pauvre et inconnu. Quoique assez mal vêtu et portant les marques d'une vie errante et de cette insouciance des liens sociaux, prise en général comme une preuve de peu de mérite, la faculté de penser se révélait parfois en lui, et, durant le jour, ses yeux s'étaient souvent tournés sur les personnes placées sur le pont, comme s'il prenait plus d'intérêt à leur conversation qu'aux plaisanteries grossières et aux farces joyeuses de ses voisins.

Les gens bien nés sont toujours polis lorsqu'ils ne sont pas forcés de repousser d'arrogantes prétentions : accoutumés aux priviléges de la naissance, ils y attachent moins d'importance que ceux qui, privés de ces avantages imaginaires, sont portés à s'exagérer une supériorité dont une courte expérience leur montrerait la douteuse valeur. Sans cet équitable arrangement de la Providence, les lois d'une société civilisée deviendraient intolérables ; si la paix de l'âme, la joie et ce qu'on appelle bonheur, étaient l'exclusif apanage de ceux qui sont riches et honorés, l'injustice serait si criante qu'elle ne résisterait pas longtemps aux attaques réunies de la raison et de l'équité. Mais les choses ne se passent pas ainsi, fort heureusement pour la tranquillité du monde et pour ceux que la fortune n'a pas favorisés de ses dons. La richesse a ses peines qui lui sont particulières ; les honneurs, les priviléges, nous pèsent à la longue, et peut-être pourrait-on soutenir, en thèse générale, qu'il y a moins de ce continuel bien-être, qui approche le plus du seul bonheur paisible sur la terre, parmi ceux qui sont l'objet de l'envie générale, que dans aucune autre des nombreuses divisions de l'échelle sociale. Celui qui parcourt cette légende dans les dispositions que nous souhaitons, trouvera dans sa morale la preuve de cette vérité; car, si nous cherchons à décrire quelques unes des injustices qu'amène l'abus de la puissance et de la richesse, nous espérons montrer aussi combien elles trompent notre espoir, et combien elles sont loin de donner cette complète félicité, objet des efforts de tous les hommes.

Le baron de Willading et son noble ami le Génois, malgré les opinions inculquées dès l'enfance et l'inévitable influence des préjugés de leur siècle, avaient su se défendre des faiblesses d'un orgueil vulgaire. Sans doute la rudesse de leurs compagnons leur avait paru fatigante, et ils furent enchantés d'être débarrassés d'eux par l'expédient de Pippo; mais, dès qu'ils eurent remarqué l'air décent et réservé de l'étranger qui était resté à sa place, ils éprouvèrent le désir de le dédommager des privations qu'il avait souffertes, par toutes les prévenances qu'une position élevée rend faciles, et auxquelles elle ajoute tant de prix. Aussitôt que la bruyante troupe fut éloignée, le signor Grimaldi, soulevant son chapeau avec cette exquise et gracieuse politesse qui attire et impose à la fois, s'adressa au solitaire étranger, et l'invita à descendre et à étendre ses jambes sur cette partie du pont qui avait été jusque-là exclusivement occupée par sa propre société. L'inconnu tressaillit, rougit, et parut douter s'il avait bien entendu.

— Ces nobles gentilshommes seraient satisfaits si vous vouliez bien descendre et profiter de cette occasion d'être plus à votre aise, dit le jeune Sigismond en élevant son bras vigoureux vers l'étranger, pour l'aider à se placer sur le pont.

Le voyageur hésitait encore, et semblait craindre de sortir des limites que sa modestie s'était imposées; il jeta un furtif regard sur le poste occupé par Maso, et murmura quelques mots sur l'intention de profiter du vide qui s'y trouvait.

— Cette place est prise par quelqu'un qui semble peu disposé à admettre un compagnon, répondit Sigismond en souriant; un marin est chez lui quand il est à bord, ce qui lui donne la même supériorité qu'un soldat bien armé exerce dans la rue sur les timides bourgeois. Vous feriez bien, je crois, d'accepter les offres du noble Génois.

L'étranger que Baptiste avait une fois ou deux appelé avec une sorte d'orgueil le Herr Müller, comme s'il voulait qu'on sût que des noms honorables se trouvaient même dans ses passagers ordinaires, n'hésita pas plus longtemps; il se leva, et s'avança vers le pont avec sa tranquillité ordinaire et son air réservé, tout en laissant voir qu'il était heureux et reconnaissant de ce changement. Sigismond fut récompensé de son acte de bienveillance par un sourire d'Adelheid, qui ne regarda pas comme indigne de son rang cette zélée intervention en faveur d'un homme qui semblait lui être si inférieur. Il est possible que le jeune soldat eût le secret pressentiment de l'effet que pouvait produire l'intérêt qu'il venait de montrer à l'étranger, car il rougit et parut plus satisfait de lui-même après lui avoir rendu ce léger service.

— Vous serez mieux ici, dit avec bienveillance le baron quand le sieur Müller fut bien établi dans sa nouvelle situation, qu'au milieu de la cargaison de cet honnête Nicklaus Wagner, qui, Dieu le bénisse! a chargé notre barque presque jusqu'à fleur d'eau des produits les plus remarquables de ce peuple de bergers. J'aime à voir prospérer nos concitoyens; mais il aurait été préférable pour les voyageurs de ne pas avoir une si grande portion des richesses du bon Nicklaus.— Êtes-vous de Berne, ou de Zurich?

— De Berne, monsieur le baron.

— J'aurais dû le deviner en vous trouvant sur le Genfer See au lieu du Wallenstatter. Existe-t-il beaucoup de Müller dans le Emmen Thal?

— Beaucoup; ce nom est commun dans cette vallée et dans Entlibuch.

— C'est parmi nous un souvenir des races teutones. J'avais plusieurs Müller dans ma compagnie, Gaëtano, quand nous étions devant Mantoue. Je me rappelle que nous laissâmes deux de ces braves camarades dans les marécages de cette malsaine contrée, car la fièvre nous fit autant de mal que l'épée de nos ennemis dans cette désastreuse campagne du siége de Mantoue.

L'Italien, plus observateur que le baron, s'aperçut que l'étranger souffrait de la tournure personnelle que prenait la conversation; et, approuvant d'un signe les remarques de son ami, il donna une autre direction à l'entretien.

— Sans doute, Signore, vous voyagez comme nous dans l'intention d'assister aux fêtes si renommées de Vevey?

— Ce projet et quelques affaires m'ont amené dans cette honorable compagnie, répondit le Herr Müller, que l'affabilité de ses nouvelles connaissances ne pouvait faire sortir de sa réserve habituelle.

— Et vous, mon père, reprit le baron en s'adressant au moine, vous retournez vers vos montagnes après avoir terminé dans ces vallées vos courses charitables.

Le moine de Saint-Bernard convint de la justesse de l'observation, et expliqua de quelle manière sa communauté faisait un appel annuel à la générosité des Suisses, en faveur d'une institution fondée dans l'intérêt de l'humanité, sans aucune distinction de croyance.

— C'est une sainte confrérie, répondit le Génois, en faisant le signe de la croix par habitude peut-être plus que par dévotion, et le voyageur doit désirer qu'elle prospère. Je n'ai jamais partagé votre hospitalité; mais souvent j'en ai entendu faire l'éloge, et le titre de père de Saint-Bernard est un gage assuré de la reconnaissance de tous les chrétiens.

— Signore, dit Maso, s'arrêtant subitement pour se mêler à l'entretien sans y être invité, mais d'une manière qui éloignait l'idée d'une impertinente interruption, personne ne sait cela mieux que moi! Dans mes courses fréquentes j'ai souvent aperçu le toit pierreux de l'hospice avec autant de plaisir que m'en causa jamais l'entrée d'un port, quand un vent contraire pressait mes voiles. Honneur et quête abondante au dépositaire du couvent où le pauvre trouve des secours et le voyageur un asile!

En achevant ces mots, Maso se découvrit respectueusement et se remit à circuler au milieu des bagages avec l'agilité d'un jeune chat. C'était chose si insolite qu'un homme de sa condition engageât la conversation avec un noble, que la société échangea des regards de surprise. Mais le signor Grimaldi, qu'un long séjour sur les côtes de la Méditerranée avait rendu plus familier que ne l'étaient ses amis avec la brusque franchise des marins, se sentit porté à encourager plutôt qu'à réprimer la disposition à parler que montra Maso.

— Tu es de Gênes, si j'en juge par ton accent, dit-il, prenant ainsi tout naturellement cette tournure interrogative autorisée par la différence d'âge et de rang.

— Signore, répondit Maso en ôtant de nouveau son chapeau, tandis que tout trahissait en lui un respect profond mais personnel plutôt qu'une déférence vulgaire, je suis né dans la cité des palais, quoique mes yeux se soient ouverts sous un humble toit. Mais les plus pauvres de nos compatriotes sont fiers de la splendeur de Gênes la superbe ; ils jouissent de sa gloire, lors même qu'elle est le fruit de leurs larmes.

Les sourcils du signor Grimaldi se froncèrent ; mais honteux de se laisser troubler par une allusion si vague, peut-être si involontaire, et qui venait d'une source si insignifiante, il reprit presque aussitôt son expression habituelle.

Un instant de réflexion lui dit qu'il serait de meilleur goût de continuer la conversation que de la rompre brusquement pour une cause aussi légère.

— Tu es trop jeune pour que la fondation de la magnifique cité dont tu parles ait pu influer beaucoup, en bien ou en mal, sur ta destinée.

— Il est vrai, Signore ; mais le sort de ceux qui nous précèdent dans la vie règle souvent le nôtre. Je suis ce que je parais être, plus par la faute des autres que par la mienne. Je n'envie cependant ni les grandeurs, ni les richesses : celui qui a beaucoup vécu ne confond pas l'éclat du vêtement avec le corps fatigué et usé qu'il recouvre ; on a soin de revêtir, d'orner de brillantes couleurs la felouque dont le bois s'altère, dont les planches perfides sont prêtes à ouvrir aux vagues un libre passage.

— Tu as la vraie philosophie, jeune homme, et tu viens d'énoncer une amère vérité pour ceux qui ont consacré leurs plus belles années à la poursuite d'un vain fantôme. Tes réflexions sont justes ; et si tu es satisfait de ta situation, le plus magnifique de nos palais n'augmenterait pas ta félicité.

— Ah ! Signore, c'est une manière de parler. Le bonheur est comme l'étoile polaire, nos marins la suivent toujours, mais nul ne l'atteint.

— Me suis-je donc trompé ? Ta modération n'est-elle qu'une feinte ? Voudrais-tu posséder cette barque où la fortune t'a placé comme simple passager ?

— Elle m'a joué là un assez mauvais tour, reprit Maso en riant. Nous paraissons destinés à passer la nuit ici ; bien loin d'apercevoir aucun signe précurseur de la brise de terre que Baptiste nous a annoncée avec tant de confiance, on dirait que les vents sont aussi endormis que l'équipage. — Vous êtes accoutumé à ces climats, pieux augustin : est-il ordinaire, dans cette arrière-saison, de voir un calme si profond sur le Léman?

En faisant cette question, Maso était heureusement inspiré par le désir de changer de discours ; elle détournait tout naturellement l'attention d'un sujet assez peu intéressant par lui-même, et se reportait sur les différents phénomènes que leur offrait la nature : le soleil avait entièrement disparu, et l'on était sous le charme de ces moments enchanteurs qui précèdent la chute totale du jour. Un calme si profond reposait sur le lac limpide, qu'on avait peine à distinguer les limites des deux éléments dans les endroits où la teinte bleuâtre de la terre se confondait avec la couleur bien connue qui est particulière au Léman.

Le Winkelried se trouvait précisément entre les côtes du canton de Vaud et celles de la Savoie, un peu plus près cependant des premières. Une seule voile était aperçue sur cette vaste étendue d'eau ; elle pendait négligemment sur la vergue d'une petite barque qui ramait vers Saint-Gingoulph, ramenant de l'autre rive du lac des Savoyards qui retournaient chez eux. L'œil, abusé dans ce paysage trompeur, pouvait la croire à un jet de pierre de la base de la montagne, tandis qu'en effet elle était encore loin du rivage.

La nature a travaillé sur une échelle si magnifique dans ces régions élevées, que de semblables déceptions sont continuelles ; le temps et l'habitude sont nécessaires pour apprécier les distances qui seraient facilement jugées dans d'autres pays. Outre la barque qui s'avançait vers les rochers de la Savoie, une autre, d'une forme pesante, se trouvait presque dans la même ligne que Villeneuve ; elle semblait flotter dans les airs plutôt que dans son propre élément ; ses rames tombaient et s'élevaient sur une haute éminence dont les formes disparaissaient par la réfraction. Elle portait à leurs propriétaires, paisibles habitants des villages de la Suisse, le produit des prairies situées à l'embouchure du Rhône ; quelques légers esquifs ramaient aussi en face de la ville de Vevey ; et une forêt de mâts peu élevés, de vergues latines, aperçues dans les attitudes variées et pittoresques qui leur sont particulières, remplissait le mouillage qu'on nomme le port de Vevey.

Une ligne, tirée de Saint-Saphorin à Meillerie, aurait passé entre les esparres du *Winkelried;* il était donc à un peu plus d'une lieue marine du port. A l'aide des rames, cette distance aurait pu être franchie en une heure ou deux ; mais l'encombrement des ponts aurait rendu leur usage difficile, et le poids inaccoutumé de la barque, ce travail trop fatigant. Comme on l'a vu, Baptiste préférait attendre la brise du soir que d'avoir recours à un expédient aussi lent que pénible.

Nous avons déjà dit que le lieu que nous venons de décrire était celui où le Léman entre dans la corne de son croissant de l'ouest, et où ses rivages se présentent sous les points de vue les plus beaux et les plus pittoresques. Sur les côtes de Savoie, une muraille de rochers avait à la fois quelque chose de sévère et de sublime ; elle était couverte çà et là de noyers, ou entrecoupée de ravins et de sombres vallons, tandis que le sommet en était nu et sauvage. Les villages dont on a parlé si souvent, et qui ont été rendus célèbres, le siècle dernier, par le pinceau du génie, paraissaient suspendus aux flancs des rocs ; les constructions inférieures étaient baignées par les eaux du lac, et les bâtiments supérieurs se confondaient avec le plateau des montagnes. Au-delà du Léman, les Alpes montraient encore des sommets plus élevés, et présentaient quelquefois une de ces excroissances de granit qui s'élèvent plus de mille pieds au-dessus des autres, atômes en comparaison de la masse elle-même, et que dans le pays on a assez heureusement appelés dents, parce qu'elles offrent une ressemblance assez plausible avec les dents humaines. Les prairies verdoyantes de Noville, d'Aigle, de Bex, s'étendaient pendant des lieues entre ces barrières de neige. La distance diminuait leur étendue, et ce que le spectateur ne croyait être qu'un simple vallon était une plaine aussi large que fertile. Plus loin encore on voyait le célèbre défilé de Saint-Maurice, où le Rhône écumant s'échappe entre deux rocs, comme s'il était impatient de se précipiter au dehors avant que les deux montagnes ne lui ferment à jamais l'entrée de ce beau bassin où il se jette avec une furie toujours nouvelle. Derrière cette gorge, si célèbre comme clef du Valais et même des Alpes à l'époque des conquérants du monde, les terres du second plan prenaient une apparence de saint mystère. Les ombres du soir s'étendaient sur cette immense vallée, assez grande pour contenir un Etat souverain ; au-delà les masses sombres des montagnes présentaient leur armée innombrable et confuse. A l'horizon, une barrière grisâtre de rochers, sur laquelle se reposaient de blancs nuages, comme s'ils eussent été fatigués de leur vol élevé, réfléchissait une douce et dernière lumière. Un cône d'une éblouissante blancheur dominait toutes ces masses. Il ressemblait à une marche de marbre jetée entre la terre et le ciel : la chaleur d'un soleil brûlant tombait sur ses flancs sans en altérer la blancheur; il paraissait la repousser loin de lui comme le chaste sein d'une vierge repousse les sentiments qui pourraient altérer sa pureté. A travers ces sommets de rocs qui se confondaient avec les nuages, et qui formaient les objets les plus éloignés de la vue, passait la ligne imaginaire qui sépare l'Italie des régions du nord. Plus près, et se portant sur le rivage opposé, la vue embrassait ces rochers, semblables à des remparts qui s'avancent au-dessus de Villeneuve et de Chillon, masse de neige qui semble être en partie sur la terre, et en partie sur les eaux. Sur de vastes débris de montagnes, étaient groupés les hameaux de Clarens, Montreux, Châtelard, et tous les autres lieux que le talent de Rousseau a rendus célèbres. Au-dessus du dernier village, les rocs sauvages disparaissent, cédant la place aux vignes qui s'étendent au loin à l'ouest.

Cette scène, dans tous les temps belle et majestueuse, était vue alors sous les auspices les plus favorables. Les rayons du jour avaient abandonné tout ce qu'on peut appeler le bas monde, laissant à leurs places les douces lueurs, les ombres charmantes du crépuscule. Il est vrai qu'une centaine de chalets qui couvraient les Alpes, ou ces pâturages qui s'élèvent à quelques milliers de pieds au-dessus du lac de Genève, et qui ont pour fondement les rocs qui s'élèvent comme une muraille derrière Montreux, brillaient encore de toute la clarté du jour, mais plus bas tout se couvrait des sombres couleurs du soir.

Tandis que la transition du jour à la nuit prenait un caractère plus décidé, les hameaux de Savoie devenaient plus gris, les ombres s'épaississaient autour des bases des montagnes, de manière à rendre leurs formes indistinctes et gigantesques, et la plus grande beauté de la scène se transportait à leurs sommets. Vues à la lueur du soleil, ces nobles montagnes paraissaient des masses de granit amoncelées sur des collines parsemées de châtaigniers, et soutenues par des espèces d'arcs-boutants peut-être nécessaires pour donner de l'ombre et de la variété à ces hauteurs.

Leurs contours étaient tracés avec une pureté que le pinceau de Raphaël eût admirée, sombres et cependant distincts, et en apparence ciselés par l'art.

Les bords capricieux des rocs se détachant en relief sur un ciel azuré, ressemblaient, autant que l'imagination pouvait le désirer, à des découpures d'ébène. De toutes les merveilles imposantes de ce pays extraordinaire, il n'y a peut-être rien de plus noble, de plus beau, de plus enchanteur, que ces arabesques naturelles de la Savoie contemplées à la lueur du crépuscule.

Le baron de Willading et ses amis étaient debout, découverts, saisis de respect devant ce tableau sublime, qui ne pouvait avoir été formé que par les mains du Créateur, et jouissant en même temps de la tranquillité ineffable de cette heure solennelle.

Des acclamations de plaisir leur échappaient tandis que ce tableau se déroulait sous leurs yeux, car la scène changeait à mesure que le crépuscule avançait, et ils se montraient les uns aux autres ce qu'ils trouvaient de remarquable. Cette vue était en effet de nature à exclure tout sentiment concentré, et l'on sentait le besoin de faire partager ses émotions. Vévey, le voyage, sa lenteur, tout était oublié devant ces prodiges; et le silence n'était interrompu que pour exprimer les jouissances longtemps renfermées dans chaque cœur.

— Je salue la Suisse, ami Melchior! s'écria le signor Grimaldi après avoir dirigé l'attention d'Adelheid sur un des pics de la Savoie, remarquant que ce serait là le lieu où un ange aimerait à descendre dans ses visites à la terre. Si vous avez beaucoup de ces vues-là en Suisse, nous autres Italiens nous sommes obligés de les admirer; sans quoi, par l'ombre de nos pères! nous perdrions notre réputation d'amateurs de beautés naturelles. Dites-moi, jeune dame, les couchers du soleil ressemblent-ils à ceux-ci à Willading? ou bien cette magnificence n'est-elle, après tout, qu'une exception à ce qu'on voit généralement? Etes-vous surprise de ce que vous voyez, comme nous sommes forcés d'avouer, Marcelli et moi, que nous le sommes nous-mêmes, par saint François!

Adelheid sourit de la bonne humeur du vieux seigneur italien; et, malgré son amour pour son pays natal, elle ne put déguiser la vérité au point d'assurer que ces scènes étaient ordinaires en Suisse.

— Si nous n'avons pas toujours d'aussi belles vues, dit-elle, nous avons nos glaciers, nos lacs, nos chaumières, nos chalets, notre Oberland, et des vallons avec une lumière qui n'appartient qu'à eux.

— Oh! ma jolie Helvétienne, je suis bien sûr que vous affirmeriez qu'une goutte de votre eau de neige vaut mille sources limpides, ou vous ne seriez pas la fille du vieux Melchior de Willading. Mais tout cela est perdu pour un homme plus froid, qui a vu d'autres pays. Père Xavier, vous êtes neutre, car votre demeure est sur les limites des deux pays; et j'en appelle à vous pour savoir si les Helvétiens ont beaucoup de ces soirées?

Le digne moine reçut cette question avec la même humeur qu'elle était faite; car l'élasticité de l'air, la tranquillité des cieux, et le charme de la soirée, le disposaient à la joie.

— Pour maintenir mon caractère de juge impartial, dit-il, je répondrai que chaque pays a ses avantages particuliers; si la Suisse est plus merveilleuse et plus imposante, l'Italie est plus séduisante. Cette dernière laisse des impressions plus durables et plus chéries. L'une frappe les sens, mais l'autre pénètre peu à peu jusqu'au cœur; et celui qui trouve des exclamations pour exprimer son admiration à la vue de la Suisse, manque de mots pour dire tous les secrets plaisirs, les tendres souvenirs et les profonds regrets que lui inspira l'Italie.

— Bien raisonné, l'ami Melchior, et en juge habile, qui donne à chacun sa part de consolations et de vanité. Herr Müller, approuvez-vous une décision qui vous donne une aussi formidable rivale que l'Italie?

— Signore, répondit le voyageur réservé, je vois beaucoup d'objets d'amour et d'admiration dans les deux contrées, ce qui est toujours ainsi dans ce que Dieu a formé. Ce monde est beau pour les heureux; et la plupart des hommes le seraient, s'ils avaient le courage d'être vertueux.

— Le bon moine augustin vous dira que certains points de théologie traitent notre nature avec une grande liberté; car ceux qui veulent conserver leur innocence ont terriblement à combattre leurs inclinations.

L'étranger devint pensif, et Sigismond, dont l'œil avait été fixé sur son visage, pensa qu'il montrait plus de tranquillité que de coutume.

— Signore, reprit le Herr Müller après avoir réfléchi, je crois qu'il nous est bon de connaître le malheur. Celui qui fait un trop libre usage de sa volonté devient opiniâtre, et aussi difficile à conduire qu'un bœuf trop repu; au lieu que celui qui est repoussé par les hommes s'examine plus sévèrement lui-même et parvient à maîtriser ses passions en découvrant ses défauts.

— Etes-vous un disciple de Calvin? demanda subitement le moine augustin, surpris de trouver des opinions si saines dans la bouche d'un dissident de la véritable église.

— Mon père, je ne suis un sectateur ni de Rome, ni de la religion de Genève; je suis un humble serviteur de Dieu, et j'espère dans la sainte médiation de son fils.

— Comment! où trouvez-vous de semblables sentiments hors du giron de l'Eglise?

— Dans mon propre cœur : c'est mon temple, digne Augustin, et je n'y entre jamais sans adorer le Dieu qui l'a formé. Un nuage était sur la maison de mon père à ma naissance, et il ne m'a pas été permis de me mêler beaucoup parmi les hommes. Mais la solitude de ma vie m'a conduit à étudier ma propre nature, et j'espère qu'elle n'a pas perdu à cet examen. Je sais que je suis un indigne pécheur, et j'espère que les autres sont autant au-dessus de moi que leur opinion les porte à le croire.

Les paroles de Müller, qui ne perdirent aucunement de leur poids par ses manières calmes et peu affectées, excitèrent la curiosité. D'abord la plupart de ses auditeurs furent disposés à le croire un de ces esprits exagérés qui mettent leur orgueil dans une prétendue humilité; mais l'expression naturelle, calme et pensive de toute sa personne produisit bientôt une impression plus favorable. Il y avait dans ses yeux une habitude de réflexion et de méditation intérieure qui révélait le caractère d'un homme habitué depuis longtemps à se juger plus sévèrement qu'il ne jugeait les autres. Ce sentiment parlait en sa faveur.

— Nous ne pouvons pas tous avoir de nous-mêmes les opinions flatteuses que vos paroles pourraient faire supposer, Herr Müller, répondit l'Italien, dont la voix changeait son ton de gaieté ordinaire, pour adoucir l'amertume de celui auquel il s'adressait, tandis que ses traits vénérables se couvraient insensiblement d'un nuage. Tous ceux qui semblent heureux ne le sont pas. Si c'est une consolation pour vous de savoir que d'autres sont probablement aussi malheureux que vous, j'ajouterai que, pour ma part, j'ai connu la peine, et même, au milieu de circonstances qui paraissent fortunées, et que, je le crains bien, les hommes sont disposés à envier.

— Je serais bien vil à mes yeux, Signore, de chercher des consolations dans une semblable source! Je ne puis me plaindre, quoique toute ma vie se soit passée sans que j'en aie joui. Il n'est pas aisé de sourire lorsque tout est dédain autour de nous ; sans cela je serais content. Mais, dans tous les cas, je sens plutôt que je ne murmure.

— C'est une singulière condition de l'esprit, dit Adelheid à voix basse au jeune Sigismond, car tous deux ils avaient écouté attentivement le langage énergique et calme de Müller. Le jeune homme ne répondit pas, et sa belle compagne vit avec surprise qu'il devenait pâle, et qu'il souriait avec difficulté à sa remarque.

— Le dédain des hommes, mon fils, reprit le moine, est ordinairement réservé à ceux qui blessent leurs usages. Leurs jugements ne sont pas toujours justes, mais il est rare cependant qu'ils s'attaquent à l'innocence.

Müller regarda fixement le moine, et parut vouloir répondre ; mais, réprimant ce désir, il courba la tête avec soumission. Pendant ce temps, un sourire pénible errait sur ses lèvres.

— Je suis de votre avis, bon moine, répondit le baron ; nous avons l'habitude de nous plaindre du monde ; mais, après tout, lorsque nous examinons sévèrement ses arrêts, nous nous apercevons que la cause de nos plaintes existe toujours en nous-mêmes.

— N'y a-t-il pas de Providence, mon père ? s'écria Adelheid d'une voix dans laquelle on aurait pu trouver un peu de reproche pour une personne si respectueuse dans ses habitudes, et dont la tendresse filiale était si grande ; pouvons-nous rappeler les morts à la vie, ou conserver ceux que Dieu veut rappeler à lui ?

— Tu as raison, ma fille, il y a là-dedans une vérité qu'un père malheureux ne peut pas nier.

Cette remarque produisit une pause embarrassante, pendant laquelle Müller porta furtivement les yeux autour de lui, regardant l'un après l'autre chaque visage, comme s'il en cherchait un auquel il pût se rallier. Mais bientôt il tourna la vue sur ces montagnes qui avaient été si curieusement travaillées par les mains du Créateur, et sembla se perdre dans sa contemplation.

— Voilà un cœur qui a été brisé de bonne heure par quelque faute, dit le signor Grimaldi à voix basse, et dont le repentir est étrangement mêlé à la résignation. Je ne sais si un pareil homme est à envier ou à plaindre ; on voit à la fois sur son visage du courage et de la souffrance.

— Il n'a la mine ni d'un spadassin ni d'un fripon, dit le baron de Willading. S'il descendait réellement des Müller d'Emmen

Thal, ou même de ceux d'Entlibuch, je saurais quelque chose de son histoire. Ce sont de bons bourgeois d'un nom honorable. Il est vrai que, dans ma jeunesse, un d'entre eux encourut la disgrâce des conseils; il était accusé d'avoir cherché à détourner leurs revenus. Mais il fit une amende honorable qui parut suffisante par sa nature, et l'affaire fut oubliée. — Il n'est pas ordinaire, Herr Müller, de rencontrer dans notre canton des hommes qui ne croient ni à Rome ni à Calvin.

— Il n'est pas ordinaire, Monsieur, de rencontrer des hommes placés comme je suis: ni Rome ni Calvin ne me suffisent; j'ai besoin de Dieu!

— Je crains que vous n'ayez répandu le sang innocent.

L'étranger s'inclina, et son visage devint livide, probablement par l'intensité de ses pensées. Cette expression déplut à Melchior de Willading, et il détourna la vue. Müller regardait fréquemment l'autre partie de la barque, et semblait faire des efforts pour parler, puis il abandonnait subitement ce dessein. Enfin il se découvrit, et dit d'une voix calme, comme s'il était supérieur à la honte, mais d'une voix à laquelle la prudence donnait un son bas et comprimé:

— Je suis le Balthazar de votre canton, monsieur le baron, et je demande votre puissant secours si ces hommes grossiers qui sont sur le gaillard d'avant venaient à découvrir la vérité. Mon sang s'est figé dans mes veines lorsque j'écoutais leurs menaces et leurs terribles imprécations. Sans cette crainte j'aurais gardé mon secret; car Dieu sait que je ne suis pas fier de ma charge.

Une surprise générale et subite, accompagnée d'un mouvement d'aversion, engagea le signor Grimaldi à en demander la raison.

— Votre nom n'est pas en grande faveur, à ce qu'il paraît, Herr Müller ou Herr Balthazar, comme il vous plaira d'être appelé, dit le Génois en jetant un regard rapide autour du cercle. Il y a quelque mystère là-dedans qu'il faut qu'on m'explique.

— Signore, je suis le bourreau de Berne.

Quoique depuis longtemps habitué aux manières polies des hautes classes qui lui apprenaient ordinairement à maîtriser une forte émotion, le signor Grimaldi ne put cacher le mouvement de répugnance que cette réponse lui causa, car il n'avait point échappé aux préjugés ordinaires.

— En vérité, nous avons été heureux dans notre société, Melchior, dit l'Italien avec sécheresse, en se détournant brusquement de l'homme qui venait de l'intéresser par un maintien modeste, qui ne lui semblait plus que de l'hypocrisie, car peu de personnes cherchent les motifs de ceux qui sont condamnés par l'opinion : voilà beaucoup d'excellente et utile morale épuisée sur un sujet qui en était bien indigne.

Le baron reçut la confidence de Balthazar avec beaucoup moins d'émotion. Il avait été grandement intrigué du langage singulier qu'il avait entendu, et il trouvait une espèce de soulagement dans une solution aussi prompte.

— Ce nom prétendu, après tout, dit-il, n'était qu'un manteau pour déguiser la vérité. Je connais si bien les Müller d'Emmen Thal, que j'avais beaucoup de peine à placer parmi eux un homme du caractère que cet individu se donnait. Cela est maintenant assez clair ; sans aucun doute, Balthazar n'a point à se louer du tour que la fortune lui a joué en le faisant naître d'une famille de bourreaux.

— Cette charge est-elle héréditaire? demanda vivement le seigneur italien.

— Oui. Vous savez que nous autres habitants de Berne, nous avons un grand respect pour les anciens usages. Celui qui est né dans le bürgerschäft[1] mourra dans l'exercice de ses droits, et celui qui est né hors de son sein ne doit pas s'attendre à y entrer, à moins qu'il n'ait de l'or ou de la faveur. Nos institutions sont un instinct de la nature qui laisse les hommes dans la condition où ils ont été créés, conservant l'ordre et l'harmonie de la société par des lois vénérables et bien combinées, comme il est sage et nécessaire. Dans la nature, celui qui est né fort reste fort, et celui auquel la force a été refusée doit vivre content dans sa faiblesse.

Le signor Grimaldi paraissait éprouver du repentir

— Êtes-vous en effet un bourreau héréditaire? demanda-t-il enfin en s'adressant à Balthazar.

— Oui, Signore : sans cela ma main n'eût jamais tranché l'existence de personne. C'est un terrible devoir à accomplir, même sous la responsabilité des lois.

— Vos pères le regardaient comme un privilége !

— Nous souffrons de leur erreur, Signore; c'est bien dans ce cas qu'on peut dire que les fautes des pères sont retombées sur les enfants jusqu'aux dernières générations.

1. Droit de bourgeoisie.

Le visage du signor Grimaldi reprit son expression habituelle, et sa voix le ton poli qui l'abandonnait rarement.

— Il y a dans tout cela beaucoup d'injustice, dit-il ; autrement une personne comme vous ne serait pas dans une si cruelle position. Comptez sur notre autorité pour vous protéger, si le danger que vous semblez craindre se réalisait. Cependant les lois doivent être respectées, quoiqu'elles ne soient pas toujours de cette impartialité rigide que nous devrions leur souhaiter. Vous avez reconnu l'imperfection de la nature humaine, et il n'est pas surprenant que ses ouvrages se ressentent de cette imperfection.

— Je ne me plains pas d'usages qui sont devenus pour moi des habitudes ; mais je redoute la furie de ces hommes ignorants et crédules qui se sont imaginé follement que ma présence pourrait porter malheur à la barque.

Il existe des circonstances particulières qui contiennent plus de morale en elles-mêmes qu'il n'en pourrait dériver d'un millier d'homélies, et dans lesquelles les faits, dans leur touchante simplicité, sont beaucoup plus éloquents que tout ce qui peut être exprimé par des mots. Telle fut l'émotion produite par le simple et touchant appel de Balthazar. Tous ceux qui l'entendirent virent sa situation sous des couleurs bien différentes de celles qui eussent été produites dans des circonstances ordinaires. Un sentiment général et pénible s'élevait fortement contre l'oppression qui avait donné lieu à ses plaintes, et le bon Melchior de Willading s'étonna de ce qu'une aussi criante injustice pût exister sous les lois de Berne.

CHAPITRE VI.

> Il me semble que je vois mille naufrages, des milliers d'hommes avalés par des poissons, des lingots d'or, d'énormes ancres, des monceaux de perles, des pierres précieuses, des joyaux sans prix entassés pêle-mêle au fond de la mer.
> SHAKSPEARE. *Richard III.*

Le crépuscule disparaissait, et les ombres du soir se répandaient rapidement sur le profond bassin du lac. La figure de

Maso, tandis qu'il continuait à marcher sur la plate-forme élevée, se dessinait sombre et distincte sur les nuages du sud, qui suivaient encore quelques rayons du soleil, tandis que sur les deux rivages les objets se confondaient avec la masse des montagnes. Çà et là se montrait une pâle étoile, quoique tout le firmament fût couvert de sombres nuages. On distinguait une lumière faible, et qui avait quelque chose de surnaturel, au-dessus des prairies du Rhône, presque dans la direction du sommet du Mont-Blanc, qui, bien qu'il ne fût pas visible de ce côté du lac de Genève, était, à la connaissance de tous les passagers, placé derrière les remparts de la Savoie, comme un monarque des montagnes retranché dans sa citadelle de rocs et de glaces.

L'obscurité de l'heure avancée et les réflexions désagréables causées par le court dialogue de Balthazar, produisirent un désir aussi vif que général d'arriver au terme d'une navigation qui commençait à devenir fatigante. Les objets qui s'étaient montrés naguère si beaux et si purs devenaient peu à peu sombres et menaçants, et la sublimité du théâtre sur lequel la nature avait réuni toutes ses beautés était une nouvelle source d'incertitude et d'alarmes. Ces arabesques naturelles et délicates, qu'on eût dit travaillées par les mains des fées, et que les passagers venaient de contempler avec délices, ressemblaient à d'horribles déchirures suspendues au-dessus de la frêle barque, terribles révélations de leurs bases de fer, sans pitié pendant les tempêtes.

Ces changements de scène, qui, sous quelques rapports, commençaient à prendre le caractère de mauvais présages, étaient contemplés avec inquiétude par les passagers de la poupe, bien que les éclats de rire, les plaisanteries grossières et les cris bruyants qui s'élevaient du gaillard d'avant, prouvassent assez que ces esprits insouciants se livraient encore à leurs passe-temps habituels. On vit néanmoins un individu se glisser hors de la foule, et s'établir sur la pile des marchandises, comme s'il eût été plus disposé à la réflexion, et moins à la dissipation, que ceux qu'il venait d'abandonner. C'était l'étudiant de Westphalie, qui, fatigué d'amusements au-dessous de son intelligence, et frappé subitement par l'aspect imposant du lac et des montagnes, s'était éloigné pour penser à son pays lointain et à ceux qui lui étaient chers, ému par une scène qui excitait en lui une sensibilité longtemps encouragée par un système métaphysique et subtil de philosophie. Jusque là Maso avait parcouru son poste élevé, les yeux presque toujours fixés sur les cieux dans la direction du Mont-Blanc, les reportant de temps en temps sur la barque immobile et chargée; mais, lorsque l'étudiant se plaça à travers son chemin, il s'arrêta, et sourit de l'air abstrait du jeune homme et de ses regards fixés sur une étoile.

— Es-tu astronome, jeune étudiant? demanda il Maledetto avec cette supériorité que prend le marin, lorsqu'il est sur l'eau, à l'égard d'un paisible homme de terre, très-porté ordinairement à reconnaître son impuissance sur un élément dangereux et nouveau pour lui; tu étudies bien attentivement le monde brillant qui est là-haut; l'astrologue Pippo lui-même ne pourrait y mettre une attention plus profonde.

— C'est l'heure convenue entre moi et celle que j'aime, pour réunir les principes invisibles de nos esprits, et nous les communiquer par l'entremise de cette étoile.

— J'ai entendu parler de ces moyens de correspondance; en vois-tu plus que nous autres, grâce à ta connaissance des étoiles?

— Je vois du moins l'objet sur lequel dans ce moment sont arrêtés de beaux yeux bleus qui se sont souvent fixés sur moi avec affection. Lorsque nous sommes dans une terre étrangère et dans une situation pénible, une telle correspondance a ses plaisirs!

Maso posa sa main sur l'épaule de l'étudiant, et la serra avec la force d'une vis.

— Tu as raison, dit-il avec douceur; tire tout ce que tu pourras de ton amour; et, si tu es réellement aimé, serre le nœud par tous les moyens qui sont en ton pouvoir. Personne ne sait mieux que moi le malheur d'être abandonné dans le combat égoïste et cruel des intérêts vulgaires. Ne sois pas honteux de ton étoile, mais regarde-la tant et si bien que tu en deviennes aveugle. Vois dans sa douce lumière les beaux yeux de celle que tu aimes, vois sa constance et sa tristesse dans la pâleur de cet astre; mais ne perds pas un de ces heureux moments, car bientôt un sombre rideau te cachera ton étoile.

Le Westphalien fut frappé de l'énergie singulière aussi bien que de la poésie du marin; il reconnut la justesse de l'allusion que Maso venait de faire, car en effet les nuages s'amoncelaient rapidement et couvraient la voûte au-dessus de leurs têtes.

— Comment trouvez-vous cette nuit? demanda-t-il en abandonnant la contemplation de son étoile.

— Elle pourrait être plus belle, et les froids lacs de la Suisse deviennent quelquefois trop chauds pour les marins les plus courageux. Regarde cette étoile, jeune homme, tant que tu le pourras, et abandonne-toi au souvenir de celle que tu aimes et de ses perfections : nous sommes sur un élément perfide, et des pensées agréables ne doivent point être dédaignées.

Maso continua sa promenade, laissant l'étudiant alarmé, inquiet sans trop savoir pourquoi, et cependant poussé par un sentiment qu'on pourrait appeler de l'enfantillage, à contempler cette faible lueur qui se montrait de temps en temps au milieu de masses de vapeurs. Dans ce moment un cri de joie s'éleva du gaillard d'avant.

Il Maledetto ne continua pas plus longtemps sa promenade ; et, abandonnant sa place à l'étudiant, il descendit au milieu de la société silencieuse et pensive qui occupait un espace débarrassé de marchandises près de la poupe. Il faisait si sombre qu'un peu d'attention était nécessaire pour reconnaître les visages, même à une faible distance. Mais, en s'avançant parmi les personnes privilégiées avec un grand sang-froid et une indifférence apparente, il réussit promptement à se placer entre le seigneur génois et le moine augustin.

— Signore, dit-il au premier en italien avec le même respect qu'il avait déjà marqué, quoique évidemment il ne fût pas facile de lui inspirer cette déférence que les gens obscurs ressentent ordinairement pour les grands, je crains qu'un voyage commencé sous d'aussi belles apparences n'ait une fin malheureuse, et je voudrais voir cette noble et belle compagnie débarquée heureusement dans la ville de Vevey.

— Veux-tu dire que nous avons à craindre autre chose que la lenteur du voyage ?

— Signore, la vie du marin est remplie de chances diverses ; tantôt il vogue avec un calme indolent, puis il est jeté depuis les eaux jusqu'aux nuages, de manière à faire frémir les cœurs les plus fermes. Je ne connais pas beaucoup ces parages ; mais il y a dans les cieux, au-dessus de ce pic, dans la direction du Mont-Blanc, des lignes qui me troubleraient si nous étions sur notre Méditerranée si bleue, et cependant si perfide. — Que pensez-vous de tout cela, mon père ? un long séjour dans les Alpes doit vous avoir donné de l'expérience sur leurs tempêtes ?

L'augustin était devenu grave et pensif depuis le moment où il avait cessé de converser avec Balthazar. Il était aussi frappé des présages sinistres qui se manifestaient ; et, depuis longtemps habitué à étudier les changements de temps dans une région où les éléments se déchaînent avec une violence en rapport avec la grandeur des montagnes, ses pensées étaient portées vers ces asiles hospitaliers de la ville où il se rendait, et qui étaient toujours prêts à recevoir le moine du mont Saint-Bernard, en retour des services et du dévouement de sa confrérie.

— Je pense comme Maso, et je désirerais que nous fussions débarqués, répondit le bon religieux ; la chaleur excessive qu'un jour comme celui-ci crée dans nos vallées et sur les lacs affaiblit à un tel point les substances de l'air, que les froides masses qui se forment autour de nos glaciers descendent quelquefois de leurs hauteurs comme des avalanches pour remplir le vide. Le choc est effrayant, même pour ceux qui en sont témoins dans les vallées ou parmi les rochers ; mais la chute d'une telle colonne d'air sur les lacs est ordinairement terrible.

— Et pensez-vous que nous devions craindre maintenant un de ces phénomènes ?

— Je n'en sais rien, mais je voudrais que nous fussions arrivés. Cette lumière surnaturelle au-dessus de nous, et cette profonde tranquillité sur les eaux, qui surpasse un calme ordinaire, m'ont porté déjà plus d'une fois à implorer la miséricorde de Dieu.

— Le révérend augustin parle comme son livre, et comme un homme qui a passé sa vie dans un couvent situé sur une montagne, dans l'étude et la méditation, répondit Maso ; les raisons que j'ai à donner participent plus de l'expérience d'un marin. Un calme comme celui-ci sera suivi tôt ou tard, je le crains, d'une commotion dans l'atmosphère. Je n'aime pas cette absence de brise de terre sur laquelle Baptiste avait trop compté ; ce symptôme, réuni à ce nuage brûlant qui est là-bas, me fait présumer que cette tranquillité extraordinaire sera bientôt remplacée par un violent combat entre les vents. Mon fidèle Neptune m'indique aussi, par la manière dont il aspire l'air, que nous ne passerons pas la nuit dans cet état d'immobilité.

— J'espérais que nous serions arrivés avant la nuit. Que veut dire cette lumière brillante qui est là-bas ? Est-ce une étoile ou une lueur qui se montre contre cette énorme montagne ?

— C'est la demeure du vieux Roger de Blonay ! s'écria le baron avec joie. Il sait que nous sommes dans les ténèbres, et il a fait allumer son phare, afin que sa lumière puisse nous guider.

Cette conjecture semblait probable, car pendant le jour le château de Blonay, situé sur le plateau de la montagne qui abrite Vevey, avait été parfaitement visible. Il avait été admiré comme un des plus jolis points de vue, au milieu d'un tableau si riche en hameaux et en châteaux ; et Adelheid l'avait montré à Sigismond comme le but de son voyage. Le seigneur de Blonay connaissant la visite qu'il allait recevoir, rien n'était plus probable qu'il montrât ce signe d'impatience à son vieil ami Melchior de Willading, en partie pour lui annoncer qu'il serait le bien-venu, et en partie comme un signal qui pourrait être utile à ceux qui naviguaient sur le Léman pendant une nuit qui menaçait d'une aussi grande obscurité.

Le signor Grimaldi, pensant avec raison que les circonstances devenaient graves, appela près de lui son ami et le jeune Sigismond, et leur fit part des appréhensions du moine et de Maso. Il n'existait pas dans toute la Suisse un homme plus brave que Melchior de Willading ; cependant il n'entendit pas les prédictions sinistres de son ami sans trembler de tous ses membres.

— Ma pauvre Adelheid, dit-il, cédant à la faiblesse d'un père. Que deviendra cette faible plante exposée à la tempête dans cette barque découverte ?

— Elle sera avec son père et avec les amis de son père, répondit la jeune fille ; car les bornes étroites dans lesquelles les passagers étaient resserrés, et le mouvement de sensibilité de son père qui l'avait empêché de réprimer sa voix, lui avaient appris les craintes générales. J'ai entendu le bon père Xavier et ce marin annoncer que notre position n'était pas sans danger ; mais ne suis-je pas avec des amis éprouvés ? Je sais déjà ce que M. Sigismond peut faire pour me sauver la vie ; et n'importe ce qui arrive, nous avons tous un protecteur qui ne nous laissera pas périr sans penser que nous sommes ses enfants.

— Cette jeune fille nous fait honte, dit le signor Grimaldi ; mais c'est souvent ainsi que les êtres les plus faibles se montrent les plus fermes et les plus nobles dans les moments où les hommes courageux commencent à se désespérer. Ils mettent leur confiance en Dieu, qui soutient ceux qui sont encore plus faibles que notre Adelheid. Mais il ne faut pas exagérer les sujets de crainte, qui, après tout, peuvent s'éloigner comme beaucoup d'autres dangers menaçants, et nous procurer des heures de félicitations et de franche gaieté en retour de quelques minutes de frayeur.

— Dites plutôt de remercîments, répliqua le moine, car l'aspect des cieux devient solennel et terrible. Toi qui es marin, ajouta-t-il en se tournant vers Maso, n'as-tu aucun conseil à nous donner?

— Nous n'avons pas autre chose que nos rames, mon père; mais, après en avoir négligé l'usage si longtemps, il est maintenant trop tard pour y avoir recours. Nous ne pourrions atteindre Vevey par de semblables moyens, avec cette barque chargée jusqu'aux bords, avant le changement qui se prépare; et, une fois l'eau en mouvement, elles ne pourront pas nous servir du tout.

— Mais nous avons nos voiles, dit le seigneur génois, et elles pourront du moins nous servir lorsque le vent sera levé.

Maso secoua la tête, mais il ne fit aucune réponse. Après un court silence pendant lequel il semblait étudier les cieux plus attentivement, il se rendit vers la partie de la barque où le patron dormait encore, et l'éveilla rudement.—Oh! eh! Baptiste, s'écria-t-il, debout; on a ici besoin de tes conseils et de tes ordres.

Le patron endormi se frotta les yeux, et reprit lentement l'usage de ses facultés.

— Il n'y a pas un souffle de vent, dit-il; Maso, pourquoi m'éveilles-tu? Un homme de ton état doit savoir que le sommeil est doux pour ceux qui travaillent.

— C'est l'avantage qu'ils ont sur les paresseux. Regarde le ciel, brave homme, et dis-nous ce que tu en penses. Ton *Winkelried* est-il assez solide pour nous sauver d'une tempête comme celle qui se prépare?

— Tu parles comme une poule effrayée par les cris de ses poussins; le lac n'a jamais été plus calme et la barque plus en sûreté.

— Ne vois-tu pas cette lueur brillante au-dessus de l'église de Vevey?

— C'est une belle étoile, signe de salut pour le marinier.

— Sot que tu es, c'est une flamme dans le phare de Roger de Blonay. On commence à s'apercevoir sur terre que nous sommes en danger, et ils nous montrent leurs signaux pour nous avertir de nous presser; ils s'imaginent sans doute que nous nous conduisons comme des hommes actifs et habitués à l'eau, tandis que nous sommes aussi tranquilles que si la barque était un roc qui pourrait se jouer du Léman et de ses vagues. Cet homme est devenu stupide, ajouta Maso en se tournant vers ses auditeurs inquiets; il ne veut pas voir ce qui ne devient que trop certain pour tous ceux qui sont dans sa barque.

Un éclat de rire général qui partit du gaillard d'avant vint contredire l'opinion de Maso, et prouver combien il est facile aux ignorants de vivre en sécurité, même aux portes de la tombe. Ce fut le moment où la nature donna le premier signal intelligible aux esprits vulgaires. La voûte des cieux était entièrement voilée, à l'exception du lieu au-dessus du Rhône dont nous avons déjà si souvent parlé; cette terrible ouverture ressemblait à une fenêtre par laquelle l'œil était appelé à contempler les affreux préparatifs qui se faisaient au-dessus des Alpes. Une lueur rouge et ondoyante en sortit, et un bruit éloigné la suivit; ce n'était pas le tonnerre; et cela ressemblait plutôt au bruit de mille escadrons en bataille. En un instant le gaillard d'avant devint désert, et le monceau de marchandises fut couvert de formes humaines que l'obscurité rendait indistinctes. Alors la barque, qui avait été si longtemps immobile, se balança lourdement, comme si elle eût essayé ses forces sous son poids inaccoutumé, tandis qu'une vague se fit sentir sous elle, souleva la masse entière pied à pied, et passa enfin sous la poupe pour aller se jeter sur les terres du pays de Vaud.

— C'est une folie de perdre plus longtemps des moments si précieux, dit Maso vivement, car ce signe positif n'était pas perdu pour lui. — Signore, il faut être prompts et hardis, ou nous serons surpris par la tempête sans y être préparés. Je ne parle pas pour moi, car avec le secours de ce chien fidèle et celui de mes bras, je suis certain de pouvoir gagner la terre; mais il y a dans la barque une personne que je voudrais sauver, même au péril de ma vie. Baptiste est abruti par la crainte; il faut travailler pour nous-mêmes ou périr!

— Que faut-il faire? demanda le signor Grimaldi; celui qui proclame le danger doit avoir au moins quelque expédient pour le prévenir.

— Si nous nous y étions pris plus tôt, nous aurions pu avoir recours aux moyens ordinaires; mais, semblables à ceux qui meurent dans le péché, nous avons perdu des minutes précieuses. Il nous faut alléger la barque, quand nous devrions jeter à l'eau les marchandises.

Un cri que jeta Nicklaus Wagner annonça que l'avarice était encore plus forte chez lui que la crainte. Baptiste lui-même, qui avait perdu toute son arrogance et son ton d'autorité, grâce aux dangers qui devenaient manifestes pour tout le monde, se joignit à Nicklaus Wagner pour protester contre la perte de tant de marchandises. Il est rare qu'une proposition semblable à celle de Maso rencontre de l'écho parmi ceux auxquels elle est subitement présentée. Le danger ne parut pas assez imminent pour avoir recours à un expédient aussi désespéré; et, bien qu'effrayés pour leur sûreté, les gens sans aveu qui encombraient la pile de ballots menacés étaient plutôt dans un état d'inquiétude que dans cet état d'irritation auquel il leur aurait été si facile de se porter, et qui eût été en quelque sorte nécessaire pour les induire, eux si dénués de tout bien, à détruire le bien d'autrui. Le projet calme et réfléchi de Maso eût donc échoué entièrement sans un second éclat de ce bruit aérien et une seconde vague qui souleva la barque et fit craquer les vergues. Les voiles s'agitèrent dans l'obscurité; semblables à un immense oiseau de proie qui essaie ses ailes avant de prendre son vol.

— Saint et puissant régulateur de la terre et des mers! s'écria le moine augustin, ressouviens-toi de tes enfants repentants, et prends-nous, dans ce moment terrible, sous ta puissante protection!

— Les vents sont déchaînés, et même le lac silencieux nous envoie le signal d'être actifs, s'écria Maso. A l'eau les marchandises, si vous tenez à la vie!

Un bruit sourd au fond des eaux prouva que le marin joignait l'effet aux paroles. Malgré les signes imposants dont ils étaient entourés, chaque individu, parmi la populace qui encombrait la pont, saisit par un mouvement précipité le paquet qui contenait ses effets, afin de le mettre en sûreté. Comme chaque homme réussit à ce qu'il désirait, ce mouvement spontané n'interrompit point les projets de Maso; on crut même, au moment où toute cette multitude se leva en masse, qu'elle était dirigée par la même impulsion que le marin, bien que chacun en particulier sût le contraire pour son propre compte. Bientôt les caisses tombèrent les unes après les autres au fond des eaux; tout le monde se mit à l'ouvrage, jusqu'au jeune Sigismond, qui finit par suivre l'exemple général. De ces légers incidents dépendent les résultats les plus importants, lorsque l'impulsion qui gouverne les masses prend un ascendant absolu.

On ne doit pas supposer que Baptiste et Nicklaus Wagner contemplèrent la perte de leurs communes marchandises avec une parfaite indifférence. Loin de là, tous les deux usèrent des divers moyens en leur pouvoir pour les conserver; non seulement ils employèrent la voix, mais encore les mains. L'un menaçait des lois, l'autre rendait Maso responsable du sort de la barque, et l'accusait de s'être approprié des droits qui ne lui appartenaient pas. Mais leurs remontrances n'étaient point écoutées. Maso savait qu'il était dégagé de toute respousabilité par sa situation, car il n'était pas facile de le mettre en contact avec les autorités ; et, quant aux autres, la plupart d'entre eux étaient trop insignifiants pour craindre une réparation qui tomberait sans doute sur ceux qui auraient les moyens de la supporter. Sigismond seul travaillait avec connaissance de cause, mais il travaillait pour une femme qui lui était plus chère que toutes les richesses, et il ne voyait pas d'autres conséquences que celles qui pouvaient avoir rapport à la vie précieuse d'Adelheid de Willading.

Les plus petits paquets des passagers ayant été mis en lieu de sûreté, avec le même instinct irréfléchi qui nous porte à prendre soin de nos membres lorsque nous sommes en danger, cette précaution permit à chacun de travailler avec un zèle qui ne se refroidit pas par l'intérêt personnel. Les résultats furent prompts; cent mains, et pour ainsi dire autant de cœurs, prêtèrent leur impulsion à l'accomplissement d'un aussi important projet.

Baptiste et ses matelots, aidés par des ouvriers du port, avaient passé un jour entier à amonceler sur le pont du *Winkelried* cette pile de marchandises qui, maintenant, s'écoulaient pièce à pièce avec une rapidité qui paraissait magique. Le patron et Nicklaus Wagner s'enrouaient à force de malédictions et de menaces, car les travailleurs, dans cette œuvre de destruction, avaient acquis cette même impétuosité que la pierre acquiert dans la rapidité d'une descente. Les caisses, les ballots, et tout ce qui tombait sous la main, étaient jetés à l'eau avec frénésie, et sans autre pensée que la nécessité d'alléger la barque, qui gémissait encore sous leur poids. L'agitation du lac augmentait aussi progressivement. Les vagues se succédaient, et le vaisseau suivait lourdement le même mouvement qu'elles. Enfin un cri annonça que, dans une partie de la pile de marchandises, on venait de découvrir le pont!

Le travail prit un caractère de sécurité qu'il n'avait pas auparavant ; car jusqu'alors le mouvement de la barque, et le terrain inégal sur lequel on travaillait, augmentaient les dangers causés par l'obscurité et la confusion. Maso abandonna alors son occupation active : aussitôt qu'il vit ses compagnons engagés avec zèle dans l'entreprise qu'il avait mise en jeu, il cessa ses efforts personnels pour donner des ordres plus utiles qu'aucun des services qu'aurait pu rendre son bras.

— Je vous connais, signor Maso, dit Baptiste, fatigué par ses vains efforts pour arrêter le torrent, et vous répondrez de ceci ainsi que de vos autres crimes, aussitôt que nous aurons atteint Vevey.

— Vieux radoteur, tu nous aurais conduits, par ta sottise, dans un port où, lorsqu'on y est une fois, on ne peut plus faire voile pour en sortir.

— Ce lieu est situé sous vos pieds à tous deux, répondit Nicklaus Wagner ; vous, Baptiste, vous n'êtes pas moins à blâmer que ces fous. Si vous aviez quitté le port à l'heure convenue d'après nos conditions, ce danger ne nous aurait pas surpris.

— Suis-je un dieu pour commander aux vents? Je voudrais ne vous avoir jamais vu, ni toi ni tes fromages, et du moins je voudrais que tu me délivrasses de ta présence, et que tu allasses les rejoindre au fond du lac.

— Tout cela vient de ce que tu as négligé ton devoir, et je ne sais même pas si un usage convenable des rames ne nous conduirait pas encore au port, sans qu'il soit utile de détruire ainsi notre propriété. Noble baron de Willading, nous avons ici besoin de votre témoignage ; et, comme citoyen de Berne, je vous conjure de peser toutes ces circonstances.

Baptiste n'était pas d'humeur à écouter tous ces reproches mérités, et il répondit à Nicklaus Wagner d'une manière qui eût promptement changé leur querelle intempestive en une lutte, lorsque Maso passa brusquement entre eux, et les sépara avec la force d'un géant. Cette conduite maintint la paix pendant un instant, mais la guerre de paroles continua avec tant d'acrimonie, et en termes si peu mesurés, qu'Adelheid et ses femmes, déjà pâles de terreur par le danger de la scène dont elles étaient environnées, se bouchèrent les oreilles pour ne point entendre des injures et des menaces qui les glaçaient d'effroi. Lorsque Maso eut séparé les deux adversaires, il se rendit parmi les travailleurs. Là, il donna ses ordres avec un calme parfait, bien que son œil exercé reconnût que, bien loin d'avoir exagéré le danger, il n'en avait pas reconnu d'abord toute l'étendue. Le roulis excessif ne discontinuait plus, et l'agitation furieuse des ondes qui produit ce bruit familier au marin, annonçait que les vagues avaient acquis une si grande surface, que leur sommet se brisait en envoyant des deux côtés de la barque leur blanche écume. D'autres symptômes prouvaient aussi que la situation de la barque était comprise sur le rivage; des feux étaient allumés près de Vévey, et il n'était pas difficile de reconnaître, même à une telle distance, la sympathie des habitants de la ville.

— Je ne doute pas que nous n'ayons été aperçus, dit Melchior de Willading, et que nos amis ne cherchent les moyens de nous aider. Roger de Blonay n'est point homme à nous voir périr sans faire aucun effort. Le digne bailli Peter Hofmeister ne verra pas de sang-froid, non plus, qu'un confrère, un ancien camarade de collége, ait besoin de son assistance.

— Personne ne peut venir à nous sans courir les mêmes risques que nous-mêmes, répondit le seigneur génois ; il vaut mieux que nous soyons livrés à nos propres efforts. J'aime le sang-froid de ce marin inconnu, et je mets ma confiance en Dieu !

Un nouveau cri annonça qu'on découvrait le pont dans un autre endroit de la barque. La plus grande partie de la charge avait disparu à jamais, et le mouvement du bâtiment devenait plus vif et plus régulier. Maso appela à lui un ou deux des matelots, et ils déployèrent les voiles suivant la manière latine de gréer ; car une brise chaude, la première qui se fût fait sentir depuis quelques heures, passait au-dessus de la barque. Ce devoir fut rempli comme on ferle les voiles dans un moment pressé, mais solidement. Maso se rendit parmi les travailleurs, les encourageant de la voix, et dirigeant leurs efforts par ses conseils.

— Tu n'es pas assez fort pour la tâche que tu as entreprise, dit-il en s'adressant à un individu qui essayait de diriger un ballot un peu en dehors des autres ; il vaut mieux aider tes compagnons que de t'épuiser ici inutilement.

— Je me sens assez de force pour remuer une montagne. Ne travaillons-nous pas pour sauver notre vie ?

Le marin se baissa pour regarder en face celui qui lui parlait ainsi ; c'était l'étudiant westphalien.

— Ton étoile a disparu, ajouta Maso en souriant, car Maso avait souri au milieu de scènes plus terribles encore.

— Elle la regarde toujours ; elle pense à celui qu'elle aime, et qui voyage bien loin du pays de ses pères.

— C'est bien. Mais, puisque tu tiens à jeter ce ballot dans le lac, je vais t'aider. Place ton bras ainsi. Une once de force bien dirigée vaut mieux qu'une livre de force mal employée.

Réunissant leurs efforts, ils réussirent à faire ce que l'étudiant avait vainement tenté ; le ballot roula sur le passe-avant, et l'étudiant exalté poussa un cri. La barque se pencha, et le ballot passa subitement par-dessus le bord, comme si cette barque inerte eût été prise tout d'un coup du désir d'accomplir une évolution à laquelle elle avait résisté jusqu'alors. Maso reprit avec la dextérité d'un marin son équilibre, qui avait été dérangé par ce mouvement inattendu ; mais son compagnon n'était plus à ses côtés. S'agenouillant sur le passe-avant, il aperçut le ballot qui s'enfonçait dans les ondes et entraînait le jeune Westphalien ; il se pencha en avant pour saisir le corps, qui paraissait encore, mais il ne put le ramener à la surface du lac, les pieds de l'étudiant étaient engagés dans les cordes ; ou peut-être, ce qui est aussi probable, le jeune Allemand, dont l'esprit exalté s'était identifié avec l'horreur de la nuit, avait été lui-même l'instrument de sa perte, en se cramponnant avec trop d'ardeur au corps qu'il lançait dans l'eau.

La vie d'*Il Maledetto* avait été semée de vicissitudes et de périls. Il avait souvent vu des hommes passer de ce monde dans l'autre, et il était resté calme au milieu des cris, des gémissements, et, ce qui est plus terrible encore, des malédictions des mourants ; mais jamais il n'avait été témoin d'une mort aussi prompte et aussi silencieuse. Pendant plus d'une minute, il resta suspendu sur la masse sombre et agitée des eaux, espérant voir reparaître l'étudiant ; puis il perdit bientôt tout espoir, tressaillit de douleur en se relevant, et quitta enfin ce lieu funeste. Cependant la prudence lui fit une loi de se taire, et il entrevit tout d'un coup l'inutilité et même le danger de distraire les travailleurs par une aussi triste nouvelle : le pauvre étudiant disparut sans qu'un mot de regret fût prononcé sur son sort. Personne ne connut sa mort, à l'exception du marin, et personne ne s'informa de ce qu'il était devenu. Mais celle qui lui avait promis sa foi sur les bords de l'Elbe, regarda longtemps la pâle étoile, et pleura amèrement de ce que sa constance ne rencontrait pas de retour. Ses affections survécurent de beaucoup à leur objet, car l'image de celui qu'elle aimait était profondément gravée dans son cœur. Les jours, les semaines, les mois, les années s'écoulèrent pour elle dans les chagrins d'une espérance trompée; mais le lac Léman ne trahit jamais son secret, et le seul homme auquel le malheur de son amant fût connu, pensa peu, s'il ne l'oublia pas tout à fait, à un incident qui ressemblait à tant d'autres dans sa carrière aventureuse.

Maso reparut au milieu de la foule avec le maintien composé d'un homme qui sait que l'autorité est d'autant plus utile qu'elle est calme. Il avait alors l'entier commandement du vaisseau. Baptiste, étourdi par cette crise extraordinaire, étouffé par la colère, était incapable de donner un ordre utile ou distinct. Il était heureux pour les passagers que le commandement eût passé en d'aussi bonnes mains, car le danger devenait de plus en plus alarmant.

Nous avons nécessairement mis beaucoup de temps à décrire ces événements, la plume ne pouvant égaler l'activité de la pensée. Vingt minutes ne s'étaient donc pas écoulées depuis que la tranquillité du lac s'était troublée, et les efforts des passagers du *Winkelried* avaient été si prompts, que ce temps avait encore paru moins long aux travailleurs. Mais les puissances de l'air n'avaient pas été oisives non plus; l'ouverture qui se voyait auparavant dans les cieux avait disparu, et, à de courts intervalles, le bruit effrayant produit par le choc des escadrons aériens semblait approcher. A trois différentes reprises, des brises chaudes passèrent au-dessus de la barque; et, aussitôt qu'elles se plongeaient dans cette onde plus agitée que de coutume, les visages des passagers se trouvaient rafraîchis comme par un immense éventail. C'était simplement le changement subit de l'atmosphère, dont les régions étaient déplacées par la lutte de l'air chaud du lac et de celui qui avait été congelé sur les glaciers, ou c'était le résultat plus simple de la violente agitation de la barque.

La profonde obscurité donnait au lit du lac l'apparence d'une sombre plaine liquide, et contribuait à la terrible solennité de la nuit. Les remparts de la Savoie étaient seuls visibles au milieu des nuages, offrant l'aspect d'une muraille noire qu'on pouvait, en apparence, atteindre de la main, tandis que les côtes plus variées et plus agréables du pays de Vaud présentaient une masse indéfinissable, moins menaçante, il est vrai, mais également confuse et incertaine.

Cependant on voyait toujours la lumière dans le phare du vieux Roger de Blonay, et différentes torches brillaient sur le rivage de Vévey. Ce rivage paraissait couvert des habitants de la ville, appréciant tout le danger de la position de la barque.

Le pont était nettoyé, et les voyageurs étaient groupés entre les mâts. Pippo avait perdu toute sa gaieté, et Conrad, tremblant de superstition et de terreur, s'était débarrassé de son hypocrisie. Ils causaient avec leurs compagnons des hasards de leur situation et de leurs causes probables.

— Je ne vois aucune image de la Vierge, et pas même une pauvre lampe en l'honneur de quelques saints dans cette barque maudite! dit le jongleur, lorsque quelques autres eurent énoncé leur opinion particulière. Il faut que le patron vienne ici, et se justifie de cette négligence.

Les passagers étaient divisés en catholiques et en protestants. Cette proposition fut donc reçue de différentes manières. Les premiers réclamèrent contre cette négligence, tandis que les seconds, influencés également par la terreur, déclaraient hautement que l'idolâtrie elle-même pouvait causer leur ruine.

— Que la malédiction du ciel tombe sur la langue coupable qui, la première, a proféré ces paroles! murmura entre ses dents le tremblant Pippo, car il était trop prudent pour parler ouvertement en face d'une aussi forte opposition, et cependant trop crédule pour ne pas être effrayé de la témérité de ce blasphème. N'as-tu rien sur toi qui puisse protéger un chrétien, pieux Conrad?

Le pèlerin avança une croix et un rosaire. L'emblème sacré passa de main en main, et fut pressé par les lèvres de tous les croyants, avec un zèle à peu près semblable à celui qu'ils avaient manifesté en déchargeant le pont. Encouragés par cette action, ils appelèrent hautement Baptiste à leur barre. Confronté devant ces esprits indomptés, le patron trembla de tous ses membres; car, excepté la colère et une crainte abjecte, tout autre sentiment l'avait abandonné. Aux sommations qu'on lui fit de donner une lumière pour placer devant une image de la Vierge que Conrad venait de procurer, il objecta sa foi protestante, l'impossibilité de maintenir une flamme quelconque pendant que la barque était agitée d'une manière aussi violente, et les opinions divisées des passagers. Les catholiques se rappelèrent le pays et l'influence de Maso, et le prièrent, pour l'amour de Dieu, de venir donner du poids à leur demande. Mais le marin était occupé sur le gaillard d'avant, jetant à l'eau toutes les ancres les unes après les autres, aidé passivement par les matelots de la barque, qui s'étonnaient d'une précaution si inutile, puisque aucune corde ne pouvait atteindre le fond, mais sans oser refuser de lui obéir. Quelqu'un parlait alors de la malédiction qui avait été jeté sur le vaisseau en conséquence de l'intention qu'avait eue Baptiste de prendre le bourreau à son bord. Baptiste, en proie à une nouvelle frayeur, sentit son sang se glacer dans ses veines.

— Croyez-vous réellement que cela soit la cause de nos malheurs? demanda-t-il d'une voix tremblante.

Toute distinction de croyance était perdue dans la frayeur générale. Maintenant que le Westphalien avait disparu, il n'y avait pas un homme parmi cette foule qui doutât que ce voyage ne fût maudit. Baptiste tressaillit, balbutia quelques paroles incohérentes; et, dans l'espèce de folie dont il était saisi, son dangereux secret lui échappa.

La nouvelle que Balthazar était sur la barque produisit un silence profond et solennel. Ce fait fournit à ces esprits ignorants une preuve aussi concluante de la cause du danger, que la plus heureuse démonstration à un habile mathématicien. Une nouvelle lumière les éclaira, et à ce calme de mauvais augure succéda une demande générale de connaître quel était le bourreau. Baptiste, influencé en partie par une terreur superstitieuse, et en partie par la faiblesse de son caractère, montra de loin Balthazar; et, après s'être substitué cette nouvelle victime à la rage populaire, il profita de cette occasion pour se retirer de la foule.

Lorsque Balthazar fut poussé de main en main jusqu'au milieu du groupe superstitieux et féroce, l'importance de cette découverte produisit une nouvelle pause silencieuse, ressemblant au calme perfide qui avait si longtemps régné sur le lac, et qui avait été le précurseur d'une violente explosion. On parla peu, car le moment était trop dangereux pour donner carrière aux sentiments vulgaires; mais Conrad, Pippo et un ou deux autres élevèrent silencieusement Balthazar dans leurs bras, et le portèrent vers un des bords de la barque.

— Recommande ton âme à la sainte Vierge, murmura le Napolitain avec un étrange mélange de zèle chrétien et de férocité.

Ces mots présentent ordinairement une idée de charité et d'amour ; mais, malgré ce rayon d'espérance, Balthazar vit clairement le sort qui lui était réservé.

En quittant la foule qui formait un corps solide entre les mâts, Baptiste rencontra son vieil antagoniste Nicklaus Wagner. La fureur qui avait été si longtemps concentrée dans son sein, fit soudain explosion, et dans ce moment de folie il le frappa. Le vigoureux Bernois saisit son assaillant, et une lutte horrible à voir, car elle rappelait celle des brutes, s'engagea. Scandalisés par ce spectacle, offensés par ce manque de respect, et ignorant ce qui s'était passé (car la foule avait énoncé ses résolutions de cette voix brève et peu élevée que prennent ordinairement les hommes déterminés), le baron de Willading et le signor Grimaldi s'avancèrent d'un air ferme et digne pour empêcher ce honteux combat. Dans ce moment critique, la voix de Balthazar se fit entendre au-dessus du bruit de la tempête qui allait toujours en augmentant ; il invoquait non pas la vierge Marie, comme on le lui avait conseillé, mais il appelait les deux seigneurs à son secours. A ce cri, Sigismond s'élança comme un lion, trop tard pour atteindre ceux qui tenaient déjà le bourreau suspendu au-dessus des vagues, mais assez à temps pour saisir par ses habits le malheureux qui allait périr. Par un effet surhumain, la direction de la chute fut changée. Au lieu d'être englouti dans les eaux du lac, le corps de Balthazar rencontra ceux des combattants furieux, qui reculèrent sur les deux seigneurs, et au même instant ces quatre personnes disparurent sous les ondes.

Le combat des différentes régions de l'air cessa, l'air qui était sur la surface du lac céda à une avalanche supérieure, et la tempête éclata dans toute sa furie.

CHAPITRE VII.

> Et maintenant les échos du rocher répétaient la joie des montagnards.
>
> BYRON.

IL est nécessaire de retourner un peu en arrière afin de pouvoir lier entre eux les événements. La nuit était descendue graduellement. Tandis que le lac était paisible, il régnait un calme si profond, que les sons partis d'un port éloigné, tels que la chute pesante d'une rame ou l'éclat de rire d'un marinier, s'entendaient sur *le Winkelried*, apportant avec eux un sentiment de calme et de sécurité. Les nuages s'amoncelèrent; et le vent souffla, au moment où la barque glissa le long des Alpes qui descendent de ce côté jusque dans le bassin du Léman. L'obscurité augmentant, le sens de la vue devenait inutile pour ceux qui ne savaient pas étudier dans la sombre voûte des cieux les signes d'une tempête qui n'était point éloignée; le sens de l'ouïe était devenu plus actif, et il avait puissamment contribué à éveiller les vagues appréhensions des passagers. Le bruit du vent, qui ne souffla d'abord que par intervalle, acquit bientôt cette force et cette solennité qui feraient croire à l'approche d'escadrons aériens, allusion à laquelle nous sommes souvent forcés d'avoir recours. Dans la profonde tranquillité de toute la nature, il ressemblait aussi aux mugissements du ressac sur les bords de la mer. La surface du lac se brisa ensuite, et ce fut ce signe infaillible d'un coup de vent qui assura Maso qu'il n'y avait pas de temps à perdre. Ce mouvement de l'onde pendant le calme est un phénomène ordinaire sur les eaux qui sont entourées de caps irréguliers et élevés, et c'est une preuve certaine que le vent règne déjà sur une partie peu éloignée. Cela arrive fréquemment aussi sur l'Océan, où le marin trouve souvent une mer houleuse, recevant dans une direction les effets d'une tempête éloignée, tandis que la brise vient d'un côté opposé. Ce bruit avait été suivi d'un frémissement sur la surface du lac, semblable aux vagues circulaires que produit une pierre lorsqu'elle tombe dans l'eau ; et de l'agitation régulière et croissante du lac, jusqu'à ce que l'élément présenta l'aspect d'une tempête qui s'était élevée dans son propre sein, puisqu'il n'existait pas la plus légère brise dans l'air. Ce formidable et dernier symptôme de la force du coup de vent qui approchait devint si positif, qu'au moment où le patron et les trois voyageurs furent renversés, *le Winkelried*, pour nous servir de l'expression d'un marin, se vautrait dans les ondes comme un pourceau dans sa bauge.

Une lueur sombre et surnaturelle précéda les vents, et, malgré l'obscurité antérieure, la nature de l'accident qui venait d'avoir lieu fut comprise de tous. Les hommes furieux qui avaient été sur le point de consommer un horrible sacrifice en l'honneur de la superstition, jetèrent un cri d'horreur. Les cris plus perçants d'Adelheid retentirent aussi dans cet effrayant moment ; chacun crut voir des êtres surnaturels s'élancer sur un nuage de feu.

Le nom de Sigismond fut aussi prononcé dans un de ces instants affreux où le désespoir trahit tous les secrets. Mais l'intervalle entre la chute des voyageurs et le choc de la tempête fut de si courte durée, que pour les passagers tout sembla résulter de ce moment d'horreur.

Maso ayant complété son travail sur le gaillard d'avant, et vu ses autres ordres silencieusement accomplis, arrivait au gouvernail au moment même où se passait ce que nous venons de décrire. Adelheid et ses femmes étaient déjà attachées au mât principal, et on donna des cordes à ceux qui entouraient ce même mât, comme une précaution indispensable ; car le pont de la barque dépouillé de tout article de marchandises, était aussi exposé à la rigueur des vents qu'une bruyère. Telle était la position du *Winkelried*, lorsque les présages de la nuit se changèrent en d'horribles réalités.

L'instinct, dans des cas subits et extraordinaires de danger, prend la place de la raison. Il n'y eut aucune nécessité d'avertir les passagers sans expérience, mais frappés de terreur, de pourvoir à leur sûreté, car chaque homme au centre de la barque se jeta à plat-ventre sur le pont et saisit les cordes que Maso avait préparées dans ce dessein, avec la ténacité avec laquelle tout ce qui existe se rattache à l'existence. Les chiens donnèrent une preuve intéressante des moyens surprenants que la nature leur avait départis pour répondre au but de leur création. Le vieil

Uberto était couché, la tête basse, à côté de son maître, confus de son inutilité; tandis que le chien de Terre-Neuve, compagnon du marin, sautait de l'avant à l'arrière, aspirant l'air humide, aboyant d'une voix sauvage, comme s'il eût voulu défier les éléments et la tempête.

Une masse d'air brûlant passa au-dessus de la barque au moment où les furieux s'apprêtaient à sacrifier Balthazar à leurs craintes ; c'était l'avant-coureur de l'ouragan qui avait chassé cette masse de la région où elle était en repos depuis l'heureuse après-midi. Dix mille chariots chargés, roulant sur le pavé brûlant, n'eussent pas égalé le bruit qui succéda lorsque les vents se déchaînèrent sur le lac. Trop avides pour permettre qu'aucune chose échappât à leur fureur, ils apportaient avec eux une lueur sombre qui remplit l'atmosphère, et qui, à peine pourrait-on l'imaginer, avait été amenée dans leur tourbillon, de ces glaciers où ils avaient si souvent condensé leurs forces. Les vagues ne furent pas agitées, mais plutôt comprimées par la pression de cette colonne atmosphérique, bien qu'elle soulevât des masses d'eau au-dessus d'elle, les brisant en écume et remplissant tout l'espace entre le ciel et le lac de leurs brillantes particules.

Le *Winkelried* reçut le choc au moment où le bord de son large pont, opposé au vent, s'enfonçait sous les vagues, et que l'autre côté était sur le sommet d'une lame. Le vent souffla avec furie quand il frappa sur la barque, comme s'il eût été courroucé de l'obstacle qui se rencontrait sur sa route, et il y eut dans les galeries un mugissement qui ressemblait à celui du lion. Le navire chancelant fut soulevé de manière à faire croire aux passagers qu'il allait être lancé hors de l'eau; mais le roulis des vagues, en cessant, rétablit l'équilibre. Maso affirma plus tard que cette position accidentelle seule, qui formait un obstacle au vent, empêcha tout ce qui était sur le pont d'être renversé avant la première bouffée de l'ouragan.

Sigismond avait entendu l'appel touchant d'Adelheid ; malgré le combat furieux des éléments, il en soutint le choc sur ses pieds. Mais, quoique aidé par une corde et ployé comme un roseau, sa forme herculéenne trembla sous ce choc de manière à rendre un instant ses efforts douteux; mais, lorsque cette première fureur de la tempête fut apaisée, il sauta sur la galerie, et de là dans le lac, qui ressemblait plutôt dans cet instant à une fournaise ardente; il se précipita sans hésiter, conservant toutes ses facultés, et voulant à tout prix sauver un être aussi cher à Adelheid, ou mourir.

Maso avait surveillé ce moment de crise avec l'œil, les ressources et le calme d'un homme habitué à la mer ; s'appuyant sur un genou au milieu de la bourrasque, courbé sur le gouvernail, il s'attacha à cette masse de bois, et attendit le choc avec le calme d'un dieu marin. Il y avait quelque chose de sublime dans l'intelligence, le calcul et l'adresse de cet homme inconnu, pauvre, qui obéissait à l'instinct de sa profession dans ce moment terrible où tous les éléments semblaient se réunir dans une fureur commune. Il jeta son bonnet, avança sur son front ses cheveux épais et mouillés, pour protéger ses yeux comme un voile, et attendit le premier coup de vent avec la prudence et le calme d'un lion qui attend son ennemi. Un sourire triste passa sur son visage, lorsqu'il sentit de nouveau la barque affermie sur sa couche humide, après avoir eu raison de craindre qu'elle ne fût lancée hors de son élément. Alors les préparatifs qui avaient paru si inutiles furent mis en jeu. La barque tourna d'une manière effrayante sur le point sur lequel elle était si longtemps restée stationnaire ; cédant au coup de vent, elle tourna comme une girouette sur son pivot, tandis que l'eau se répandait en écume sur le pont. Mais les câbles ne furent pas plutôt tendus, que les nombreuses ancres résistèrent et amenèrent la barque sous le vent. Maso sentit que la poupe cédait au moment où elle se plongeait rapidement sous l'eau, et il poussa un cri de joie. Le tremblement du bois, le choc de l'eau contre l'éperon, le jet qui en jaillit et se répandit sur l'avant de la barque comme un torrent, étaient autant de preuves évidentes que les câbles étaient bons. S'avançant alors avec autant de dignité qu'en déploie un maître d'armes dans l'exercice de son art, il appela son chien.

— Neptune, Neptune ! Où es-tu, mon brave Neptune ?

Le fidèle animal était près de lui, inaperçu au milieu de cette guerre des éléments, et attendant seulement un encouragement pour agir. Aussitôt qu'il eut entendu la voix de son maître, il aboya d'un air satisfait, huma l'air, et se précipita dans le lac.

Lorsque Melchior de Willading et son ami reparurent sur la surface de l'eau, ce fut comme des hommes faisant leur entrée dans un monde abandonné aux caprices infernaux de l'ennemi des ténèbres. Le lecteur se rappellera que leur chute eut lieu à l'instant où les vents se déchaînèrent ; car ce qui a exigé une aussi longue description se passa en une minute.

Maso s'agenouilla sur le bord de la barque, se soutenant par son bras passé autour d'un des haubans ; et, s'avançant, il regarda cette fournaise ardente d'un œil dévoré d'inquiétude. Une ou deux fois il crut entendre la respiration difficile d'un homme qui lutte contre les vagues ; mais, au milieu du bruit de la tempête, il était aisé d'être trompé. Il encouragea néanmoins son chien de la voix ; et, saisissant une corde, il fit un nœud pesant à l'un des bouts. Il la jeta loin de lui avec adresse, la retira, et recommença cette expérience plusieurs fois. Cette corde était nécessairement jetée au hasard, car la lueur obscure gênait plutôt qu'elle n'aidait la vue, et les puissances de l'air remplissaient ses oreilles d'un bruit qui ressemblait au rire des démons.

Dans les exercices de la jeunesse, les deux vieux seigneurs n'avaient point oublié l'art de résister aux vagues ; mais tous les deux aussi possédaient un avantage bien préférable encore dans une semblable occasion : le sang-froid que peuvent ordinairement acquérir ceux qui passent leur vie dans les hasards et les difficultés de la guerre. Chacun d'eux eut assez de présence d'esprit, en revenant à la surface, pour comprendre sa situation, et ne pas augmenter le danger par ces efforts violents qui épuisent ordinairement ceux qui sont effrayés. Le moment était assez désespéré sans y joindre le risque de la distraction ; car la barque avait déjà atteint quelque point inconnu qui, relativement à eux, était tout à fait invisible. Dans cette incertitude, il aurait été inutile de nager plutôt d'un côté que d'un autre, et ils bornèrent leurs efforts à s'encourager mutuellement et à placer leur confiance en Dieu.

Il n'en était pas ainsi de Sigismond. Pour lui la tempête était muette, le lac n'était point courroucé, et il s'était précipité dans son sein avec aussi peu de crainte que s'il se fût élancé sur la terre. Ce cri : Sigismond ! oh ! Sigismond ! proféré par Adelheid, était encore dans son oreille et faisait bondir son cœur. L'athlétique jeune Suisse était un nageur expérimenté ; sans cela il eût été peu probable que ces impulsions, bien que profondes, l'eussent emporté sur l'amour de sa conservation. Dans une eau tranquille, il lui eût été aisé de traverser la distance qui se trouvait entre *le Winkelried* et le pays de Vaud ; mais, ainsi que ses compagnons, en se jetant dans l'eau, il fut obligé d'abandonner sa course au hasard, car l'écume qui s'élançait au-dessus du lac rendait la respiration difficile. Comme nous l'avons déjà dit, les vagues étaient comprimées dans leur lit plutôt qu'augmentées par le vent; mais, s'il en eût été autrement, le simple roulis eût été plutôt un support qu'un obstacle au nageur expérimenté.

Malgré tous ces avantages, la force du sentiment qui le faisait agir, et les nombreuses occasions où il avait affronté les vagues de la Méditerranée, Sigismond, après avoir plongé, s'aperçut du danger de son entreprise; mais il en conrut les risques avec le même sang-froid que le soldat qui s'attend aussi bien à la mort qu'à la victoire au milieu d'une bataille. Il repoussait l'eau de côté, nageait les yeux fermés, et chaque mouvement l'éloignait de la barque, son seul refuge. Il avançait entre deux remparts sombres et liquides; et, lorsqu'il s'élevait au-dessus des vagues, un brouillard épais le forçait bientôt à retrouver son humide abri. L'écume qui se formait sur la surface du lac ajoutait encore aux difficultés de Sigismond, et telle était la force des vagues, qu'il fut souvent poussé comme un cadavre devant elles. Cependant il nageait hardiment et avec vigueur, la nature lui ayant départi plus d'énergie qu'elle n'en accorde en général aux hommes. Mais, incertain dans sa course, incapable de voir à quelques pieds devant lui, et pressé par le vent, Sigismond Steinbach, bien que doué d'un courage surnaturel, sentit qu'il ne pourrait pas lutter longtemps contre tous ces désavantages. Il s'était déjà retourné, ne sachant trop ce qu'il devait faire; il cherchait à découvrir la barque dans la direction qu'il venait de quitter, lorsqu'une masse noire vint flotter sous ses yeux, et il sentit bientôt le museau froid du chien, flairant autour de son visage. L'admirable instinct, ou plutôt, nous pourrions le dire, l'excellente éducation de Neptune, lui apprit que ses services étaient inutiles; et, aboyant avec une joie sauvage, comme s'il eût voulu narguer l'obscurité infernale de la tempête, il se détourna, et nagea de nouveau avec rapidité. Une pensée pénétra comme un éclair dans l'esprit de Sigismond : ses espérances les mieux fondées étaient dans les facultés inexplicables de cet animal. Jetant un bras en avant, il en saisit la queue, et se laissa traîner sans savoir où, bien qu'il secondât les mouvements du chien par ses propres efforts. Un nouvel aboiement proclama que cette expérience avait réussi, et des voix qui se firent entendre annoncèrent la proximité d'êtres humains. La violence de l'ouragan était passée, et le bruit des vagues, qui avait été surpassé par celui du vent et de l'orage, retentit de nouveau.

Les deux vieillards sentaient réciproquement leurs forces s'affaiblir. Le seigneur Grimaldi avait jusque là soutenu généreusement son ami, qui était moins habile nageur, et il continua de l'encourager par un espoir qu'il ne partageait pas, refusant noblement jusqu'au dernier instant de séparer leur fortune.

— Comment te trouves-tu, mon vieux Melchior? demanda-t-il. Reprends courage, mon ami, je crois que nous allons être secourus.

Une vague arriva jusqu'à la bouche du baron, qui reprenait dans ce moment sa respiration.

— Ces secours viennent tard......... que Dieu te récompense, cher Gaëtano!... Que Dieu protége aussi mon enfant..., ma fille, — ma pauvre Adelheid!

Ce fut au son de ce nom chéri, prononcé avec tout le désespoir d'un père, que le baron dut la vie. Le bras nerveux de Sigismond, dirigé par ces mots, saisit son habit, et il sentit qu'une nouvelle force s'était interposée entre lui et les profondeurs du lac. Il était temps, car l'eau venait de couvrir la tête défaillante du vieillard, du moment où Sigismond parut à sa voix.

— Confiez-vous à ce chien, Signore, dit Sigismond élevant son visage au-dessus de l'eau pour parler avec plus de facilité; je me charge de votre ami, et que Dieu nous protége, tout peut encore se réparer.

Le signore Grimaldi conservait assez de présence d'esprit pour suivre cet avis, et était peut-être heureux que son ami eût perdu connaissance, et fût devenu un fardeau plus facile pour Sigismond. Le noble Neptune passa le premier, car le vent apportait jusqu'à eux la voix claire de Maso. Ce son dirigea les efforts de Sigismond, quoique le chien eût suivi tranquillement sa route depuis l'instant où il s'était saisi du seigneur génois, et avec une assurance qui prouvait combien il était sûr de son chemin.

Mais Sigismond avait hasardé une entreprise au-dessus de ses forces : lui qui pouvait nager pendant des heures entières dans des eaux tranquilles, était alors complétement épuisé par les efforts surnaturels qu'il avait faits, l'influence affaiblissante de la tempête et l'immense poids de son fardeau. Il ne voulait pas abandonner le père d'Adelheid, et cependant il sentait avec désespoir qu'il ne pouvait plus lui être d'aucune utilité; le chien, ayant déjà disparu dans les ténèbres, il était de nouveau incertain sur la véritable position de la barque ; ses yeux et ses oreilles s'ouvraient en vain pour voir et pour entendre ; il n'apercevait que cette lueur mystérieuse qui était venue avec l'ouragan, et n'entendait que le sifflement des vents et le mugissement des vagues. Les bouffées descendaient par moments sur la surface du lac ou tourbillonnaient dans les airs. Pendant un instant, un seul instant de ce désespoir auquel peuvent se livrer les âmes les plus fortes, sa main s'ouvrit pour lâcher son fardeau, et il conçut la pensée de redoubler d'efforts pour sauver sa propre vie ; mais l'image si belle et si chaste de cette jeune fille, qui depuis si longtemps charmait ses veilles et embellissait ses rêves, vint interposer son autorité et le faire rougir de sa pensée. Après ce court moment de faiblesse, il se sentit soutenu par une nouvelle énergie ; il nagea avec plus de vigueur, et en apparence avec plus d'utilité qu'auparavant. Bientôt il entendit de nouveau ces mots : Neptune, mon brave Neptune... Mais ils apportèrent la terrible conviction que, détourné de sa course par l'agitation de l'eau, il avait épuisé ses efforts à s'éloigner de la barque. Tandis qu'une lueur de succès lui avait été laissée, aucune difficulté, quelle que fût son immensité, ne pouvait entièrement anéantir l'espérance ; mais, lorsque Sigismond eut la conviction qu'au lieu de diminuer le danger il l'avait augmenté, il renonça à de nouveaux efforts, et se borna à soutenir sa tête et celle de son compagnon au-dessus du perfide élément, tandis qu'il répondait d'une voix désespérée aux cris de Maso.

—Neptune, brave Neptune ! Ces mots se firent encore entendre.
Ce cri pouvait être une réponse comme ce pouvait être un encouragement du seigneur italien à l'animal qui le portait. Sigismond fit encore un cri, mais il sentit que c'était le dernier. Il se débattit un instant, ce fut en vain ; il ne conservait plus qu'une idée indistincte de la vie ; le monde et ses attraits s'effaçaient de ses pensées, lorsqu'une ligne sombre passa au-dessus de lui et tomba lourdement sur la vague qui venait de couvrir son visage ; par un mouvement instinctif il posa la main sur cette ligne, et il se trouva de nouveau soutenu au-dessus des eaux. Il avait saisi la corde que le marin n'avait cessé de jeter comme le pêcheur jette sa ligne, et il était près de la barque avant que ses facultés confuses lui eussent permis de comprendre les moyens de sa délivrance. Maso tira à lui en reculant ; et, favorisé par un

rouleau de la barque, il souleva le baron de Willading sur le pont. Il répéta la même expérience toujours avec un admirable sang-froid et avec dextérité, et plaça aussi Sigismond en sûreté. Le premier fut immédiatement conduit évanoui au centre de la barque, où il reçut les soins qui venaient d'être offerts au signor Grimaldi, et avec les mêmes résultats heureux. Mais Sigismond fit signe qu'il voulait que personne ne s'occupât de lui; il marcha quelques pas; puis, cédant à un épuisement total, il tomba sur les planches humides. Il resta longtemps haletant, sans parole, et sentant le frisson de la mort parcourir tout son corps.

— Neptune, brave Neptune! s'écria encore l'infatigable Maso, toujours au poste où il jetait la corde avec la même persévérance. Les vents déchaînés qui avaient été si bruyants pendant cette nuit malheureuse s'apaisaient sensiblement; s'ils soufflaient encore, c'était comme pour exprimer leur regret de rentrer sous le joug de l'immense pouvoir qu'ils venaient de secouer. Ils se turent bientôt tout à fait. Les vergues s'inclinèrent au-dessus du pont, et le son monotone de l'eau prit le dessus. A ce bruit il faut ajouter les aboiements lointains du chien, qui nageait toujours dans les ténèbres, et un bruit sourd comme celui que produisent des voix humaines étouffées. Quoique le temps eût paru bien long, il ne s'était écoulé que cinq minutes depuis l'accident qui était survenu et le déchaînement de la tempête. Il y avait donc encore de l'espérance pour ceux qui étaient restés sous les flots. Maso ressentait l'ardeur d'un homme qui avait déjà réussi au-delà de ses espérances; et, poussé par le désir d'obtenir quelque signal qui pût le guider, il se pencha en avant jusqu'à ce que les eaux du lac couvrissent son visage.

— Ah! s'écria-t-il enfin, Neptune, Neptune!

Certainement des voix humaines se faisaient entendre près de lui; mais ces sons ressemblaient à ceux qui sont prononcés sous un lieu couvert. Les vents soufflèrent encore un instant; puis ils semblèrent s'envoler vers la voûte sombre et élevée des cieux. Neptune aboyait de toute sa force, et Maso lui répondait par des cris, car la sympathie de l'homme pour son semblable est indestructible.

— Mon brave, mon noble Neptune!

Le calme était alors imposant, et Maso entendit le chien gémir. Ce signal de mauvais augure fut de nouveau suivi par le son de voix étouffées. Elles devinrent plus intelligibles. Les vents dans leurs railleries semblaient vouloir montrer une triste scène des passions humaines, ou plutôt une violente colère avait donné à deux hommes une nouvelle énergie. Le marin recueillit ces paroles :

— Lâche-moi, maudit Baptiste !
— Misérable ! c'est toi qui m'étouffes !
— As-tu donc perdu tout souvenir de Dieu ?
— Pourquoi me serres-tu ainsi, infernal Nicklaus ?
— Tu mourras damné !
— Tu m'étrangles, — vilain, pardon ! pardon !

Il n'en entendit pas davantage. Les éléments s'accordèrent pour anéantir cette horrible lutte. Une ou deux fois le chien aboya ; mais la tempête revint avec toute sa puissance, comme si cette courte pause avait été simplement accordée aux passagers pour leur laisser le temps de respirer. Les vents prirent une direction nouvelle, et la barque, toujours soutenue par ses ancres, changea de place et se tourna vers les montagnes de la Savoie. Pendant la première bouffée, Maso lui-même se coucha sur le pont, car des millions de particules humides furent soulevées du lac, et parsemées dans l'atmosphère avec une violence capable de couper la respiration. Le danger d'être balayé par les vagues n'était pas moins imminent. Lorsque le calme fut un peu rétabli, Maso essaya par toutes ses facultés de recueillir un son étranger au roulis des vagues et au craquement des longues vergues pendantes.

Le marin ressentit alors une profonde inquiétude pour son chien. Il l'appela longtemps, mais en vain. Le changement de position et le mouvement constant de la barque les avaient éloignés au-delà de la portée de la voix humaine. Maso passa plus de temps à crier : Neptune ! brave Neptune ! qu'il n'en avait employé pendant tous les événements que nous avons été obligés de décrire avec tant de détails, et toujours sans le moindre succès. L'esprit de Maso était élevé bien au-dessus de ceux avec lesquels les habitudes de sa vie le mettaient souvent en contact ; mais, ainsi que l'or pur se ternit en étant exposé à un mauvais air, il n'avait pas entièrement échappé aux faiblesses des Italiens de sa classe. Lorsqu'il s'aperçut que ses cris ne pouvaient lui rendre son fidèle compagnon, il se jeta sur le pont dans un paroxysme de colère, s'arrachant les cheveux et pleurant amèrement.

— Neptune, mon fidèle Neptune ! s'écria-t-il, que me font tous les hommes sans toi? Toi seul tu m'aimais ; toi seul avais passé près de moi de bons et de mauvais jours, sans changer de maître, sans en désirer un autre! Quand de prétendus amis se sont montrés traîtres, tu es resté fidèle. Lorsque les autres m'encensaient, tu n'étais jamais un flatteur !

Frappé de cette singulière scène de chagrin, le bon moine, qui, comme les autres, avait jusqu'alors veillé à sa sûreté, ou employé son temps à soutenir de plus faibles que lui, saisit le moment où la tempête s'apaisait, pour offrir quelques consolations à Maso.

— Tu nous as sauvé la vie, brave marin, lui dit-il, et il y a des personnes dans la barque qui sauront reconnaître ton courage et ton adresse. Oublie le noble animal que tu as malheureusement perdu, et joins-toi à nous pour remercier la Vierge et les Saints de nous avoir protégés dans ce danger horrible.

— Mon père, il partageait mon pain, ma couche ; il combattait avec moi, nageait avec moi ; il était ma joie, mon bonheur, et je devrais maintenant me noyer avec lui. Que sont pour moi tes nobles et leur or, sans mon chien? Ce pauvre animal sera mort de désespoir, son cœur se sera brisé en cherchant en vain, au milieu des ténèbres, cette barque qui portait son maître.

— Des chrétiens ont été appelés en la présence de Dieu sans y avoir préparé leur âme, et nous devrions prier pour eux plutôt que de réserver nos larmes pour celui qui, bien que fidèle pendant sa vie, n'a plus rien à craindre ou à espérer après sa mort.

Toutes ces paroles étaient perdues pour Maso, qui se signait par habitude en entendant prononcer le nom de la Vierge, mais qui n'en pensait pas moins à la perte de son chien. Son affection ressemblait à celle de David pour Jonathas, c'était un amour plus tendre que celui d'une femme. S'apercevant que ses conseils étaient inutiles, le bon Augustin quitta Maso, et s'agenouilla pour offrir à Dieu sa reconnaissance, et ses prières pour les morts.

—Neptune! *povera, carissima bestia!* continuait Maso. Où nages-tu maintenant dans cette infernale querelle entre le ciel et la terre? pourquoi ne suis-je pas avec toi, excellent chien! Aucun mortel ne partagera jamais l'amour que j'avais pour toi, *povero Nettuno !* jamais un autre n'entrera dans mon cœur!.

Si la douleur de Maso fut subite, elle fut brève aussi dans sa durée; sous ce point de vue, on aurait pu la comparer à l'ouragan qui venait d'avoir lieu. Dans les deux cas, une excessive violence porta en elle son propre remède, car les bouffées irrégulières qui venaient des montagnes étaient déjà passées, et une brise du nord, forte, mais égale, leur succédait. Le chagrin de Maso perdit également de sa vigueur pour prendre un caractère plus calme.

Pendant toute cette scène d'horreur, la foule des passagers était restée couchée sur le pont, partie par stupeur, partie par crainte superstitieuse, et beaucoup aussi par l'impossibilité de bouger sans courir le risque d'être renversés de la barque dans le lac : mais, à mesure que la force du vent diminua, et que le mouvement de la barque devint plus régulier, tous ces hommes reprirent leurs sens, et, les uns après les autres, ils se retrouvèrent bientôt sur leurs pieds. Vers ce moment, Adelheid entendit la voix de son père la remerciant de ses soins et consolant sa douleur. Le vent du nord chassa au loin les nuages, et les étoiles brillèrent au-dessus du Léman irrité, apportant avec elles la promesse d'un secours divin, comme la colonne de feu envoyée aux Israélites dans leur passage de la mer Rouge. Une telle preuve d'un calme prochain ranima la confiance. Tous ceux qui étaient dans la barque, les passagers, l'équipage, reprirent courage à ces signes bienveillants, tandis qu'Adelheid pleurait de reconnaissance et de joie sur les cheveux blancs de son père.

Maso avait alors complètement obtenu le commandement du *Winkelried*, autant par la nécessité que par l'adresse et le courage qu'il avait manifestés pendant cet extrême danger. Aussitôt qu'il eut réussi à calmer sa douleur, il appela les matelots et leur donna ses ordres pour les nouvelles mesures qui étaient devenues nécessaires.

Tous ceux qui ont été soumis à leur influence savent que rien n'est incertain comme les vents. Leur inconstance a passé en proverbe. Mais cette inconstance aussi bien que leur pouvoir, depuis la brise légère jusqu'au tornado destructeur, sont attribués à des causes suffisamment claires, bien que nos calculs ne puissent pas les prévoir. La tempête qui venait d'avoir lieu pouvait être attribuée à ce simple fait : une colonne d'air des montagnes condensée et refroidie avait pressé les substances brûlantes du lac, et ce dernier, après une longue résistance, avait cédé à la cataracte supérieure, comme dans tous les efforts extraordinaires, soit physiques, soit moraux, la réaction semble être une conséquence d'une force excessive ; les courants d'air, repoussés au-delà de leurs propres limites, revenaient sur leurs pas comme la marée et son reflux. Cette cause produisait le vent du nord, qui avait succédé à l'ouragan.

Le vent qui venait du pays de Vaud était calme et frais. Les barques du lac de Genève ne sont pas construites pour lutter contre le vent, et l'on aurait même pu demander si *le Winkelried* aurait conservé ses voiles contre une aussi forte brise. Cependant Maso paraissait habile, et il avait acquis l'influence que le courage ou l'adresse obtiennent toujours dans les occasions difficiles sur le doute et la timidité; tout l'équipage lui obéissait avec soumission, sinon avec zèle. On n'entendait plus parler du bourreau et de son influence sur la tempête; et comme prudemment il se tenait à l'écart, afin de ne point exciter la superstition de ses ennemis, il paraissait entièrement oublié.

On passa un temps considérable à lever les ancres; car Maso ne permit pas, puisque cela avait cessé d'être nécessaire, qu'une seule corde fût coupée; devenue libre de ses liens, la barque tourna sur elle-même et fut bientôt conduite sous le vent. Le marin était au gouvernail, il fit tendre la voile d'avant et se dirigea en droite ligne vers les rochers de la Savoie. Cette manœuvre excita une sensation désagréable dans l'esprit de plusieurs passagers, car le caractère du pilote avait été plus que soupçonné dans le cours de leur connaissance; la côte vers laquelle ils se portaient avec tant de violence était connue pour une barrière de fer, bien fatale, par un tel vent, pour tous ceux qui se hasardaient contre ses rochers. Une demi-heure détruisit les craintes. Lorsqu'on fut assez près des montagnes pour sentir leur influence atténuante sur le vent, et l'effet naturel des remous formés par leur résistance aux courants, il vint au lof et tendit sa grande voile. Soutenu par cette sage précaution, *le Winkelried* porta bravement sa voilure, et la barque glissa le long des côtes de la Savoie, avec son éperon écumeux, passant les ravins, les vallons, les hameaux, comme si elle eût fendu les airs.

En moins d'une heure on vit Saint-Gingoulph, village qui forme les limites entre le territoire suisse et les possessions du roi de Sardaigne; et les excellents calculs de l'habile Maso parurent dans tout leur jour. Il avait prévu une autre bouffée de vent, comme pour former contre-poids, et, en effet, il trouva là la véritable brise de nuit. Le dernier courant vint des gorges du Valais, subitement et avec force. *Le Winkelried* fut lancé à temps pour prendre le vent; et, lorsque la brise frappa ses voiles, il sortit de dessous les montagnes, et se dirigea en plein lac comme un cygne guidé par son instinct.

Le passage du Léman dans sa largeur et dans cette partie du croissant exige plus d'une heure par une brise semblable à celle qui enflait les voiles du *Winkelried*. Ce temps fut employé par la foule des passagers à se féliciter mutuellement, et à ces vanteries habituelles aux gens du peuple qui viennent d'échapper à un danger imminent sans aucun mérite de leur part. Parmi ceux dont l'éducation était plus soignée, on voyait plus d'attention pour les malades, et plus de reconnaissance envers la Providence. L'horrible destin du patron et de Nicklaus Wagner jetait une ombre sur la joie, et tous sentaient intérieurement qu'ils venaient d'être arrachés à une mort certaine.

Maso, guidé dans sa course par le phare qui brillait toujours au château de Blonay, l'œil fixé sur ses voiles, la hanche fortement appuyée contre le gouvernail, dirigeait la barque comme un bon génie; mais son cœur se soulageait de temps en temps en poussant de profonds soupirs. Enfin, la masse sombre des côtes du pays de Vaud prit des formes plus distinctes et plus régulières. Çà et là une tour ou un arbre se détachaient sur le ciel, puis les objets du rivage se dessinèrent en relief sur la terre. On voyait des lumières briller sur le quai, on entendait des cris. Une pile noirâtre de bâtiments prit peu à peu l'aspect d'un château. Les voiles se détendirent, furent pliées, *le Winkelried* vogua plus doucement, et entra bientôt dans le havre, petit, mais sûr, de la Tour du Peil. Une forêt de mâts et de voiles étaient alors devant la barque; Maso lui fit prendre place parmi les autres bâtiments avec tant d'habileté et de précision, que le choc, suivant une expression de marin, n'eût pas été assez fort pour casser un œuf.

Cent voix félicitèrent à l'envi les voyageurs, car on les attendait avec une grande anxiété. Les citadins se précipitèrent sur le pont de la barque, accablant les passagers de questions; pendant un instant le bruit fut à son comble. Au milieu de la foule un objet noir et poilu se précipita en avant, bondit sur Maso, et l'accabla de ses sauvages caresses, c'était Neptune. Plus tard, lorsqu'un sentiment plus calme fit place à la joie, et permit l'examen, on trouva une mèche de cheveux entre les dents du chien de Terre-Neuve; et, la semaine suivante, les corps de Baptiste et du marchand de Berne furent aperçus sur les côtes du pays de

Vaud. Ils se tenaient encore l'un l'autre d'une main raidie par la mort.

CHAPITRE VIII.

> La lune est levée. Par le ciel quelle belle soirée? Des torrents de lumière effleurent les vagues. Maintenant les jeunes gens racontent leur amour à des beautés qui croient à leurs serments: tel sera notre destin lorsque nous reviendrons à terre.
> BYRON.

On avait aperçu *le Winkelried* de Vevey pendant toute l'après-midi et la soirée. L'arrivée du baron de Willading était attendue impatiemment par plusieurs personnes de la ville. Son rang et son influence dans le grand canton le rendaient un objet de curiosité, même pour ceux qui n'étaient point liés avec lui de cette affection qu'inspiraient ses éminentes qualités. Roger de Blonay n'était pas le seul ami de sa jeunesse; il y avait un autre habitant de Vevey, avec lequel il était intime par habitude, sinon par cette sympathie de principes qui est ordinairement le meilleur ciment de l'amitié.

L'officier civil chargé de la surintendance spéciale des districts ou cercles qui divisent le pays de Vaud, est appelé bailli, titre que le mot anglais *bailiff* rend à peine, excepté en ce qu'il signifie aussi un substitut dans l'exercice d'une fonction qui est la propriété d'un autre. Le bailli de Vevey, Peter Hofmeister, appartenait à une de ces familles de l'aristocratie bourgeoise du canton, qui trouvent les institutions de leur pays respectables et presque sacrées, parce que, grâce à leur charge, elles sont en possession de certains priviléges exclusifs, non seulement agréables, mais avantageux. Ce Peter Hofmeister était néanmoins un brave homme bien intentionné, mais convaincu dans le secret de sa conscience que tout n'allait pas parfaitement droit; il professait donc au sujet des intérêts lésés, ou sur la stabilité des affaires temporelles, des opinions extrêmes, à peu près par le même principe qu'un ingénieur met tout son art à fortifier les points les plus faibles d'une citadelle, prenant soin qu'il y ait un feu continuel dans l'endroit le plus accessible. Par une de ces ordonnances exclusives par lesquelles les hommes étaient bien aises d'échapper à la violence et à la rapacité du baron, et au satellite du prince, ordonnances qu'on avait l'habitude alors d'appeler liberté, la famille d'Hofmeister était parvenue à remplir les fonctions d'une certaine charge ou monopole, qui faisait toute sa richesse et son importance, mais de laquelle on parlait ordinairement comme tirant son principal droit de la gratitude du public pour des devoirs qui étaient remplis, non seulement très-bien, mais depuis une époque très-éloignée, par une suite non interrompue de patriotes descendants de la même souche. Ceux qui jugent de la valeur attachée à la possession de cette charge, par la vivacité avec laquelle les titulaires repoussaient toutes les tentatives qui étaient faites pour les débarrasser du fardeau, doivent avoir été dans l'erreur; car, à entendre les amis de la famille discourir sur les difficultés de cet emploi, sur l'impossibilité qu'il fût rempli par aucune famille qui n'en eût pas été investie pendant cent soixante et deux ans, période précise du dévouement des Hofmeister au bien public, il semblerait qu'ils étaient autant de modernes Curtius, toujours prêts à s'élancer dans l'abîme pour sauver la république de l'ignorance et de la spéculation de quelques égoïstes, qui ne désiraient jouir de cette haute charge que par le motif indigne de leur propre intérêt. Ce sujet mis à part, et celui de la suprématie de Berne dont son importance dépendait, on ne pourrait trouver aisément un homme meilleur et plus philanthrope que Peter Hofmeister. C'était un homme gai, bon buveur (défaut particulier au siècle), respectant les lois comme il convient à un homme de sa classe et à un célibataire de soixante-huit ans, ce qui ne prouvait pas qu'à l'époque de sa jeunesse, ce qui remonte à cinquante ans plus haut que l'époque de notre histoire, il n'avait pas eu de prédilection bien romanesque en faveur du beau sexe. Enfin, Hofmeister était bailli, comme Balthazar était bourreau, grâce au mérite ou aux défauts d'un de ses ancêtres (il serait difficile de dire lequel), par les lois du canton et les opinions des hommes. La seule différence matérielle entre eux était que l'un était fort jaloux de sa place, tandis que l'autre remplissait la sienne avec répugnance.

Lorsque Roger de Blonay, à l'aide d'une bonne lunette, se fut assuré que la barque au-delà de Saint-Symphorien, dont les voiles pendaient en draperies pittoresques, contenait une société élégante qui occupait sa poupe, et qu'il vit aux plumes et à la toilette qu'une femme de condition en faisait partie, il ordonna qu'on allumât le phare, et descendit au port donner des ordres pour recevoir ses amis. Il trouva le bailli arpentant cette promenade publique, qui est baignée par les eaux limpides du lac, avec l'air d'un homme qui a d'autres soucis en tête que les soins ordinaires de sa charge. Bien que le baron de Blonay fût Vaudois, et qu'il regardât tous les fonctionnaires nommés par les conquérants de sa patrie avec une espèce de dédain héréditaire, il était naturellement d'un caractère doux et poli, et la rencontre fut comme à l'ordinaire amicale et cordiale en apparence. Ils prirent grand soin de parler l'un et l'autre à la seconde personne; de la part du Vaudois, c'était pour prouver qu'il se croyait au moins l'égal du représentant de Berne; et de celle du bailli, pour prouver que sa place le mettait au niveau de la plus ancienne noblesse du pays.

— Tu espères voir des amis de Genève dans la barque qui est là-bas, dit le bailli brusquement.

— Oui, et toi?

— Un ami et une autre personne encore, répondit le bailli d'une manière évasive. Je sais que Melchior de Willading doit séjourner parmi nous pendant les fêtes de l'abbaye, et l'on m'a donné l'avis secret qu'il doit venir une autre personne qui ne veut pas jouir des honneurs qu'elle pourrait à bon droit réclamer.

— Il n'est pas rare que des hommes de haute naissance, et même des princes, nous visitent dans ces occasions sous des noms supposés, et sans être entourés de l'éclat de leur rang; car les grands, lorsqu'ils descendent aux plaisirs du peuple, n'aiment pas à mettre leur rang dans le marché.

— Ils n'en sont que plus sages. Ces maudites folies me font bien du mal, c'est peut-être une faiblesse, mais il me semble qu'un bailli fait une mince figure devant le peuple parmi ces dieux et ces déesses. Pour te dire la vérité, je suis charmé que celui qui arrive vienne incognito. As-tu reçu depuis peu des lettres de Berne?

— Aucune; mais on dit qu'il y aura quelques changements parmi les gens en place.

— Tant pis! murmura le bailli. Doit-on attendre autant de ceux qui n'ont jamais rempli pendant une heure les devoirs d'une charge, que de ceux qui en ont, pour ainsi dire, sucé la pratique avec le lait de leur mère?

— Cela peut être juste pour toi ; mais il y en a d'autres qui disent que les comtes d'Erlach eux-mêmes ont eu un commencement.

— Himmel ! suis-je un païen pour nier la vérité de tout ceci ? On peut commencer comme on veut, bon Roger, mais je n'aime pas les fins. Il n'y a pas de doute qu'un Erlach ne soit mortel comme nous tous, comme tout être créé, mais un homme n'est point une charge : que l'argile meure, si tu veux ; mais si tu veux avoir de fidèles et habiles successeurs, prends les successeurs légitimes. Ne parlons pas de tout cela aujourd'hui ; as-tu plusieurs hôtes à Blonay ?

— Pas un seul. J'attends l'arrivée de Melchior de Willading et de sa fille. Je n'aime pas ces nuages ! Il y a de mauvais présages autour de ces pics depuis que le soleil est couché !

— On a toujours peur de l'orage dans ton château ; le lac n'a jamais été plus paisible, et je trouverais fort mauvais qu'il fît acte de rébellion et entrât dans un de ces caprices subits avec un aussi précieux fardeau sur ses ondes.

— Je crains bien que le lac de Genève ne fasse pas même attention au déplaisir d'un bailli, reprit le baron de Blonay en souriant ; je répète que le temps n'est pas beau. Je vais consulter les mariniers, car il serait peut-être nécessaire d'envoyer un bateau léger aux voyageurs, afin qu'il puisse les ramener à terre.

Roger de Blonay et le bailli montèrent sur le petit môle en terre qui se forme tous les printemps, et qui est emporté tous les hivers par les tempêtes, afin de consulter les marins les plus expérimentés sur les symptômes qui précèdent les différents changements dans l'atmosphère. Les opinions variaient. Beaucoup pensaient qu'il y aurait une tempête ; mais, comme on savait que *le Winkelried* était une barque neuve et bien construite, qu'on ignorait à quel point elle avait été chargée par la cupidité de Baptiste, et qu'on pensait généralement que le vent ne lui serait pas contraire, on crut qu'il était inutile d'envoyer un bateau : en effet, en cas de tempête, on supposait avec raison qu'une barque serait plus sèche dans l'intérieur et plus sûre qu'un simple bateau. Cette indécision, assez ordinaire dans des cas semblables, exposa Adelheid, son père et tout l'équipage, aux dangers que nous avons décrits.

Lorsque la nuit vint, les habitants de la ville commencèrent à comprendre que la tempête serait forte pour ceux qui s'y trouvaient exposés sur le lac, même dans la meilleure barque. L'obscurité ajoutait au danger ; car des navires, ayant mal calculé leur distance, s'étaient heurtés contre la terre. On alluma des feux le long du quai par l'ordre du bailli, qui manifesta un intérêt si peu ordinaire pour les passagers du *Winkelried*, qu'il leur attira de la part du peuple plus de sympathie que d'habitude pour des voyageurs en détresse. On fit en leur faveur tous les efforts ; et, au moment où l'état du lac le permit, on envoya des bateaux à leur secours dans toutes les directions possibles. Mais le *Winkelried* voguait le long des côtes de la Savoie vers lesquelles les bateaux n'osèrent pas se hasarder, et cette recherche fut inutile. Lorsqu'on sut cependant qu'on apercevait une voile sous l'abri des montagnes opposées, et qu'elle se dirigeait vers la Tour de Peil, village dont le hâvre était plus sûr que celui de Vevey, et à une portée de flèche de cette dernière ville, des flots de peuple se précipitèrent sur le rivage ; et, au moment où l'on apprit que la société tant désirée était à bord, les voyageurs furent reçus avec des cris de joie.

Le bailli et Roger de Blonay se précipitèrent en avant pour recevoir le baron de Willading et ses amis, qui furent conduits, avec une joie bruyante, jusqu'au vieux château qui touchait au port, et duquel ce dernier tirait son nom. Le noble Bernois était trop affecté des scènes qui venaient d'avoir lieu, et de la touchante tendresse d'Adelheid, qui avait pleuré sur lui comme une mère pleure sur un enfant retrouvé, pour recevoir les salutations de son ami avec la cordialité qui caractérisait ordinairement leur rencontre. Cependant leurs habitudes se montrèrent à travers le nuage de tristesse.

— Je viens d'être arraché aux poissons du lac Léman, mon cher Blonay, dit le baron en serrant la main de son ami et en s'appuyant sur son bras pour regagner le château : sans ce brave jeune homme et le plus honnête marinier qui navigua jamais sur l'eau, soit fraîche, soit salée, tout ce qui reste du vieux Melchior de Willading serait dans ce moment de moindre valeur que la plus petite féra du lac.

— Dieu soit loué de ce que vous voilà maintenant ici ! nous craignions beaucoup, et des bateaux sont en ce moment à la recherche de votre barque ; mais il en a été ordonné autrement. Ce brave jeune homme, qui, je le vois, est en même temps Suisse et militaire, est doublement le bien-venu parmi nous sous les deux caractères que nous venons de désigner, et, par-dessus tout, pour t'avoir rendu, ainsi qu'à nous, un aussi grand service.

Sigismond reçut avec modestie un compliment qu'il méritait si bien. Néanmoins le bailli, non content des félicitations d'usage, murmura à l'oreille du jeune homme qu'un service comme celui-là, rendu à un des nobles les plus estimés, ne serait pas oublié par les conseils dans une occasion convenable.

— Enfin vous êtes heureusement arrivé, Herr Melchior, ajouta-t-il tout haut, n'importe comment ; naviguant sur l'onde ou dans les airs ; nous vous avons parmi nous, nous remercions Dieu, comme vient de le dire Roger de Blonay. Notre abbaye va être le théâtre d'une belle cérémonie, car divers gentilshommes de famille sont dans la ville. J'ai appris qu'il y en avait encore d'autres, chevauchant parmi les montagnes, des pays au-delà du Rhin. N'avez-vous pas d'autres compagnons dans la barque que ceux que je vois autour de vous ?

— Il y en a un autre, et je suis surpris qu'il ne soit pas ici ! C'est un noble Génois, dont tu m'as souvent entendu parler, sire de Blonay, comme d'une personne pour laquelle j'avais une grande affection. Gaëtano Grimaldi est un nom qui doit t'être familier, car je l'ai prononcé souvent devant toi.

— J'en ai si souvent entendu parler, que je le regarde comme une ancienne connaissance. Lorsque vous êtes revenu des guerres d'Italie, vous n'étiez jamais las de raconter ses hauts faits. Gaëtano disait cela, Gaëtano pensait ainsi, Gaëtano faisait cela ! Est-il bien possible qu'il soit avec vous dans la barque ?

— Certainement. Une heureuse rencontre, sur le quai de Genève, nous réunit après une séparation de trente ans accomplis ; et, comme si le ciel avait réservé ses épreuves pour cette occasion, nous avons couru les mêmes dangers. Je le tenais dans mes bras, Roger, au moment terrible où le ciel, les montagnes, la terre entière, même cette chère fille, disparaissaient pour jamais à mes yeux ; du moins je le croyais ainsi. Lui qui avait été déjà mon compagnon dans de si grands périls, qui m'avait protégé pendant le combat, qui avait veillé auprès de mon lit, enfin qui avait fait pour moi tout ce que l'affection la plus tendre peut inspirer, avait encore été conduit par la Providence pour partager un des moments les plus pénibles de ma vie !

Tandis que le baron parlait encore, son ami entra avec ce maintien digne qu'il prenait ordinairement lorsqu'il n'était pas dans sa convenance de jeter de côté la réserve de son rang, ou lorsqu'il cédait au torrent de sensibilité qui s'échappait quelquefois de son tempérament méridional, et renversait le maintien de simple convention. Il fut présenté à Roger de Blonay et au bailli, comme la personne qui venait d'être nommée, et comme le plus ancien, le plus éprouvé des amis. Roger de Blonay le reçut avec naturel et avec chaleur, tandis que le bailli fut si singulier dans ses assurances de satisfaction et de respect, qu'il excita non-seulement l'attention, mais aussi la surprise.

— Merci, merci, bon Peterchen, dit le baron de Willading, car c'était le diminutif familier dont se servaient envers le bailli ceux qui le traitaient avec liberté; merci, honnête Peterchen; toutes tes politesses à Gaëtano sont autant de preuves d'affection que tu me donnes.

— J'honore tes amis comme toi-même, Herr Von Willading, répondit le bailli, car tu as des droits à l'estime de tout le Burgerschaft; mais cet hommage rendu au signor Grimaldi lui est bien dû à lui-même. Nous ne sommes que de pauvres Suisses, qui vivons au milieu de sauvages montagnes, peu favorisés du soleil, et encore moins connus du monde; mais nous avons nos manières. Un homme qui a été revêtu de l'autorité aussi longtemps que moi, serait indigne de sa place, s'il ne devinait pas, comme par instinct, ceux qu'il doit honorer. Signore, la perte de Melchior de Willading devant notre hâvre nous aurait rendu le lac désagréable pendant des mois, pour ne pas dire des années; mais, si nos ondes avaient été la cause de votre mort, j'aurais prié les montagnes de tomber dans le bassin, afin qu'elles pussent enterrer le coupable sous leurs rochers.

Melchior de Willading et le vieux Roger de Blonay rirent de bon cœur du langage hyperbolique du bailli, bien qu'il fût facile de s'apercevoir qu'Hofmeister avait cru dire de fort belles choses.

— Je vous remercie, non moins que mon ami de Willading, répondit le Génois, dont les yeux brillaient d'un rayon de gaieté; cette réception courtoise nous surpasse, nous autres Italiens, car je doute qu'aucun de nous eût le courage de condamner une de nos mers à une punition aussi sévère pour une faute si vénielle, ou du moins si naturelle. Je vous supplie de pardonner au lac, puisque, pour mettre les choses au pis, il n'est qu'un agent secondaire dans cette affaire; et je ne doute pas qu'il nous eût traités comme il traite tous les autres voyageurs, si nous ne nous étions pas soustraits à ses embrassements. Le crime doit être imputé aux vents; et, comme ils sont les fils chéris des montagnes, je crains que ces mêmes montagnes, dont vous vouliez faire les exécutrices de vos vengeances, ne soient les seules coupables du complot tramé contre notre vie.

Le bailli sourit comme un homme également charmé de l'esprit qu'il déploie et de celui qu'il excite chez les autres; et la conversation changea de sujet, quoique pendant cette soirée, et dans toute autre occasion pendant sa visite, le signor Grimaldi reçût de lui des attentions si marquées et si particulières, qu'il inspira un profond sentiment de respect en faveur de l'Italien parmi ceux qui avaient l'habitude de ne trouver dans le bailli que l'importance et la dignité du fonctionnaire public.

On s'occupa ensuite des voyageurs qui avaient grand besoin de rafraîchissements après les fatigues et les dangers d'un tel voyage. Roger de Blonay insista donc pour qu'ils se rendissent tout de suite au château, à la grille duquel la lumière brillait toujours. Par le moyen de char-à-bancs, voiture particulière au pays, la courte distance fût bientôt parcourue. Le bailli, à la grande surprise du propriétaire, insista pour conduire les voyageurs sous le toit hospitalier; néanmoins, à la grille du château, le bailli prit congé, s'excusa mille fois sur les devoirs de sa charge, devoirs qui augmentaient encore à l'approche de la fête.

— Nous aurons un hiver bien doux cette année, car je n'ai jamais vu le bailli si courtois, observa Roger de Blonay, tandis qu'il conduisait les voyageurs dans son château. Les autorités de Berne, Melchior, sont peu prodigues de leurs compliments envers nous autres pauvres nobles du pays de Vaud.

— Signore, vous oubliez, observa le Génois en riant, qu'il existe d'autres meilleurs bailliages à la disposition des conseils, et le signor de Willading a une puissante voix dans ces conseils; n'ai-je pas trouvé la meilleure solution de son zèle?

— Oh! mon Dieu non, répondit le baron; car Peterchen n'a pas d'autre espérance que celle de mourir comme il a vécu, le gouverneur d'un petit district. Le digne homme devrait avoir une meilleure réputation. Son bon cœur, sans aucun doute, est touché de voir ceux qui sortent, pour ainsi dire, du tombeau. Je lui rends grâces de cette preuve d'affection, et si une meilleure place s'offrait réellement pour lui, et que ma pauvre voix pût lui être utile, je ne garderais pas le silence. C'est servir le public que d'investir de la confiance publique des hommes de cette trempe.

Cette opinion parut très-naturelle aux auditeurs, et tous, à l'exception du signor Grimaldi, se joignirent au baron. Le seigneur italien, plus expérimenté dans les détours du cœur humain, ou ayant quelques raisons à lui seul connues, sourit simplement des remarques qu'il entendait, comme s'il eût compris mieux que les autres la différence de l'hommage qu'on paie au rang, et celle qu'une nature généreuse et noble accorde en cédant à ses propres impulsions.

Une heure plus tard, le léger repas du soir était terminé; Roger de Blonay invita les voyageurs à venir se promener à une faible distance pour jouir du charme de la soirée. En effet, le changement était déjà si grand, qu'il n'était pas facile à l'imagination de transformer la scène riante qu'on voyait des tours de Blonay, en la voûte sombre et le lac courroucé qui offraient naguère un aspect si différent.

Les nuages avaient déjà fui vers les plaines de la Germanie, et la lune avait déjà atteint une si grande hauteur au-dessus de la Dent de Jaman, que ses rayons s'étendaient jusque dans le bassin du lac. Mille étoiles pensives brillaient au firmament, image de la bénigne puissance qui gouverne l'univers, quels que puissent être le dérangement local ou les efforts accidentels des agents inférieurs ; les vagues écumantes s'étaient apaisées aussi vite qu'elles s'étaient courroucées, et à leur place on voyait des myriades de globules transparents briller à la clarté des rayons de la lune, et se jouer avec impunité sur la surface placide du lac; des bateaux voguaient vers la Savoie ou les villages voisins : toute cette scène faisait voir que la confiance était revenue parmi ceux qui s'exposent habituellement aux caprices des éléments.

— Il y a une forte et terrible ressemblance entre les passions humaines et ces convulsions de la nature, observa le signor Grimaldi, lorsque la société du château eut admiré en silence cette scène pendant quelques minutes ; elles se soulèvent promptement, et sont promptement apaisées. Elles sont également ingouvernables pendant leur accès, et admettent l'influence d'une heureuse réaction pendant leur décroissance. Votre flegme du nord peut rendre cette comparaison moins juste; cependant elle peut avoir sa portée parmi les tempéraments lymphatiques plutôt que parmi nous autres, au sang plus chaud. Cette montagne brillante de lumière, ce lac tranquille, ces cieux couverts d'étoiles, n'ont-ils pas l'air de regretter leur violence et de vouloir nous faire oublier qu'ils ont compromis notre sûreté, comme un naturel bouillant, mais généreux, se repent du coup donné pendant la colère, ou de la parole mordante qui lui est échappée dans un moment de mauvaise humeur? Que dites-vous de cette opinion, signor Sigismond; car personne ne connaît mieux que vous la nature de la tempête que nous venons d'essuyer?

— Signore, répondit le jeune soldat avec modestie, vous oubliez ce brave marin, sans l'habileté et le sang-froid duquel tout aurait été perdu. Il est venu jusqu'à Blonay, à notre demande; mais jusqu'ici on ne s'en est pas occupé.

Maso s'approcha à un signal que lui fit Sigismond, et resta debout devant la société à laquelle il venait de rendre un service aussi signalé, avec un calme qu'il n'était pas facile de troubler.

— Je vous ai obéi, Signore, en venant jusqu'au château, dit-il en s'adressant au Génois; mais, ayant des affaires un peu pressées, je suis obligé de vous demander ce que vous désirez de moi.

— Nous t'avons, en effet, un peu oublié. En débarquant, ma première pensée fut pour toi, comme tu sais; mais d'autres choses m'ont passé par la tête. Tu es Italien comme moi?

— Oui, Signore.

— De quelle contrée?

— De la vôtre, Signore; je suis Génois, comme je vous l'ai déjà dit.

Gaëtano Grimaldi se le rappela, bien que cette circonstance ne lui plût pas. Il regarda autour de lui comme pour recueillir d'autres pensées, et continua ses questions.

— Génois, répéta-t-il à voix basse; si cela est ainsi, nous devons savoir quelque chose l'un de l'autre. As-tu quelquefois entendu parler de moi?

Maso sourit; il parut d'abord disposé à plaisanter, puis un nuage passa sur son front brun, et sa gaieté fit place à un air pensif qui frappa son interrogateur.

— Signore, dit-il après une pause, tous ceux qui suivent ma profession connaissent quelque chose de Votre Excellence; si c'est simplement pour être questionné de la sorte, je vous prie de me permettre d'aller à mes affaires.

— Non, par saint François! tu ne nous quitteras pas avec si peu de cérémonie. J'ai tort de prendre le ton d'un supérieur avec un homme à qui je dois la vie; et toi, tu as eu raison de me répondre comme tu l'as fait. Il y a un compte un peu lourd à régler entre nous, et il faut que j'essaie de rétablir la balance qui penche si fortement en ta faveur; mais nous ne pourrons terminer cette affaire que lorsque nous serons à Gênes.

Le signor Grimaldi avait avancé un bras tandis qu'il parlait, et il reçut une bourse bien garnie de son compagnon Marcelli. Elle fut bientôt vidée de son contenu, de bons et beaux sequins, qui furent tous offerts au marin. Maso regarda froidement cette masse d'or, et par son hésitation donna lieu de penser qu'il ne trouvait pas la récompense suffisante.

— Je te dis que ce n'est que la première partie du paiement. A Gênes, cette affaire sera terminée d'une autre manière; mais c'est là tout ce qu'un voyageur peut prudemment donner. Tu viendras me voir dans notre patrie commune, et je ferai pour toi tout ce qu'exigeront tes intérêts.

— Signore, vous m'offrez une chose pour laquelle les hommes font tout, le bien comme le mal. Ils perdent leur âme pour de l'or, se moquent des lois de Dieu, jouent avec la justice des hommes, deviennent enfin des diables incarnés; et cependant, quoique je sois presque sans le sou, je me trouve placé de manière à être forcé de refuser votre offre.

— Je te dis, Maso, que cette somme sera augmentée plus tard; ou plutôt nous ne sommes pas assez pauvres pour redouter d'emprunter! Bon Marcelli, vide tes poches, et j'aurai recours à la bourse de Melchior de Willading pour nos autres besoins.

— Et Melchior de Willading doit-il compter pour rien dans tout cela? s'écria le baron. Ramasse ton or, Gaëtano, et laisse-moi maintenant m'arranger avec ce brave marin. Plus tard, il ira te trouver en Italie; mais ici, sur le sol de mon pays, je réclame le droit d'être son banquier.

— Signore, répondit Maso vivement et avec plus de douceur qu'il n'en montrait ordinairement, vous êtes tous les deux libéraux au-delà de mes désirs, et trop bien disposés pour mes faibles besoins. Je suis venu au château pour obéir à vos ordres, mais non dans l'espoir d'attraper de l'argent. Je suis pauvre, il serait inutile de le nier, les apparences sont contre moi (à ce moment Maso se mit à rire d'une manière un peu forcée, suivant l'opinion de ses auditeurs); mais la pauvreté et la bassesse ne sont pas toujours inséparables. Vous avez soupçonné aujourd'hui, avec raison, que mon existence est vagabonde, et j'en conviens; mais c'est une erreur de croire que, parce que les hommes quittent la ligne droite que quelques personnes appellent l'honnêteté, ils soient incapables de nobles sentiments. J'ai été utile en vous sauvant la vie, Signore, et il y a plus de plaisir dans cette réflexion que je n'en éprouverais à gagner deux fois autant d'or que vous m'en offrez. — Voilà le signor Capitano, ajouta-t-il, prenant Sigismond par le bras et l'attirant vers lui; prodiguez sur lui vos faveurs, car aucune habileté de ma part ne vous aurait sauvé sans sa bravoure. Si vous lui donnez tous vos trésors jusqu'à votre perle la plus précieuse, vous ne ferez pas plus qu'il ne mérite.

Maso, en cessant de parler, jeta un regard sur Adelheid, pensive et respirant à peine; ce regard continuait sa pensée, lorsque sa langue fut silencieuse. La confusion qui couvrit le visage de la jeune fille devint visible, même à la pâle lueur de la lune, et Sigismond se retira comme s'il eût été coupable.

— Ces opinions te font honneur, Maso, répondit le Génois, affectant de ne point comprendre la dernière partie de la phrase, et elles excitent le désir d'être ton ami. Je n'en dirai pas davantage aujourd'hui sur ce sujet; mais tu me retrouveras à Gènes.

L'expression du visage de Maso était inexplicable; mais il conserva dans ses manières son indifférence habituelle.

— Signor Gaëtano, dit-il, usant de la liberté d'un marin dans ses paroles, il y a des nobles à Gènes qui seront plus à leur place que moi en frappant à la porte de votre palais; et il y en a aussi dans la ville qui feraient beaucoup de commentaires s'ils savaient que vous recevez de semblables hôtes.

— Tu te livres trop fortement à un métier dangereux et condamnable. Je soupçonne que tu es un contrebandier, mais certainement ce n'est pas un commerce assez avantageux, si l'on en juge par tes moyens pécuniaires, pour penser que tu l'as adopté pour toujours. Je puis trouver les moyens de t'en relever en te donnant une place dans les douanes, dont tu t'es si souvent moqué.

Maso se mit à rire de tout son cœur.

— Il en est ainsi, Signore, dans le monde moral où nous vivons. Celui qui veut faire son chemin n'a qu'à se rendre dangereux pour être protégé. Vos attrape-coquins sont des brigands fieffés hors de leur emploi; votre garde-marée a appris son métier à force de frauder les revenus, et j'ai été dans des pays où l'on disait que tous ceux qui plumaient le pauvre peuple avaient commencé leur profession comme étant des patriotes malheureux. Cette règle est assez bien établie, sans avoir besoin pour cela de mon pauvre nom ; et, avec votre permission, je resterai comme je suis, un homme dont le plaisir est de vivre au milieu des périls, et qui se venge des autorités en médisant d'elles lorsqu'il est défait, et en riant d'elles lorsqu'il réussit.

— Jeune homme, il y avait en vous assez d'étoffe pour faire un honnête homme.

— Signore, cela peut être vrai, répondit Maso, dont le visage devint sombre; nous nous vantons d'être les rois de la création ; et cependant la barque du pauvre Baptiste n'était pas plus maîtresse de ses mouvements pendant la dernière tempête, que nous ne sommes maîtres de notre fortune, signor Grimaldi: j'ai eu, moi, les matériaux qui font un homme ; mais les lois et les préjugés, et la lutte maudite des hommes entre eux, m'ont laissé ce que je suis. Pendant les quinze premières années de ma vie, l'église devait être la marche par laquelle je serais monté au cardinalat ou à quelque gros prieuré ; mais les vagues de l'eau salée ont emporté l'onction qui m'était nécessaire.

— Tu es mieux né que tu ne le parais; tu as des amis qui doivent gémir de ta conduite.

L'œil de Maso s'enflamma, mais il le baissa, comme s'il comprimait, par la force d'une volonté indomptable, quelque subite impulsion.

— Je suis né d'une femme! dit-il avec une singulière emphase.

— Et ta mère n'est-elle pas peinée de ta conduite ? sait-elle la carrière que tu as embrassée?

Le sourire pénible auquel cette question donna naissance, fit regretter au Génois de l'avoir faite. Maso essayait évidemment de maîtriser une impression qui avait pénétré jusqu'à son âme, et son succès fut dû à un empire sur lui-même que peu d'hommes ont jamais obtenu à ce point.

— Elle est morte, répondit-il brusquement; elle est une sainte parmi les anges. Si elle vivait encore, je n'aurais jamais été marin, et... et... Il posa sa main sur sa poitrine, comme s'il eût voulu arrêter une suffocation; puis il sourit, et ajouta en riant : Et le bon *Winkelried* aurait fait naufrage.

— Maso, il faut que tu viennes me voir à Gènes ; il faut que j'en sache davantage, et que je te questionne de nouveau sur ta destinée. Tu es un ange déchu, et l'assistance d'un bras ami peut te relever de ta chute.

Le signor Grimaldi parlait avec chaleur, comme un homme qui éprouve un chagrin réel; sa voix avait la mélancolie que donne ce sentiment. Le caractère altier de Maso fut touché par cette preuve d'intérêt, et ses passions indomptables se trouvèrent tout d'un coup subjuguées. Il s'approcha du seigneur génois, et lui prit respectueusement la main.

— Pardonnez la liberté, Signore, dit-il avec douceur et regardant attentivement les doigts amaigris et ridés qu'il tenait dans sa main brune et robuste. Ce n'est pas la première fois que notre chair s'est touchée; quoique ce soit la première fois que nos mains se joignent, que ce soit d'amitié. Un désir m'est venu, et je vous demande pardon, vénérable vieillard, de la liberté. Signore, vous êtes âgé, vous êtes honoré de tous ceux qui vous connaissent, je ne doute pas que vous ne soyez chéri de Dieu comme des hommes; accordez-moi donc votre bénédiction avant que je vous quitte.

En faisant cette singulière demande, Maso s'agenouilla avec autant de sincérité que de respect, de manière à ne pas laisser la possibilité de le refuser. Le Génois fut surpris, mais non déconcerté. Avec une dignité parfaite, un grand calme, et cependant avec une émotion qui était excitée par des souvenirs, il prononça sa bénédiction. Le marin se leva, baisa la main qu'il tenait encore, salua ceux qui l'entouraient, s'élança sur la route, et disparut derrière un taillis.

Sigismond, qui avait contemplé cette scène avec surprise, et qui avait eu les regards attachés sur Maso jusqu'au dernier moment, s'aperçut, à la manière dont le marin posait la main sur ses yeux, que cet homme, d'une nature si âpre, avait été fortement ébranlé. En revenant à lui, le signor Grimaldi convint aussi qu'il n'y avait aucune raillerie dans la conduite inexplicable de celui qui leur avait sauvé la vie, car une larme brûlante était tombée sur sa main. Il se sentait aussi fortement agité par ce qui venait de se passer; et, appuyé sur son ami, il rentra dans le château de Blonay.

— Cette demande extraordinaire de Maso m'a rappelé la triste image de mon pauvre fils, cher Melchior, dit-il. Plût au ciel qu'il ait reçu cette bénédiction, et qu'elle ait pu aussi lui être favorable en la présence de Dieu! Peut-être vit-il encore et en entendrat-il parler; car, pourrais-tu le croire? j'ai pensé que Maso était un de ses compagnons sans loi, et que le désir de lui communiquer cette scène avait occasionné cette demande à laquelle j'ai acquiescé.

Cette conversation continua, mais elle devint secrète et tout à fait confidentielle. Le reste de la société alla chercher le repos ; mais des lampes brûlèrent dans la chambre des deux vieux amis jusqu'à une heure très-avancée.

CHAPITRE IX.

>Où sont mes Suisses? Qu'ils gardent la porte.
>Quel est ce bruit?
>SHAKSPEARE. *Hamlet*.

L'AUTOMNE d'Amérique, ou la chute des feuilles, c'est ainsi que nous l'appelons poétiquement parmi nous, cette saison si douce et si généreuse ne peut être surpassée dans sa chaleur, son air pur et son admirable constance, par aucun automne des autres parties du monde. Néanmoins, malgré notre attachement pour notre belle patrie, qui nous porte à relever tous ses avantages, et quelque brillants que soient nos jours d'automne, nous sommes obligés de convenir que jamais matinée plus belle ne se leva sur les Alléghanies, que celle qui éclaira les Alpes lorsque le soleil reparut après la tempête de la soirée précédente. A mesure que le jour avança, la scène devint plus charmante, et la belle et chaude Italie elle-même ne pouvait présenter un paysage plus séduisant, et possédant à la fois plus de grandeur et d'agrément que celui qui frappait Adelheid de Willading, lorsque, en s'appuyant sur le bras de son père, elle sortit du château de Blonay pour aller se promener sur la terrasse élevée.

Nous avons déjà dit que ce bâtiment ancien et historique était appuyé contre les montagnes, à une petite lieue derrière la ville de Vevey. Toutes les montagnes de cette région appartiennent à à la même chaîne, et celle sur laquelle Blonay a été construit dès le moyen-âge appartient à cette ligne particulière de rochers qui sépare le Valais du centre des cantons de la Confédération suisse, et qui est connue communément sous le nom d'Alpes d'Oberland. Ce rempart, couronné de neige, se termine en précipices perpendiculaires sur les bords du Léman, et forme de l'autre rive du lac une partie de cette vue magnifique qui rend le côté sud-est d'une si surprenante beauté. La muraille naturelle qui s'avance au-dessus de Villeneuve et de Chillon continue au bord de l'eau, laissant à peine la place d'une voiture, pendant environ deux lieues, et montrant de temps en temps une chaumière à ses pieds; elle quitte enfin les bords du lac, entre dans les terres, et disparaît parmi les montagnes des environs de Fribourg. Chacun a observé ces pentes rapides, composées de *débris*, de torrents et de précipices que l'on pourrait comparer à l'écoulement d'éminences perpendiculaires formant à leur pied des arcs-boutants et une sorte de fondation ou de soubassement pour leur énorme masse. Parmi les Alpes où la nature se développe sur une échelle immense, et où toutes les proportions sont strictement observées, ces *débris* de hautes montagnes contiennent fréquemment des villes et des villages, ou de vastes champs de vignes et des pâturages, suivant leur élévation ou leur exposition au soleil. Les géologistes peuvent demander si le plateau qui entoure Vevey, riche en villages, en vignes, en hameaux, en châteaux, a été formé ainsi, ou si la convulsion première, qui expulsa les rocs les plus élevés du sein de la terre, laissa leurs bases sous la forme irrégulière et belle qu'elle a aujourd'hui; mais cette solution n'est pas nécessaire à l'effet qu'elles produisent et qui donne à ces masses de rochers des bases secondaires et fertiles, qui, dans d'autres pays, pourraient être appelées des montagnes.

Le château de Blonay existe encore, et la famille du même nom peut être comptée comme une des plus anciennes du pays de Vaud. Une tour grossière et carrée, basée sur un fondement de rocher, une de ces masses battues par la tempête et qui montrent leur tête nue sur une de ces pentes dont nous venons de parler, fut le commencement de cette forteresse. Divers bâtiments furent construits en différents siècles autour de ce noyau, et présentèrent enfin l'ensemble de ces édifices remarquables et pittoresques qui ornent si souvent les plus doux comme les plus sauvages paysages de la Suisse.

La terrasse vers laquelle Adelheid et son père s'avançaient était une promenade irrégulière, ombragée d'arbres vénérables qui avaient été plantés près de la porte principale du château, sur un rebord de ces rocs qui forment la fondation des bâtiments eux-mêmes. Ce jardin était entouré d'un mur à hauteur d'appui ; son sol était artificiel ; on y voyait des allées sablées, des siéges et tous les ornements particuliers à ces antiques demeures ; mais il avait aussi, ce qui vaut mieux encore, une des plus imposantes, des plus belles vues qu'on puisse imaginer : au-dessous des champs onduleux, des riches vignobles, des prairies parsemées de hameaux, un parc immense et naturel, composé de forêts d'arbres, à travers lesquels on apercevait de tout côté le toit d'un château ou le clocher d'une église. Il y a peu de magnificence dans l'architecture en Suisse, qui ne surpasse jamais de beaucoup la nôtre et souvent lui est inférieure ; mais la beauté, la tranquillité des paysages, la grande variété du terrain, les montagnes, la pureté de l'atmosphère, ajoutent aux charmes particuliers à ce pays. Vevey est situé sur le bord de l'eau, plusieurs centaines de pieds plus bas ; de la terrasse du château cette ville ne semblait couvrir qu'un faible espace, bien que cet espace fût en réalité fort grand, tandis que les maisons de Saint-Symphorien, Corsier, Montreux, ainsi qu'une douzaine d'autres villages, étaient réunies entre elles, comme des ruches d'abeilles appuyées contre les montagnes ; mais le charme principal était le lac de Genève. Celui qui n'a jamais contemplé le Léman dans sa furie ne pourrait concevoir la possibilité du danger dans la nappe d'eau tranquille qui s'étend, pendant l'espace de plusieurs lieues, comme un miroir liquide. Plusieurs barques étaient en vue, leurs voiles pendaient avec négligence, comme si elles avaient voulu servir de modèles à l'artiste, leurs vergues s'inclinant comme le hasard les avait posées. A ces objets plus rapprochés il faut ajouter la vue plus éloignée du Jura dans une direction, et dans une autre les frontières d'Italie, dont les limites aériennes étaient placées dans cette région qui n'appartient ni au ciel ni à la terre, et qui est le séjour de neiges éternelles. Le Rhône brillait par intervalle parmi les prairies du Valais que l'élévation du château permettait de voir ; et Adelheid essayait de découvrir, parmi ces masses de montagnes, les vallées qui conduisent à ces pays chauds, vers lesquels ils dirigeaient leurs pas.

Le baron et sa fille, en arrivant sur la terrasse ombragée, éprouvèrent une admiration muette et délicieuse. Il était évident, à leur contenance, qu'ils étaient l'un et l'autre dans une humeur favorable pour recevoir d'agréables impressions, car leur visage était rempli de ce bonheur tranquille qui succède à un plaisir subit. Adelheid avait pleuré; mais, à en juger par l'éclat de ses yeux, la fraîcheur de ses joues, et le sourire qui effleurait ses lèvres purpurines, ses larmes avaient été plus douces que pénibles. Bien que sa santé fût encore assez faible pour éveiller l'attention de ceux qui l'aimaient, il y avait dans sa personne un changement assez sensible pour frapper ceux qui avaient l'habitude de vivre avec la jeune malade.

— Si ceux qui traversent les Alpes cherchent un air pur et doux, un soleil chaud, des paysages ravissants, dit Adelheid après avoir contemplé pendant quelque temps ce magnifique panorama, pourquoi les Suisses quitteraient-ils leur patrie, mon bon père? y a-t-il en Italie quelque chose de plus doux, de plus délicieux, de plus sain que ceci?

— Ce lieu a souvent été appelé l'Italie de nos montagnes. La figue mûrit près du village de Montreux; et ce pays, ouvert au soleil du matin, tandis qu'il est abrité par les précipices au-dessus de notre tête, mérite bien son heureuse réputation. Cependant ceux qui ont besoin de distraction, et dont la santé requiert des soins, préfèrent généralement aller dans des pays où l'esprit est plus occupé, et dans lesquels une plus grande variété d'amusements aide la nature à compléter la guérison.

— Mais tu oublies, mon père, qu'il est convenu entre nous que je vais devenir forte, active, riante, comme je l'étais à Willading il y a quelque temps.

— Si je pouvais revoir de nouveau ce temps, mes derniers jours seraient aussi calmes que ceux d'un saint, quoique, Dieu le sait, sous aucun autre rapport, je n'aie de prétention au caractère d'un saint.

— Ne comptez-vous pour rien une conscience paisible et l'espérance, mon père?

— Comme tu voudras, ma fille; fais de moi un saint, un évêque ou un ermite, comme il te plaira; la seule récompense que je demande est de te voir riante et heureuse, comme tu l'as toujours été pendant les dix-huit premières années de ta vie. Si j'avais pu prévoir que tu serais revenue de chez ma sœur si différente de toi-même, je me serais opposé à cette visite, bien que je l'aime, ainsi que tout ce qui lui appartient; mais les plus sages d'entre nous sont de faibles mortels, et nous connaissons à peine nos besoins d'une heure à une autre. Tu m'as dit, je crois, que ce brave Sigismond avait honnêtement déclaré qu'il ne pensait pas que je pusse donner mon consentement pour une personne qui avait si peu de naissance et de fortune ? Il y avait de l'honneur, du bon sens, de la modestie, dans cet aveu ; mais il aurait dû mieux penser de mon cœur.

— Il l'a dit, répondit Adelheid d'une voix timide et légèrement tremblante, quoiqu'il fût facile de voir, par l'expression confiante de ses yeux, qu'elle n'avait plus de secret pour son père. Il a trop d'honneur pour désirer obtenir la fille d'un noble seigneur sans l'approbation de ses parents.

— Il est tout naturel que ce jeune homme t'aime, Adelheid ; c'est une nouvelle preuve de son mérite : mais qu'il puisse douter de mon affection et de ma justice, c'est une offense que je ne puis pardonner. Que sont des ancêtres et de la fortune pour le bonheur ?

— Tu oublies, mon bon père, qu'il ignore encore que mon bonheur, sous quelques rapports, dépend du sien.

Adelheid parlait vivement et avec chaleur.

— Il sait que je suis père, et que tu es mon unique enfant. Un homme de bon sens, comme lui, aurait dû mieux comprendre mes sentiments, et ne pas douter de mon affection.

— Comme il n'a jamais été le père d'une fille unique, répondit Adelheid en souriant (car dans l'état présent de son esprit les sourires étaient faciles) il ne peut pas sentir ou prévoir tout ce que tu sens ou prévois. Il connaît les préjugés du monde, et, dans notre rang, peu de personnes ont assez de force d'âme pour les mépriser, et pour accorder une fille riche à celui qui n'a rien.

— Cet amoureux raisonne plutôt comme un vieil avare que comme un jeune soldat, et j'ai bonne envie de le punir pour lui apprendre à si mal penser de moi. N'avons-nous pas Willading et ses belles terres et nos propriétés en ville, et avons-nous besoin d'emprunter à quelqu'un comme des mendiants ? Tu as été de la conspiration, jeune fille, ou une semblable crainte n'aurait pu vous rendre malheureux un seul moment.

— Je n'ai jamais pensé, mon père, que tu le rejetterais à cause de sa pauvreté, car je sais que ce que nous avons peut suffire à tous nos besoins ; mais je craignais que celui qui ne pourrait pas faire preuve de noblesse ne fût refusé par toi.

— Ne vivons-nous pas dans une république? Le droit de bourgeoisie n'est-il pas le seul essentiel à Berne? Pourquoi élèverais-je des obstacles relativement à des préjugés sur lesquels les lois gardent le silence?

Adelheid écoutait comme une jeune fille écoute des paroles qui lui font du bien; son oreille était charmée, et cependant elle secouait la tête comme pour exprimer une incrédulité qui n'était pas dénuée de crainte.

— Je te remercie sincèrement, mon bon père, de ton généreux oubli des préjugés du monde en faveur de mon bonheur, dit la jeune fille dont les yeux bleus et pensifs laissaient échapper involontairement des larmes. Il est vrai que nous habitons une république, mais nous n'en sommes pas moins nobles.

— Tu tournes tes armes contre toi-même, ma fille; mais peux-tu croire que rien puisse me porter à refuser une chose que tu as jugée toi-même si nécessaire pour t'empêcher d'aller rejoindre tes frères et tes sœurs dans la tombe?

Les joues d'Adelheid se couvrirent d'une rapide rougeur; car, quoique tout en pleurs et se livrant à une tendre confidence, dans le moment qui succéda aux remerciements dont elle accabla le sauveur de son père, elle se jeta sur le sein de ce dernier, et confessa que le peu d'espoir avec lequel elle répondait à l'amour avoué de Sigismond était la véritable cause de la maladie qui avait effrayé ses amis : les mots qui étaient alors sortis de son cœur, dans une scène aussi tendre, ne lui avaient jamais paru exprimer un sentiment si fort et si blessant pour la fierté d'une vierge, que ceux dont son père s'était servi avec sa franchise habituelle.

— Par la bonté de Dieu, je vivrai, mon père, dit-elle, que je sois unie ou non à Sigismond, afin de consoler ta vieillesse. Une fille pieuse ne sera point arrachée si cruellement à son père, dont elle est le dernier et le seul enfant. Je puis me chagriner, et peut-être regretter que les choses n'aient pas été autrement; mais les filles de notre maison ne meurent pas d'une faiblesse, quel que soit le mérite de ceux qui la causent.

— Et qu'ils soient nobles ou roturiers, ajouta le baron en riant, car il vit que sa fille consultait un peu son dépit plutôt que son excellent cœur.

Adelheid avait assez de bon sens pour sentir promptement qu'elle venait de montrer trop à découvert ses petites faiblesses de femme. Elle rit aussi à son tour, bien qu'elle répétât les mots de son père pour donner encore plus de poids aux siens.

— Cela ne s'arrangera pas ainsi, ma fille. Ceux qui professent les doctrines républicaines ne doivent pas être trop sévères sur les préjugés. Si Sigismond n'est pas noble, il n'est pas difficile d'obtenir pour lui cette distinction; et, lorsque la ligne mâle s'éteindra dans notre famille, il pourra hériter de son nom et de ses honneurs. Dans tous les cas, il aura le droit de bourgeoisie, et cela seul suffit à Berne.

— A Berne, mon père! répondit Adelheid, qui avait oublié son récent mouvement de fierté, et qui, comme les heureux, continuait de jouer avec ses propres sentiments. A Berne, il est vrai, la bourgeoisie suffit pour toutes les places ou priviléges politiques; mais suffira-t-elle dans l'opinion de nos égaux, suivant les préjugés du monde, ou pour votre parfaite satisfaction, lorsque la ferveur de votre reconnaissance sera passée?

— On dirait, ma fille, que tu veux combattre ta propre cause; n'aimerais-tu donc pas ce jeune homme, après tout?

— Je t'ai parlé franchement à ce sujet, comme il convenait à ta fille; il a sauvé ma vie, ainsi qu'il a sauvé la tienne; et, bien que ma tante, craignant ton mécontentement, me défendît de te raconter cette histoire, sa défense ne put arrêter ma gratitude. Je t'ai raconté que Sigismond avait déclaré ses sentiments quoiqu'il se soit noblement abstenu de demander du retour, et je n'aurais pas été la fille de ma mère si j'étais restée entièrement indifférente à tant de mérite et à un aussi grand service. Ce que j'ai dit de nos préjugés est plus pour aider tes réflexions, mon père, que pour moi-même. J'ai beaucoup pensé à tout cela, et je suis prête à sacrifier mon orgueil, et à supporter les réflexions malignes du monde, afin de payer une dette sacrée. Mais, s'il est naturel que je pense ainsi, il est naturel aussi que tu n'oublies pas non plus d'autres devoirs. Il est vrai que, sous un rapport, nous sommes tout l'un pour l'autre; mais il existe un tyran qui ne veut pas que personne échappe à sa puissance; je veux dire l'opinion. Ne nous trompons donc pas nous-mêmes : bien que, nous autres habitants de Berne, nous affections d'être républicains et que nous parlions beaucoup de liberté, nous ne sommes qu'un petit État, et ce sont les États plus grands et plus puissants de notre voisinage qui règlent chez nous tout ce qui a rapport à l'opinion. Un noble est aussi noble à Berne, excepté en tout ce qu'ordonnent les lois, que dans le reste de l'Empire. Vous savez que nous sommes d'une race allemande, bien enracinée dans les préjugés.

Le baron de Willading avait été habitué à une grande déférence pour l'esprit supérieur et cultivé de sa fille, qui, dans la solitude du château de ses pères, avait lu et réfléchi beaucoup plus que si elle eût vécu dans le grand monde. Il sentit la justesse de ses remarques, et ils parcoururent toute la longueur de la terrasse dans un profond silence, avant qu'il pût rassembler toutes ses idées pour lui faire une réponse convenable.

— On ne peut nier la vérité de ce que tu dis, répondit-il enfin ; mais on peut remédier au mal. J'ai bien des amis dans les cours d'Allemagne ; on peut obtenir des faveurs, des lettres de noblesse enfin pour le jeune homme, après quoi il pourra demander ta main sans craindre les remarques des habitants de Berne ou des villes voisines.

— Je doute que Sigismond veuille nous seconder dans ce plan. Notre noblesse est d'ancienne origine ; elle date d'une époque antérieure à l'existence de Berne comme ville, et elle est beaucoup plus vieille que nos institutions. Je me rappelle lui avoir entendu dire que, lorsqu'une ville refuse ses distinctions, ses citoyens ne peuvent les recevoir d'autres États sans perdre la dignité de leur caractère, et un homme dont la morale est si sévère peut hésiter à faire ce qui lui semble une bassesse, pour obtenir une aussi faible récompense que celle que nous lui offrons.

— Par l'âme de Guillaume Tell ! est-ce que ce paysan inconnu oserait ?... Mais c'est un brave garçon, et il a rendu deux fois le service le plus important à ma famille. Je l'aime, Adelheid, presque autant que toi, et nous lui ferons peu à peu goûter nos projets. Une fille de ton âge et aussi belle que tu l'es, pour ne rien dire de tes autres qualités, de ton nom, de ta fortune, ne peut pas être légèrement refusée par un soldat inconnu qui n'a rien.

— Mais son courage, ses vertus, sa modestie, son excellent esprit, mon père !

— Tu ne veux pas me laisser la satisfaction de vanter ma propre marchandise ! Je vois Gaëtano qui me fait des signes à la fenêtre, comme s'il allait venir à nous. Retourne dans ton appartement, afin que je puisse causer de cette affaire difficile avec mon excellent ami ; je te ferai connaître le résultat de notre conversation.

Adelheid baisa la main qu'elle tenait dans la sienne, et quitta son père d'un air pensif; elle ne descendit pas la terrasse avec la gaieté qui l'animait une heure auparavant.

Privée de sa mère dès son enfance, cette jeune fille délicate de corps, mais forte d'esprit, s'était habituée depuis longtemps à faire de son père le confident de ses pensées, de ses espérances, de ses projets pour l'avenir. Grâce à ces circonstances particulières, elle eût éprouvé moins d'hésitation qu'une autre à avouer son attachement pour Sigismond, si la crainte que cette déclaration n'eût rendu son père malheureux sans avancer en aucune manière sa propre cause, ne l'eût engagée à garder le silence. Sa liaison avec Sigismond avait été longue et intime. Une estime méritée, un respect profond, étaient la base de ses sentiments, qui étaient néanmoins assez vifs pour avoir chassé les roses de son teint, et pour avoir fait craindre à son père qu'elle ne fût atteinte de la même maladie qui lui avait déjà ravi ses autres enfants. Il n'y avait aucun fondement pour cette crainte bien naturelle chez son père; car, bien que de tristes réflexions et des inquiétudes eussent altéré sa santé, il n'y avait pas, dans toutes les montagnes de la Suisse, une jeune fille qui réunît plus de fraîcheur à des proportions plus délicates. Elle avait consenti au voyage d'Italie, dans l'espérance que cela pourrait servir à guérir son esprit d'une inclination qu'elle avait souvent regardée comme sans espérance, et par le désir naturel de voir un pays aussi célèbre, mais non parce qu'elle supposait que sa santé en eût besoin.

La présence de Sigismond était purement fortuite, bien qu'Adelheid ne pût s'empêcher de penser (c'était une idée si satisfaisante pour ses affections de femme et sa fierté de jeune fille) que le jeune soldat, qui était au service de l'Autriche, et qu'elle avait connu dans une de ces fréquentes visites dans son pays natal, avait saisi cette occasion favorable de retourner à son régiment. Des circonstances, qu'il n'est pas nécessaire de détailler, avaient mis Adelheid à même de présenter Sigismond à son père, quoique les défenses de sa tante, dont l'imprudence avait causé l'accident qui avait mis les jours d'Adelheid en danger, l'eussent empêchée de raconter au baron les causes de son respect et de son estime pour le caractère du jeune homme. Peut-être que le silence que garda cette jeune fille, dont l'imagination était aussi vive que son cœur était sensible, donna de l'intensité à ses sentiments, et hâta la transition de la reconnaissance à l'affection, qui, dans d'autres circonstances, n'aurait pas été aussi rapide. Enfin, elle savait à peine comment il s'était fait que son bonheur se trouvât lié à celui de Sigismond, bien qu'elle eût depuis longtemps admis son image dans ses rêves, et qu'elle mêlât le souvenir du jeune soldat à tous ses projets pour l'avenir.

Le signor Grimaldi parut à une extrémité de la terrasse, tandis qu'Adelheid de Willading descendait par l'autre. Les deux vieux seigneurs s'étaient séparés tard la nuit d'auparavant, après une conversation confidentielle qui avait ébranlé l'âme de l'Italien, et profondément attendri celle de son ami. Quoique sujet à la mélancolie, il y avait en même temps, chez le Génois, un fonds de gaieté qui venait si promptement soulager le poids de ses pensées pénibles, qu'elle le rendait heureux en apparence, tandis que, si l'on avait pu lire au fond de son cœur, on aurait vu tout son chagrin. Il avait fait ses dévotions avec un cœur reconnaissant, et il venait respirer l'air sain des montagnes comme un homme qui a déchargé sa conscience d'un grand fardeau. Ainsi que la plupart des catholiques, il ne croyait pas nécessaire de conserver un extérieur grave et mortifié lorsque la pénitence avait été accomplie, et il rejoignit son ami avec cet air joyeux qu'un ascétique ou un puritain aurait attribué à la légèreté.

— Que la sainte Vierge et saint François protégent mon vieil ami! dit le signor Grimaldi, déposant un baiser cordial sur les deux joues du baron de Willading; nous avons tous deux raison de nous recommander à leurs soins, quoique tu sois un hérétique. Je ne doute pas que tu aies trouvé aussi quelqu'un à remercier de ce que nous sommes maintenant sur cette solide terrasse du seigneur de Blonay, au lieu d'être au fond de ce lac perfide.

— Je remercie Dieu de sa miséricorde, aussi bien pour ton salut, Gaëtano, que pour le mien.

— Tu as raison, bon Melchior, tu as raison; cela ne regarde que celui qui tient l'univers dans le creux de sa main. De bonne foi, une minute de plus, et nous allions rejoindre nos pères! Cependant tu me permettras, puisque je suis catholique, de me rappeler les intercesseurs auxquels je me suis adressé dans cette extrémité.

— C'est un sujet sur lequel nous n'avons jamais été d'accord, et sur lequel nous ne le serons probablement jamais, répondit le baron avec la réserve d'un dissident plus prononcé qu'il ne voulait le paraître aux yeux de son ami, quoique je croie que ce soit le seul point de controverse entre nous deux.

— N'est-il pas extraordinaire, répondit le Génois, que deux hommes aient les mêmes principes d'honneur, soient disposés à donner leur sang l'un pour l'autre, et, dans des moments de danger, que chacun soit moins inquiet pour lui que pour son ami, comme nous avons fait l'un et l'autre, Melchior, et cependant qu'il y ait dans leurs opinions religieuses tant de différence, que chacun d'eux s'imagine que l'âme de son ami est dans les griffes du diable, et pense que cette âme qui, sous tout autre rapport, lui semble si noble, si excellente, est pour jamais damnée faute de croire à de certaines opinions et formalités qu'il juge essentielles?

— Pour te dire la vérité, répondit le baron en se frottant le front comme un homme qui désire donner plus de lucidité à ses idées, ainsi qu'on donne plus de brillant à de vieux métal par le frottement, ce sujet, comme tu le sais fort bien, n'a jamais été mon côté fort. Luther et Calvin, ainsi que d'autres sages, découvrirent que c'était faiblesse que de se soumettre à des dogmes sans les examiner, et ils séparèrent le blé de la paille : c'est ce que nous appelons la réforme. C'est assez pour moi que des hommes aussi sages aient été satisfaits de leurs recherches et de leurs changements, et j'éprouve peu d'inclination à troubler une décision qui a maintenant reçu la sanction de près de deux siècles de pratique. Pour te parler franchement, je crois qu'il est de mon devoir de conserver les croyances de mes pères.

— Mais non pas de tes grands-pères, à ce qu'il paraît, dit l'Italien un peu sèchement, quoique avec gaieté. Par saint François ! tu aurais fait un digne cardinal si la Providence t'avait fait naître cinquante lieues plus au sud, à l'ouest ou à l'est. Mais il en est ainsi dans le monde entier, qu'on soit Turc, Hindou, Luthérien, et même, je le crains, enfant de saint Pierre. Chacun a ses arguments sur sa foi ou sa politique, ou sur tout autre intérêt, dont il use comme d'un marteau pour renverser les obstacles que lui opposent ses adversaires; et lorsqu'il se trouve dans les retranchements de l'ennemi, il réunit ensemble les matériaux éparpillés, afin de se bâtir une muraille pour se protéger. Alors ce qui était oppression hier devient une juste défense aujourd'hui; le fanatisme prend le nom de logique; la crédulité, la soumission, sont appelées, au bout de deux siècles, déférence aux opinions vénérables de nos pères! Mais n'importe! tu parlais de remercier Dieu; et en cela, quoique catholique romain, je me joins dévotement à toi, avec ou sans l'intercession des saints.

L'honnête baron n'aimait pas les allusions de son ami, bien qu'elles fussent trop subtiles pour son intelligence; car l'esprit du bon Suisse était un peu refroidi par une résidence constante parmi les neiges et en vue des glaciers, tandis que l'imagination volatile du Génois ressemblait à l'air raréfié par la chaleur du soleil. Néanmoins cette différence de tempérament, loin d'affaiblir leur mutuelle affection, était probablement la cause réelle de son existence, puisqu'il est connu que l'amitié, comme l'amour, nous est bien plus souvent inspirée par des qualités qui diffèrent des nôtres, que par une parfaite homogénéité de caractère et de disposition. Des qualités semblables donnent souvent naissance à des rivalités dangereuses pour l'affection, au lieu que lorsque chaque partie apporte son capital distinct, celui qui a plus aide naturellement celui qui a le moins. Tout ce qui est absolument nécessaire pour une liaison solide c'est un respect commun pour certaines règles de morale sans lesquelles aucune estime ne peut exister. L'union des fripons dépend de motifs si vils et si bien connus, que nous nous abstiendrons d'en détailler les principes. Le signor Grimaldi et Melchior de Willading étaient deux hommes d'un esprit noble et juste, et l'opposition de leur caractère, qui avait servi pendant la chaleur de leur jeunesse à donner plus de piquant à leurs rapports, ne pouvait pas, maintenant que le temps avait radouci leurs opinions, et que les souvenirs donnaient plus de force encore à leur liaison, détruire ce que dans le principe elle avait créé.

— Je n'ai jamais douté de ta promptitude à remercier Dieu, répondit le baron; mais nous savons que ses faveurs nous sont ordinairement montrées ici bas par le moyen d'instruments humains. Ne devrions-nous donc pas manifester une autre sorte de gratitude envers celui qui nous a rendu un si grand service la nuit dernière?

— Tu veux parler de mon inexplicable compatriote? J'ai souvent pensé, depuis hier, à son singulier refus, et j'espère encore trouver les moyens de vaincre son obstination.

— J'espère que tu réussiras, et tu sais que je veux être compté comme auxiliaire. Mais ce n'est pas à lui que je pensais dans cet instant : il existe un autre homme qui fit plus encore pour nous que le marin inconnu, puisqu'il hasarda sa vie.

— Sans aucun doute, et j'ai déjà réfléchi à ce que nous pourrions faire pour lui. J'ai appris qu'il était soldat de fortune; et, s'il veut prendre du service à Gênes, je me chargerai du soin de son avancement. Ne t'inquiète donc pas du sort du jeune Sigismond ; tu connais mes moyens, et tu ne doutes pas de ma bonne volonté.

Le baron toussa comme un homme embarrassé, car il avait une certaine répugnance à révéler ses intentions envers Sigismond ; c'était un dernier tribut payé à l'orgueil du rang, une conséquence de préjugés qui étaient alors universels, et qui ne sont pas encore éteints. Mais une vivante image des périls de la nuit passée se présenta à son esprit, et le bon génie de son jeune sauveur l'emporta.

— Tu sais que ce jeune homme est Suisse ; et, en vertu de ce rapprochement entre nous, je demande au moins un droit égal pour lui faire du bien.

— Nous ne disputerons pas sur la préséance à ce sujet ; mais tu te rappelleras que j'ai tous les moyens possibles de veiller à ses intérêts, des moyens qu'incontestablement tu n'as pas.

— Cela n'est pas prouvé, interrompit le baron de Willading ; je ne suis pas dans une position aussi brillante ; certainement, signor Gaëtano, je n'ai point ton pouvoir politique, ni ta fortune de prince. Mais, pauvre comme je suis, j'ai en ma puissance une récompense qui vaut tout ce que tu possèdes, et qui sera plus agréable pour le jeune homme que tout ce que tu pourrais lui accorder.

Le signor Grimaldi poursuivait sa promenade les yeux fixés sur la terre d'un air pensif; mais il les leva avec surprise sur son ami, comme s'il lui demandait une explication. Le baron sentait le besoin de montrer du caractère, car les meilleures gens font souvent d'excellentes choses, poussés par une influence beaucoup moins noble que leurs actions.

— Tu sais que j'ai une fille, reprit le Suisse avec fermeté, déterminé à rompre la glace d'un seul coup, et à exposer une décision qu'il craignait que son ami ne taxât de faiblesse.

— En effet, et parmi les femmes les plus excellentes de son sexe, on ne pourrait en trouver une plus belle, plus modeste, plus tendre, et, si je ne me trompe, d'un caractère plus ferme. Mais tu ne penserais pas à donner Adelheid en récompense du service que nous a rendu un inconnu, sans consulter les goûts de ta fille?

— Les filles du rang d'Adelheid sont toujours prêtes à faire ce qui convient à l'honneur de leur famille. Je crois que la reconnaissance est une dette qu'un Willading ne peut trop se hâter d'acquitter.

Le seigneur génois prit son air grave, et il était évident qu'il n'écoutait pas son ami avec plaisir.

— Nous avons traversé la plus grande partie de notre vie, bon Melchior, dit-il, et nous devrions mieux que personne en connaître les difficultés et les hasards. La route est fatigante, et l'on a besoin de toutes les consolations que l'affection et la sympathie peuvent accorder pour en alléger le fardeau. Je n'ai jamais aimé cette manière de trafiquer des plus doux liens pour relever une famille qui s'éteint, ou une fortune qui s'écroule. Il vaudrait mieux qu'Adelheid passât sa vie dans le célibat de ton vieux château, que de donner sa main sous une impulsion irréfléchie, non moins que par un froid calcul d'intérêt. Une telle femme, mon ami, ne doit pas être donnée sans réflexion.

— Par la messe! pour me servir d'un de tes serments favoris, je m'étonne de t'entendre parler ainsi, toi, Italien au sang brûlant, que j'ai connu jaloux comme un Turc, et soutenant à la pointe de l'épée que les femmes étaient comme l'acier de ton sabre, aussi facilement ternies par la rouille, le mauvais air ou la négligence ; qu'aucun père ou frère ne pouvait être à son aise sur le point d'honneur que lorsque la dernière femme de son nom était bien mariée, et à des hommes que la sagesse de ses parents aurait choisis! Je me rappelle t'avoir entendu dire une fois que tu ne pourrais dormir tranquille jusqu'à ce que ta sœur fût femme ou religieuse.

— C'était le langage de la jeunesse, mon ami, et j'en ai été cruellement puni. J'épousai une femme belle et noble ; mais, si ma conduite envers elle gagna son estime et son respect, j'étais venu trop tard, je le crains, pour gagner son amour. C'est une terrible chose que d'entrer dans la carrière solennelle et grave du mariage, et d'avoir aussitôt la conviction qu'on n'y sera point heureux! Chaque jour apporte de nouveaux mécomptes. Si les espérances d'un cœur ardent et généreux, qui se livre sans arrière-pensée aux chances incertaines du mariage, sont souvent trompées, quelle lutte affreuse la victime doit soutenir pour conserver le plus longtemps possible l'illusion qui l'avait d'abord séduite! Mais, lorsque d'égoïstes calculs sont la cause du mal, un entraînement naturel, qui nous est, je crois, soufflé par le diable, nous porte à aggraver nous-mêmes nos peines, au lieu d'essayer de les adoucir.

— Tu ne parles pas du mariage comme quelqu'un qui a lieu d'en être satisfait, pauvre Gaëtano.

— Je t'ai dit que ce que j'avais craint n'était que trop vrai, répondit le Génois avec un profond soupir. Ma naissance, ma fortune, un beau nom, engagèrent les parents de ma femme à la presser de consentir à une union que ses sentiments ne la portaient pas à former. Elle connut l'indignité de celui qui avait captivé sa jeune imagination; sa raison condamnait son cœur, et cette découverte fut un puissant allié en ma faveur. Je fus accepté comme un remède pour une blessure, et mon rôle, difficile pour un homme bon, était intolérable pour un homme fier. La malheureuse Angiolina mourut en donnant naissance à son premier enfant, le fils dont je t'ai tant parlé. Elle trouva au moins le repos au fond de la tombe.

— Elle n'eut pas le temps de connaître tes nobles qualités, Gaëtano; sans cela, je parie, sur mon existence! qu'elle t'eût chéri comme tous ceux qui te connaissent, répondit le baron avec chaleur.

— Je te remercie de ta bonne opinion en ma faveur, mon ami; mais fais attention aux mariages de simple convenance; il peut y avoir de la folie à donner à une inclination légère le nom de ce sentiment profond, de cette secrète sympathie, qui unissent si intimement les cœurs, et, sans aucun doute, une égale fortune peut être un motif d'union parmi les gens du monde; mais ce n'est pas là l'union sainte qui entretient de nobles qualités dans les familles, et qui fortifie contre les séductions du monde, qui sont déjà trop fortes pour les honnêtes gens. Je me rappelle avoir entendu dire à une personne qui avait une grande connaissance du cœur humain, que les mariages d'argent avaient du moins l'inconvénient d'enlever à une femme son plus grand charme, celui de sa supériorité sur les sentiments vulgaires et les calculs mondains, et que toutes les unions dans lesquelles ces calculs l'emportent deviennent nécessairement égoïstes au-delà des bornes naturelles, et essentiellement corrompues.

— Tout cela peut être vrai ; mais Adelheid aime le jeune homme.

— Ah ! cela change tout à fait l'affaire. Comment le sais-tu ?

— Des lèvres de ma fille elle-même. Son secret lui échappa dans l'accès de sensibilité que les derniers événements devaient naturellement exciter.

— Et Sigismond ? il a ton approbation ? Car je suppose qu'une fille comme la tienne n'a point cédé à une affection qui n'était point partagée.

— Il a mon consentement, — c'est-à-dire, — il existe un obstacle selon le monde, mais qui ne peut pas en être un pour moi : ce jeune homme n'est pas noble.

— Cet obstacle est sérieux, mon brave ami. Il n'est pas sage de trop dédaigner les infirmités humaines ; les préjugés sont une plaie qu'on ne peut guérir. Ceux qui s'y soumettent s'épargnent quelquefois bien des souffrances. Le mariage est une condition précaire dans laquelle il faut éviter tout motif de dégoût. Je voudrais qu'il fût noble !

— Ce désir peut être réalisé par la faveur de l'empereur. Tu as même des princes en Italie qui pourraient nous rendre ce service, au besoin.

— Quelle est l'origine et l'histoire de ce jeune homme ? et par quel hasard une fille du rang d'Adelheid a-t-elle pu aimer un homme d'une condition inférieure ?

— Sigismond est Suisse ; je crois qu'il appartient à une famille de bourgeois de Berne, quoique, pour t'avouer la vérité, je sache seulement qu'il a passé plusieurs années au service étranger, et qu'il a sauvé la vie de ma fille dans nos montagnes, il y a environ deux ans, comme hier il a sauvé la nôtre. C'est près du château de ma sœur que cette inclination commença, et il est maintenant trop tard pour la défendre. Par un sentiment d'honneur que je crois juste, je commence à me réjouir que ce jeune homme ne soit pas noble, afin que la récompense que je lui accorde soit plus grande. S'il avait été l'égal d'Adelheid par sa naissance et son rang, comme il l'est par ses avantages personnels et son caractère, il aurait eu trop de choses en sa faveur. Non, par la foi de Calvin ! celui que tu appelles un hérétique, je crois que je me réjouis de ce que ce jeune homme ne soit pas noble !

— Comme tu voudras, répondit le Génois, qui conservait un

air mécontent et pensif, car l'expérience lui avait appris à apprécier les unions mal assorties. Quelle que soit son origine, il n'aura pas besoin d'or. Je me charge d'examiner les terres de Willading, et d'établir un contre-poids en faveur du jeune homme. Voilà notre hôte qui vient pour être témoin de ma promesse.

Roger de Blonay s'avançait dans ce moment sur la terrasse pour souhaiter le bonjour aux deux amis. Les trois vieillards continuèrent leur promenade pendant une heure, discutant sur la fortune du jeune couple; car Melchior de Willading n'était pas plus disposé à faire un secret de ses intentions à un de ses amis qu'à l'autre.

CHAPITRE X.

> Mais je n'ai pas le temps de m'appesantir sur ces babioles du cœur.
>
> WERNER.

Quoique le mot *château* s'applique communément en Europe à tout ancien édifice baronial, cet édifice est bien différent dans le style, l'étendue, et les dépenses qu'il a exigées, dans les diverses contrées de l'Europe. La sûreté unie à la magnificence, une localité suffisante pour un grand nombre de maîtres et de valets, tel est le but ordinaire qu'on se propose dans la construction d'un château; la position et les moyens de défense varient nécessairement suivant le pays où il est placé : ainsi les fossés étaient de mode dans les lieux bas où l'eau était abondante, tels que la Flandre, la Hollande, une partie de l'Allemagne et la moitié de la France, tandis que les montagnes et particulièrement le sommet des rocs, étaient recherchés en Suisse, en Italie, et dans tous les lieux où l'on pouvait trouver ces moyens naturels de défense. D'autres circonstances encore, telles que le climat, la richesse, les habitudes et la nature des droits féodaux, servaient aussi à modifier l'apparence et l'étendue des bâtiments. Les anciennes forteresses de Suisse ne consistaient, dans l'origine, que dans une solide tour carrée, perchée sur un roc, avec des tourelles à ses angles. A l'abri du feu de l'extérieur, il y avait des échelles pour monter d'étage en étage, et souvent les lits étaient renfermés dans la profondeur d'une fenêtre, ou dans des alcôves pratiquées dans l'épaisseur des murailles. Lorsque la fortune du châtelain le permettait, ou que sa sûreté l'exigeait, on construisait, autour de la base, des communs assez considérables pour enclore une cour, et l'on créa ainsi toutes ces masses irrégulières qu'on voit maintenant en si grande quantité sur le sommet des Alpes.

Selon l'usage, la salle des Chevaliers, dans le château de Blonay, était la plus grande et la mieux ornée. Depuis longtemps elle ne ressemblait plus à une espèce de prison formée dans le roc lui-même, et avec tant d'art, qu'il était difficile de deviner où la nature cessait, et où l'art commençait : mais depuis un siècle elle avait été transférée dans une partie plus moderne de l'édifice à l'angle sud-est. Cet appartement était carré, spacieux, simple ; telle est la mode du pays. Il était éclairé par des fenêtres qui donnaient, d'un côté sur le Valais, et de l'autre sur les charmants rivages du lac de Genève ; cette vue magnifique était parsemée de hameaux, de villages, de villes, de châteaux, de collines, et se terminait par les sombres montagnes du Jura. Cette dernière fenêtre était ornée d'un balcon en fer à une hauteur prodigieuse au-dessus du sol, et c'était dans ce nid d'aigle qu'Adelheid avait été s'asseoir, lorsque, après avoir quitté son père, elle était montée dans cet appartement, commun à tous les hôtes du château.

Nous avons déjà parlé des avantages physiques et des qualités morales de la fille du baron de Willading ; mais nous croyons qu'il est maintenant nécessaire de faire faire au lecteur une connaissance plus ample avec celle qui est destinée à jouer un des rôles les plus importants de cette histoire. Nous avons dit qu'elle était charmante, mais sa beauté était due plutôt à une expression remplie d'une grâce féminine, qu'à des lignes régulières et symétriques. Ses traits, sans être parfaits, étaient combinés avec une harmonie que son œil bleu et doux, sa bouche souriante, faisaient ressortir encore ; on y lisait son âme pure et toutes ses pensées. Cependant une modeste réserve dominait dans toutes ses paroles et dans toutes ses actions, et c'était au moment où son esprit s'y livrait le plus, qu'on en ressentait l'influence. Peut-être une intelligence et une instruction supérieures à celles que les femmes possédaient alors, contribuaient au respect qu'on éprouvait près d'elle, et servaient de contre-poids aux attractions de sa candeur et de sa gentillesse. Enfin, une personne qui aurait été amenée inopinément dans sa société aurait promptement découvert qu'Adelheid de Willading était une jeune fille dont les affections étaient sincères et tendres, l'imagination riante, mais bien réglée, dont le caractère avait autant de noblesse que de fermeté; qu'elle était d'une piété douce, et capable de se conduire avec une prudence parfaite dans toutes les circonstances difficiles qui entourent souvent une jeune fille privée de sa mère.

Il y avait alors plus d'un an qu'Adelheid s'était convaincue de la force de son attachement pour Sigismond Steinbach. Pendant tout ce temps elle avait essayé de combattre un sentiment qui, dans son opinion, ne pouvait amener aucun résultat heureux. La déclaration du jeune homme lui-même, déclaration qui avait été faite involontairement dans un moment de passion violente, fut accompagnée de l'aveu de son inutilité, de sa folie, et ouvrit les yeux d'Adelheid sur l'état de son propre cœur. Quoiqu'elle eût écouté cette déclaration comme toute jeune fille écoute les serments passionnées de celui qu'elle aime, ce fut avec une fermeté bien rare dans une semblable occasion qu'elle retint son propre secret prêt à lui échapper, et qu'elle prit la résolution de faire ce que son devoir envers son père, envers elle, envers Sigismond lui-même, lui ordonnait d'accomplir. Depuis ce moment elle cessa de le voir, excepté dans les circonstances qui eussent dévoilé ses motifs de refus; et, bien qu'elle ne parût jamais oublier les obligations qu'elle avait contractées envers ce jeune homme, elle se refusait jusqu'au plaisir de prononcer son nom, lorsqu'elle pouvait l'éviter. Mais de toutes les tâches ingrates et répugnantes, celle d'essayer d'oublier est la plus difficile à remplir. Adelheid n'était soutenue que par une profonde connaissance de ses devoirs, et le désir de ne point tromper les espérances de son père, car l'habitude et les usages donnaient alors à la volonté paternelle la force de la loi parmi les filles de son rang; mais son affection et même son jugement plaidaient fortement en faveur de celui qui lui avait sauvé la vie. En effet, à l'exception de l'inégalité de rang, on ne pouvait qu'approuver son choix, s'il est permis d'appeler choix ce qui était plutôt le résultat d'un sentiment spontané et d'une secrète sympathie que de toute autre cause. Il existait cependant une réserve équivoque et un malaise visible dans les manières de Sigismond, lorsqu'on faisait allusion à ses antécédents ou à sa famille. Cette susceptibilité avait été observée et commentée par d'autres, comme elle l'avait été par Adelheid, et elle avait été généralement attribuée à la mortification d'un homme jeté par le hasard parmi des personnages qui lui étaient supérieurs par la naissance : faiblesse trop commune et à laquelle peu d'hommes ont la force de résister, ou savent opposer une fierté suffisante pour la vaincre. L'affectueuse sollicitude d'Adelheid en tira cependant une conclusion différente. Elle s'aperçut qu'il n'affectait point de cacher l'humble nature de son origine, mais qu'avec un égal bon goût, il s'abstenait d'y faire allusion ; mais elle s'aperçut aussi qu'il y avait des points dans l'histoire de sa jeunesse sur lesquels il était plus discret encore ; elle craignait qu'il ne voulût les oublier, parce que sa conscience les condamnait. Pendant quelque temps Adelheid s'attacha à cette découverte comme à un antidote pour sa faiblesse ; mais la rectitude de son jugement bannit bientôt un soupçon également indigne d'elle et de lui. Ce continuel combat intérieur et l'inutilité de ses efforts avaient, comme nous l'avons déjà dit, altéré la fraîcheur d'Adelheid, et donné une teinte de mélancolie à un visage dont l'expression jusqu'alors avait été aussi douce que souriante. Ce changement fut la seule cause du voyage entrepris par son père, et de la plupart des autres événements que nous allons raconter.

L'aspect de l'avenir avait pris un caractère différent. Des couleurs, qui étaient plutôt l'effet de l'excitation que d'un retour à la santé (car les principes de la vie, lorsqu'ils sont fortement ébranlés, ne reprennent pas leur force à la première lueur de bonheur), brillaient de nouveau sur les joues d'Adelheid, et donnaient à ses yeux un doux éclat ; le sourire errait en même temps sur des lèvres où régnait naguère la mélancolie. Elle se pencha sur le balcon, et jamais auparavant l'air de ces montagnes ne lui avait paru plus pur et plus embaumé. A ce moment l'objet de ses rêveries parut sur la pente verdoyante du château, parmi les noyers qui ombrageaient la prairie. Il la salua respectueusement, et lui montra de la main le magnifique panorama du lac de Genève. Le cœur d'Adelheid battit avec violence. Elle combattit un instant ses craintes et sa fierté ; puis, pour la première fois de sa vie, elle fit signe à Sigismond de venir la rejoindre.

Malgré l'important service que le jeune soldat avait rendu à la fille du baron de Willading, et la longue intimité qui en avait été le résultat, Adelheid avait maintenu une si grande réserve en maîtrisant ses sentiments, quoique les simples usages de la Suisse permissent aux filles de condition une plus grande liberté que dans d'autres pays, que Sigismond resta fixé à sa place, car il ne pouvait imaginer que le signe d'Adelheih fût pour lui. Adelheid vit son embarras, et fut obligée de recommencer ; le jeune homme s'avança sur la montée rapide comme porté sur l'aile du vent, et disparut derrière les murailles du château.

La barrière de réserve qu'Adelheid s'était depuis si longtemps imposée, et avec tant de succès, était maintenant franchie, et elle sentit que dans quelques minutes son sort allait être décidé. La nécessité de faire un long circuit, avant d'entrer dans la cour, lui accorda un peu de temps pour la réflexion, et elle en profita pour recueillir ses pensées et reprendre son empire sur elle-même.

Lorsque Sigismond entra dans la salle des Chevaliers, il trouva la jeune fille encore assise près du balcon de la fenêtre ouverte, pâle et sérieuse, mais parfaitement calme, et avec une expression de bonheur qu'il n'avait pas vue depuis longtemps sur son joli visage. Son premier sentiment fut celui du plaisir, en apercevant avec combien de force elle avait supporté les dangers et l'effroi de la nuit précédente. Il exprima ce plaisir avec la franchise admise par les usages de son pays.

— Ne vous ressentez-vous plus des fatigues de la nuit, Adelheid ? dit-il, étudiant avec anxiété le visage de la jeune fille, qui se sentait rougir.

— L'agitation de l'esprit est un bon remède pour les fatigues du corps, répondit Adelheid ; loin de souffrir de ce qui s'est passé, je me sens plus forte aujourd'hui que dans aucun temps depuis que nous avons quitté Willading. Cet air embaumé me semble être celui de l'Italie, et je ne vois pas la nécessité d'aller plus loin pour chercher ce qu'on dit m'être nécessaire, des distractions et un soleil chaud.

— Vous ne traverserez pas le Saint-Bernard ? s'écria Sigismond d'un air chagrin.

Adelheid sourit ; et il se sentit encouragé, quoique ce sourire fût équivoque. Malgré le caractère sincère de la jeune fille, et son extrême désir de débarrasser son cœur du fardeau qui l'oppressait, soit par ses habitudes de réserve, soit par son éducation, car nous ne savons à quoi attribuer sa faiblesse, elle se sentit tentée d'éviter une explication directe.

— Que pourrions-nous désirer qui fût plus agréable que ce pays? répondit-elle d'une manière évasive. L'air est chaud : on peut à peine trouver en Italie une vue comparable à celle-ci, et nous sommes sous un toit ami. L'expérience que nous avons faite depuis vingt-quatre heures n'est pas trop encourageante pour traverser le Saint-Bernard, malgré les belles promesses d'hospitalité que nous a faites notre bon moine.

— Vos yeux contredisent votre bouche, Adelheid : vous êtes heureuse aujourd'hui et disposée à plaisanter. Pour l'amour du ciel, ne négligez pas de profiter de cet avantage, sous prétexte que Blonay est aussi sain que Pise. Lorsque l'hiver viendra, vous vous apercevrez que ces montagnes sont toujours les Alpes glacées, et que les vents soufflent dans ce vieux château comme dans les longs corridors de Willading.

— Nous avons du temps à nous pour y songer. Vous vous rendrez à Milan, je le suppose, aussitôt que les fêtes de Vevey seront terminées?

— Le soldat n'a d'autre choix que son devoir. Les longs et fréquents congés que j'ai obtenus depuis quelque temps, congés qui m'ont été accordés pour des affaires importantes de famille, m'imposent une nouvelle obligation d'être ponctuel. Quoique nous devions beaucoup à la nature, nos engagements volontaires m'ont toujours semblé les plus sérieux.

Adelheid écoutait avec l'attention la plus profonde; jamais jusqu'à ce jour il n'avait prononcé le mot *famille* devant elle. Cette allusion parut avoir rappelé des souvenirs désagréables dans l'esprit du jeune homme; car, lorsqu'il cessa de parler, sa tête tomba sur sa poitrine, et il parut avoir oublié la présence de sa belle compagne. Cette dernière détourna généreusement une conversation qui semblait faire du mal à Sigismond, et essaya d'attirer ses pensées sur un autre sujet. Par une fatalité imprévue, l'expédient qu'elle adopta hâta l'explication que dans ce moment elle aurait voulu retarder pour tout au monde.

— Mon père s'était souvent extasié devant moi sur le site du château de Blonay, dit Adelheid en contemplant la belle vue qui était devant ses yeux; mais jusqu'à présent j'avais toujours soupçonné son amitié d'exercer une grande influence sur ses descriptions.

— Vous étiez injuste, répondit Sigismond en s'avançant près de la fenêtre. De tous les anciens châteaux de la Suisse, Blonay est peut-être celui qui possède la plus belle vue. Regardez ce lac perfide, Adelheid! Pourrions-nous croire que ce miroir si limpide soit ce même gouffre sur lequel nous étions hier ballottés et presque sans espoir!

— Tout à fait sans espoir sans vous, Sigismond.

— Vous oubliez ce brave Italien sans le calme et l'habileté duquel nous aurions infailliblement péri.

— Et que m'aurait fait à moi que cette malheureuse barque fût sauvée, si mon père et son ami avaient subi le sort du patron et de ce malheureux paysan de Berne?

Le cœur du jeune Sigismond battit violemment, car il y avait dans l'accent d'Adelheid, en prononçant ces paroles, une tendresse à laquelle il n'était pas habitué, et qu'il découvrait pour la première fois dans sa voix.

— Je vais chercher ce brave marin, dit-il, tremblant de perdre l'empire qu'il conservait encore sur lui-même; il est temps qu'il ait des preuves plus positives de notre reconnaissance.

— Non, Sigismond, répondit la jeune fille avec fermeté. Vous ne devez pas me quitter encore. J'ai beaucoup à vous dire, beaucoup en ce qui touche mon propre bonheur, et je suis assez faible pour le croire le vôtre.

Sigismond était bouleversé; car le maintien de sa compagne, bien que ses joues devinssent alternativement rouges et pâles, était calme et rempli de dignité.

Il prit le siége qu'elle lui montrait en silence, et resta assis sans mouvement, comme une statue de marbre, ayant toutes ses facultés absorbées en une seule, celle d'écouter.

Adelheid vit que la crise était arrivée, et que la retraite était impossible, sans une apparence de légèreté que son caractère et sa fierté condamnaient également. Rassemblant tout l'empire qu'elle possédait sur elle-même, elle se sentit soutenue par un motif noble et sacré.

— Vous devez trouver un grand bonheur, Sigismond, dit-elle enfin, lorsque vous songez à vos belles actions. Sans vous, Melchior de Willading serait depuis longtemps sans enfant, et sans vous aussi, sa fille serait depuis hier orpheline. La certitude que vous avez le pouvoir et la volonté de sauver vos amis dans le péril, vaut mieux que tous les biens du monde.

— Oui, Adelheid, répondit-il d'une voix basse; en ce qui a rapport à vous, je ne voudrais pas changer le secret bonheur que j'éprouve à vous avoir été utile, à vous et à ceux que vous aimez, pour le trône du puissant prince que je sers. Je vous ai déjà avoué mon amour, c'est en vain que je voudrais m'en dédire. Vous savez combien je vous aime ; et, en dépit de moi-même, mon cœur chérit sa faiblesse. J'éprouve plutôt du bonheur que de la crainte à dire qu'il la chérira jusqu'à ce qu'il cesse de battre. En voilà plus que je n'avais l'intention d'en faire entendre à vos modestes oreilles, qui ne devraient pas être blessées par des déclarations aussi inutiles ; mais — vous souriez, Adelheid — quoi ! votre esprit si noble pourrait-il se moquer d'une passion sans espérance !

— Pourquoi mon sourire exprimerait-il de la moquerie ?

— Adelheid ! Non, cela ne peut être ; un homme comme moi, — d'une origine inconnue, ignoble, ne devrait pas même exprimer son amour à une femme de votre rang !

— Sigismond, *vous le pouvez*. Vous n'avez pas bien connu jusqu'ici le cœur d'Adelheid de Willading, ni la reconnaissance de son père.

Le jeune homme regarda fixement le visage d'Adelheid. La jeune vierge, qui venait de confier les plus secrètes pensées de son âme, sentait ses joues et son front se couvrir de rougeur, plutôt cependant d'agitation que de honte, car ses yeux remplis de candeur et d'affection s'arrêtèrent avec confiance sur les yeux passionnés de Sigismond. Elle croyait, et elle avait toutes les raisons possibles pour croire que ses paroles feraient du bien, et avec la jalouse surveillance d'un véritable amour, elle ne voulait pas qu'une seule expression de bonheur lui échappât. Mais, au lieu de ce regard brillant et de cette exclamation de joie à laquelle elle s'attendait, le jeune soldat parut accablé des sentiments les plus pénibles. Sa respiration était difficile, ses yeux hagards, ses lèvres agitées de convulsions ; il passa la main sur son front, comme un homme qui éprouve une vive souffrance ; une sueur froide inonda son visage et coula en larges gouttes à travers ses doigts.

— Adelheid ! chère Adelheid ! tu ne comprends pas toute l'importance de ce que tu dis ! Un homme comme moi ne peut jamais devenir ton mari.

— Sigismond ! Pourquoi ce désespoir ? Réponds-moi ; — soulage ton cœur par des paroles : je te jure que le consentement de mon père est accompagné de celui de mon cœur. Je t'aime, Sigismond ! — veux-tu que je sois ta femme ? — Que puis-je te dire de plus ?

Le jeune homme la regarda d'un air incrédule; puis, lorsque ses pensées s'éclaircirent, il la contempla comme un objet adoré qu'on est sur le point de perdre. Il secoua la tête tristement, et cacha son visage dans ses mains.

— Ne dis rien de plus, Adelheid, — pour toi, pour moi, par pitié, garde le silence! — Tu ne peux jamais être à moi. — Non, non; — l'honneur le défend. — Ton consentement serait de la folie, le mien me déshonorerait, — nous ne pouvons jamais être unis. Quelle fatale faiblesse m'a retenu si longtemps près de toi? — J'ai souvent redouté ce moment.

— Redouté, Sigismond?

— Ne répète point mes paroles, car je sais à peine ce que je dis. Toi et ton père, vous avez cédé, dans un moment de gratitude, à une noble impulsion; mais je ne dois pas profiter de l'incident qui m'accorde cet avantage. Que diraient toutes les personnes de ta famille, tous les habitants de Berne, si Adelheid, la plus noble, la plus belle, la meilleure des filles du canton, épousait un soldat de fortune sans naissance, qui n'a pour lui que son épée et quelques dons de la nature? Ton excellent père, en y réfléchissant mieux, ne pourrait certainement y consentir: n'en parlons plus.

— Si j'écoutais les sentiments ordinaires de mon sexe, Sigismond, cette répugnance à accepter ce que mon père et moi nous vous offrons, me porterait au moins à feindre le mécontentement. Mais, entre vous et moi, il n'y aura que la sainte vérité. Mon père a pesé toutes ces objections, et il y a généreusement renoncé. Quant à moi, elles ne peuvent avoir aucun poids sur mon esprit, puisqu'elles sont contre-balancées par tes vertus. Si tu ne peux pas devenir noble pour être mon égal, je trouverai plus de bonheur à descendre à ton niveau qu'à vivre sans toi parmi les grandeurs où le sort seul m'a placée.

— Que le ciel bénisse ta bonté! Mais tant de générosité est vaine, notre mariage est impossible.

— Si tu connais quelque obstacle qui le rende en effet impossible pour une fille faible, mais vertueuse...

— Assez, Adelheid; ne finis pas cette sentence de mort. Je suis assez humilié sans d'aussi cruels soupçons.

— Pourquoi donc notre union est-elle impossible, lorsque mon père non seulement y consent, mais désire qu'elle ait lieu?

— Donne-moi le temps de réfléchir. Tu sauras tout, Adelheid.

Cette affreuse explication est due à ta noble franchise. J'aurais mieux fait de te révéler ce secret depuis longtemps.

Adelheid contempla dans un craintif silence le jeune soldat, car les efforts violents dont elle était témoin lui révélaient toutes les angoisses de son âme. Ses joues s'étaient couvertes d'une pâleur mortelle. Son visage semblait alors tirer sa beauté de son expression ; mais cette expression était mêlée de surprise, de tendresse et d'effroi. Sigismond s'aperçut que ses propres souffrances se communiquaient rapidement à sa compagne, et par un puissant effort il maîtrisa assez son émotion pour reprendre un peu d'empire sur lui-même.

— Cette explication a été trop cruellement ajournée, dit-il ; n'importe ce qu'il pourra m'en coûter, elle ne le sera pas plus longtemps. Tu ne m'accuseras plus d'un silence perfide; mais rappelle-toi la fragilité du cœur humain, et songe que la pitié plutôt que le blâme accueille une faiblesse qui te causera peut-être autant de chagrin dans la suite, chère Adelheid, qu'elle me cause d'amers regrets. Je ne t'ai jamais caché que je suis né dans une classe qui partout en Europe est regardée comme inférieure à la tienne. A ce sujet, je suis plutôt fier qu'humilié, car les distinctions de la noblesse ont souvent provoqué des comparaisons, et j'ai été en position de reconnaître que le hasard de la naissance n'accordait ni plus de talent, ni plus de courage, ni plus d'esprit. Quoique les inventions humaines puissent servir à déprécier les moins favorisés de la fortune, Dieu a fixé des limites aux besoins des hommes. Celui qui veut être plus illustre que ses semblables, et grand par des moyens qui ne sont pas naturels, doit nécessairement avilir les autres pour arriver à son but par des moyens différents. Il n'y a point de noblesse, et celui qui ne veut pas se soumettre à une infériorité qui n'existe qu'en idée, ne peut jamais être abaissé par un artifice aussi grossier. Quant au simple préjugé de la naissance et à l'importance qu'on y attache, soit fierté, soit philosophie, peut-être aussi par l'habitude de commander comme militaire à ceux qui se croient mes supérieurs comme hommes, je ne m'y suis jamais soumis. Peut-être la disgrâce honteuse qui m'accable est-elle cause que je juge plus légèrement qu'un autre de semblables matières.

— La disgrâce honteuse! répéta Adelheid d'une voix presque étouffée. Ce mot est effrayant dans la bouche d'un homme dont toutes les paroles sont si vraies.

— Je ne puis en choisir un autre. Oui, disgrâce honteuse, par le commun consentement des hommes, par une opinion longtemps éprouvée, et il semblerait presque par le jugement de Dieu. Ne croyez-vous pas, Adelheid, que certaines races paraissent maudites, pour répondre à quelque grande fin inconnue; des races sur lesquelles la sainte bénédiction du ciel ne descend jamais comme elle descend sur d'humbles familles?

— Comment pourrais-je croire qu'une aussi affreuse injustice émane d'un Dieu dont la sagesse n'a point de bornes, dont l'amour est celui d'un père?

— Ta réponse serait juste si ce pays était l'univers; mais celui dont la vue s'étend au-delà du tombeau, dont la justice, la miséricorde, la bonté, sont incommensurables comme ses autres attributs, et non pas en rapport avec nos faibles moyens, ne peut être jugé d'après les règles étroites que nous appliquons aux hommes. Nous ne devons pas mesurer les ordonnances de Dieu par des lois qui sont plausibles à nos yeux. La justice est une vertu relative, et non pas abstraite; et jusqu'à ce que nous comprenions les rapports de la Divinité envers nous, comme nous comprenons nos relations envers la Divinité, nous raisonnerons dans les ténèbres.

— Je n'aime point à vous entendre parler ainsi, Sigismond, et surtout avec un regard si sombre et une voix si triste.

— Je vais vous raconter mes malheurs avec plus de calme, ma bien-aimée, car je n'ai pas le droit de vous faire partager ma misère; et cependant c'est là la manière dont j'ai raisonné, pensé, agi, jusqu'à ce que mon cœur se fût rempli de votre image, et que ma raison m'eût presque abandonné. Oui, depuis l'heure maudite où la vérité me fut connue, où je fus maître du fatal secret, j'ai essayé de sentir et de raisonner ainsi.

— Quelle vérité? quel secret? Si vous m'aimez, Sigismond, parlez avec calme et sans réserve.

Le jeune homme contempla encore une fois le visage altéré d'Adelheid, avec une expression qui prouvait combien il regrettait profondément le coup qu'il allait porter; puis, après un moment de silence, il continua.

— Nous venons de traverser ensemble une horrible scène, chère Adelheid, une scène qui doit rapprocher entre nous les distances posées par les lois humaines et la tyrannie de l'opinion. Si par la volonté de Dieu la barque eût péri, quelle confusion d'êtres mal assortis eussent passé ensemble les portes de l'éternité! Nous avions là tous les degrés du vice, comme nous avions presque tous les degrés de la civilisation, depuis la subtile iniquité du vil Napolitain jusqu'à ton âme pure et céleste. Avec *le Winkelried* eussent péri le grand seigneur, le révérend prêtre, le soldat dans toute la fierté de sa force, et le vil mendiant. Le trépas est un incompréhensible niveleur, et les profondeurs du lac eussent lavé toutes nos infamies, soit qu'elles vinssent de vices réels, soit qu'elles fussent tout simplement causées par les usages reçus : tous, et jusqu'au malheureux Balthazar lui-même, le bourreau haï et persécuté, eussent laissé des amis qui auraient pleuré leur perte.

— Si quelqu'un pouvait rencontrer un pareil sort sans être pleuré, ce devrait être celui qui en général éveille si peu de sympathie, un homme qui, en trafiquant du malheur des autres, a moins de droit à notre compassion..

— Epargnez-moi, Adelheid; par pitié, épargnez-moi : — tu parles de mon père !...

CHAPITRE XI.

> La fortune a souri sur le berceau de Guelberto, l'héritier du riche domaine de Valdespesa. Cet enfant unique grandit dans le bien, et consola les peines de son père.
>
> SOUTHEY.

LORSQUE Sigismond eut proféré ces paroles si terribles pour celle qui les écoutait, il se leva et s'enfuit de l'appartement. La possession d'un royaume n'aurait pu le faire rester, tant il redoutait l'effet qu'il venait de produire. Les domestiques du château remarquèrent son air troublé et la rapidité de ses pas lorsqu'il passa devant eux ; mais ils étaient trop simples pour soupçonner autre chose que l'impétuosité de la jeunesse, et il réussit à descendre jusque dans les champs sans attirer sur lui des regards embarrassants. Là, il commença à respirer plus à son aise, et le poids qui avait presque brisé son cœur devint plus léger. Pendant près d'une demi-heure, le jeune homme parcourut la verte prairie, sachant à peine où il allait, jusqu'à ce qu'il s'aperçût que ses pas l'avaient conduit de nouveau sous le balcon de la salle des Chevaliers. Levant les yeux, il vit Adelheid toujours assise à la même place, et en apparence seule encore ; il crut s'apercevoir qu'elle avait pleuré ; il maudit la faiblesse qui l'avait empêché d'effectuer la résolution si souvent prise d'éloigner sa mauvaise fortune de cet ange de candeur et de bonté. Un second regard l'avertit qu'il était de nouveau invité à monter. Les projets des amants sont aussi changeants que subits, et Sigismond, qui, au milieu de divers plans aussitôt abandonnés que conçus, avait songé à mettre la mer entre lui et celle qu'il aimait, courait alors avec la rapidité de l'éclair pour se retrouver en sa présence.

Adelheid avait nécessairement été élevée sous l'influence des préjugés de son pays et du siècle sous lequel elle était née. La charge du bourreau de Berne et la nature de ses devoirs héréditaires lui étaient bien connues ; et, quoique supérieure à l'inimitié qu'avaient montrée la veille des gens sans éducation contre le malheureux Balthazar, cependant elle n'avait pas prévu un choc aussi cruel que celui qui venait d'être produit sur elle quand elle apprit que cet être méprisé était le père de celui auquel elle avait voué ses affections virginales. Lorsque cette révélation s'était échappée de la bouche de Sigismond, elle écoutait comme une personne qui croit être trompée par ses oreilles. Elle s'était préparée à entendre que le jeune soldat avait tiré sa naissance de quelque paysan ou de quelque ignoble artisan, et une ou deux fois, lorsqu'il approchait de cette révélation terrible, elle avait soupçonné que quelque faute contre la morale se rattachait à sa naissance. Cette pensée avait troublé son esprit ; mais ses craintes ne s'étaient jamais dirigées vers la révoltante vérité. Il se passa quelques instants avant qu'elle fût capable de rassembler ses souvenirs, ou de réfléchir sur la route qu'elle devait suivre. Mais, comme on l'a vu, elle eut le temps de reprendre de l'empire sur elle-même avant d'exiger ce qu'elle sentait doublement nécessaire, une nouvelle entrevue avec son amant. Lorsqu'il entra, elle était calme en apparence, et elle fit tous ses efforts pour sourire. Comme l'un et l'autre n'avaient songé qu'aux dernières paroles de Sigismond depuis qu'ils s'étaient séparés, le jeune soldat reprit la conversation au point où il l'avait laissée, et s'assit exactement à la même place qu'il occupait avant son départ précipité.

— Mon secret m'a été arraché, Adelheid. Le bourreau du canton est mon père. Si ce fait était publiquement connu, une loi injuste me forcerait à être son successeur. Il n'a pas d'autre enfant que moi, si ce n'est une fille charmante, innocente et bonne comme vous.

Adelheid couvrit son visage de ses deux mains, comme pour éviter une partie de l'affreuse vérité. Peut-être une répugnance instinctive à laisser voir à son compagnon combien le choc que venait de lui causer l'aveu de sa naissance était cruel, dirigea-t-il aussi ce mouvement. Ceux qui ont passé l'époque de la jeunesse, et qui se rappellent ces jours d'inexpérience et d'espoir dans lesquels les affections sont remplies de fraîcheur, et où le cœur n'a pas encore été desséché par de trop fréquents rapports avec le monde ; ceux qui savent de combien de délicatesse l'amour est formé, comme il est soigneux de tout ce qui touche à l'honneur de l'objet aimé, et avec quelle candeur il cherche des excuses plausibles pour chaque tache qui, soit par accident, soit naturellement, peut ternir le lustre de son caractère, comprendront tout le chagrin qu'Adelheid dut éprouver. Mais la fille du baron de Willading, quoique femme par la vivacité de son imagination aussi bien que par sa promptitude à croire à la réalité de ses rêves, était aussi femme par les qualités généreuses de son cœur et par ces principes de résignation qui semblent disposer la meilleure partie de son sexe à faire les plus grands sacrifices plutôt que de renier ses affections. Tandis qu'elle frissonnait encore par la force des émotions qu'elle avait éprouvées, une lueur de raison pénétra dans son esprit, et il ne se passa pas beaucoup de temps avant qu'il lui fût possible de contempler la vérité avec ce calme qui sait voiler une partie des faiblesses de l'humanité. Lorsqu'elle découvrit son visage, elle regarda le silencieux Sigismond avec un sourire qui donna à sa pâle figure une ressemblance avec la neige sans tache des montagnes qu'éclaire un rayon de soleil.

— Il serait inutile d'essayer de vous cacher, Sigismond, dit-elle, combien je voudrais que ce que vous m'avez appris ne fût pas. J'avouerai plus encore : dans le moment où la vérité me fut connue, vos services réitérés, — ce qui est moins pardonnable encore, votre vertu éprouvée, — furent un instant oubliés dans la répugnance que j'avais à admettre que mon sort puisse jamais être uni à un homme si malheureusement placé par la nature. Il y a des instants où les préjugés et les habitudes sont plus forts que la raison; mais leur triomphe est court dans les esprits bien intentionnés. La terrible injustice de nos lois ne m'a jamais tant frappée que la nuit dernière, lorsque ces misérables passagers demandaient le sang de... de...

— De mon père, Adelheid.

— De l'auteur de vos jours, Sigismond, dit-elle avec une solennité qui prouva au jeune homme combien elle respectait ce titre. Je fus forcée de reconnaître que la société pouvait être cruellement injuste; mais, maintenant que c'est vous que ses lois outragent, loin de se joindre à elle pour vous opprimer, mon âme entière se soulève à la pensée de l'injure qui vous est faite.

— Merci, — merci, — mille fois merci! répondit le jeune homme avec ferveur. Je n'espérais rien de moins de mademoiselle de Willading.

— Si vous n'avez pas espéré quelque chose de plus, Sigismond, reprit la jeune fille en rougissant, vous avez été presque aussi injuste que tout le monde, et j'ajouterai que vous n'avez jamais bien compris cette Adelheid de Willading, dont vous venez de prononcer le nom d'un ton si froid et si solennel. Nous avons tous des moments de faiblesse, des moments où les séductions de la vie, et les indignes liens qui unissent ensemble les étourdis et les égoïstes dans ce qu'on appelle les intérêts du monde, paraissent d'une plus grande valeur que toute autre chose. Je ne suis point visionnaire, et je ne m'imagine pas que des obligations factices soient supérieures à celles que la nature a créées; car, s'il y a une cruauté bien injuste dans la pratique trop sévère des lois de la société, il y a aussi une grande sagesse dans ces mêmes lois, qui enseignent aux esprits faibles à se laisser guider par l'opinion des autres. D'un autre côté, je sais bien que, tant que les hommes existeront dans la même condition où la société les a placés, la prudence voudra qu'on respecte leurs habitudes, et que les unions mal assorties sont en général rarement heureuses. Si j'avais connu depuis longtemps votre origine, la crainte des conséquences, ou ces froides formes qui protègent les grands, auraient probablement prévenu une liaison entre nous deux. — Je ne dis pas cela, Sigismond, comme vous paraissez le croire, d'après vos regards, pour vous adresser un reproche; car je sais que l'accident qui forma notre connaissance est cause de cette intimité, résultat elle-même de notre importune reconnaissance; je veux simplement exprimer tout ce que je ressens. Nous ne pouvons pas juger de notre situation par des moyens ordinaires, et je ne dois pas maintenant décider sur vos prétentions à ma main, simplement comme la fille du baron de Willading, recevant une proposition d'un homme dont la naissance n'est pas noble, mais comme Adelheid doit peser les droits de Sigismond, qui ont perdu quelques uns de leurs avantages, si vous voulez, et peut-être plus qu'elle ne l'avait imaginé.

— Supposez-vous qu'il vous serait possible d'accepter ma main après ce que vous avez appris? s'écria le jeune homme en proie à la plus grande surprise.

— Au lieu d'envisager la question sous ce point de vue, je me demande à moi-même s'il serait juste, s'il serait possible de rejeter le sauveur de ma vie, le sauveur de la vie de mon père, Sigismond Steinbach, simplement parce qu'il est le fils d'un homme persécuté?

— Adelheid!

— N'anticipez pas sur mes paroles, dit la jeune fille avec calme, mais de manière à réprimer l'impatience de Sigismond par la dignité de son maintien. Cette décision est importante, je dirai presque solennelle, et elle s'est présentée à moi subitement et sans préparation. Vous ne penserez pas mal de moi, parce que je vous demanderai du temps pour réfléchir avant que je vous fasse un serment qui est sacré à mes yeux. Mon père croit que vous êtes d'une obscure origine, Sigismond; et, convaincu de votre mérite, il m'a autorisée à vous parler comme je l'ai fait au commencement de notre entrevue; mais il est possible que le baron de Willading se croie dégagé de sa promesse lorsqu'il connaîtra la vérité. Il est convenable que je lui dise tout, et vous savez qu'il faut que je me conforme à sa décision. Votre piété filiale m'approuvera, je n'en doute pas.

En dépit des faits qu'il venait de révéler, l'espérance commençait à entrer dans le cœur du jeune homme, à mesure qu'il écoutait les paroles consolantes de l'affectueuse Adelheid. Il aurait été impossible qu'un jeune homme si favorisé par la nature dans sa personne, et qui connaissait nécessairement sa propre valeur, quoique ses manières fussent remplies de modestie, ne se sentît pas encouragé par la franchise avec laquelle Adelheid reconnut combien il était nécessaire à son bonheur; mais l'intention qu'elle manifestait d'en appeler à son père renouvela ses inquiétudes, car son cœur ne l'avertissait que trop de la différence des deux juges dans un cas comme celui-là.

— Ne lui en parlez pas, Adelheid, répondit-il avec tristesse. L'obligation de refuser ce qu'un sentiment généreux aurait pu le porter à accorder, le rendrait malheureux. Il est impossible que Melchior de Willading puisse consentir à donner sa fille unique au fils du bourreau de ce canton. Dans un autre temps, lorsque l'impression de la nuit dernière sera moins vive, votre raison approuvera aussi ce conseil.

Adelheid, dont le front pur et blanc était appuyé sur sa main, ne parut pas entendre ces paroles; elle était revenue de l'émotion violente qu'elle avait éprouvée, et elle rêvait profondément et avec plus de calme sur le commencement de sa liaison avec Sigismond, les progrès de leur amour, et tous les petits incidents qui en étaient résultés, jusqu'aux événements plus graves qui avaient cimenté par des sentiments d'estime et d'admiration une affection indélébile.

— Si vous êtes le fils de l'homme dont nous venons de parler, pourquoi êtes-vous connu sous le nom de Steinbach, lorsque Balthazar en porte un autre? demanda Adelheid, jalouse de saisir la plus faible lueur d'espérance.

— Mon intention était de ne vous rien cacher et de vous faire connaître toutes les particularités de ma vie, ainsi que les raisons qui ont influencé ma conduite. Dans un autre temps, lorsque nous serons plus calmes l'un et l'autre, je pourrai vous demander de m'entendre.

— Un délai est inutile, et pourrait même nuire. Il est de mon devoir d'expliquer tout à mon père, et il peut désirer savoir pourquoi vous ne paraissez pas ce que vous êtes. Ne croyez pas, Sigismond, que je blâme vos motifs; mais la prudence des vieillards et la confiance de la jeunesse ont si peu de rapports! J'aimerais mieux être instruite tout de suite.

Sigismond céda au doux mais triste sourire qui accompagnait cette question.

— Je n'ai aucune raison pour désirer de vous cacher le reste de ma mélancolique histoire, Adelheid. Vous êtes probablement instruite des lois de notre canton, je veux parler de ce cruel usage par lequel une famille est condamnée, je ne puis trouver un mot plus convenable, à remplir les devoirs de la charge révoltante qu'occupe mon père. Cette charge peut avoir été un privilége dans les siècles de barbarie, mais elle est devenue maintenant un impôt qu'aucun de ceux qui ont été élevés avec de meilleures espérances ne pourront se décider à payer. Mon père, habitué depuis son enfance à l'idée de remplir un jour cet emploi, succéda à son père jeune encore ; et, quoique la nature l'ait doué d'autant de douceur que de compassion, il n'a jamais reculé devant sa sanglante tâche lorsque les lois l'ont exigé. Mais, touché par un sentiment d'humanité, il résolut de me soustraire à la calamité qui afflige notre famille. Je suis l'aîné, et c'était sur moi que devait retomber l'affreuse succession de mon père ; mais, comme on me l'a rapporté, le tendre amour de ma mère lui suggéra un plan par lequel, moi au moins, je serais délivré de la honte qui était depuis si longtemps attachée à notre nom. Je fus secrètement éloigné de la maison pendant que j'étais enfant ; une mort supposée cacha la pieuse fraude, et jusqu'ici, le ciel en soit loué ! les autorités ignorent ma naissance.

— Et votre mère, Sigismond ? J'ai un grand respect pour cette noble mère, qui est douée, je le suppose, d'une plus grande force d'âme que les autres femmes, puisqu'elle a juré amour et fidélité à votre père, connaissant son état et l'impossibilité d'en éviter les devoirs. Je sens de la vénération pour une femme si supérieure aux faiblesses de son sexe, et cependant si vraie dans ses affections.

Le jeune homme sourit ; mais ce sourire était si pénible, que son enthousiaste compagne regretta la question qu'elle avait faite.

— Ma mère est certainement une femme qui mérite non seulement d'être aimée, mais qui, sous beaucoup de rapports, est digne d'un profond respect ; ma pauvre et noble mère a mille belles qualités, c'est la femme la plus tendre, et son cœur est si bon, qu'elle souffre lorsqu'elle voit tourmenter les plus petits êtres de la création de Dieu. On pourrait croire qu'elle n'était point née pour être la mère d'une famille de bourreaux !

— Vous voyez, Sigismond, dit Adelheid, qui respirait à peine (tant elle était pressée d'adoucir l'agonie qu'elle avait causée), vous voyez qu'une belle et excellente femme au moins a cru pouvoir confier son bonheur à votre famille. Il n'y a pas de doute qu'elle ne fût la fille de quelque digne bourgeois du canton, qui avait appris à son enfant à faire une distinction entre le malheur et le crime ?

— C'était une fille unique, et une héritière comme vous, Adelheid, répondit Sigismond en regardant autour de lui comme s'il eût voulu trouver un objet sur lequel il pût décharger une partie de l'amertume qui oppressait son cœur; vous n'êtes pas plus chérie, plus adorée de vos parents que ne l'était mon excellente mère!

— Sigismond, vos regards sont effrayants; que voulez-vous dire?

— Neufchâtel et d'autres villes, ainsi que Berne, ont leurs priviléges! Ma mère était la fille unique du bourreau de la première de ces villes. Vous voyez, Adelheid, que j'ai des quartiers de noblesse comme un autre. Dieu soit loué! nous ne sommes pas condamnés légalement à exécuter les criminels d'aucun autre pays que le nôtre!

La sauvage amertume avec laquelle ces paroles furent prononcées, et le regard qui les accompagna, firent vibrer tous les nerfs d'Adelheid.

— Tant d'honneurs, ajouta-t-il, doivent être dignement soutenus. Nous sommes riches pour des gens dont les goûts sont humbles, et nous avons moyen de vivre sans toucher aux revenus de notre charge. Vous voyez que je me vante encore de nos longs services! Ma mère eut donc la charitable intention de délivrer au moins un de ses enfants du stigmate empreint au front des membres de notre famille, et la naissance d'un second fils la mit à même d'accomplir ce dessein sans attirer les soupçons. Je fus élevé loin de la maison paternelle, et, pendant bien des années, dans l'ignorance de ma naissance. Plus tard, malgré la mort précoce de mon frère, on m'envoya chercher de l'avancement au service de la maison d'Autriche, sous un nom supposé. Je ne vous parlerai pas des angoisses que j'éprouvai lorsque la vérité me fut révélée! De toutes les misères infligées par la société, il n'y en a pas d'aussi injuste que celle qui frappe notre famille; et de toutes les faveurs aucune ne peut être moins justifiée que les priviléges accordés au hasard de la naissance.

— Et cependant nous sommes habitués à honorer ceux qui descendent d'une ancienne famille, et à voir une partie de la gloire des ancêtres rejaillir jusque sur le plus éloigné de leurs descendants.

— Plus il est éloigné, plus le respect du monde est grand. Quelle meilleure preuve pouvons-nous avoir de l'inconséquence du monde? Ainsi, le fils aîné d'un héros, celui dont la lignée est certaine, qui est le portrait vivant de son père, qui a profité de ses conseils, et qu'on peut supposer au moins avoir acquis une partie de sa grandeur, par l'habitude de vivre avec lui, est moins noble que celui qui a reçu ce nom à travers cent canaux vulgaires, et qui souvent, si la vérité était connue, n'a aucun droit naturel sur ce sang tant vanté! C'est ainsi que l'esprit est conduit aux préjugés, et que l'homme oublie sa destinée et son origine, en voulant être plus que la nature ne lui a permis.

— Certainement, Sigismond, il y a quelque chose de louable dans le sentiment qui nous porte à désirer d'appartenir à ce qui est bon et noble.

— Si la *bonté* et la *noblesse* sont la même chose, vous vous êtes bien servie du mot propre ; tant que la noblesse sera un sentiment, c'est non seulement chose excusable, mais sage : car qui ne désirerait appartenir à ce qui est brave, honnête, savant, enfin à ceux qui possèdent les talents ou les avantages qui rendent célèbre? C'est un sentiment sage, puisque l'héritage des vertus paternelles est peut-être le plus puissant aiguillon pour lutter contre le courant des bassesses humaines. Mais quelle espérance peut m'être laissée, à moi, qui ne peux hériter, ni transmettre que la honte! Je n'affecte pas de mépriser les avantages de la naissance simplement parce que je ne les possède pas, je me plains seulement que des combinaisons artificieuses aient converti un sentiment et un goût en préjugés vulgaires, par lesquels des gens ignobles jouissent de priviléges plus grands que ceux qui seraient dignes des honneurs les plus hauts que l'homme puisse accorder.

Adelheid avait encouragé une discussion qui n'aurait servi qu'à blesser la fierté d'un homme qui n'aurait pas été doué d'un sens aussi droit que Sigismond ; mais elle s'apercevait qu'il adoucissait l'amertume de ses pensées en s'appuyant ainsi sur sa raison, et en opposant ce qui devrait être à ce qui était réellement.

— Vous savez, répondit-elle, que mon père et moi, nous n'avons jamais été disposés à donner beaucoup de prix aux opinions du monde en ce qui vous concerne.

— Cela veut dire que vous n'insisterez pas sur ma noblesse : mais consentirez-vous l'un et l'autre à une union avec l'héritier d'un bourreau?

— Vous ne m'avez pas encore dit tout ce qui pourrait être nécessaire pour obtenir le consentement de mon père.

— Il me reste peu de choses à vous apprendre. Le projet de

mes bons parents a réussi. Ma sœur et moi nous ignorâmes pendant longtemps notre origine maudite; tandis que mon pauvre frère, qui promettait peu, fut destiné, par une partialité que je n'examinerai pas, à jouir de notre infernal privilége. — Pardonnez, Adelheid; je vais essayer d'être plus calme. Mais la mort a sauvé ce jeune homme de ses exécrables devoirs, et je suis maintenant le seul enfant mâle de Balthazar; oui, ajouta Sigismond, en riant d'une manière effrayante, j'ai, moi aussi, le monopole de tous les honneurs de notre maison!

— Vous! — vous, Sigismond! — Avec vos habitudes, votre éducation, vos sentiments, il est impossible qu'on vous force à remplir les devoirs de cette horrible charge!

— Il est facile de voir que mes priviléges ne vous plaisent pas, mademoiselle de Willading; je ne puis m'en étonner. Ce qui me surprend le plus, c'est que vous ayez si longtemps toléré le fils d'un bourreau en votre présence.

— Si je ne comprenais pas l'amertume qui est si naturelle dans votre position, Sigismond, votre langage me blesserait cruellement; mais vous ne voulez pas dire que vous courez réellement le danger de remplacer un jour votre père. S'il y avait quelque chance d'une semblable calamité, l'influence de mon père ne pourrait-elle pas l'écarter? Il n'est pas sans pouvoir dans les conseils du canton.

— Maintenant son amitié n'a rien à faire; car jusqu'ici mon père, ma mère, ma sœur et vous, sont les seuls dépositaires des faits que je viens de vous confier. Ma pauvre sœur est malheureuse, car l'ignorance dans laquelle elle a été élevée lui rend la vérité bien plus affreuse que si elle y eût été habituée dès son enfance. Aux yeux du monde un jeune parent de mon père paraît destiné à lui succéder, à moins que la fortune en ordonne autrement. Relativement à ma sœur, nous avons l'espérance de l'arracher à la honte de sa famille. Elle est sur le point de contracter un mariage ici, à Vevey, qui cachera son origine sous de nouveaux liens. Quant à moi, le temps décidera de mon sort.

— Comment la vérité pourrait-elle être connue? s'écria Adelheid, qui respirait à peine, dans son ardeur de proposer quelque expédient qui libérât Sigismond de son odieux héritage. Vous m'avez dit qu'il y avait de la fortune dans votre famille; abandonnez tout à ce jeune homme, à la condition qu'il remplira les fonctions de votre père.

— Je consentirais à demander l'aumône pour en être délivré.

— Vous ne demanderez jamais l'aumône, tant qu'il y aura des biens dans la famille des Willading. N'importe! quel que soit le résultat des autres événements, nous pouvons au moins faire cette dernière promesse.

— Mon épée m'empêchera toujours d'être dans la nécessité d'accepter les secours que vous m'offrez. Grâce à cette bonne épée, je puis avoir une existence honorable. Que la Providence m'épargne la honte de la changer pour la hache de l'exécuteur! Mais il existe encore un obstacle dont je ne vous ai pas parlé. Ma sœur, qui n'a certainement aucune admiration pour les honneurs qui ont humilié notre race pendant de nombreuses générations, — je pourrais dire des siècles, — n'avons-nous pas d'anciens honneurs aussi bien que vous, Adelheid?—ma sœur va être unie à un homme qui n'accepte la main d'une des plus aimables créatures de ce monde, qu'à la condition d'un secret éternel et d'une dot considérable. Vous voyez qu'il y a des personnes moins généreuses que vous, Adelheid. Mon père, pressé de disposer de sa fille, a consenti à tout ce qu'on lui demandait; et, comme le parent qui doit lui succéder a quelques soupçons relativement à ma sœur, il se peut que je sois forcé un jour de me faire connaître, pour sauver l'enfant de ma sœur et l'héritage de ma mère.

Ce dernier aveu assaillit Adelheid dans ses sentiments les plus intimes. Une personne aussi généreuse, aussi dépourvue d'égoïsme, n'était pas capable de vouloir attirer sur une autre le sort qu'elle craignait pour elle-même, et l'espérance qui s'était ranimée dans son cœur fut presque éteinte par cette découverte. Cependant elle avait pris une si grande habitude de se laisser guider par le bon sens dont elle était douée, et il était si naturel qu'elle s'attachât jusqu'au dernier moment à la réussite de ses projets, qu'elle ne s'abandonna pas au désespoir.

— Votre sœur et son futur mari connaissent-ils toutes les chances qu'il y a contre eux?

— Oui; mais je connais la générosité de ma sœur, elle ne me trahira jamais pour servir ses intérêts. Cette abnégation d'elle-même m'impose l'obligation plus étroite encore de déclarer qui je suis, si les circonstances m'y forcent. Je ne puis pas dire que ma sœur éprouve autant d'horreur que moi-même de notre affreux état, car elle y est habituée depuis plus de temps, et les soins domestiques de son sexe l'ont préservée d'être exposée au mépris du monde. Peut-être ignore-t-elle en partie tout l'odieux qui retombe sur notre famille. Mes longs services dans les pays étrangers ont éloigné la confidence qui m'a été faite, tandis que ma sœur, pour satisfaire à la tendresse d'une mère envers sa fille unique, fut reçue en secret dans la famille, plusieurs années avant que j'apprisse la vérité. Elle est aussi de beaucoup ma cadette. Toutes ces causes réunies à quelque différence dans notre éducation, l'ont moins disposée au malheur que moi. Car, tandis que mon père, par une cruelle bonté, me donnait une éducation libérale, celle de Christine fut plus assortie à notre position. Maintenant, Adelheid, dites-moi que vous détestez mon origine et que vous me méprisez d'avoir osé si longtemps vous importuner de ma présence, tandis que j'avais constamment présente à la pensée l'impossibilité de notre union !

— Je n'aime pas vous entendre parler avec cette amertume, Sigismond, et croire ainsi que je vous rends reponsable du malheur de votre destinée. Si je vous disais que je ne ressens pas ce qu'il y a de cruel dans votre position avec presque autant d'angoisse que vous-même, répondit Adelheid avec une noble franchise, je ferais injure à la reconnaissance que je vous dois, et à mon estime pour votre caractère. Mais il y a plus d'élasticité dans le cœur d'une femme que dans celui d'un sexe plus fier et plus impérieux. Loin de penser ce que vous dites, je ne vois rien que de naturel et de juste dans votre réserve. Rappelez-vous que vous n'avez pas séduit mon cœur par des protestations d'amour et des flatteries, comme on séduit ordinairement le cœur des femmes; mais que l'intérêt que je vous porte a été modestement et justement acquis. Je ne puis rien entendre, ni rien dire de plus dans ce moment, car cette nouvelle inattendue a bouleversé mon esprit. Laissez-moi réfléchir à ce que j'ai à faire; et soyez persuadé que vous ne pouvez pas avoir d'avocat plus partial et plus dévoué que mon propre cœur.

En prononçant ces mots, la fille du baron de Willading tendit la main avec affection au jeune soldat, qui la pressa sur son cœur, d'un air triste et tendre, et il quitta lentement la salle des Chevaliers.

CHAPITRE XII.

*N'en pas connaître davantage, c'est le plus heureux
savoir d'une femme, et sa vraie gloire.*
MILTON.

NOTRE héroïne était femme dans toute la douce et séduisante acception de ce mot; sensible, réservée, timide sur tous les points qui n'exigeaient pas l'exercice des hautes qualités dont elle était douée, elle était ferme dans ses principes, constante dans ses affections, et, lorsque son devoir secondait sa tendresse, dévouée jusqu'à un degré qui ne connaissait aucun sacrifice. D'un autre côté, sa promptitude à recevoir de vives impressions (un des traits caractéristiques de son sexe), l'habitude d'attacher de l'importance aux usages dont elle était entourée, et qui est nécessairement plus vive chez ceux qui mènent une vie solitaire et inactive, augmentaient la difficulté d'échapper au joug de l'opinion, et de traiter avec indifférence ce qui était respecté, comme ce qui était entaché d'un sentiment de dégoût. Dans une position différente, si Sigismond avait été noble, et Adelheid la fille d'un bourreau, il est probable que le jeune homme aurait trouvé les moyens de satisfaire sa passion sans faire un grand sacrifice à sa fierté, en transportant sa femme dans son château, en lui conférant un nom depuis longtemps établi, en la séparant de tout ce qu'il y avait de désagréable ou de dégradant dans ses relations; et, trouvant pour lui des distractions dans les devoirs de son rang, il aurait affaibli les ennuis et souvent les chagrins d'une alliance disproportionnée. Voilà les avantages que la nature et les lois de la société accordent aux hommes sur le sexe le plus faible, mais le plus sincère : et cependant combien il y en a peu qui eussent eu assez de générosité pour faire un semblable sacrifice! Adelheid, dans de telles circonstances, eût été forcée de quitter l'honorable et ancien nom de sa famille, pour en adopter un qui était infâme dans le canton; ou si, par la faveur, on eût pu éviter cette première disgrâce, cela eût inévitablement attiré l'attention sur une origine qu'on voulait cacher. Elle n'avait aucune distraction à opposer au travail constant de ses pensées, car la sphère dans laquelle vivent les femmes, rend leurs affections dépendantes de tous les petits incidents de la vie domestique. Elle ne pouvait pas fermer sa porte aux parents de son mari, si un jour il désirait les voir, et il devenait pour elle obligatoire d'accomplir tous ses nouveaux devoirs, et d'oublier qu'elle était née pour de plus belles espérances.

Nous ne prétendons pas que tous ces calculs traversèrent l'esprit de la pauvre fille, quoiqu'elle entrevît confusément toutes les conséquences d'une union si disproportionnée. Longtemps après que Sigismond l'eut quittée, elle resta assise, sans mouvement, perdue dans la profondeur de ses pensées. Le jeune homme avait passé la poterne du château, et descendait la montagne, à travers de belles prairies, d'un pas rapide; et probablement pour la première fois depuis leur liaison, Adelheid le suivait d'un regard vague et indifférent.

Son esprit était trop profondément occupé pour laisser à ses sens leur observation habituelle. Tout ce grand et charmant paysage, auquel nous avons souvent fait allusion, était étendu devant elle, sans apporter avec lui les mêmes impressions; elle le regardait comme on regarde la voûte du firmament, lorsque, les yeux élevés vers le ciel, on rêve à des objets terrestres. Sigismond avait disparu parmi les murailles qui entourent les vignes, lorsqu'elle se leva, et sortit de sa pénible méditation par un soupir. Les yeux de la jeune fille étaient brillants, et ses joues couvertes de rougeur, tandis que tous ses traits portaient une expression de beauté plus élevée encore que celle qui lui était habituelle. Sa résolution était arrêtée. Elle s'était décidée avec le rare et généreux dévoûment d'une femme qui aime, et qui ne peut aimer qu'une fois avec cette fraîcheur et cette pureté. A cet instant des pas se firent entendre dans le corridor, et les trois vieux seigneurs que nous avons laissés sur la terrasse du château, parurent ensemble dans la salle des Chevaliers.

Melchior de Willading s'approcha de sa fille d'un air joyeux, car lui-même aussi venait de remporter une glorieuse victoire sur ses préjugés, et cette conquête le mettait d'une excellente humeur avec lui-même.

—La question est décidée, dit-il en déposant un baiser affectueux sur le front brûlant d'Adelheid, et en se frottant les mains avec la satisfaction d'un homme qui vient de sortir d'une grande anxiété.

Ces bons amis viennent de convenir avec moi, que, dans un cas comme celui-ci, il convient à votre naissance d'oublier l'origine de Sigismond. Celui qui a sauvé la vie des deux derniers membres de la famille de Willading mérite au moins d'avoir une part dans ce qui leur est laissé. Voici mon bon Grimaldi tout prêt à me renier pour son ami, si je ne lui laisse pas enrichir ce brave jeune homme, comme si nous étions des mendiants, et que nous n'ayons pas le moyen d'entretenir notre gendre! Mais nous ne voulons céder aucun de nos droits. Cette tâche sera entièrement remplie par nous; nous voulons même nous charger des lettres de noblesse, que nous demanderons incessamment à Vienne, car il serait cruel de priver ce pauvre garçon d'un si simple avantage qui l'élèvera tout d'un coup à notre niveau, et, par la barbe de Luther, au-dessus de tout ce qu'il y a de mieux à Berne.

— Je ne t'ai jamais vu si peu ambitieux, quoique tu te sois souvent vanté de ta frugalité suisse, répondit le signor Grimaldi en souriant. Ton existence, mon cher Melchior, peut avoir une mince valeur à tes yeux, mais je ne suis pas disposé à attacher un si faible prix à la mienne. Tu as agi parfaitement, je dirai même avec noblesse, en consentant à recevoir le brave Sigismond pour ton fils; mais vous ne pensez pas sans doute, jeune dame, que, parce que mon corps devient vieux, je n'y attache plus aucune importance, et qu'on peut le retirer d'un lac comme un paquet de linge sans que je m'informe qui lui a rendu ce service. Je demande à doter votre futur mari, afin qu'il fasse une figure digne du baron de Willading. Suis-je donc d'assez peu de valeur pour que vous me traitiez avec si peu de cérémonie que de croire que je ne peux pas reconnaître un service?

— Comme tu voudras, mon bon Gaëtano, comme tu voudras; laisse-nous seulement le jeune homme.

— Mon père...

— Je ne veux point d'affectation de jeune fille, Adelheid. J'espère que tu recevras le mari que nous t'offrons, d'aussi bonne grâce que s'il portait une couronne. Il a été convenu entre nous que Sigismond Steinbach serait mon fils, et de temps immémorial les filles de notre maison se sont soumises dans ces affaires à ce qui avait été jugé par la sagesse de leurs supérieurs, comme il convient à leur sexe et à leur inexpérience.

Le baron était entré dans la salle au milieu d'un accès de bonne humeur, et ses deux amis s'en seraient aperçus à la manière dont il avait plaisanté Adelheid, s'ils n'avaient pas su que les sentiments de la jeune fille avaient été consultés dans le choix qui venait d'être fait.

Mais malgré la joie que le baron éprouvait en parlant, la gaieté de ses manières ne se communiquait pas assez promptement à sa fille suivant ses désirs. Il y avait plus que l'embarras virginal dans le maintien d'Adelheid. Elle rougissait et pâlissait tour à tour ; et, tandis qu'elle essayait de parler, ses yeux se tournaient péniblement de l'un à l'autre des trois vieillards. Le signor Grimaldi murmura quelques paroles à l'oreille de ses compagnons, et Roger de Blonay se retira discrètement, sous prétexte que ses services étaient nécessaires à Vevey, où l'on faisait de nombreux préparatifs pour l'abbaye des Vignerons. Le Génois allait suivre son exemple; mais le baron le retint par le bras, tandis qu'il tournait son œil interrogateur vers sa fille, comme s'il lui demandait d'agir avec plus de franchise.

— Mon père, dit Adelheid d'une voix tremblante en dépit de ses efforts, j'ai quelque chose d'important à vous communiquer avant que cette affaire soit irrévocablement décidée.

— Parle librement, mon enfant : nous sommes avec le meilleur des amis, avec celui qui a le droit de connaître tout ce qui nous concerne particulièrement dans cette affaire. Plaisanterie à part, Adelheid, j'espère que tu n'emploieras pas de coquetterie avec un jeune homme comme Sigismond, auquel nous devons la vie, et en faveur duquel nous sommes prêts à sacrifier les préjugés et les usages, tout ce que nous possédons, même notre fierté.

— Ah! mon père!

— J'ai dit tout, et je n'en rabattrai pas une syllabe : je lui cède Willading, mon rang dans le canton, et un ancien nom par-dessus le marché. N'ai-je pas raison, Gaëtano ? je place le bonheur du jeune homme au-dessus de toute considération, puisque celui d'Adelheid est si intimement lié avec le sien. Je le répète donc, je lui donne tout.

— Il serait important d'entendre ce que la jeune dame veut dire, avant de presser cette affaire, dit le signor Grimaldi, qui, n'ayant remporté aucune victoire sur lui-même, n'avait pas autant d'exaltation que son ami, observait avec plus de calme, et notait avec plus de sagacité ce qu'il voyait. Je suis bien dans l'erreur, ou ta fille a quelque chose d'important à te communiquer.

L'affection paternelle de Melchior s'alarma, et il examina plus attentivement sa fille. Adelheid répondit à cette sollicitude par un sourire de tendresse ; mais la pénible expression de ce sourire n'était point équivoque, et elle augmenta les craintes du baron.

— Qu'est-ce qui t'afflige, ma fille? Ce ne peut pas être ce que nous avions craint; il n'a pas jugé, je l'espère, qu'une fille de paysan était digne de te remplacer? — Signor Grimaldi, cette affaire commence à devenir offensante pour moi, il me semble? — Mais, tout vieux que je suis, nous ne pourrons jamais connaître la vérité, si tu ne veux pas nous parler franchement, ma fille. — C'est une chose curieuse néanmoins, Gaëtano, qu'une enfant qui m'appartient soit refusée par un paysan !

Adelheid fit un geste par lequel elle semblait implorer son père, tandis qu'elle reprenait son siége, ne pouvant plus réussir à maîtriser son agitation. Les deux amis suivirent son exemple dans un profond étonnement.

— Tu fais injure à l'honneur et à la modestie de Sigismond, mon père, dit-elle enfin, et parlant avec un calme qui la surprit elle-même. Si tu veux, ainsi que cet excellent ami, m'accorder ton attention pendant quelques minutes, je ne te cacherai rien.

Les deux vieillards écoutèrent avec surprise ; car ils s'aperçurent que l'affaire devenait plus grave qu'ils ne l'avaient d'abord pensé. Adelheid garda quelques instants le silence, comme pour recueillir des forces pour le cruel devoir qu'elle s'était imposé; puis elle raconta d'une manière claire et succincte la communication qui lui avait été faite. Les deux auditeurs écoutaient avec angoisse toutes les syllabes qui s'échappaient des lèvres tremblantes de la jeune fille, car Adelheid tremblait tout en essayant de conserver un calme qui était presque surnaturel ; et, lorsque sa voix cessa de se faire entendre, ils se regardèrent comme deux hommes frappés d'une calamité inattendue. Le baron pouvait à peine se persuader qu'il n'avait pas été trompé par ses oreilles ; car l'âge commençait, chez lui, à altérer le sens précieux de l'ouïe, tandis que son ami se sentait révolté et bouleversé par cette nouvelle.

— Quelle effrayante et diabolique succession d'événements ! murmura Grimaldi, lorsque Adelheid eut cessé de parler.

— Ne dit-elle pas que Sigismond est le fils de Balthazar, le bourreau de notre canton? demanda le baron à son ami, avec la répugnance d'un homme qui se refuse à croire une nouvelle désespérante. — De Balthazar, de cette famille maudite !

— Tel est le père que la volonté de Dieu a donné à celui qui nous a sauvé la vie, répondit doucement Adelheid.

— Comment ce misérable a-t-il osé s'introduire dans l'intérieur de ma famille, et nous cacher cette odieuse vérité? Comment oserait-il prétendre à mêler l'impureté de son sang au noble sang d'une ancienne famille? Il y a dans tout cela quelque chose qui surpasse la duplicité : c'est un crime épouvantable!

— Il y a, en effet, dans cette affaire beaucoup de choses auxquelles nous ne pouvons remédier, bon Melchior; mais ne blâmons pas trop sévèrement cet homme; sa naissance doit plutôt lui être imputée comme un malheur que comme un crime. Quand il serait le fils de Balthazar mille fois pour une, il n'en a pas moins sauvé notre vie!

— Tu dis la vérité et rien que la vérité. Tu fus toujours plus raisonnable que moi, quoique ton origine méridionale semble prouver le contraire. Eh bien! voilà donc tous nos beaux projets et tous nos plans de générosité jetés au vent!

— Cela n'est pas encore prouvé, répondit le Génois, qui étudiait pendant tout ce temps la contenance d'Adelheid, comme s'il eût voulu découvrir ses désirs secrets. Il y a eu sans doute une longue explication entre vous et ce jeune homme, belle Adelheid?

— Oui, Signore. J'étais sur le point de lui communiquer les intentions de mon père; car les circonstances dans lesquelles nous sommes placés, le poids de nos obligations mutuelles, et la distance que l'usage interpose entre les nobles et ceux qui ne le sont pas, justifiaient peut-être cette hardiesse dans une jeune fille, ajouta Adelheid en rougissant à l'excès : j'allais donc faire connaître à Sigismond les désirs de mon père, lorsqu'il m'interrompit par l'aveu que je viens de vous faire moi-même.

— Il jugeait donc que sa naissance...

— Etait une barrière insurmontable entre nous. Sigismond Steinbach, quoique si peu favorisé de la nature relativement à la naissance, n'est point capable de poursuivre un but que sa générosité condamne.

— Et vous?

Adelheid baissa les yeux, et parut réfléchir à la réponse qu'elle devait faire.

— Vous pardonnerez cette curiosité; je ne joue point ici le rôle d'un officieux : mon âge et l'ancienneté de mes relations avec votre père, une tendre affection pour tout ce qui lui appartient, me serviront d'excuse. Jusqu'à ce que nous connaissions le fond de vos pensées, ma chère fille, ni votre père, ni moi, ne pouvons prendre une décision.

Adelheid resta longtemps silencieuse et pensive, quoique tous les sentiments de son cœur, et ce dévoûment qui résulte des premières et poétiques illusions de l'amour, la tentassent de déclarer qu'elle sacrifiait avec ardeur toute considération à sa pure tendresse. Cependant l'opinion, avec sa main de fer, la retenait encore et lui montrait l'inconvenance de braver à la fois tous les préjugés du monde. Sa timidité de femme était bouleversée; elle craignait en même temps de faire trop ou trop peu pour son amour : une fille aussi dévouée qu'elle l'était ne pouvait non plus rester sans crainte sur l'effet que produirait sa décision relativement au bonheur futur de son père.

Le seigneur génois comprit le combat qui avait lieu dans l'âme d'Adelheid ; il prévit aussi la manière dont il se terminerait, et il résuma lui-même ce qu'il supposait que la fille de son ami allait répondre, tant par le désir généreux de donner à Adelheid le temps de la réflexion, que pour suivre le cours naturel de ses pensées.

— Il n'y a rien de certain dans notre étrange destinée, dit-il. Le trône, les richesses, la santé, même les affections les plus sacrées, sont sujets au changement. Il faut donc peser toutes les chances de bonheur avant de prendre une détermination finale dans quelque grande ou nouvelle mesure. Tu connais les espérances avec lesquelles je suis entré dans la vie, Melchior, et les tristes désappointements qui remplissent le terme de ma carrière. Il n'y avait pas en Italie de jeune homme plus confiant dans l'avenir, plus joyeux que je ne l'étais, le jour où je reçus la main d'Angiolina, et cependant deux seules années détruisirent ces espérances et ce bonheur ; un nuage s'étendit sur ma destinée, il n'a pas encore disparu. Un mari sans femme, un père sans enfant ne peut pas être un mauvais conseiller dans un semblable moment, mon ami.

— Ton esprit retourne naturellement à ton malheureux fils, pauvre Gaëtano, tandis qu'il est si cruellement question de l'avenir de ma fille.

Le seigneur Gaëtano tourna ses regards vers son ami; mais l'expression de souffrance qui passait sur son visage lorsque son esprit s'occupait de ce sujet pénible, prouva qu'il n'était pas en état de répondre.

— Vous voyez dans tous ces événements, continua le Génois après quelques minutes, comme s'il était trop plein de son sujet pour retenir ses paroles, les desseins impénétrables de la Providence. Voilà un jeune homme qui possède tous les avantages qu'un père pourrait désirer pour son fils : digne en tout point de devenir dépositaire du bonheur d'une fille chérie : brave, vertueux, noble dans tout, excepté dans son origine ; et cependant si maudit par l'opinion du monde, que nous pourrions à peine le recevoir comme compagnon de nos plaisirs, si l'on connaissait publiquement le nom qu'il porte.

— Vous envisagez cette affaire sous un étrange point de vue, signor Grimaldi, dit Adelheid en frissonnant.

— Un jeune homme d'une taille si majestueuse, qu'un roi pourrait être fier de l'espérance de placer un jour sa couronne sur sa tête; d'une force et d'une adresse remarquables comme sa taille; d'une raison plus mûre que son âge ; d'une vertu éprouvée ; possédant toutes les qualités que les hommes respectent, celles qui viennent de l'étude et non du hasard : et cependant ce jeune homme est condamné à vivre sous le poids du mépris et de la haine, ou à cacher pour jamais le nom de la mère qui l'a porté dans son sein. Comparez Sigismond avec l'héritier de quelque maison illustre qui se joue du respect des hommes tandis qu'il insulte à leur morale; qui s'appuie sur ses priviléges pour fouler aux pieds ce qui est juste et sacré; qui vit pour lui-même, dans de basses jouissances ; qui est souvent digne d'être enfermé dans une maison de fous, tandis que par sa naissance il est destiné à siéger dans les conseils; qui est le type du mauvais, quoique appelé à présider sur les plus vertueux ; qui ne peut être estimé, bien que ses titres lui donnent droit aux honneurs. Demandons-nous maintenant pourquoi il en est ainsi, quelle est la sagesse qui a posé des différences si arbitraires, et qui, tandis qu'elle proclame si ouvertement la nécessité de la justice, se joue si imprudemment de ses devoirs?

— Signore, cela ne devrait pas être ainsi; Dieu n'a pas établi toutes ces nuances.

— Tandis que les principes de notre raison semblent nous apprendre que chacun doit s'élever ou retomber suivant ses bonnes ou ses mauvaises actions, que les hommes doivent être honorés suivant leur mérite, toutes les institutions humaines sont établies pour prouver le contraire. Celui-ci est loué, parce que ses ancêtres étaient nobles; celui-ci condamné, parce que sa naissance est vile. Melchior! Melchior! notre raison est obscurcie par des subtilités, et notre philosophie tant vantée n'est qu'une moquerie effrontée dont les démons rient à nos dépens.

— Et cependant les commandements de Dieu nous apprennent, Gaëtano, que les fautes des pères retomberont sur leurs enfants jusqu'aux dernières générations. Vous autres catholiques, vous ne faites peut-être pas autant d'attention aux saintes Ecritures; mais j'ai entendu dire que nous n'avons pas à Berne une seule loi qui ne soit garantie par l'Evangile lui-même.

— Il y a des sophistes qui prouvent tout ce qu'ils désirent. Il est certain que les crimes et les folies des pères laissent une tache physique ou morale sur leurs enfants. Mais cela n'est pas suffisant. N'est-il pas impie de prétendre que Dieu n'a pas suffisamment puni le mépris de ses ordonnances, et de venir seconder sa colère par des règlements arbitraires et cruels? Quel crime peut-on imputer à la famille de ce jeune homme, excepté celui de la pauvreté qui conduisit probablement le premier de sa race à remplir cette charge révoltante? Il n'y a rien dans la personne ou dans les avantages de Sigismond qui indique la colère du ciel; mais tout, dans sa situation présente, proclame l'injustice des hommes.

— Et toi, Gaëtano Grimaldi, l'allié de tant d'illustres et anciennes maisons, toi, Gaëtano Grimaldi, un des plus grands seigneurs de Gênes, tu me conseillerais de donner ma fille unique, l'héritière de ma fortune, au fils de l'exécuteur des hautes-œuvres, à l'héritier de devoirs qui révoltent la nature!

— Puisque tu m'adresses une question aussi directe, Melchior, je demande à réfléchir avant de te répondre. Oh! pourquoi ce Balthazar est-il si riche en enfants, et moi si pauvre! Mais ne discutons pas davantage sur ce sujet; c'est une affaire d'une grande importance, et que nous devons juger aussi bien comme hommes que comme nobles. Ma fille, vous venez d'apprendre, par les paroles de votre père, que je suis contre vous par ma position sociale; car, tandis que je condamne les principes qui vouent Sigismond au mépris, je ne puis m'aveugler sur les effets d'une trop grande indulgence, et jamais il ne s'est encore présenté, devant le tribunal de la conscience, une affaire où les droits d'un homme soient dans une opposition si ouverte contre l'opinion. Laissez-nous, afin que nous puissions réfléchir mûrement. La décision que nous allons rendre exige une plus grande fermeté, un plus grand empire sur nous-mêmes, que je ne serais capable d'en avoir en présence de ce doux et pâle visage qui plaide si éloquemment en faveur d'un noble jeune homme.

Adelheid se leva, et après avoir offert son front, couvert en effet d'une pâleur mortelle, aux embrassements de son père et du seigneur génois, car l'ancienneté de l'affection de ce dernier, et la sympathie qu'il éprouvait pour ses chagrins, le lui faisaient envisager comme un second père, elle se retira en silence. Nous tirerons momentanément le rideau sur la conversation qu'auront ensemble les deux amis, et nous continuerons les incidents de cette histoire. Nous observerons néanmoins que la journée se passa tranquillement dans le château, sans événements remarquables, une partie des voyageurs s'occupant activement des préparatifs de la fête. Le signor Grimaldi chercha l'occasion d'avoir une longue conversation confidentielle avec Sigismond, et ce dernier évita avec soin de rencontrer celle qui avait une si grande influence sur son cœur, jusqu'à ce qu'ils eussent eu le temps l'un et l'autre de remettre leurs esprits.

CHAPITRE XIII.

> Ne lui faites pas de mal, pour l'amour de Dieu, il est fou.
> *Comédie des Erreurs.*

On suppose que les fêtes de Bacchus ont servi de modèle à ces réjouissances qui ont eu lieu depuis longtemps en Suisse, et qui sont connues dans le pays sous le nom de l'Abbaye des Vignerons.

Ces fêtes avaient dans l'origine un caractère simple et rustique, dépouillé de ces cérémonies et de ces allégories classiques qu'elles acquirent plus tard. La sévérité de la discipline monacale avait sans doute prohibé les allusions à la mythologie des païens; car plusieurs couvents de religieux, propriétaires de vignobles considérables dans les environs de Vevey, paraissent avoir été les premiers patrons connus de ces fêtes. Lorsque ces réjouissances se pratiquaient avec simplicité, elles avaient lieu tous les ans ; mais, lorsque de plus lourdes dépenses et de plus grands préparatifs devinrent nécessaires, on ne les célébra qu'à de longs intervalles. L'abbaye décida d'abord que ces fêtes auraient lieu tous les trois ans ; puis ce laps de temps s'étendit à six années. Cette lacune offrant les moyens de faire de plus grands préparatifs, la fête y gagna en éclat, jusqu'à ce qu'elle devînt à la fin une espèce de jubilé auquel se rendaient en poste les oisifs, les curieux, et les âmes pieuses de tous les environs. La ville de Vevey profitait de cette circonstance, l'intérêt, comme cela est ordinaire, prêtant son appui pour soutenir l'usage ; et jusqu'à l'époque de la grande révolution européenne, il semblerait qu'il y eût une suite non interrompue de fêtes. Celle à laquelle nous avons si souvent fait allusion dans le cours de cette narration, était attendue depuis longtemps ; et comme on parlait depuis longtemps aussi des préparatifs, l'affluence était encore plus nombreuse qu'à l'ordinaire.

De bonne heure dans la matinée, le surlendemain de l'arrivée des voyageurs au château de Blonay, une troupe d'hommes déguisés en hallebardiers, espèces de soldats connus alors dans la plupart des cours de l'Europe, se rendit dans la grande place de Vevey, s'en empara, et posa des sentinelles, afin d'interdire la circulation ordinaire. C'étaient les préliminaires de la fête, car ce lieu était choisi pour la plupart des cérémonies du jour. Les curieux arrivèrent promptement après les gardes ; et, lorsque le soleil se fut montré au-dessus des montagnes de Fribourg, quelques milliers de spectateurs se pressaient dans toutes les avenues de la place, et de nombreux bateaux arrivaient des rivages de la Savoie, tous pliant sous le poids des paysans et de leurs familles.

A l'extrémité supérieure de la place, des gradins avaient été élevés pour recevoir ceux qui étaient privilégiés par le rang, ou ceux qui pouvaient acheter le même honneur avec le *medium* ordinaire. De plus humbles échafaudages, pour les moins fortunés, complétaient les trois côtés d'un espace qui avait la forme d'un parallélogramme, et qui devait recevoir les principaux acteurs de la fête. Le côté de l'eau était inoccupé, quoique une forêt de vergues latines et la plate-forme des ponts suppléassent au manque de gradins. On entendait de temps en temps une musique mêlée de ces cris montagnards qui caractérisent les chansons des habitants des Alpes. Les autorités de la ville étaient sur pied depuis le matin; et, comme il arrive ordinairement parmi les agents subalternes, ces derniers exerçaient leurs fonctions municipales avec un embarras qui prouvait combien ils attachaient d'importance à leur charge, et avec une gravité digne d'un chef d'Etat dans une occasion solennelle.

L'estrade ou théâtre érigé pour la classe supérieure des spectateurs était décoré de drapeaux, et, vers le milieu, de tapisseries et de tentures de soie. Un édifice plus considérable que les autres, et situé au fond de la place, était riche aussi d'ornements; les enseignes de la république flottaient au-dessus de son toit pointu; des soieries précieuses se balançaient le long de ses murailles, et ses fenêtres, suivant un usage commun à la Suisse et à l'Allemagne, étaient décorées de bandes d'étoffes de diverses couleurs, qui dénotaient une propriété publique. C'était la résidence officielle de Peter Hofmeister, le fonctionnaire que nous avons déjà fait connaître au lecteur.

Une heure plus tard, un coup de canon donna le signal aux différentes troupes d'acteurs qui se montrèrent bientôt dans la place. A mesure que ces petites processions paraissaient aux sons du cor et de la trompette, la curiosité devenait plus active, et on permit à la populace de circuler dans ces parties de la place qui n'étaient pas occupées. A peu près vers ce temps on laissa monter un individu sur les gradins; il paraissait jouir d'un privilége particulier, non seulement par la place qu'on lui accordait, mais par les saluts et les félicitations bruyantes dont il était l'objet : c'était le bon moine du Mont-Saint-Bernard, qui, d'un visage joyeux, répondit par des signes de sa tête chauve aux salutations des paysans, la plupart desquels avaient donné l'hospitalité au bon moine dans ses nombreux voyages chez les âmes charitables, et l'avaient reçue de lui dans leurs fréquents passages à travers les montagnes. Cette reconnaissance faisait honneur à l'humanité, car elle était remplie de cordialité et d'un désir sincère d'honorer la bienfaisance d'une communauté religieuse dans la personne de son intendant.

— Je te souhaite bien du bonheur, père Xavier, et une récolte abondante, s'écria un bon paysan. Tu as depuis longtemps oublié Benoît Emery et sa famille. Quand un quêteur de Saint-Bernard a-t-il frappé à ma porte et s'en est-il retiré les mains vides? Nous t'attendrons, révérend moine, demain matin, car l'été n'a pas été chaud, le raisin est beau, et le vin commence à emplir nos cuves. Tu y puiseras sans que personne te regarde, soit dans le rouge, soit dans le blanc, et tu seras le bien-venu.

— Grand merci, généreux Benoît ; saint Augustin se rappellera ta bienfaisance, et tes vignes n'en deviendront pas plus mauvaises pour ta générosité. Nous ne demandons que pour pouvoir donner, et nous ne recevons personne plus volontiers que les honnêtes Vaudois ; que les saints leur conservent leur ferveur et leur bonne volonté !

— Oh ! nous ne voulons rien avoir à démêler avec tes saints ; tu sais que nous sommes des sectateurs de Calvin dans le pays de Vaud. Mais qu'est-ce que cela nous fait que tu ailles à la messe, tandis que nous aimons un service plus simple ? Ne sommes-nous pas également des hommes ? Le froid ne glace-t-il pas les membres des catholiques comme ceux des protestants ? ou l'avalanche respecte-t-elle l'un plus que l'autre ? Je ne t'ai jamais entendu, ni aucun de ceux de ton couvent, questionner sur sa foi le voyageur transi ; tous sont chauffés, nourris, et soignés au besoin, comme des chrétiens le méritent, et avec un soin paternel. N'importe ce que vous pensez de l'état de nos âmes, vous rendez à nos corps les services dont ils ont besoin. Ai-je raison, voisins, ou le vieux Benoît est-il un lunatique ? mais il a si souvent traversé le Saint-Bernard, qu'il a oublié les querelles de nos différentes églises, et l'assurance que nous donnent nos savants, qui prétendent que nous irons au ciel par des routes différentes.

Un mouvement général parmi le peuple et de bruyants applaudissements appuyèrent les sentiments et la franchise du paysan ; car, dans ce siècle, les hospices du Saint-Bernard étaient plus exclusivement un refuge pour le pauvre voyageur qu'à présent, et ils jouissaient d'une réputation bien méritée dans tous les pays environnants.

— Tu seras toujours le bien-venu sur le passage du Saint-Bernard, toi et tes amis, et tous ceux qui s'y présenteront sous la forme humaine ; et nous ne combattrons tes opinions que par de secrètes prières, répondit le bon quêteur dont la face ronde brillait de sa joie habituelle et de la reconnaissance que lui inspirait ce témoignage public de la vénération que l'on éprouvait pour son couvent ; nous pouvons encore ajouter que cette joie était peut-être augmentée par l'espérance d'une ample moisson pour les magasins de sa communauté; car le couvent du Saint-Bernard espérait avec raison dans la libéralité des âmes charitables, pour alimenter à son tour son inépuisable charité.—Tu ne veux pas nous priver du bonheur de prier pour ceux que nous aimons, quoique ce soit d'une manière différente de la leur?

— Comme tu voudras, bon moine; je ne suis point de ceux qui dédaignent une faveur parce qu'elle vient de Rome. Mais qu'est devenu notre ami Uberto? Nous aimons toujours à voir sa fourrure lustrée dans nos vallons.

Le moine fit son appel ordinaire, et le chien monta sur le théâtre d'un pas grave et délibéré, comme s'il était convaincu de la dignité et de l'utilité de son existence, et accoutumé aux caresses de l'homme. L'apparition de cet animal célèbre, bien connu, causa un nouveau mouvement parmi la populace; beaucoup d'individus se pressèrent contre les gardes pour le voir de plus près; d'autres lui jetèrent des fragments de pain et de viande comme gage de leur gratitude. Au milieu de ce petit préambule sentimental à d'autres plaisirs, un énorme chien noir sauta sur l'échafaudage, et avec un grand calme, quoique avec une activité qui dénotait l'influence de l'air des montagnes sur son appétit, il avala tous les différents morceaux qui avaient échappé à l'œil d'Uberto. Ce nouvel arrivant fut reçu comme l'est, par le parterre et les galeries, un acteur impopulaire, lorsqu'il manque de talent, ou qu'il a oublié ou refusé de satisfaire les caprices du public. Pour parler en termes plus vrais, il fut incontinent assailli de tout ce qui se présenta entre les mains de la foule. Cet animal, dans lequel le lecteur ne tardera pas à reconnaître le chien de Terre-Neuve de *Il Maledetto*, reçut ces salutations nouvelles avec beaucoup de surprise et même une certaine gaucherie; car, dans sa sphère, Neptune avait été habitué à autant de démonstrations d'amitié de la part de ceux qu'il servait si fidèlement, que tous les chiens renommés et bien nourris du couvent. Après avoir reçu une grêle de cailloux et autres projectiles, tout en mangeant avec un sang-froid qui faisait également honneur à sa dextérité et à la vigueur de ses muscles, une pierre d'un poids formidable atteignit dans le côté l'infortuné compagnon de Maso, et le fit dégringoler du théâtre. Une seconde s'était à peine écoulée, que son maître tenait le coupable à la gorge, et le serrait de façon à le faire devenir noir.

Cette malheureuse pierre avait été lancée par Conrad. Oubliant son caractère supposé, il avait pris part aux cris et aux attaques dirigés contre un chien dont il aurait dû connaître les services. On a déjà vu qu'il y avait peu d'affection entre Maso et le pèlerin ; car le premier paraissait avoir un mépris prononcé pour la profession du second, et ce petit incident n'était pas de nature à rétablir la paix entre eux.

— Toi aussi! s'écria l'Italien, qui sentit le sang lui monter au visage dès la première attaque dirigée contre son fidèle compagnon, et qui frémit de colère lorsqu'il reconnut la main du dernier assaillant. N'es-tu pas satisfait de feindre de la piété et des vertus parmi les crédules, et veux-tu feindre encore l'inimitié pour mon chien, parce que c'est l'habitude de louer les chiens de Saint-Bernard aux dépens de tout autre animal? Reptile! ne crains-tu pas le bras d'un honnête homme, lorsqu'il est levé sur toi dans une juste colère?

— Amis, Veveisans, honorables citoyens! s'écria le pèlerin, aussitôt que la main de Maso lui permit de respirer ; je suis Conrad, un pauvre pèlerin repentant : le laisserez-vous assassiner pour un chien?

Un pareil combat ne pouvait pas continuer longtemps dans un semblable lieu. D'abord l'affluence des curieux et la presse de la foule favorisèrent l'attaque du marin; mais elles lui furent ensuite contraires en l'empêchant d'échapper à ceux qui étaient spécialement chargés de maintenir la paix publique. La fureur aveuglait Maso sur les conséquences que pourrait avoir cette lutte; et, heureusement pour Conrad, les hallebardiers avancèrent jusqu'au centre de la foule, et parvinrent à l'arracher à la rage de son assaillant. *Il Maledetto* trembla à la réflexion de ce qu'il allait faire au moment où il lâcha prise, et il eût disparu aussitôt que possible, si ceux entre les mains desquels il était tombé, avaient voulu lui permettre cet acte de prudence. Alors commença une guerre de paroles comme celle qui précède et qui suit toute contestation populaire. Quand l'officier chargé de la police de cette partie de la place interrogea, vingt voix s'élevèrent pour lui répondre, non seulement se surpassant les unes les autres, mais contredisant tout ce qui était dit en forme d'explication. L'un maintenait que Conrad, non content d'avoir renversé le chien, avait attaqué indignement son maître : c'était l'aubergiste chez lequel Maso avait pris son logement, où il avait fait une dépense assez libérale pour pouvoir espérer de son hôte une charitable défense. Un autre était prêt à jurer que le chien appartenait au pèlerin, et qu'il avait l'habitude de porter sa valise ; que Maso, cédant à une vieille rancune contre le maître et le chien, avait jeté une pierre à ce dernier, et s'était vengé d'une douce remontrance du propriétaire, de la manière dont on avait été témoin : c'était le jongleur napolitain, Pippo, qui s'était attaché à Conrad depuis l'aventure de la barque, et qui était prêt à affirmer tout ce qu'on lui demandait en faveur d'un ami qui avait si grand besoin de son témoignage. Un troisième déclara que le chien appartenait véritablement à l'Italien, que la pierre avait été lancée par une personne qui était proche du pèlerin, et que ce dernier avait été injustement attaqué par Maso, qui méritait bien d'être puni pour la manière peu cérémonieuse dont il avait intercepté la respiration d'un saint homme. Ce témoin était parfaitement honnête, mais c'était un esprit vulgaire et crédule. Il attribuait l'offense primitive à un homme qui avait une mauvaise réputation, et qui était fort capable de commettre tous les péchés qu'on lui prêtait, comme ceux qu'on ne lui prêtait pas. Il avait été dupe, dans la matinée, du zèle religieux du pèlerin, circonstance qui seule l'eût empêché de croire Conrad capable d'une telle insulte, quand même il l'aurait surpris le bras levé en l'air et lançant la pierre, ce qui servait beaucoup à augmenter sa certitude que cette action avait été commise par l'individu en question ; car tous ceux qui jugent sous l'influence de propos généraux et de préjugés populaires, réunissent ordinairement tout l'odieux d'une faute sur ceux qui semblent destinés par le consentement général à servir de victime dans toutes les causes.

L'officier, après avoir entendu les trois principaux témoins et les explications confuses de ceux qui ne se prétendaient qu'à demi instruits, se trouva dans l'impossibilité de décider qui avait tort ou raison. Il en conclut donc qu'il fallait envoyer toutes les parties au corps-de-garde, y compris les témoins, pensant que c'était le meilleur moyen de rencontrer le coupable et de prévenir ceux qui porteraient témoignage à l'avenir, de ne pas se contredire les uns les autres. Au moment où cette juste sentence fut prononcée, le son de la trompette annonça l'approche d'une division des principaux acteurs, si un terme si irrévérent peut être appliqué à des hommes qui font partie d'une fête aussi renommée que celle des vendangeurs. Cette annonce donna une grande activité aux ordres de la justice, car ceux qui étaient chargés de l'exécution de ses décrets sentirent la nécessité d'être prompts, sous peine de perdre une partie intéressante du spectacle. Grâce à cette nouvelle impulsion, qui, si elle n'était pas aussi respectable, était tout aussi forte que le désir de bien faire, les perturbateurs du repos public, et même ceux qui avaient montré un caractère querelleur en s'accusant les uns les autres de mensonge, furent emmenés en corps; et le public goûta les joies du jour avec cette tranquillité que, dans ces temps périlleux de révolution et de changement, on juge si nécessaire à sa dignité, si favorable au commerce, et si commode pour ceux dont le devoir est de conserver la paix publique avec aussi peu d'inconvénients pour eux-mêmes que possible.

Une fanfare de trompettes devint le signal d'un mouvement plus général, car il annonça le commencement des cérémonies. Comme il sera plus tard nécessaire de parler des différentes déités qui furent représentées dans cette occasion, nous dirons seulement maintenant que des groupes d'acteurs vinrent alternativement sur la place, se rendant, au son de la musique, des différents points du rendez-vous au centre commun.

Les gradins commencèrent à se remplir des privilégiés, parmi lesquels beaucoup appartenaient à la haute aristocratie du canton; d'autres étaient des fonctionnaires trop élevés en dignité pour jouer d'autre rôle que celui de spectateurs complaisants. On y voyait des seigneurs de France et d'Italie, quelques voyageurs d'Angleterre (car, dans ce siècle, l'Angleterre était regardée comme une contrée éloignée, et elle n'envoyait que quelques personnages d'élite pour la représenter dans de semblables occasions), tous ceux des territoires voisins qui avaient du temps à perdre et de l'argent à dépenser, et qui par leur rang ou par leurs places avaient droit aux distinctions, ainsi que les femmes et les enfants des fonctionnaires de la ville qui étaient engagés comme acteurs dans la représentation. Vers ce temps, les différentes parties de la procession étaient rassemblées dans la place; tous les siéges de l'estrade étaient occupés, à l'exception de ceux qui étaient réservés pour le bailli et ses amis intimes.

CHAPITRE XIV.

> Un jour, les fils de l'ancienne Rome étaient
> ainsi rangés : c'était un beau coup d'œil !
> tandis que Roscius parcourait le théâtre.
> COWPER.

Le jour n'était pas encore bien avancé que toute la grande procession se trouva réunie sur la place. Quelques minutes après, le son des clairons annonça l'arrivée des autorités. Le bailli marchait en tête, bouffi de la dignité de sa place, et surveillant d'un œil vigilant l'effet que produisait sa présence sur ses administrés, tandis qu'il affectait la plus grande sympathie et un facile abandon pour les folies du moment ; car Pierre Hofmeister devait sa longue faveur dans le Burgerschaft plutôt à une surveillance exclusive de ses intérêts, surveillance qui ne sommeillait jamais, qu'à un talent particulier de rendre les hommes heureux. Près du digne bailli, car, à part la résolution inébranlable de soutenir par toutes les voies possibles l'autorité de ses maîtres, herr Hofmeister méritait l'épithète de digne homme, venaient Roger de Blonay et son ami le baron de Willading, marchant *pari passu* à côté du représentant de Berne. On aurait pu demander si le bailli était entièrement satisfait de cette solution de la question difficile d'étiquette ; car il sortit de sa porte avec un mouvement lent qui le réunit presque au signor Grimaldi, mais qui lui laissa les moyens de choisir sa route et de jeter un regard scrutateur sur la foule. Bien que le Génois occupât en apparence un rang secondaire, il n'eut point à se plaindre de son lot. Presque toutes les attentions de l'honnête Pierre lui étaient adressées, ainsi qu'une partie de ses saillies ; car le bailli avait la réputation d'un plaisant et d'un bel esprit : ce qui arrive souvent lorsqu'un magistrat ne tient point son autorité de la société qu'il gouverne, et ce qui n'arrive jamais lorsqu'elle dépend de la faveur populaire. Presque toutes ces belles choses étaient payées de retour, le seigneur génois répondant à ces politesses comme un homme habitué à être l'objet d'une attention particulière, et en même temps comme un homme qui est enchanté d'échapper, au milieu d'une cérémonie, à l'observation publique. Adelheid et une jeune personne de la maison de Blonay fermaient la marche.

Comme les fonctionnaires chargés de veiller à l'ordre avaient pris tous les moyens possibles pour éclaircir la route que le bailli devait suivre, Herr Hofmeister et ses compagnons furent bientôt assis à leurs places respectives. Le bailli, avant de s'asseoir, rendit de nombreux saluts, car aucun de ceux qui étaient en situation d'attirer ses regards ne négligea une aussi belle occasion de montrer son intimité avec un homme en place, et ses yeux s'arrêtèrent enfin sur le visage heureux du père Xavier. Se levant rapidement, le bailli donna carrière à une multitude de formalités cérémonieuses qui caractérisaient la politesse de l'époque, telles que des signes de la main, un fréquent usage du chapeau, de profondes révérences, des sourires qui semblaient partir du cœur, et une grande variété d'autres gages d'amitié et de respect. Lorsque toutes ces momeries furent terminées, il reprit sa place auprès de Melchior de Willading, avec lequel il commença la conversation suivante.

— Je ne sais pas, mon noble ami, si nous avons plus de raisons pour estimer que pour détester ces moines du mont Saint-Bernard. Ils rendent de grands services à l'humanité dans leurs montagnes ; mais ce sont des diables incarnés pour propager les abominations de Rome parmi le peuple. Le commun des fidèles n'a pas une grande habileté dans les discussions de théologie, et se trouve disposé à se laisser séduire par les apparences. Un grand nombre de misérables pensent qu'il y a de la sainteté à passer sa vie sur le sommet d'une montagne glacée, pour s'occuper à faire du bien, à nourrir ceux qui ont faim, à soigner ceux qui sont malades. Les ignorants ne sont que trop portés à croire que la religion qui conduit les hommes à de pareilles choses doit être en faveur auprès du ciel.

— Ont-ils réellement tort, mon ami, et devons-nous ravir aux moines des bénédictions qu'ils ont si justement gagnées ?

Le bailli regarda attentivement son frère le bourgeois, car c'était là l'humble titre que prenait l'aristocratie de Berne, désirant connaître la profondeur de la politique du baron avant de parler librement.

— Quoique d'un rang élevé et d'une famille dans laquelle le canton a toute confiance, je pense que depuis quelque temps vous n'avez pas souvent assisté au conseil ! répondit-il d'une manière évasive.

— Depuis les pertes cruelles que j'ai faites, et dont vous avez sans doute entendu parler, les soins que j'ai donnés au seul enfant qui me reste ont été ma plus douce et ma principale occupation. Je ne sais pas si la vue fréquente de la mort frappant des êtres si tendrement chéris a attendri mon cœur en faveur des moines augustins, mais je pense qu'ils mènent la vie la plus sainte et la plus dévouée.

— Vous avez sans doute raison, noble Melchior, et nous allons laisser voir la vénération que nous inspire leur sainteté. Holà, monsieur l'officier, rendez-nous le service de faire approcher plus près ce révérend moine de Saint-Bernard : que le peuple puisse apprendre l'estime que nous faisons de la patiente charité et de l'inépuisable bienfaisance de son ordre ! Comme vous aurez occasion de passer une nuit sous le toit du couvent, Herr Von Willading, dans votre voyage en Italie, ces attentions envers l'honnête quêteur ne seront pas perdues pour vous, si toutefois ces moines ont un respect convenable pour les usages.

Le père Xavier prit cette place d'honneur qui le rapprochait du bailli, avec une simplicité qui prouvait que dans sa pensée cet honneur était rendu plutôt à la confrérie dont il était membre, qu'à lui-même. Cette petite disposition faite, et les autres préliminaires observés, le bailli sembla satisfait de ces arrangements et de lui-même.

Le lecteur peut s'imaginer l'impatience de la foule, l'importance des maîtres de cérémonie chargés de diriger la procession, le mélange de lassitude et de curiosité des spectateurs, tandis que les parties compliquées et nombreuses d'un tel spectacle se plaçaient dans l'ordre convenu. Comme les cérémonies qui vont suivre ont un caractère particulier, et sont intimement liées avec les événements de cette histoire, nous les décrirons avec quelque détail, quoique la tâche que nous nous sommes imposée soit moins la peinture de localités, ou la description de scènes d'une antiquité réelle ou douteuse, que l'exposition d'un principe et d'une morale salutaire qu'on a toujours reconnus dans nos travaux, du moins nous aimons à nous le persuader.

Un peu avant le commencement des cérémonies, une garde d'honneur, composée de bergers, de jardiniers, de faucheurs, de vignerons, de vendangeurs, escortés de hallebardiers et conduits par la musique, avait quitté la place pour aller chercher l'abbé comme le représentant régulier de l'abbaye. Cette escorte, dont tous les personnages avaient des habits de caractère, ne fut pas longue à reparaître avec l'abbé gros et gras, propriétaire du lieu, qui, outre le costume de son état dans ces temps reculés, avait décoré son chapeau d'une plume flottante, et ses épaules d'une écharpe. Ce personnage, auquel certaines fonctions judiciaires étaient dévolues, prit un siége sur les devants du gradin, et fit signe aux officiers de continuer leurs fonctions.

Douze vendangeurs, conduits par un chef, et tous plus ou moins ornés de guirlandes de feuilles de vignes, et portant divers autres emblèmes de leur état, marchèrent en corps, chantant une chanson champêtre. Ils conduisaient deux des leurs qui avaient été jugés les plus habiles et les plus heureux dans la culture des vignes sur les côtes adjacentes. Lorsqu'ils atteignirent le milieu de l'estrade, l'abbé prononça un petit discours en l'honneur des cultivateurs en général; après quoi il s'étendit en éloges sur les candidats, deux paysans heureux, confus, et qui recevaient leur simple prix avec un cœur bien agité.

Cette cérémonie eut lieu au milieu de la joie des amis, de l'envie des rivaux, et des regards obliques et mécontents de ceux dont les sentiments étaient trop égoïstes pour prendre part aux plaisirs des autres, même dans une fête dont le but était aussi simple qu'utile. Les trompettes sonnèrent de nouveau, et l'on fit place aux arrivants.

Un corps nombreux s'avança dans un espace libre, suffisamment large et élevé, précisément en face des gradins. Lorsqu'il fut en vue de la multitude, les personnages qui le composaient se placèrent dans un ordre régulier. C'étaient les prêtres de Bacchus. Le grand prêtre marchait en avant, portant la robe des sacrifices; il avait une barbe flottante, la tête couronnée de feuilles de vignes, et chantait des couplets en l'honneur des vignerons. Sa chanson contenait aussi quelques allusions aux candidats couronnés. Ses acolytes répétaient en chœur les refrains, quoique le chef de la bande n'eût pas besoin d'autre secours que celui des poumons que lui avait accordés la nature.

Cet hymne terminé, une musique instrumentale succéda, et les compagnons de Bacchus regagnèrent la place qui leur avait été départie. Alors la procession générale s'ébranla, tournant tout autour de la place, afin de passer tout entière devant le bailli.

Le premier corps était composé du conseil de l'abbaye, et conduit par les bergers et les jardiniers. Un individu, dans un costume antique et portant une hallebarde, jouait le rôle d'un maréchal. Il était suivi par les deux vignerons couronnés, après lesquels venaient l'abbé et ses conseillers, et un groupe nombreux de bergers et de bergères, ainsi qu'un autre non moins nombreux de jardiniers et de jardinières, tous revêtus d'un costume en rapport avec les traditions de leurs états respectifs.

Le maréchal et les officiers de l'abbaye marchèrent doucement, avec la gravité et le décorum qui convenait à leur position, s'arrêtant de temps à autre pour les évolutions de ceux dont ils étaient suivis, car les acteurs commençaient à désirer ardemment de jouer leur rôle. De jeunes bergères s'avancèrent alors, revêtues de frais costumes bleus et blancs, tenant à la main leur houlette ; elles se mirent à danser en chantant des chansons dans lesquelles elles imitaient le bêlement de leurs troupeaux et tous les autres sons familiers aux pâturages élevés de ce pays. Elles furent bientôt rejointes par un nombre égal de jeunes bergers, chantant aussi leurs pastorales, charmant groupe de danseurs habitués à exercer leur art sur le sommet des Alpes; car, dans cette fête, quoique nous ayons donné à tous le nom d'acteurs, ce mot ne convient pas dans son acception littérale, puisque, à quelques exceptions près, chacun représentait l'état qui formait ses occupations journalières. Nous ne dirons rien de plus de ce groupe, sinon qu'il offrait un contraste moins frappant avec les habitudes de ceux qui gardaient les troupeaux que la réalité ne nous le montre habituellement, et que leur bruyante gaieté, leurs visages frais et leurs mouvements continuels, formaient une heureuse introduction aux danses qui allaient succéder.

Les jardiniers parurent avec leurs tabliers, portant des bêches, des râteaux, et autres instruments de leur état. Les femmes portaient sur leur tête des corbeilles de fleurs, de légumes et de fruits. Lorsqu'ils furent en face du bailli, les jeunes gens formèrent une espèce de faisceau de leurs divers instruments, et les jeunes filles déposèrent leurs corbeilles en cercle à ses pieds; puis, se prenant par la main, ils dansèrent une ronde en chantant.

Pendant tous les préparatifs de la matinée, Adelheid s'était vaguement occupée de ce qui se passait autour d'elle, comme si toutes ses pensées n'avaient plus aucun rapport aux joies de ce monde. Il est inutile de dire que son esprit était ailleurs, et qu'il était occupé de scènes bien différentes de celles qu'on offrait à ses regards. Mais lorsque le groupe de jardiniers passa en dansant, ses sentiments commencèrent à correspondre avec ceux de ces personnages si heureux, si contents des autres et d'eux-mêmes; et son père, pour la première fois depuis le matin, fut récompensé de la sollicitude avec laquelle il surveillait l'expression de son visage, par un sourire tendre et naturel.

— Voilà de la véritable gaieté, herr bailli! s'écria le baron, animé par cet encourageant sourire, comme on se sent réchauffé par un rayon du soleil lorsqu'on a été longtemps glacé par une froide température. Ces danses sont charmantes, et feront honneur à votre ville! Je m'étonne seulement que vous n'ayez pas plus souvent de ces fêtes; lorsque la joie ne coûte pas plus cher, on a tort de la refuser au peuple.

— Ce n'est pas nous qui nous y opposons, noble confrère, car nous sommes en tout un sujet soumis; mais nous aurons quelque chose de mieux que cela, ou nous perdrions notre temps. Pense-t-on à Berne que l'empereur obtiendra une nouvelle concession pour lever des troupes dans nos cantons, noble Melchior?

— J'implore votre merci, bon Peterchen; mais, avec votre permission, nous discuterons sur ces matières plus à loisir. Cela paraîtra un enfantillage à un homme habitué depuis longtemps aux affaires sérieuses; mais je confesse que ces folies commencent à m'amuser, et peuvent réclamer une heure du temps de celui qui n'a rien de mieux à faire.

Peter Hofmeister fit une exclamation de surprise; puis il examina le signor Grimaldi, qui s'abandonnait à la gaieté avec cette bonne volonté d'un homme qui sent sa supériorité et s'inquiète peu des apparences. Levant les épaules comme un homme désappointé, le bailli regarda les acteurs, afin de découvrir, s'il était possible, quelque infraction aux usages du pays qui pourrait exiger une réprimande officielle; car Hofmeister appartenait à cette classe de gouverneurs qui pèsent jusqu'à l'air que le peuple respire, dans la crainte que la quantité ou la qualité ne soit dangereuse pour un monopole qu'il est de mode aujourd'hui d'appeler principe conservateur. Pendant cet examen, les jeux continuaient.

Aussitôt que les jardiniers eurent disparu, une troupe plus imposante occupa leur place. Quatre femmes marchaient en tête, portant un autel antique décoré de devises ; elles avaient un costume emblématique et des guirlandes de fleurs sur la tête. Des jeunes gens, portant de l'encens, précédaient cet autel, qui était dédié à Flore, et la prêtresse venait ensuite, coiffée d'une mitre, et portant des fleurs. Comme toutes les autres prêtresses qui la suivaient, elle était revêtue d'un costume qui indiquait ses devoirs sacrés. La déesse était portée par quatre femmes sur un trône recouvert de fleurs, dont les festons, variés de mille couleurs, descendaient jusqu'à terre. Des faucheurs des deux sexes, aux habits gais et champêtres, succédaient ; une charrette, ployant sous une masse de plantes parfumées des Alpes, et accompagnée de femmes portant des râteaux, fermait la marche.

L'autel et le trône étant disposés dans l'arène, la prêtresse offrit le sacrifice, et chanta, avec la vigueur d'une voix des montagnes, un hymne en l'honneur de la déesse. Les faucheurs dansèrent en rond comme les jardiniers, et cette troupe brillante disparut.

— Parfaitement, beaucoup mieux que cela ne pouvait être du temps des païens ! s'écria le bailli, qui, en dépit de ses devoirs municipaux, commençait à s'amuser de ce spectacle. Ces jeux l'emportent de beaucoup sur vos carnavals de Gênes et de Lombardie, dans lesquels, pour dire la vérité, on représente fort bien de vieilles déités païennes.

— Ces admirables plaisanteries ont-elles souvent lieu dans le pays de Vaud ? demanda le baron.

— De temps en temps, lorsque l'abbaye le désire. L'honorable signor Grimaldi, qui me pardonnera s'il n'est pas mieux reçu, ce qu'il attribuera, je l'espère, non à une inexcusable négligence, mais au désir qu'il éprouve de n'être pas connu ; le signor Grimaldi, s'il daigne nous faire connaître son opinion, nous dira que le peuple n'en vaut pas moins lorsqu'il trouve l'occasion de rire. Nous en avons un exemple dans Genève, ville adonnée à des subtilités aussi ingénieuses et aussi compliquées que les rouages de ses montres. Il n'y a jamais de fêtes sans qu'il s'élève des discussions et des raisonnements, deux ingrédients aussi funestes dans les réjouissances publiques qu'un schisme dans une religion, ou deux volontés dans un ménage. Il n'y a pas dans cette ville un fripon qui ne s'imagine valoir mieux que Calvin, et il y en a beaucoup qui croient que, s'ils ne sont pas cardinaux, c'est simplement parce que l'église réformée n'aime pas les jambes enfermées dans des bas rouges. Par la parole d'un bailli, je ne voudrais pas être gouverneur d'une telle ville, même avec l'espérance de devenir un jour avoyer de Berne. Ici c'est différent : nous jouons nos rôles de dieux et de déesses comme des gens raisonnables ; et, quand tout est fini, nous retournons presser nos grappes et compter nos troupeaux, comme de fidèles sujets du grand canton. Tout cela n'est-il pas juste, baron de Blonay ?

Roger de Blonay se mordit les lèvres, car ses ancêtres existaient depuis mille ans dans le comté de Vaud, et cette allusion sur la tranquillité avec laquelle ses compatriotes se soumettaient à une domination étrangère, ne lui plaisait pas beaucoup. Il s'inclina froidement en signe d'acquiescement, pensant qu'il n'était pas nécessaire de faire une réponse verbale.

— Voilà d'autres cérémonies qui réclament notre attention, dit Melchior de Willading, connaissant assez les opinions de son ami pour comprendre son silence.

Le premier groupe qui s'approcha était composé de ceux qui vivent du produit de la laiterie. Deux vachers conduisaient leurs vaches, et le son monotone de deux lourdes clochettes formait un accompagnement champêtre à la musique qui se faisait entendre régulièrement à l'arrivée de chaque troupe. Un groupe de jeunes laitières, et de ces montagnards qui gardent les troupeaux dans les pâturages élevés, précédait une charrette chargée de tous les ustensiles de leur état. Dans cette petite procession, aucun détail n'avait été oublié. Le petit escabeau était attaché à la ceinture du vacher ; un autre tenait dans sa main un seau d'une forme toute particulière, tandis qu'un troisième portait sur son dos ce vase de bois large et profond qui sert à porter le lait à travers les précipices jusqu'aux châlets.

Lorsque cette troupe eut atteint le milieu de l'arène, les hommes commencèrent à traire les vaches, les filles à placer en ordre les différents produits de la laiterie, et tous s'unirent en chœur pour chanter le ranz des vaches du district. On croit généralement, mais c'est une erreur, qu'il existe un air particulier connu sous ce nom dans toute la Suisse, tandis que presque chaque canton a sa chanson des montagnes, dont l'air varie ainsi que les paroles, nous pourrions ajouter, ainsi que l'idiome. Le ranz des vaches du pays de Vaud est dans le patois du pays, dialecte qui est composé de grec, de latin, mêlé de celtique. Ainsi que notre air national qui fut d'abord chanté par plaisanterie, et que, grâce à des faits glorieux, nous chantons maintenant avec orgueil, ce chant serait trop long pour être offert en entier au lecteur: nous lui donnerons cependant un couplet de cette chanson que les Suisses ont rendue si célèbre par leur amour pour leur pays, et qui souvent a porté le montagnard, engagé au service étranger, à abandonner un étendard mercenaire et le fracas des villes, pour retrouver les scènes magnifiques de la nature, qui tourmentaient son imagination toujours dirigée vers ces objets et embellissaient ses rêves. On s'apercevra promptement que le pouvoir de cette chanson consiste principalement dans les souvenirs qu'elle fait naître, en rappelant les simples charmes de la vie champêtre, et en ravivant l'indélébile sensation produite par la nature, lorsqu'elle donne à un pays cette majesté qui distingue la Suisse.

> Lé zarmailli dei colombetté
> Dé bon matin se san léha.
>
> (Refrain.)
>
> Ha! ah! ah! ah!
> Liauba! Liauba! por aria.
> Vénidé toté
> Bllantz' et naire,
> Rodz et motaile,
> Dzjouvan' et étro
> Dezo on tzehano;
> Io vo z' ario
> Dezo on triembllo,
> Io je triudzo,
> Liauba! Liauba! por aria [1].

La musique des montagnes a quelque chose de particulier et de sauvage; elle a probablement reçu ses inspirations de la grandeur des objets qui l'entourent. La plupart des sons participent

---

1. Les vaches des Alpes se lèvent de bonne heure.
(Refrain.)
Ah! ah! ah! ah! Liauba, Liauba, il faut traire le lait. Venez, vaches blanches ou noires, rouges ou bigarrées, jeunes et vieilles, je vais vous traire sous ce chêne; je vais vous traire sous ce peuplier.

du bruit des échos; ce sont des notes élevées mais fausses, telles que les sons que les rocs renvoient aux vallées quand la voix s'élève au-dessus de sa clef naturelle, afin d'atteindre les cavernes et les sauvages retraites de précipices inaccessibles. Des sons semblables rappellent promptement à l'esprit les vallons, les montagnes, la magnificence parmi laquelle ils furent primitivement entendus; et puis, par une irrésistible impulsion, le cœur met au rang de ses plus fortes sympathies celles qui sont mêlées aux souvenirs délicieux de notre enfance.

Les gardeurs de troupeaux et les laitières n'eurent pas plus tôt prononcé les premières notes de leur chanson magique, qu'un calme profond régna dans l'assemblée; puis, à mesure que les paroles du chœur se firent entendre, les spectateurs les répétèrent comme des échos; et, avant que les sauvages intonations qui accompagnent le mot *Liauba! Liauba!* pussent être répétées, mille voix s'élevèrent simultanément comme si elles eussent voulu envoyer aux montagnes environnantes les salutations de leurs enfants. Dès cet instant le ranz des vaches fut comme un de ces élans d'enthousiasme, qui forment un des plus forts anneaux de la chaîne sociale, et qui sont capables de rappeler au cœur de celui qui fut endurci par le vice et par le crime un des plus purs sentiments de la nature.

Les derniers sons moururent au milieu des applaudissements; les gardeurs de troupeaux et les laitières réunirent leurs différents instruments, et reprirent leur marche au son mélancolique des clochettes, qui formaient un profond contraste avec le bruit des chants qui avaient rempli l'air.

A ces derniers succédèrent les adorateurs de Cérès, avec l'autel et les prêtresses; la déesse était sur un trône, comme nous l'avons déjà décrit pour Flore. Des cornes d'abondance ornaient le siége de la divinité, et le dais était couvert des dons de l'automne. Le tout était surmonté d'une gerbe de blé. La déesse avait pour sceptre une faucille; et une tiare, composée d'épis, ornait son front. Les moissonneurs la suivaient portant les emblèmes de la saison de l'abondance, et des glaneurs fermaient la marche. Ils chantèrent les louanges de la bienfaisante déesse de l'automne, et dansèrent en rond comme les adorateurs de la divinité des fleurs. Les batteurs agitèrent leurs fléaux, et toute la bande disparut.

Après cette troupe, on vit arriver le grand étendard de l'abbayé, et les vendangeurs, objets réels de la fête. Ceux qui labourent au printemps ouvraient la marche; les hommes portaient des pieux, des bêches; les femmes, des paniers pour contenir le produit des vignes. Puis venait un groupe portant des hottes chargées de raisin noir et blanc d'une grande beauté, et des jeunes gens soutenant sur leurs têtes des douves sur lesquelles étaient rangés tous les divers ustensiles, en miniature, dont on fait usage pour la culture de la vigne, et les vaisseaux divers qui reçoivent le jus de la treille. Un grand nombre d'hommes, portant la forge qui fabrique ces différents instruments, terminait cette procession. Ils eurent aussi leurs chansons et leur danse, et tout disparut à un signal donné par la musique de Bacchus. Comme nous touchons à la partie la plus soignée de la représentation, nous saisissons ce moment d'intervalle nécessaire à tout spectacle, afin de respirer nous-mêmes.

CHAPITRE XV.

> Oh, mur, mur chéri, qui sépare la maison de son père de la mienne! mur charmant! que je voudrais revoir tes crevasses, pour y placer encore mon œil curieux.
>
> *Songe d'une nuit d'été.*

— Sur ma vie, cela va fort bien, frère Pierre, s'écria le baron de Willading en suivant les vendangeurs dans leur retraite. Si nous en avons beaucoup encore dans ce genre, j'oublierai la dignité du Burgerschaft, et je deviendrai acteur comme les autres, au risque de perdre ma réputation de sagesse.

— Il vaut mieux dire cela entre nous que de le mettre à exécution devant des yeux vulgaires, honorable Melchior. Si ces Vaudois pouvaient se vanter qu'un noble aussi estimé dans Berne s'est ainsi oublié devant eux, cela produirait un fort mauvais effet!

— Pas du tout! Ne sommes-nous pas ici pour être gais, pour rire, et faire toutes les folies qui nous passeront par la tête? Fais trêve à ta défiance officielle et à ta surabondance de dignité, honnête Peterchen, — tel était le nom familier sous lequel le digne bailli était le plus connu de ses amis. — Que la langue réponde librement au cœur, et amusons-nous comme nous l'avons fait une fois ensemble, longtemps avant qu'on te jugeât digne des fonctions que tu remplis.

— Le signor Grimaldi sera juge entre nous : je maintiens que ceux qui remplissent de hautes fonctions doivent savoir se contraindre.

— Je déciderai lorsque les acteurs auront terminé leur rôle, répondit le Génois en souriant. Voici un personnage à qui tous les vieux soldats rendent hommage ; nous ne pouvons manquer de respect en sa présence, et discuter sur une petite différence de goût.

Peter Hofmeister n'était pas un médiocre buveur ; et, comme l'arrivée du dieu de la treille était annoncée par une vingtaine d'instruments faisant un vacarme qui n'était tolérable que sous la voûte des cieux, il fut obligé de réserver ses opinions pour un autre moment. Après les musiciens et une troupe de serviteurs de l'abbaye, car on rendait de grands honneurs à la divinité rubiconde, parurent trois prêtres, dont l'un traînait une chèvre aux cornes dorées, tandis que les deux autres portaient le couteau et la hache. Ils étaient suivis de l'autel orné de vignes, de ceux qui portaient l'encens, et du grand-prêtre de Bacchus, qui ouvrait le chemin au jeune dieu lui-même. Bacchus était assis sur un tonneau, la tête couronnée de grappes de raisin, tenant une coupe d'une main et un thyrse de l'autre. Quatre Nubiens le portaient sur leurs épaules, tandis que d'autres élevaient un dais au-dessus de sa tête ; des faunes, revêtus de peaux de tigre, dansaient autour de lui, et vingt bacchantes légères et riantes agitaient en mesure leurs instruments derrière la divinité.

Un rire général accueillit le vieux Silène monté sur un âne et soutenu par deux noirs. L'outre à demi pleine qui était à ses côtés, le rire hagard, le regard dissolu, la langue pendante, les lèvres gonflées et la contenance idiote du personnage, donnaient à penser que le soutien qu'on lui accordait était ce qu'il y avait de plus vrai dans ce spectacle. Deux jeunes gens s'avançaient ensuite, portant un bâton chargé de ceps dont les raisins descendaient presque jusqu'à terre, ce qui représentait le fruit apporté de Canaan par les messagers de Josué. Une énorme machine, qu'on appelait l'Arche de Noé, terminait la procession. Elle contenait un pressoir, sur lequel des vendangeurs foulaient des grappes; on y voyait aussi la famille de ce second père du genre humain; elle laissait sur son passage, dans les sillons de ses roues, des traces de la liqueur généreuse.

Le sacrifice eut lieu, ainsi que le chant, les danses, comme dans la plupart des scènes précédentes; et une bacchanale termina ce spectacle. Les trompettes sonnèrent et la procession se retira dans le même ordre qu'à son arrivée.

Peter Hofmeister se ralentit un peu de sa réserve politique en contemplant ces jeux en l'honneur d'une divinité à laquelle il rendait lui-même si habituellement hommage; car il était fort rare que cet important fonctionnaire, qui aurait pu être appelé un doctrinaire dans son genre, livrât ses sens au sommeil sans les avoir rafraîchis dans le jus des montagnes voisines : habitude qui était beaucoup plus générale alors parmi les gens de sa classe, qu'à notre époque, qui semble devenir éminemment celle de la sobriété.

— Cela est fort naturel, observa le bailli d'un air content, tandis que les faunes et les bacchantes dansaient et exécutaient leur rôle classique avec plus d'agilité et de zèle que de grâce. Cela ressemble à l'inspiration du bon vin, seigneur génois; et, si l'on pouvait savoir la vérité, on verrait que le coquin qui joue le rôle de ce gros personnage sur son âne, — comment appelez-vous ce fripon, noble Melchior?

— Ma foi, bailli, je ne suis pas plus savant que toi; c'est certainement un coquin qui n'aurait jamais pu jouer son rôle avec tant de vérité, s'il n'avait été aidé par l'outre qui est près de lui.

— Il faudra demander quel est cet homme, afin de le recommander aux religieux de l'abbaye. Les plus habiles gouvernants ont, pour réussir, deux grands moyens dont ils usent avec discrétion, baron de Willading; c'est la crainte et la flatterie, et Berne n'a aucun serviteur plus prompt à employer tous les deux qu'un de ses pauvres baillis que le monde ne juge pas encore comme il le mérite, s'il faut dire la vérité : mais il est convenable de louer ces braves gens de l'abbaye suivant leurs exploits. Ecoute ici, maître hallebardier; tu es de Vevey, je suppose, et un bon citoyen, ou mes yeux nous font injure à tous deux.

— Je suis en effet Veveisan, monsieur le bailli, et je suis bien connu parmi les artisans de la ville.

— En vérité cela est visible, en dépit de ta hallebarde. Tu connais sans doute tous les personnages de ces jeux ? pourrais-tu m'apprendre le nom et l'état de celui qui vient de passer sur un âne, celui qui a si naturellement représenté l'ivrogne ? Son nom m'est sorti de la mémoire pour le moment, mais je n'oublierai jamais la manière dont il a joué son rôle.

— Dieu vous bénisse, digne bailli, c'est Antoine Giraud, le gros boucher de la tour de Peil, et l'on ne peut trouver un meilleur buveur dans tout le pays de Vaud ! Je ne suis pas surpris qu'il ait joué son rôle si naturellement ; car, tandis que les autres ont eu besoin de feuilleter les livres, ou d'aller consulter le maître d'école, Antoine n'avait pas autre chose à faire que de puiser dans l'outre qui était à ses côtés. Lorsque les représentants de l'abbaye manifestaient la crainte qu'il ne troublât la cérémonie, il leur répondit de ne pas s'inquiéter de lui, que tous les coups qu'il avalerait seraient en l'honneur de la représentation ; et il jura par la foi de Calvin qu'il y aurait plus de vérité dans sa manière de jouer que dans celle de tout autre.

— Sur ma vie ! cet Antoine Giraud a de la gaieté aussi bien que de la verve ! Voulez-vous regarder dans le programme qu'on vous a donné, belle Adelheid, afin d'être certaine que cet artisan ne nous a pas trompés ? Nous autres fonctionnaires, nous ne devons pas croire trop légèrement à la parole d'un Veveysan.

— Je crains que cela ne soit inutile, monsieur le bailli, puisque les personnages représentés, et non les noms des acteurs, sont écrits sur la liste ; l'homme en question représente Silène, je crois, si j'en juge à son apparence et à son entourage.

— Comme vous voudrez. Silène lui-même n'aurait pas mieux joué son rôle que cet Antoine Giraud. Il gagnerait de l'or comme de l'eau à la cour de l'empereur, s'il s'avisait d'y aller jouer la comédie. Je suis persuadé qu'il ferait un Pluton ou une Minerve avec autant de talent qu'il contrefait ce coquin de Silène.

L'admiration de l'honnête Peter Hofmeister, qui, pour dire la vérité, n'avait pas de grandes connaissances en mythologie, excita un sourire sur les lèvres de la belle fille du baron, et elle regarda Sigismond, vers lequel tendaient toutes ses sympathies, soit de joie, soit de chagrin. Mais la tête penchée du jeune homme, son attention et son attitude de statue, lui prouvèrent qu'un plus puissant intérêt attirait ses regards vers un groupe voisin. Quoique ignorant la cause de cette abstraction, Adelheid oublia à l'instant le bailli et son étrange érudition, dans le désir d'examiner ceux qui s'approchaient.

La partie la plus classique des cérémonies s'observait alors méthodiquement. Le conseil de l'abbaye avait eu l'intention de terminer ce spectacle d'une manière plus intelligible pour la masse des spectateurs que ce qui venait d'être représenté, puisque cela s'adressait aux sympathies et aux habitudes des différents peuples dans toutes les conditions de la société. C'était ce spectacle qui captivait toute l'attention de Sigismond; on l'appelait la procession des noces; et elle s'avançait lentement pour occuper l'espace laissé vacant par la retraite d'Antoine Giraud et de ses compagnons.

Comme à l'ordinaire, la musique marchait en tête, jouant un air vif depuis longtemps en usage dans les fêtes de l'hymen. Le seigneur du manoir, ou, comme on appelait alors un tel personnage, le baron, ouvrait la marche avec sa femme, revêtus l'un et l'autre des riches costumes du temps. Six couples déjà mariés, et représentant le bonheur dans la vie conjugale, suivaient le noble baron et sa moitié; on voyait parmi eux des époux à la fleur de l'âge, et d'autres déjà plus avancés dans la carrière du mariage, car la mère portait dans ses bras un enfant à la mamelle. On voyait ensuite une portion de maison représentant l'intérieur de l'économie domestique; elle avait sa cuisine, ses ustensiles, et la plupart des objets qui composent le mobilier d'un humble ménage. Dans l'intérieur de cette maison, une femme tournait le rouet, et une autre était occupée à faire le pain. Un notaire portait un registre sous son bras, son chapeau d'une main, et, revêtu d'un costume exagéré de sa profession, était placé derrière les deux ménagères industrieuses. Il fut salué par un rire général, car les spectateurs montraient un goût particulier pour cette caricature. Mais ce subit accès de gaieté fit promptement place à la curiosité qu'excitaient la fiancée et son futur mari, placés l'un et l'autre près de l'homme de loi. On savait que les deux personnes n'étaient point acteurs simulés, mais que l'abbaye avait cherché un couple qui consentît à accomplir les cérémonies du mariage à l'occasion de ce grand jubilé, afin de lui prêter une apparence plus réelle de cette joie naturelle qui est l'ornement de toute fête. Une telle recherche avait excité une grande curiosité dans tous les environs de Vevey; beaucoup de conditions avaient été proclamées comme nécessaires aux candidats : telles que la beauté, la modestie, la vertu dans la femme, et dans le jeune homme toutes les qualités nécessaires au bonheur d'une telle fiancée.

Les Veveysans avaient fait beaucoup de perquisitions pour connaître les noms des deux personnes qui avaient été choisies pour remplir ce rôle grave et important, dans lequel il devait entrer encore plus de fidélité que dans celui de Silène lui-même ; mais les agents de l'abbaye avaient pris un si grand soin de cacher leurs démarches, que, jusqu'au moment où le mystère ne fut plus utile, le public resta dans une ignorance complète sur le nom de ceux qui avaient été choisis. Il était si commun de faire des mariages de ce genre dans des occasions de réjouissances publiques, et les mariages de convenance, comme on les appelle à juste titre, entraient à un tel point dans les habitudes de l'Europe, que l'opinion n'aurait pas été par trop scandalisée si l'on avait su que ce couple ne s'était pas vu deux fois avant de se résoudre à recevoir la bénédiction nuptiale au son des tambours et des trompettes.

Cependant il était plus ordinaire de consulter les inclinations des parties, car cela donnait plus d'intérêt à la cérémonie ; on supposait d'ailleurs que ces couples étaient dotés par les riches et les puissants, et qu'on mariait ainsi ceux que la pauvreté ou d'autres circonstances malheureuses auraient retenus dans le célibat. On parlait d'un père inexorable et qui avait cédé plutôt au désir des grands qu'à l'envie d'embellir une fête publique. De nos jours encore, avec combien d'impatience des milliers de cœurs attendent l'arrivée de quelque joyeuse cérémonie qui doit ouvrir les portes d'une prison aux détenus pour dettes ou pour délits politiques, ou celles de l'hymen à ceux qui ne possèdent pour toutes richesses que de l'affection et de la constance !

Un murmure général trahit l'intérêt des spectateurs, lorsque les principaux et réels acteurs de cette cérémonie approchèrent. Adelheid sentit ses joues s'animer, et son cœur compatissant battre d'émotion, lorsqu'elle jeta les yeux sur ce couple qu'elle supposait avoir été séparé jusqu'alors par sa mauvaise fortune, et qui bravait la curiosité publique pour recevoir la récompense de sa constance. Cette sympathie, qui avait alors quelque chose de vague, devint plus profonde lorsque Adelheid eut jeté un regard sur la future. Le maintien modeste, l'œil abattu et la respiration difficile de cette jeune fille, dont les charmes étaient supérieurs à ceux qui distinguent ordinairement les beautés champêtres dans un pays où les femmes ne sont pas exemptées des travaux des champs, tout en elle éveilla l'intérêt de tous ceux qui la contemplèrent; et, par une promptitude instinctive, la dame de Willading porta ses regards sur le futur, afin de voir si celle qui était si séduisante avait été heureuse dans son choix. Quant à son âge, ses avantages personnels, et, suivant toute apparence, sa position dans la vie, on n'apercevait aucun contraste, bien qu'Adelheid s'imaginât que le maintien de la jeune fille annonçait une meilleure éducation que celle de son compagnon. Elle attribua néanmoins cette différence à la plus grande timidité des femmes, et à la plus grande aptitude avec laquelle elles reçoivent les premières impressions de morale et de raison dans un âge qui touche de si près à l'enfance.

— Elle est belle, dit Adelheid à voix basse, en penchant doucement sa tête vers Sigismond; elle mérite son bonheur.

— Elle est bonne, et mériterait au contraire un autre sort, répondit Sigismond respirant à peine.

Adelheid frémit; elle leva les yeux, et s'aperçut du tremblement qui agitait son amant, bien qu'il s'efforçât de le cacher. L'attention de ceux qui les entouraient, entièrement captivée par le spectacle, leur permit un instant d'entretien sans être remarqués.

— Sigismond, c'est votre sœur!
— C'est ainsi que Dieu l'abandonne.
— Comment a-t-on pu choisir une occasion aussi publique pour marier une jeune fille si belle, si modeste?
— La fille de Balthazar ne doit pas être difficile. De l'or, les intérêts de l'abbaye, et le fol éclat de ce sot spectacle, voilà les moyens dont mon père s'est servi pour faire accepter sa fille à ce mercenaire qui a marchandé comme un juif dans cette affaire, et qui entre autres conditions a exigé que le nom de sa femme ne serait jamais révélé. Ne sommes-nous pas honorés par une liaison qui nous répudie même avant d'être formée!

Le rire creux du jeune homme fit tressaillir Adelheid, et elle interrompit ce pénible dialogue pour le reprendre dans une occasion plus favorable. Pendant ce temps la procession s'était avancée près de l'estrade où les autres acteurs avaient déjà joué leur rôle.

Une douzaine de laquais et autant de femmes de chambre

accompagnaient le couple qui allait prononcer le serment sacré.
Derrière eux on portait le trousseau et la corbeille; la corbeille
qu'on croit assez généralement être en rapport avec la passion du
futur. Dans cette occasion le trousseau considérable, qui supposait une grande libéralité ainsi que de la fortune du côté des
parents d'une fiancée qui consentait ainsi à accomplir en public
une cérémonie si sainte, causa une surprise générale, tandis que
de l'autre côté une seule chaine d'or assez commune formait tous
les cadeaux du futur. Cette différence entre la générosité des
parents de la fiancée et celle du futur, qui, suivant toute apparence, avait les meilleures raisons de montrer sa joie, ne manqua
pas de donner lieu à de grands commentaires.

Ces commentaires finirent, comme ils finissent tous, par une
prévention contre le plus faible. La conclusion générale fut
assez peu charitable pour supposer qu'une fille ainsi dotée devait
avoir quelque désavantage particulier : sans cela, il y eût eu plus
d'égalité entre les dons ; conséquence qui avait quelque vérité,
mais qui était cruellement injuste envers la modeste jeune fille
qui en était l'objet.

Tandis que les spectateurs se livraient à de semblables conjectures, les acteurs de la cérémonie commencèrent leurs danses,
qui se distinguaient par la politesse de formes, qui était celles du
siècle. Les chansons qui succédèrent furent en l'honneur de
l'hymen et de ses adorateurs, et on chanta en chœur des couplets qui portaient aux nues les vertus et la beauté de la fiancée.
Un ramoneur parut à la cheminée, poussant ses cris ordinaires,
et pour faire une allusion plus complète aux occupations d'un
ménage; puis tous ces personnages disparurent promptement
comme ceux qui les avaient précédés. Une troupe de hallebardiers ferma la marche.

Le spectacle qui devait être représenté devant l'estrade était
terminé momentanément, et les différents groupes se rendirent
dans diverses parties de la ville, où les cérémonies devaient être
répétées pour ceux qui, en raison de la foule, n'avaient pu voir
ce qui se passait dans la place. La plupart des seigneurs quittèrent leurs siéges, et allèrent prendre un peu d'exercice. Le
bailli et ses amis furent au nombre de ceux qui quittèrent la
place, et qui se promenèrent sur le rivage du lac, causant gaiement
et plaisantant sur ce qu'ils venaient de voir.

Le bailli entra bientôt dans une profonde discussion sur la

nature de ces jeux, pendant laquelle le signor Grimaldi montra un malin plaisir à exposer aux yeux de tous la confusion qui régnait dans la tête du dogmatique Peter, touchant l'histoire sacrée ou profane. Adelheid elle-même se vit forcée de rire au commencement de ce curieux examen; mais ses pensées ne furent pas longtemps éloignées d'un autre objet qui lui inspirait un plus tendre intérêt. Sigismond marchait près d'elle d'un air pensif, et elle profita de l'attention que ses amis donnaient à la conversation du bailli, pour renouveler l'entretien qu'elle avait eu avec Sigismond pendant le spectacle.

— J'espère que votre belle et modeste sœur n'aura jamais lieu de se repentir de son choix, dit-elle en ralentissant le pas, et se trouvant ainsi à quelque distance du reste de la société. Une jeune fille doit faire une terrible violence à ses sentiments pour se laisser traîner en public dans la circonstance la plus solennelle de sa vie, celle où elle prononce un serment inviolable !

— Pauvre Christine! son sort depuis son enfance est digne de pitié. On ne pourrait trouver une femme plus douce, plus timide, plus sensible qu'elle; et cependant, de quelque côté qu'elle tourne ses regards, elle ne rencontre que des préjugés et des opinions qui lui sont contraires; il y a de quoi la rendre folle. Il est peut-être malheureux de manquer d'instruction, Adelheid, et d'être destiné à passer sa vie dans les ténèbres de l'ignorance, soumis à l'empire des passions brutales; mais est-ce un bien d'avoir l'esprit élevé au-dessus de la tâche qu'un monde égoïste et cruel nous impose si fréquemment ?

— Vous me parliez de votre excellente sœur ?

— Vous la jugez bien : Christine est douce, modeste; plus encore, elle est soumise; mais que peut la soumission elle-même contre de telles calamités ? Désirant éviter des humiliations à sa famille, mon père fit élever ma sœur ainsi que moi hors de la maison paternelle; elle fut confiée secrètement à des étrangers, et elle resta longtemps, trop longtemps peut-être, dans l'ignorance du sang auquel elle appartient. Lorsque la fierté maternelle conduisit ma mère à rechercher la société de sa fille, l'esprit de Christine était en quelque sorte formé, et elle eut l'humiliation d'apprendre qu'elle appartenait à une famille proscrite. Son caractère facile se réconcilia bientôt cependant avec la vérité, du moins autant que l'observation de ses parents pouvait le pénétrer; et, depuis le moment de la première agonie, personne ne l'a entendue murmurer contre ce triste décret de la Providence. La résignation de cette charmante fille est un reproche pour mes emportements; car, Adelheid, je ne puis pas vous cacher la vérité; j'ai maudit tout ce que j'osais réunir dans mes terribles imprécations, lorsque je connus cet obstacle à mes espérances ! Plus encore, j'ai accusé mon père d'injustice, de ne point m'avoir élevé à côté du billot, afin que je pusse concevoir une fierté sauvage de ce qui empoisonnait mon existence. Il n'en fut pas ainsi de Christine; elle a toujours répondu avec chaleur à l'affection de nos parents; elle les aime comme une fille doit aimer les auteurs de ses jours, tandis que je crains d'avoir dédaigné ce que j'aurais dû chérir. Notre origine est une malédiction proférée par les lois injustes de notre pays, et cette injustice ne doit point être attribuée à nos parents, du moins à ceux qui vivent aujourd'hui. Tel a toujours été le langage de ma pauvre sœur, lorsque nous causions du sacrifice que nos parents avaient fait de leur affection paternelle, en nous élevant loin de chez eux. Je voudrais pouvoir imiter sa raisonnable résignation.

— Cette résignation de ta sœur est celle des femmes, Sigismond; la tendresse de leur cœur l'emporte sur leur orgueil, et cela est juste.

— Je ne le nie pas, elle a raison; mais la faute que mes parents ont commise en me faisant élever loin de la maison paternelle, m'a privé pour jamais de sympathiser avec eux. C'est une erreur d'établir ainsi des distinctions entre nos habitudes et nos affections. Mais les hommes ne peuvent pas ployer leur esprit comme on ploie une baguette, ou accomplir avec la facilité des femmes...

— Leur devoir? dit Adelheid d'un ton grave, observant que Sigismond hésitait.

— Leur devoir, si vous voulez. Ce mot est d'un grand poids pour votre sexe, et je ne dis pas qu'il ne devrait pas en être de même avec le mien.

— Il est impossible que vous n'ayez pas d'affection pour votre père, Sigismond; la manière dont vous vous êtes exposé pour sauver sa vie pendant la tempête dément vos propres paroles.

— J'ai pour lui une affection naturelle : et cependant, Adelheid, n'est-il pas horrible de ne pas pouvoir respecter, de ne pas aimer profondément ceux qui nous ont donné la vie? En cela, Christine est bien plus heureuse que moi, avantage qu'elle doit, j'en suis sûr, à la vie plus simple, et à l'intimité plus tendre qui unit les femmes. Je suis le fils d'un bourreau ; cette affreuse vérité n'est jamais absente de ma pensée lorsque je reviens chez mes parents, et au milieu de ces scènes domestiques dans lesquelles je serais si heureux de trouver du plaisir. Balthazar a cru me rendre un service en me faisant élever dans des habitudes si différentes des siennes ; mais, pour compléter cet ouvrage, le voile n'aurait jamais dû être soulevé !

Adelheid garda le silence. Quoiqu'elle conçût les sentiments qui guidaient un homme élevé si différemment de ceux à qui il devait la naissance, elle n'approuvait pas toutes les réflexions qui pouvaient altérer le respect d'un enfant pour ses parents.

— Un cœur comme le vôtre, Sigismond, dit-elle enfin, ne peut pas haïr sa mère !

— Vous me rendez justice. Mes paroles ont mal reproduit mes pensées, si je vous ai laissé une telle impression. Dans des moments plus calmes, je n'ai jamais regardé ma naissance que comme un malheur, et mon éducation que comme une raison de plus pour respecter et aimer mes parents, quoiqu'elle m'empêche sous quelques rapports de sympathiser avec eux. Christine elle-même n'est pas plus sincère, plus affectionnée que ma mère. Il est nécessaire, Adelheid, de voir et de connaître cette excellente femme, pour comprendre combien les usages du monde sont injustes à son égard.

— Nous ne parlerons maintenant que de votre sœur. A-t-elle été fiancée sans son consentement, Sigismond ?

— J'espère que non ; Christine est douce ; et cependant, quoique ni parole ni regard ne trahisse ce qu'elle éprouve, elle sent comme moi le fardeau qui nous oppresse. Elle s'est habituée depuis longtemps à ne juger de ses qualités qu'à travers le prisme mélancolique de sa position, et elle évalue trop peu ses excellentes qualités. Beaucoup de choses dans cette vie dépendent de nos habitudes et de l'estime que nous faisons de nous-mêmes, Adelheid ; car celui qui est préparé à admettre son peu de valeur devant les hommes, se familiarisera bientôt avec une position au-dessus de ses justes prétentions, et finira peut-être par être ce qu'il craignait. Telles ont été les conséquences de l'aveu qui révéla à Christine sa naissance. Il y a pour elle une grande générosité à passer sur ce désavantage, et elle a doué le jeune homme capable d'un tel acte de courage de mille heureuses qualités qui n'existent, je le crains, que dans son imagination exaltée.

— C'est une des sciences les plus difficiles pour les hommes, répondit Adelheid en souriant, que la juste appréciation de nous-mêmes. S'il y a du danger à nous évaluer trop bas, il y en a aussi à nous placer trop haut, quoique je comprenne parfaitement la différence que vous faites entre une vanité vulgaire et ce respect pour soi-même, qui, sous quelque rapport, est nécessaire pour réussir dans le monde.

—Adelheid, celle qui n'a jamais ressenti le mépris du monde ne peut pas savoir combien le respect et l'estime sont nécessaires à ceux qui en sont privés. Ma sœur est depuis si longtemps habituée à réprimer toute espérance d'avenir, que le consentement de ce jeune homme suffit pour gagner son estime. Je ne puis pas dire que je le pense, puisque Christine sera bientôt sa femme ; mais je dirai que je crains que ce choix d'une personne que le monde persécute lui a donné à ses yeux une valeur qu'il ne mérite pas réellement.

—Vous ne paraissez pas approuver le choix de votre sœur ?

— Je connais les détails de ce dégoûtant marché, mieux que cette pauvre Christine, reprit Sigismond en parlant bas, comme pour réprimer son émotion. Je fus témoin des demandes exagérées élevées d'un côté, et des humiliantes concessions faites de l'autre. L'argent même ne put acheter cette alliance pour la fille de Balthazar, sans la condition expresse que la tache de sa naissance serait à jamais cachée.

Adelheid s'aperçut, à la sueur froide qui ruisselait sur le front de Sigismond, combien ses souffrances étaient cruelles, et elle chercha aussitôt à reporter ses pensées sur un sujet moins accablant. Avec la présence d'esprit et la sensibilité d'une femme qui aime tendrement, elle trouva les moyens d'effectuer ce charitable dessein sans alarmer de nouveau la fierté du jeune homme. Elle réussit à le calmer ; et, lorsqu'ils rejoignirent leur société, le maintien de celui-ci avait repris cette froideur et cette dignité dans lesquelles il cherchait un refuge contre les chagrins qui flétrissaient ses espérances, et qui souvent lui faisaient de la vie un fardeau presque impossible à supporter.

CHAPITRE XVI.

> Venez promptement, bon André; je reconduirai vos chrétiens. Pourquoi cette surprise? Ne suis-je pas un homme? Mes simples traits vous effraient-ils?
>
> SHAKSPEARE. *Comme il vous plaira.*

TANDIS que les mascarades que nous venons de décrire continuaient sur la grande place, Maso, Pippo, Conrad, et tous ceux qui se trouvaient compromis dans le tumulte qu'avait fait naître l'affaire du chien, rongeaient leur frein dans les murs de la maison d'arrêt. Vevey renferme plusieurs places; et les cérémonies variées des dieux et des demi-dieux devaient être répétées même sur les plus petites. Une de ces dernières se trouve devant l'Hôtel-de-Ville et la prison. Les coupables en question avaient été sur-le-champ transférés à la geôle, sur les ordres de l'officier chargé de la police. Par un acte de bonté, bien approprié au jour et au genre de l'offense, on permit aux prisonniers d'occuper une partie de l'édifice dont la vue donnait sur la place; ils ne furent pas ainsi tout à fait exclus de la joie générale. Cette faveur avait pour condition qu'ils cesseraient toute dispute, et se conduiraient de manière à ne plus troubler un spectacle qui était l'objet de l'orgueil de tous les Veveysans. Tous les prisonniers, les innocents aussi bien que les coupables, souscrivirent avec joie à cet arrangement; car ils se trouvaient dans un lieu où tout argument sur le mérite personnel ne pouvait être admis; d'ailleurs le meilleur des niveaux est une commune infortune.

La colère de Maso, que la chaleur de son sang rendait soudaine et violente, se changea bientôt en une tranquillité qui était probablement plus en rapport avec son éducation et ses sentiments, points sur lesquels il était bien supérieur à son antagoniste. Le mépris effaça bien vite toute trace de ressentiment; et, quoiqu'il fût trop habitué à de rudes contacts avec des hommes de la classe du pèlerin, pour être honteux de ce qui était arrivé, il s'efforça de l'oublier. C'était une de ces agitations morales qui lui étaient moins familières que ces terribles chocs des éléments, semblables à celui pendant lequel il venait de rendre des services si essentiels sur le Léman.

— Donne-moi ta main, Conrad, dit-il avec cette franchise entière qui distingue les réconciliations des hommes qui passent leur vie au milieu de ces scènes de violence que la loi réprouve, et qui ne sont pas toujours sans noblesse. Tu as ton caractère et tes habitudes ; moi aussi. Si tu trouves ce trafic de pénitences et de prières à ton goût, continue le commerce de l'amour du ciel, et laisse-moi, moi et mon chien, vivre d'une autre manière !

— Tu aurais dû considérer combien nous autres pèlerins avons de motifs pour estimer les chiens des montagnes, répondit Conrad, et combien il était probable que je ne verrais pas tranquillement un autre animal dévorer ce qui était destiné au vieil Uberto. Tu n'as jamais traversé les sentiers du Saint-Bernard, ami Maso, chargé du poids des péchés de toute une paroisse, pour ne rien dire des tiens ; ainsi, tu ne peux pas connaître la valeur de ces animaux qui se placent si souvent entre nous et une tombe de neige.

Il Maledetto sourit en grimaçant, et marmotta quelques paroles entre ses dents. Une droiture naturelle, fort en harmonie avec le franc dérèglement de sa propre vie, lui faisait mépriser l'hypocrisie comme indigne des attributs de l'homme.

— Entends-le comme tu le voudras, pieux Conrad, dit-il avec ironie ; mais la paix est faite. Je suis un Italien, comme tu sais ; et, quoique les enfants du midi cherchent quelquefois à venger les outrages qu'ils ont reçus, il ne leur arrive pas souvent d'attaquer celui dont ils ont touché la main ; — j'espère que les Germains ne sont pas moins sincères.

— Puisse la Vierge être sourde à tous les *ave* que j'ai juré de lui adresser ; puissent les bons pères de Lorette me refuser l'absolution, si je conserve le moindre souvenir du passé ! Ce n'était qu'une légère pression à la gorge ; et je ne suis pas assez délicat dans cette partie du corps pour craindre qu'elle fût l'avant-coureur d'un plus fâcheux résultat. As-tu jamais entendu parler d'un prêtre soumis à ce genre de tourments ?

— Les hommes sont souvent redevables de leur salut à autre chose qu'à leurs mérites, répondit sèchement Maso. Mais enfin, la fortune, les saints, ou Calvin, ou le pouvoir qui vous sera le plus agréable, mes bons amis, ont placé un toit sur nos têtes, faveur qui n'est pas prodiguée à la plupart d'entre nous, si j'en juge par l'apparence et quelques petites notions sur les différents commerces qui nous occupent. Tu as une belle occasion, Pippo, de laisser Polichinelle se reposer de ses fatigants exercices, tandis que son maître respire l'air à travers une fenêtre, pour la première fois peut-être depuis bien des jours.

Le Napolitain ne fit nulle difficulté de rire de cette saillie; il était porté à prendre les choses du côté plaisant, quoiqu'il fût disposé à respecter les principes et les droits des autres.

— Si nous étions à Naples, avec son doux ciel et son volcan, dit-il en souriant de l'allusion, personne ne se soucierait moins d'un toit que moi.

— Tu es sans doute venu au monde sous l'arche de quelque route *di Duca*, dit Maso avec cette espèce d'insouciant sarcasme dont il frappait aussi souvent ses amis que ses ennemis; tu en sortiras dans quelque hôpital, et tu passeras du char funèbre dans une des profondes cavités de ton *Campo Santo*, où un si bon nombre de chrétiens sont tellement confondus, que le plus sage d'entre vous aura quelque peine à distinguer ses propres membres de ceux de ses voisins, quand il entendra le son de la trompette.

— Suis-je donc un chien pour avoir un tel tort? demanda fièrement Pippo; et ne saurais-je pas bien reconnaître mes os de ceux d'un misérable fripon, qui sera peut-être à mes côtés?

— Nous avons déjà eu une querelle pour des animaux; n'en ayons pas pour d'autres, reprit avec ironie *Il Maledetto*; puis il ajouta avec une feinte gravité : Princes et nobles, nous sommes tous retenus ici pour le temps qu'il plaira à ceux qui gouvernent à Vevey; le meilleur parti est de passer ces moments en bonne intelligence et aussi gaiement que notre situation le permet. Le révérend Conrad recevra tous les honneurs d'un cardinal; un noble coursier précèdera les funérailles de Pippo, et pour ces dignes Vaudois, qui sont sans doute, dans leur genre, d'honorables citoyens, ce seront des baillis envoyés par Berne pour rendre la justice entre les quatre murs de notre palais!

— La vie n'est après tout, Signore, qu'une sérieuse mascarade; le second de ses secrets les plus rares est de paraître aux yeux des autres tel que nous le désirons, — le premier étant sans nul doute la faculté de nous tromper nous-mêmes. A présent, que chacun s'imagine être le haut personnage que je viens de nommer, et le plus difficile sera fait.

— Tu as oublié de désigner ton propre rôle, cria Pippo, trop accoutumé aux bouffonneries pour ne pas être réjoui de l'idée de Maso, et qui, avec la légèreté napolitaine, oubliait sa colère du moment où il lui avait donné l'essor.

— Je représenterai la sagesse publique; et, comme je suis bien disposé à être dupé, l'imitation est complète. Allons, mes amis, commencez, je suis avide de vous voir et de vous entendre; et me voici prêt à vous admirer et à me nourrir de vos sages discours.

Ces paroles amenèrent des élans de cette gaieté sincère qui manque rarement d'établir un parfait accord, au moins pour le moment. Les Vaudois, qui avaient le penchant ordinaire aux montagnards, demandèrent du vin, et leurs gardiens, qui considéraient cette arrestation comme une mesure de police temporaire sans importance, cédèrent à ce désir. Bientôt la vue de quelques bouteilles égaya leur solitude, et toute la société se sentit disposée à tirer le meilleur parti possible de la circonstance; mais, à mesure qu'ils se désaltéraient avec une liqueur que sa bonté et la modicité du prix leur rendaient doublement agréable, leur véritable caractère commença à se dessiner de lui-même avec des traits plus prononcés.

Les paysans du canton de Vaud, qui étaient au nombre de trois, et de la plus basse classe, semblaient avoir presque perdu la faculté de penser, quoiqu'ils parlassent plus haut et avec plus de véhémence que jamais; chaque convive paraissait compenser la faiblesse toujours croissante de sa raison par de plus fortes démonstrations d'une folie toute physique, si l'on peut s'exprimer ainsi.

Le pèlerin Conrad jeta entièrement le masque, si le voile léger dont il se couvrait quand il n'était pas en présence de ses pratiques peut mériter ce nom; il parut ce qu'il était réellement, un homme sans foi, — un bizarre mélange d'une lâche superstition; car ceux qui veulent jouer avec elle se trouvent plus ou moins enlacés dans ses liens de basses fourberies et chargés des vices les plus abjects et les plus honteux. L'imagination de Pippo, toujours vive et ingénieuse, sembla prendre une nouvelle vigueur; mais, s'animant de plus en plus par de nombreuses libations, il bannit toute réserve, et chacune de ses paroles révéla les pensées d'un fourbe habile à tromper et savant dans l'art de nuire à ses semblables. Le vin produisit sur Maso un effet qu'on pourrait presque appeler caractéristique, et la morale de cette histoire est intéressée à le décrire.

Il Maledetto avait pris part librement et avec une espèce d'insouciance aux fréquentes rasades qu'on versait à la ronde : il était depuis longues années familiarisé avec les habitudes grossières de ses camarades, et un sentiment assez singulier, que les hommes de cette classe appelleraient honneur, et qui peut-être mérite autant ce nom que la moitié de ce que nous désignons ainsi, l'empêcha de se refuser à partager la chance commune dans cet assaut livré à leur raison ; ce sentiment le porta à vider la coupe de l'enivrante liqueur chaque fois qu'elle circulait. Le vin lui parut bon, il apprécia son parfum, il se livra à ses vivifiantes influences avec le parfait laisser-aller d'un homme qui sait profiter de la circonstance qui a mis à sa disposition cette liqueur généreuse. Il avait aussi ses motifs pour désirer de connaître ses compagnons, et il pensait que le moment était favorable. De plus, Maso avait ses raisons particulières d'inquiétude en se trouvant dans les mains de l'autorité, et il n'était pas fâché d'amener un état de choses qui pouvait le conduire à être confondu dans un groupe de vulgaires partisans de Bacchus.

Mais Maso prit part à la disposition commune d'une manière particulière à lui-même ; ses yeux devinrent plus brillants qu'à l'ordinaire, sa figure se colora, sa voix s'embarrassa, mais il conserva toutes ses facultés ; sa raison, au lieu de l'abandonner comme celle des hommes qui l'entouraient, sembla prendre une nouvelle force, comme si, prévoyant le danger qu'elle courait, elle sentait la nécessité de redoubler d'efforts. Né dans les climats du midi, il était cependant taciturne et froid quand il était livré à lui-même, et de semblables tempéraments sont reportés à leur niveau naturel par ces mêmes stimulants sous lesquels succombent de plus faibles organisations. Sa vie aventureuse s'était écoulée au milieu de ces périls qu'il aimait à braver. Il est probable que cette même trempe d'âme qui avait besoin, pour développer sa toute-puissance, de l'émotion d'un danger tel que la tempête sur le Léman, ou d'un excitant d'un autre genre, était aussi le mobile qui le rendait si propre à commander dans ces moments où les autres sont le mieux disposés à obéir. Sans crainte pour lui-même, il excitait ses compagnons, et c'était aux dépens de sa bourse, qui ne paraissait cependant pas très-bien garnie, qu'il faisait apporter successivement de nouvelles bouteilles, qui bientôt se trouvaient épuisées jusqu'à la dernière goutte. Une heure ou deux se passèrent ainsi rapidement, ceux qui étaient chargés de veiller sur cette joyeuse société étant beaucoup trop occupés à regarder ce qu'on faisait sur la place pour penser aux prisonniers.

— Tu mènes une douce vie, honnête Pippo! cria Conrad, répondant avec des yeux tout troublés à une observation du charlatan. Ton existence n'est qu'un long rire; tu traverses ce monde en riant et en faisant rire les autres. Ton Polichinelle est un admirable personnage, et chaque fois que je rencontre un de tes confrères, ses folies me font oublier toutes mes fatigues.

— Corpo di Bacco! je voudrais bien qu'il en fût ainsi; mais tu es encore mieux partagé, et même plus gaiement, respectable pèlerin, quoique au premier coup d'œil on pût en douter. La différence entre nous, pieux Conrad, se borne en ceci : — Tu ris sous cape sans paraître être gai, et moi je bâille à me démancher la mâchoire en paraissant mourir de rire. Ce Polichinelle est un triste compagnon; il finit par être aussi grave que la tombe. Le vin ne peut être bu deux fois, et l'on ne rit pas toujours de la même plaisanterie. Cospetto! je donnerais la récolte de cette année pour une pacotille de nouvelles folies qui n'auraient pas passé et repassé dans la cervelle de tous mes confrères d'Europe, telles enfin que pourrait les inventer un homme qui n'aurait jamais entendu aucun de nous.

— Un sage de l'ancien temps, dont probablement aucun de vous n'a entendu parler, observa Maso, a dit qu'il n'y avait rien de nouveau sous le soleil.

— Celui qui a dit cela n'avait pas goûté de ce vin, qui est aussi rude que s'il sortait de la cuve, reprit le pèlerin. Drôle! penses-tu que nous ne nous y connaissions pas? Comment oses-tu apporter un tel vin à des hommes comme nous? Va! et traite-nous mieux la première fois.

— Ce vin est le même dont vous avez d'abord été satisfaits; mais c'est le propre de l'excès de la boisson d'altérer le palais.

— Salomon a raison en cela, comme en toute autre chose, observa froidement *Il Maledetto*; il est inutile, mon ami, que vous apportiez même du vin à des gens qui ne peuvent plus y faire honneur.

Maso poussa hors de la chambre le garçon qui les avait servis; lui glissa dans la main une petite pièce de monnaie, et lui ordonna de ne plus revenir. L'état des convives répondait suffisamment à ses vues, et il désirait à présent prévenir de plus grands excès.

— Voici la mascarade, les dieux, les déesses, les bergers et leurs filles, et toutes les autres folies, qui viennent nous égayer! Il faut rendre justice aux Veveysans, ils nous traitent à merveille! Vous voyez qu'ils envoient leurs acteurs pour nous distraire dans notre solitude.

— De la liqueur! du vin, vieux ou nouveau, peu importe, nous en voulons! crièrent tout d'une voix Conrad, Pippo et leurs compagnons, dont la raison était beaucoup trop obscurcie pour qu'ils se fussent aperçus de l'obstacle que Maso avait mis à leurs désirs : ils en conservaient cependant assez pour s'imaginer que ce qu'il avait dit de l'attention de l'autorité était non seulement vrai, mais mérité.

— Qu'en penses-tu, Pippo? Est-ce parce que tu es honteux d'être surpassé dans ton propre métier, que tu demandes ainsi à boire au moment où les acteurs vont déployer leur talent sur la place? dit le marin. Nous aurions, en vérité, une faible opinion de ton mérite, si tu étais effrayé de la concurrence de quelques paysans vaudois; toi, un Napolitain!

Pippo jura qu'il défiait le plus adroit des Suisses; que non seulement il avait joué dans tous les lieux publics et sur tous les môles de l'Italie, mais qu'il avait eu aussi l'honneur de divertir en particulier des princes et des cardinaux, et qu'il n'avait pas un seul rival de l'autre côté des Alpes. Maso profita de son avantage; et, continuant d'exciter sa vanité, il parvint bientôt à lui faire oublier toute autre idée, et l'attira vers la fenêtre avec tous ses camarades.

Les processions, en faisant le tour de la ville, étaient enfin arrivées à la place de l'Hôtel-de-Ville, et y répétaient les différentes scènes qui ont déjà été racontées en général au lecteur. Là étaient réunis les officiers de l'abbaye, les vignerons, les bergers, les bergères, Flore, Cérès, Palès et Bacchus, tout le Parnasse enfin, accompagnés de leur suite et entourés de leurs divers attributs. Silène se laissa tomber de son âne, à la grande joie d'un millier de petits garçons, et au grand scandale des prisonniers; Pippo affirma que ce n'était pas un jeu, mais que le demi-dieu était honteusement tombé sous l'influence des nombreuses libations qu'il s'était adressées à lui-même.

Nous n'appuierons pas sur les détails de cette scène, que tous ceux qui ont assisté à des réjouissances publiques peuvent facilement se figurer, et il n'est pas nécessaire de répéter les spirituelles plaisanteries qui, sous l'inspiration du généreux vin de Vevey et de la joie générale, partirent de la foule qui se pressait autour des murs de la prison; le genre en sera aisément deviné par tous ceux qui ont quelquefois prêté l'oreille à cette gaieté du peuple, qui est plutôt amortie que ranimée par l'effet des liqueurs fortes, et ceux à qui elle est inconnue perdront fort peu à cette omission.

Les différentes allégories tirées de la mythologie se terminèrent enfin, et la procession des noces entra dans la place. La douce et gentille Christine n'avait paru nulle part, dans la journée, sans éveiller un vif sentiment de sympathie pour sa jeunesse, sa beauté, et son évidente innocence. De longs murmures d'approbation accompagnaient ses pas; et la jeune fille, plus accoutumée à sa situation, commençait à sentir, probablement pour la première fois depuis qu'elle avait connu le secret de son origine, quelque chose qui approche de cette sécurité, indispensable compagne du bonheur. Longtemps habituée à se considérer comme proscrite par l'opinion, élevée dans la solitude qui convenait à ses parents, les éloges qu'elle entendait ne pouvaient que lui être agréables; ils venaient ranimer et réjouir son cœur, en dépit des craintes, des inquiétudes qui l'avaient froissée durant tant d'années. A peine avait-elle osé jusqu'alors tourner ses regards vers son futur mari, qui, dans la pensée de cet esprit ingénu et sincère, avait bravé le préjugé pour lui rendre justice; mais quand les applaudissements, contenus d'abord, éclatèrent de toutes parts sur la place de l'Hôtel-de-Ville, une vive et brillante rougeur se répandit sur ses joues, ses yeux cherchèrent avec un modeste orgueil celui qui était près d'elle, et ce silencieux appel semblait lui promettre que son généreux choix ne serait pas entièrement sans récompense. La foule répondit à ce sentiment, et jamais l'autel de l'hymen ne reçut de serment prêté sous des auspices plus prospères, du moins en apparence.

La beauté jointe à l'innocence exerce un empire universel; il s'étendit jusqu'aux prisonniers, qui, malgré leur grossièreté naturelle et l'état où ils se trouvaient alors, admirèrent aussi

Christine. L'un louait son air modeste; l'autre, le charme de sa figure; et tous s'unirent aux applaudissements de la multitude. Les traits du fiancé commençaient à s'animer; et, quand ceux qui l'accompagnaient s'arrêtèrent un instant sur la place, et se placèrent sous les fenêtres occupées par Maso et ses compagnons, il regarda autour de lui avec cette vanité satisfaite d'une âme ordinaire qui trouve ses délices dans les suffrages des autres, seule base de ses propres jugements.

— Voilà une grande et belle fête! dit Pippo tout haletant, et une mariée plus belle encore. Que saint Janvier te bénisse, *bella sposina!* avec le digne homme qui possède une si ravissante fleur! Généreux, heureux époux, envoyez-nous du vin pour que nous puissions boire à vos santés!

Christine pâlit et regarda avec inquiétude autour d'elle; car ceux qui ont senti le poids des dédains du monde, même sans les avoir mérités, sont sensibles aux moindres attentions personnelles. Cette sensation se communiqua au futur, qui jeta des regards douloureux sur la foule, craignant déjà que le secret de la naissance de sa fiancée ne fût découvert.

— Jamais plus belle fête n'a honoré un *Italian Corso*, continua le Napolitain, qui suivait ses propres idées sans s'inquiéter des craintes et des désirs d'autrui. Un magnifique cortége et une belle femme! pensez à nous, *felicissimi sposi:* nous voudrions boire à votre éternelle félicité! Heureux le père qui vous nomme sa fille, *bella sposa*, et mille fois plus heureuse la mère qui mit au monde une si charmante créature! *Scellerati* qui m'écoutez, comment ne portez-vous pas ces dignes parents en triomphe dans vos bras, afin que nous puissions tous voir et rendre hommage à l'honorable souche d'un rameau si magnifique! Envoyez-nous du vin, *buona gente*, et qu'il soit bon.

Les avis et le langage figuré de Pippo attirèrent l'attention de la multitude, qui, de plus, était divertie par le mélange de dialectes dont il se servait. Les bagatelles les moins importantes, en donnant une nouvelle direction aux impressions populaires, deviennent souvent la source de graves événements. La foule qui suivait le cortége de l'hymen commençait à être fatiguée de la répétition des mêmes cérémonies, et elle accueillit avec joie l'épisode des félicitations et des prières du Napolitain, qui avait presque perdu la raison.

— Viens, grave et respectable étranger, et joue toi-même le

rôle du père de cette heureuse mariée, cria avec ironie une voix sortie de la foule; un si bel exemple attirera sur les enfants de tes enfants les bénédictions du ciel!

Des cris de joie accueillirent ces paroles, et le Napolitain sentit son honneur intéressé à faire sur-le-champ une réplique convenable.

— Je bénis cette rose naissante, répondit-il dans la même minute; il y a des parents qui ne valent pas Pippo : celui qui vit en faisant rire les autres mérite l'affection de tous les hommes bien plus que le médecin qui mange le pain des douleurs, des rhumatismes, et de tant d'autres maux dont il se prétend l'ennemi. Mais, par saint Janvier! qui pourrait être assez sot pour ne pas voir que le fripon de docteur et la fièvre maudite s'entendent aussi bien que Polichinelle et son singe?

— Pourrais-tu désigner un nom au-dessus du tien? cria la même voix.

— Si nous comptions, tu serais dans ce nombre. Je bénis de nouveau la belle fiancée, et trois fois heureuse est celle qui a le droit de recevoir la bénédiction d'un homme dont la vie a été aussi honorable que celle du joyeux Pippo. Parle, *figliuola*, n'est-ce pas la vérité?

Christine sentit que la main de son fiancé se dégageait doucement de la sienne, et elle éprouva ce froid subit que l'excès de la honte fait circuler dans nos veines. Mais elle lutta contre sa faiblesse avec ce profond sentiment de confiance dans la justice des autres, que les cœurs les plus purs ressentent d'ordinaire avec le plus de force; et elle suivit la procession avec un léger tremblement qui parut le résultat de l'embarras naturel dans sa position.

Au moment même où le cortège s'éloignait en tournant l'Hôtel-de-Ville, au son des instruments, et au milieu de l'agitation générale, un cri d'alarme s'éleva du côté de l'hôtel; mille individus s'élancèrent aussitôt de ce côté, avec cette curieuse impatience que fait naître dans une foule un événement inattendu.

Le peuple fut repoussé et dispersé, la procession disparut; mais il régnait encore une apparence inusitée d'activité et de mystère parmi les officiers de la ville; tandis que le petit nombre de personnes qui étaient restées sur la place ignoraient encore la cause de ce trouble. Le bruit circula enfin qu'un matelot italien, d'une force athlétique, avait profité de l'instant où l'attention des gardiens était absorbée tout entière, pour terrasser la sentinelle et se sauver avec ceux de ses camarades qui avaient pu le suivre.

L'évasion de quelques prisonniers obscurs, inconnus, n'était pas un incident capable de distraire longtemps des amusements de la journée, d'autant plus que leur détention se serait terminée d'elle-même au coucher du soleil. Mais, quand Peter Hofmeister apprit ce qui venait d'arriver, le rigide bailli prononça, en honneur de la justice, de nombreuses imprécations sur l'impudence de ces coquins, et sur la négligence de leurs gardiens; il ordonna ensuite de reprendre au plus tôt les fugitifs, et recommanda de les amener sur-le-champ en sa présence, lors même qu'il se trouverait occupé à la partie la plus sérieuse des cérémonies de la journée. La voix de Peter, animée par la colère, n'était pas habituée à être méconnue, et l'ordre sévère était à peine échappé de ses lèvres, qu'une douzaine d'archers partaient, bien résolus de faire tous leurs efforts pour le mettre à exécution. Les jeux continuaient toujours; mais, comme la journée s'avançait, et que l'heure du banquet approchait, le peuple commença à s'assembler sur la grande place pour assister à la dernière cérémonie, et à la bénédiction nuptiale qu'un vrai serviteur de Dieu allait prononcer sur Jacques Colis et Christine, acte solennel qui devait terminer dignement ce jour mémorable.

CHAPITRE XVII.

> Oui, vraiment, c'est à présent qu'il faut montrer votre sagesse.
> SHAKSPEARE. *Comme il vous plaira.*

Il était plus de minuit quand le théâtre se remplit une seconde fois des habitants les plus distingés de la ville; la foule se dispersa sur la place; le bailli et ses amis occupèrent encore les places d'honneur, au centre de la longue estrade. Les processions arrivaient successivement, car toutes avaient fait le tour de la ville, et chacune avait si souvent répété son rôle, que les acteurs commençaient à être très-fatigués; mais, à mesure qu'ils se retrouvaient en la haute présence du bailli et de l'élite, non seulement de leur contrée, mais de plusieurs autres, l'amour-propre l'emportait sur la lassitude, et les chants et les danses se renouvelaient avec la même apparence de plaisir. Peter Hofmeister, et divers autres magnats du canton, se faisaient remarquer par la satisfaction qu'ils paraissaient prendre à la répétition de ces jeux : il est très-facile de comprendre que ceux qui s'étaient reposés et avaient pris des rafraîchissements dans les loges, pendant l'absence des mascarades, se trouvaient en état de suppléer à la faiblesse des acteurs, par la chaleur et la vivacité de leur propre imagination, tant soit peu échauffée. Le bailli surtout était plus causeur et plus tranchant que de coutume, ce qui, au reste, s'accordait avec ses hautes fonctions et la fermeté de son caractère; mais ses critiques et ses éloges étaient toujours exprimés de manière à prouver son aptitude à traiter un tel sujet, et il était semblable à certain journaliste de nos jours, bien connu pour ne s'occuper que de la quantité plutôt que de la justesse de ses remarques, et du prix que chaque ligne lui rapporte; et, en vérité, la ressemblance serait exacte sous d'autres rapports que celui du savoir. Son langage était à la fois hautain et mordant, son ton tranchant; et, tandis qu'il affectait le désir de faire valoir le talent des autres, il avait pour unique but d'étaler ses propres connaissances. Il s'adressait plus fréquemment que jamais au signor Grimaldi, pour qui il ressentait un soudain attrait, plus fort que celui qu'il avait déjà si libéralement manifesté, et qui avait attiré tant d'attentions à l'aimable mais modeste étranger, et il avait soin d'imposer silence à tout ce qui l'entourait, afin qu'on pût écouter ses oracles.

— Ceux qui ont passé, frère Melchior (dit le bailli, s'adressant au baron de Willading dans le style fraternel du *bürgerschaft*[1], mais regardant le Génois à qui il désirait surtout de faire admirer sa prodigieuse érudition sur l'antiquité), sont de simples bergers et bergères de nos montagnes; nous n'avons ici aucun de vos dieux et demi-dieux dont les premiers se distinguent dans cette cérémonie, parce qu'ils sont portés par des hommes, et les derniers qui terminent la marche sont montés sur des ânes, et sont conduits de la manière qui convient le mieux à chacun. Ah! ici nous avons la perle de la mascarade en personne, — cette jolie

---

1. *Bürgerschaft*, droit de bourgeoisie.

créature est en réalité Mariette Marron de ce pays. Le canton de Vaud ne renferme rien qui puisse lui être comparé dans son genre, — impudente dévergondée; mais il n'est pas question de cela. Elle est à présent la prêtresse de Flore, et je vous préviens qu'il n'y a pas dans nos vallons un cor qui résonne mieux dans les rochers que le gosier de cette même prêtresse ! celle qui sur ce trône représente Flore elle-même, est une jeune et belle femme, fille d'un honorable citoyen de Vevey, fort en état de lui avoir donné cette magnifique parure sans avoir recours à l'abbaye ; je vous avertis aussi que chaque fleur qui la décore a été cueillie dans son propre jardin.

— Il me semble que vous traitez la poésie de la cérémonie avec bien peu de respect, bon Peterchen : la déesse avec sa suite se place dans vos paroles à peu près au même rang que les vignerons et les laitières.

— Pour l'amour du ciel, cher Melchior, interrompit le Génois charmé de s'amuser, ne nous privez pas d'entendre les remarques si exactes de l'honorable bailli. Ce Parnasse est sans doute très-bien, mais il gagne beaucoup à des explications qui feraient honneur à un docteur de Padoue. Je vous supplie de continuer, savant Peter, afin que, nous autres étrangers, nous ne perdions aucun détail de ce spectacle.

— Vous voyez, baron, reprit avec un regard de triomphe le bailli bien encouragé, petit commentaire ne nuit jamais à la meilleure chose, quand ce serait la loi elle-même. Ah! voici Cérès et sa compagnie avec un beau cortége ! les moissonneurs et moissonneuses représentent l'abondance de notre canton de Vaud; signor Grimaldi, il est juste de dire que c'est une terre fertile, digne de l'allégorie. Ces drôles avec une sellette sur le dos, et portant des cuves, sont des vachers, et tous les autres sont plus ou moins occupés de ce qui concerne la laiterie. Cérès était, sans nul doute, un personnage très-important parmi les anciens, comme on peut le voir par la manière dont elle est appuyée sur les produits de la terre. Il n'y a d'honneurs solides, herr Von Willading, que ceux qui se fondent sur la propriété de champs vastes et fertiles. Vous voyez que la déesse est assise sur un trône dont nos campagnes ont fourni les simples ornements ; une gerbe de blé couvre le dais ; de riches épis d'un grain généreux sont ses seuls joyaux ; et son sceptre est une faucille. Ce ne sont que des symboles, signor Grimaldi, mais il y a des allusions qui inspirent

— Vous n'avez sûrement pas oublié l'histoire de cette gigantesque grappe de raisin, Signore! s'écria Peterchen étonné de l'hésitation de l'Italien, c'est la plus admirable des légendes du livre saint. Ah! sur ma vie, l'âne n'a plus de conducteur. — Qu'est donc devenu ce drôle d'Antoine Giraud? le misérable sera descendu pour avaler quelques coups d'un vin frais, après avoir épuisé son outre jusqu'au fond; on aurait dû prendre pour ce rôle un homme plus sobre, ou du moins d'une tête plus forte. — Il faut réfléchir que l'acteur a besoin de résister au moins à quatre pintes, puisque les répétitions seules suffisent pour mettre hors de combat un buveur ordinaire.

Le bailli continua d'un ton assez bas pendant tout le temps que les suivants de Bacchus se livrèrent à leurs chants et à leurs jeux; mais, dès qu'ils disparurent, sa voix domina les autres, semblable au fleuve agité, dont l'éternel murmure revient frapper l'oreille quand un bruit passager a cessé de se faire entendre.

— A présent nous pouvons attendre la jolie mariée et ses compagnes, continua Peterchen en clignant de l'œil, à la manière de ces merveilleux d'un demi-siècle, qui font encore parade de leur admiration pour la beauté : le serment solennel sera prononcé ici en présence des autorités, et terminera convenablement cette heureuse journée. Ah! mon bon vieil ami Melchior, si nous étions encore ce que nous avons été, nous ne resterions pas simples spectateurs de ces danses animées! Maintenant, mes amis, soyons plus sérieux; ceci n'est pas un jeu, mais un véritable mariage; la gravité est ici une chose convenable. — Que signifie tout ce mouvement parmi les officiers?

Peter s'arrêta de lui-même; car, dans ce même moment, les archers entraient en corps sur la place, conduisant au milieu d'eux un groupe d'hommes qui avaient trop évidemment la tournure de prisonniers pour qu'il fût possible de s'y méprendre. Le bailli était avant tout un officier d'exécution, un de ceux qui pensent que les dispositions d'une loi sont bien moins importantes que leur entier accomplissement, et il poussait si loin ce principe favori, que quelquefois il n'hésitait pas à supposer, dans les ordonnances du grand conseil, des ombres d'intentions qui n'existaient que dans son propre cerveau, mais qui, pour lui rendre justice, motivaient suffisamment dans son esprit ce qu'il croyait devoir ajouter à ses attributions. Cet incident menaçait la fête d'une interruption assez désagréable. Peter avait, pour le châtiment des fripons, et surtout de ceux dont l'incorrigible misère et la pauvreté semblaient adresser un continuel reproche au système de Berne, ce même penchant que les vieux cochers conservent, dit-on, pour le claquement d'un fouet.

Toutes ces sympathies légales n'étaient cependant pas entièrement éveillées dans la présente occasion. Les coupables, tout étant bien loin d'appartenir à la classe privilégiée, n'étaient pas tout à fait assez misérables en apparence pour réveiller cette puissance de justice sévère qui sommeillait dans le sein du bailli, toujours prête à prendre l'essor pour venger les droits du plus fort contre les empiétements du malheureux dénué d'appui. Le lecteur a déjà pressenti que c'était Maso et ses compagnons qui, après avoir échappé à leurs gardiens, n'avaient pu se soustraire aux actives recherches des archers.

— Qui donc a osé offenser l'autorité dans ce jour d'union et de joie? demanda sévèrement le bailli, quand les soutiens de la loi et leurs captifs furent devant lui. Ne savez-vous pas, coquins, que nous célébrons ici une cérémonie solennelle et presque religieuse? c'est du moins ainsi que les anciens la considéraient. — Ignorez-vous donc qu'un crime est double quand il est commis en présence de personnes honorables, ou dans une circonstance grave, respectable comme celle-ci, ou bien encore quand il blesse l'autorité, ce qui est toujours le plus sérieux et le plus grand de tous les crimes?

— Nous ne sommes que de pauvres étudiants, très-digne bailli, comme vous pouvez aisément vous en apercevoir à notre extérieur, et nous avons besoin d'indulgence, répondit Maso; notre seule offense a été une vive mais courte querelle pour un chien; nos mains ont été, il est vrai, un peu trop promptes; mais nous n'aurions fait de mal qu'à nous-mêmes, si les autorités de la ville avaient bien voulu nous laisser décider la dispute à notre manière. Cette fête est remarquable en effet, et il nous a paru pénible d'en être privés pour une cause si légère, et d'être seuls exclus de la joie générale.

— Il a raison après tout, dit Peter à voix basse : qu'importe à Berne un chien de plus ou de moins? Une réjouissance publique doit, pour atteindre son but, s'insinuer profondément dans le peuple. Mettez ces hommes en liberté, au nom du ciel! Ayez soin d'expulser tous les chiens de cette place, pour que nous n'entendions plus parler d'une telle folie.

— Pardon, mais ce sont les hommes qui se sont échappés de prison, après avoir frappé leur gardien, observa respectueusement l'officier.

— Comment? Ne me disiez-vous pas qu'il n'était question que d'un chien?

— Je parlais du motif de notre arrestation. Il est vrai que, fatigués de respirer un air pesant, et un peu échauffés par le vin, nous avons quitté la prison sans permission; mais nous espérons que cette petite escapade nous sera pardonnée en faveur de la circonstance.

— Coquin, tes excuses aggravent la faute. Un crime commis dans une occasion extraordinaire n'est pas un crime ordinaire, et requiert un châtiment mémorable, que je veux vous infliger sur-le-champ. Vous avez insulté les autorités, c'est la faute la plus impardonnable dans toute société. Approchez plus près, mes amis; j'aime que mes raisons soient senties et comprises par ceux qui sont l'objet de mes décisions, et c'est un moment favorable pour donner une bonne leçon aux Veveysans. — Que les mariés attendent. — Approchez tous, afin de mieux entendre ce que j'ai à vous dire.

Le peuple se pressa étroitement au pied de l'amphithéâtre; et Peter, prenant un air imposant, continua son discours.

— Le principal soin de toute autorité est de trouver les moyens de se soutenir et d'être respectée; si elle n'y parvient pas, elle doit succomber, et vous êtes assez instruits pour savoir que, lorsqu'une chose devient de peu de valeur, elle perd la plus grande partie de sa considération. Ainsi un gouvernement est établi dans le but de se protéger lui-même, puisqu'il ne peut subsister autrement, et qu'il n'existe pas un seul homme qui ne soit prêt à avouer qu'il vaut mieux encore avoir un mauvais gouvernement que de ne pas en avoir du tout. Mais le nôtre en particulier est excellent; son plus grand soin est de se faire respecter toujours, dans toutes les circonstances, et celui qui se respecte est sûr d'obtenir l'estime des autres. Sans cet appui protecteur, nous serions semblables au coursier sans frein; nous deviendrions les victimes de l'anarchie et du désordre, et nous tomberions dans les plus déplorables hérésies religieuses. Vous voyez, mes amis, qu'il faut choisir entre le gouvernement de Berne ou l'absence de toute autorité: car, lorsqu'il n'existe que deux choses, et qu'on en ôte une, le nombre se trouve réduit de moitié ; et comme le grand canton gardera ses droits particuliers de pouvoir, si vous détruisez l'autre, Vaud sera entièrement dépouillé. Je vous le demande à vous-mêmes, avez-vous un autre gouvernement que celui-là? Vous savez bien que non. Ainsi, en vous séparant de Berne, il est clair que vous perdez tout. Officier, vous portez une épée qui est un vrai symbole de votre autorité ; tirez-la, élevez-la, que tous puissent l'apercevoir. Vous voyez, mes amis, que l'officier a une épée, mais qu'il n'en a qu'une. A présent, officier, posez-la à vos pieds. Vous le voyez, mes amis, n'ayant qu'une épée et l'ayant déposée, il n'en a plus! Cette arme représente notre puissance ; si on la repousse, il n'y a plus d'autorité, nos mains restent désarmées.

Cette heureuse comparaison excita un murmure approbateur. L'allocution de Peterchen ayant plusieurs des caractères d'une théorie populaire, assertions hardies, courte exposition, et une péroraison mise en action, on parla longtemps de cette dernière partie dans le canton de Vaud, comme d'un trait fort peu inférieur au jugement bien connu de Salomon, qui avait eu recours à cette même arme, à pointe affilée, pour résoudre une question presque aussi difficile que celle posée par le bailli. Quand les applaudissements furent un peu calmés, le zélé Peterchen continua son discours, où brillait cette fragile et commune logique qu'on retrouve dans la plupart des dissertations soutenues dans l'intérêt de ce qui existe, sans s'occuper le moins du monde de ce qui devrait être.

—A quoi sert d'apprendre au peuple à lire et à écrire? demanda-t-il. Si Franz Kauffman n'avait pas su écrire, aurait-il contrefait la signature de son maître? aurait-il perdu la tête pour avoir mis le nom d'un autre au lieu du sien? Un peu de réflexion vous prouvera qu'il ne l'aurait pas fait. Le peuple pourrait-il lire de mauvais livres, s'il n'avait pas étudié l'alphabet? S'il y a quelqu'un ici qui puisse dire le contraire, je le dégage des liens du respect, et je l'invite à parler librement ; l'inquisition n'existe pas dans le canton de Vaud : nous aimons à entendre discuter. Notre gouvernement est libéral, doux et paternel, vous le savez tous ; mais il n'existe pas une seule puissance dans le monde qui aime la lecture ou l'écriture : la première conduit à la connaissance des mauvais livres, et la dernière est la source des fausses signatures. Citoyens camarades, car nous sommes tous égaux, à l'exception de certaines différences qu'il est inutile de détailler dans ce moment, ce gouvernement n'existe que pour votre bonheur ; c'est pour cela qu'il s'aime, qu'il doit s'aimer, et que son premier devoir est de protéger lui et ses officiers en toute occasion, lors même qu'une apparente injustice aurait été commise par hasard. — Sais-tu lire ?

— Assez mal, très-honorable bailli, reprit Maso ; beaucoup de gens parcourent un livre plus facilement que moi.

— Faites bien attention qu'à présent il s'agit d'un bon livre ; car, pour un mauvais, j'engage le peuple à s'en éloigner comme d'un farouche sanglier ! Le mal est d'instruire les ignorants ! Il n'y a pas une méthode plus certaine de corrompre une société et de l'entraîner aux plus coupables excès que d'éclairer l'ignorance. L'homme instruit peut supporter le savoir, car une nourriture succulente ne pèse pas à l'estomac qui y est habitué, tandis qu'elle sert d'ellébore à celui qui n'a connu jusqu'alors que de grossiers aliments. L'éducation est une arme, puisque la science est une puissance, et l'homme ignorant n'est qu'un enfant. Ainsi, lui donner de l'instruction, c'est absolument comme si vous mettiez un mousquet chargé entre les mains d'un enfant. Que voulez-vous que fasse du savoir un homme ignorant ? Il est aussi porté à s'en servir à son plus grand détriment qu'à son propre avantage. La science est une chose très-scabreuse. Festus nous apprend qu'elle a fait tourner la tête au sage et prudent Paul lui-même ; quel effet ne peut-elle donc pas produire sur vous, franchement *ignoramus ?* Comment vous appelez-vous, prisonnier ?

— Tommaso Sancti ; mes amis me nomment quelquefois San Tommaso ; mes ennemis, *Il Maledetto ;* et de simples connaissances, Maso.

— Tu as une formidable liste de surnoms, signalement certain d'un drôle ; tu as avoué que tu savais lire.

— Non, signor bailli ; je ne voudrais pas passer pour l'avoir dit.

— Par la foi de Calvin ! tu l'as confessé devant cette honorable assemblée. Veux-tu nier tes paroles, coquin ! à la face de la justice ? Tu sais lire, — tu le portes sur ta figure ; et je jurerais presque que tu sais te servir de la plume, si tu voulais parler franchement. Je ne sais, signor Grimaldi, si vous avez de ces sortes d'affaires de l'autre côté des Alpes ; mais, pour nous, nos plus grands embarras viennent de ces fripons un peu instruits, qui, après avoir ramassé çà et là quelques connaissances, s'en servent dans de coupables intentions, sans égard pour les besoins et les droits du public.

— Nous avons aussi, signor bailli, ces mêmes difficultés que font naître partout les intérêts et les passions des hommes; mais nous oublions combien nous manquons de courtoisie envers cette belle mariée, en nous occupant d'abord de cette affaire. Ne serait-il pas mieux d'engager la modeste Christine dans les chaînes de son heureux hymen, avant de pénétrer plus profondément dans la question qui concerne les prisonniers?

Au grand étonnement de tous ceux qui connaissaient la naturelle obstination du bailli, qu'un repas prolongé accroissait d'ordinaire, au lieu de la rendre plus souple, Peterchen consentit à cette proposition avec une complaisance et une bonne grâce qui se manifestaient rarement en lui pour une opinion dont il ne se croyait pas légitimement le père; cependant il lui arrivait quelquefois d'accorder les priviléges de la paternité à des enfants qui n'étaient pas les siens, malentendu qui n'est pas tout à fait sans exemple. La déférence inusitée qu'il avait montrée à l'Italien depuis le début de leurs récentes relations, ne fut jamais plus frappante que dans la promptitude avec laquelle il suivit le conseil qu'il venait de recevoir. Les prisonniers et les archers reçurent l'ordre de se tenir à l'écart, assez près cependant pour être toujours sous ses yeux; et quelques officiers de l'abbaye allèrent avertir le cortége, qui attendait dans un respectueux silence qu'il pût s'approcher.

CHAPITRE XVIII.

> Viens, toi qui es sage; pèse dans la balance de ta raison ton opinion, les décrets de la Providence; appelle imparfait ce qui te semble tel; dis: ici il donna trop peu, et là il donna trop; immole ses créatures au gré de tes désirs; puis, si l'homme est malheureux, dis que Dieu est injuste.
> POPE.

Il serait superflu de répéter la liste des acteurs qui jouaient différents rôles à la suite de cette noce champêtre; tous étaient présents, à la fin de la cérémonie, sous les mêmes déguisements que nous avons décrits au commencement de la journée. Comme le mariage allait recevoir la sanction légale en présence du bailli, et avec les rites les plus solennels de l'église, la foule céda à sa curiosité; et, rompant la ligne de sentinelles qui s'opposait à son invasion, elle se pressa au pied de l'estrade avec ce vif intérêt que la réalité seule inspire. Mille recherches avaient été faites, pendant le jour, sur la jeune mariée, dont la beauté et le maintien surpassaient tellement ce qu'on pouvait attendre d'une personne qui consentait à jouer un semblable rôle dans une occasion si publique, et dont la modeste contenance formait un si singulier contraste avec sa situation présente. Son histoire, néanmoins, n'était pas connue; du moins nul ne la révéla. Ce mystère avait vivement éveillé la curiosité, et l'élan général était simplement une preuve du pouvoir que l'attente, aidée de mille soupçons vagues, peut exercer sur une multitude oisive.

Quel que fût le caractère des conjectures faites aux dépens de la pauvre Christine, elles ne manquaient ni de variété ni de malice. Presque tous étaient forcés de louer son air timide et la séduisante douceur de ses traits si beaux et si doux; quelques uns, à la vérité, feignaient de croire à l'artifice, et soutenaient que sa beauté était trop parfaite pour être l'ouvrage de la seule nature. Cette réunion de remarques vulgaires se fondaient aussi sur la diversité des goûts, sur l'heureuse nécessité qui existe pour tous de trouver les moyens de se plaire à eux-mêmes; mais ce n'était là que ces taches légères que la faiblesse humaine mêle d'ordinaire aux éloges qu'elle accorde. La sympathie générale était fortement et irrévocablement attirée vers la jeune inconnue. Ce sentiment se manifesta de la manière la plus évidente quand elle s'approcha de l'estrade, vers laquelle elle s'avançait timidement au milieu de la foule qui se pressait pour contempler ses traits.

Le bailli, dans une circonstance ordinaire, se serait vivement offensé de cette violation des règles de police. Sa ténacité dans ses opinions était entière, quelque absurdes qu'elles fussent pour la plupart; et, semblable à une infinité d'honnêtes gens qui poussent leurs principes à l'extrême et manquent ainsi l'effet qu'ils voudraient produire, il était un peu enclin à déployer une sévérité minutieuse; mais, dans ce moment, il était plutôt satisfait de voir ses auditeurs à portée de sa voix. L'occasion était excellente, même semi-officielle, et il ressentait assez les influences d'un vin généreux, pour brûler du désir de déployer avec plus de libéralité que jamais les fleurs de son éloquence et les trésors de sa sagesse : aussi supporta-t-il l'invasion avec une parfaite bienveillance ; et cet assentiment encouragea encore de plus grandes usurpations sur les limites prescrites, jusqu'à ce que l'espace occupé par les principaux acteurs de cette dernière scène fût réduit à la plus petite dimension compatible avec le rôle qu'ils avaient à remplir. Telle était la situation des choses lorsque la cérémonie commença.

Ces douces sensations d'espoir et de bonheur qui s'étaient lentement accrues dans le sein de la fiancée, depuis le premier moment de cette cérémonie jusqu'à celui où elles furent comprimées par les paroles de Pippo, avaient graduellement cédé à une douloureuse défiance ; et maintenant elle entrait dans la place avec une terreur secrète et mystérieuse, que son inexpérience et son entière ignorance du monde servaient merveilleusement à augmenter. C'était dans la crainte de quelque insulte préméditée que son imagination puisait des motifs d'alarme. Christine, bien convaincue du mépris que l'opinion publique déversait sur sa famille, n'avait consenti à adopter cette manière de changer son sort que dans l'appréhension bien naturelle de voir révéler son origine par toute autre union. Cette crainte exagérée, et réellement sans cause, était le résultat des réflexions auxquelles elle s'était livrée depuis peu, et de cette sensibilité maladive que les âmes les plus pures et les plus innocentes sont malheureusement le plus portées à éprouver. Le secret, comme nous l'avons déjà expliqué, était celui de son mari futur, qui, avec le subterfuge d'un esprit intéressé, avait espéré tromper le cercle étroit de ses propres connaissances, et satisfaire ainsi sa cupidité en faisant le moins de sacrifices possibles. Mais il existe un point d'abaissement personnel au-dessous duquel un parfait instinct de justice permet rarement, même aux plus timides, de se placer. Lorsque la mariée fendit la foule, ses yeux étaient moins troublés et son pas plus assuré ; le sentiment d'un juste orgueil l'éleva au-dessus de son sexe, et la rendit plus ferme dans cet instant même, où la plus grande partie des femmes auraient trahi leur faiblesse. Elle venait d'atteindre ce calme forcé, mais digne de respect, quand le bailli, faisant signe de garder le silence et de rester immobile, se leva d'un air qu'il chercha à rendre imposant, et dans lequel la foule ne vit qu'un expédient pour commencer un discours. Le lecteur ne doit pas s'étonner de la volubilité de l'honnête Peterchen, car les heures s'avançaient, et les fréquentes libations dans les intervalles des cérémonies l'auraient rendu capable de prendre même un vol plus élevé, si la circonstance et l'auditoire lui avaient permis de déployer toute la puissance de son éloquence.

— Nous avons passé une heureuse journée, mes amis, dit-il ; les diverses scènes qui ont frappé nos regards ont dû rappeler à chacun de nous la puissance de Dieu, nos fragiles et criminels penchants, et surtout nos devoirs envers le conseil. Les symboles de fertilité et d'abondance nous font souvenir de la bonté de la nature, qui est un don de la Providence. Les différentes petites fautes, inévitables peut-être dans les parties les plus délicates de la représentation, — et je ferai ici une mention particulière de la honteuse ivresse d'Antoine Giraud, qui s'était si imprudemment chargé du rôle de Silène, comme d'un sujet qui mérite toute votre attention, car il est plein d'instruction pour tous ces coquins qui font un trop fréquent usage des dons de Bacchus ; — dans ces fautes, dis-je, nous trouvons l'image de nos terribles imperfections ; tandis que l'ordre, qui a régné en général, et la parfaite obéissance de tous les subordonnés nous offrent un modèle de la beauté d'une police exacte et vigilante, et d'une société bien gouvernée. Ainsi vous voyez que, malgré l'apparence, toute cette pompe païenne renferme une morale chrétienne. Que Dieu nous fasse la grâce d'oublier la première, et de nous souvenir de la dernière, qui convient mieux à nos mœurs et à notre commune patrie ! Maintenant qu'il ne faut plus penser aux divinités ni à leurs légendes, — à l'exception de ce Silène dont la mauvaise conduite, je vous le promets, ne passera pas sous silence, — nous accorderons quelque attention aux affaires des mortels. Le mariage est honorable aux yeux de Dieu et des hommes ; et si je n'ai jamais eu le loisir d'entrer moi-même dans ce saint état, retenu comme j'ai été par une foule de raisons, mais surtout par les liens qui m'attachent à la république, à laquelle nous devons tout autant et même plus de dévouement que la plus fidèle des femmes n'en doit à son mari, je ne voudrais cependant pas que vous pussiez douter de ma haute vénération pour le mariage. J'atteste au contraire que je n'ai rien vu, dans ce jour mémorable, avec plus de satisfaction que l'union qui va être sanctionnée par nous d'une manière convenable à l'importance de cette solennité.

Laissez approcher le marié et la mariée; que tout le monde puisse contempler ce couple heureux!

A l'ordre du bailli, Jacques Colis conduisit Christine sur le petit théâtre préparé pour leur réception : tous deux se trouvèrent alors plus exposés aux regards des spectateurs. Le mouvement, l'émotion inséparable d'une situation si publique amena un plus vif éclat sur les joues de la fiancée, et un murmure universel d'applaudissements s'éleva de nouveau ; la réunion de la jeunesse, de l'innocence, et de tout le charme d'une femme s'insinua dans les esprits même les plus vulgaires, et tous commencèrent à sentir ses craintes et à partager ses espérances.

— C'est admirable! s'écria dans la joie de son cœur Peterchen, qui n'était jamais plus heureux que lorsqu'il procédait officiellement au bonheur des autres. Tout nous promet un excellent ménage! Un jeune homme loyal, sobre, industrieux, actif, uni à une belle et bonne femme, peut chasser le chagrin loin de ses foyers. N'oublions pas que le serment qu'ils vont prononcer, étant légal, doit être entouré de gravité et de respect. — Que le notaire s'avance, — non pas celui qui en a si bien joué le rôle, mais l'honorable et intègre officier justement chargé de remplir ces respectables fonctions. — Nous écouterons le contrat. Je vous recommande un silence décent, mes amis; ce n'est plus une fiction, mais l'exécution des lois est un mariage véritable. — Grave affaire, bien certainement qu'on ne doit jamais traiter légèrement, puisque quelques paroles prononcées rapidement dans cette minute solennelle peuvent être suivies du repentir de toute la vie.

Toutes les formalités furent accomplies avec la plus grande décence, suivant les désirs du bailli. Un notaire lut à haute voix le contrat de mariage, qui contenait les relations civiles et les droits mutuels des parties, et qui n'attendait plus que leurs signatures pour être valable. Un tel acte exigeait naturellement que les noms réels des mariés, leur âge, leur naissance, leur famille, et tous les faits nécessaires pour établir l'identité et assurer les droits de succession, fussent assez clairement établis pour rendre ce document valide, dans la période même la plus éloignée, si l'on avait besoin de recourir à son témoignage. On écouta ces détails, d'ordinaire si indifférents, avec l'attention la plus profonde; et Adelheid, qui distingua la respiration concentrée, mais précipitée de Sigismond, tremblait que dans ce moment délicat un incident non prévu vint encore ajouter à sa vive émotion. Mais le notaire semblait avoir reçu sa leçon, et les détails qui concernaient Christine étaient arrangés avec un tel art, que, tout en étant parfaitement réguliers, ils éloignaient le soupçon, et que nulle attention ne fut attirée sur le point qu'on avait le plus redouté. Sigismond respirait plus librement à mesure que le notaire approchait de la conclusion, et Adelheid entendit le soupir qui lui échappa quand la lecture fut finie, avec cette joie que fait éprouver la délivrance d'un imminent danger. Christine elle-même sembla soulagée, quoique son inexpérience l'eût préservée, en grande partie, des craintes qu'une plus grande habitude des affaires avait fait éprouver à Sigismond.

— Ceci est tout à fait en règle, et il ne reste plus qu'à recevoir les signatures des parties respectives et de leurs amis, reprit le bailli ; un heureux ménage est semblable à un État bien ordonné ; c'est un avant-goût des joies et de la paix du ciel ; tandis qu'un intérieur chagrin et une union mal assortie peuvent être comparés à toutes les peines de l'enfer. Il faut que les amis des mariés sortent de la foule pour signer promptement, quand eux-mêmes se seront acquittés de ce devoir.

Un petit nombre de parents et d'associés de Jacques Colis vinrent se placer près de lui, et il signa aussitôt avec l'empressement d'un homme qui cherche à hâter son bonheur. Il y eut une pause ; chacun était curieux de voir les parents qui viendraient soutenir la tremblante jeune fille dans le moment le plus important et le plus solennel de sa vie. Quelques minutes s'écoulèrent, et personne ne parut. Sigismond respirait à peine, il semblait prêt à étouffer ; et, cédant à une généreuse impulsion, il se leva.

— Pour l'amour du ciel ! par pitié pour vous ! pour moi ! soyez plus calme, murmura Adelheid, glacée de terreur, car elle avait vu un éclair rapide sillonner son front.

— Je ne puis pas abandonner la pauvre Christine aux dédains du monde dans un tel instant ! Dussé-je mourir de honte, je dois avancer et me faire connaître.

La main de mademoiselle de Willading était posée sur son bras, et il cédait à cette silencieuse mais touchante prière, quand il vit que sa sœur allait sortir de son accablante solitude. La foule livrait un libre passage à un couple respectable vêtu comme de simples mais honorables bourgeois, et qui sans doute se dirigeait vers la mariée ; les yeux de Christine se remplirent de larmes, car la terreur d'un affront public fit soudain place à la joie. Ceux qui venaient la secourir dans sa pénible épreuve étaient son père et sa mère; ils s'avancèrent lentement vers elle, se placèrent à ses côtés, et osèrent alors jeter de furtifs et timides regards sur la multitude.

— Il est sans doute très-pénible pour des parents de se séparer d'une fille si belle et si soumise, reprit le stupide Peterchen, qui était porté à attribuer toutes les émotions aux causes les plus vulgaires. Il se passe en eux de douloureux combats : d'un côté la nature, de l'autre les conditions du contrat et la marche de notre cérémonie. J'ai souvent moi-même de semblables faiblesses ; les cœurs les plus sensibles y sont exposés. Mais, mes enfants, c'est le public, et je ne puis pas trop m'abandonner à ce que je pourrais appeler des détails de sentiment; autrement, par l'âme de Calvin! je ne serais qu'un bailli ordinaire! N'êtes-vous pas le père et la mère de cette charmante et modeste personne?

— Nous le sommes, répondit doucement Balthazar.

— Vous devez être de Vevey ou de ses environs, si j'en juge par votre accent?

— Du grand canton, *mein herr :* — cette réponse était exprimée en allemand, car ces districts resserrés possèdent presque autant de dialectes que de divisions territoriales ; — nous sommes étrangers dans le canton de Vaud.

— Il n'est pas moins heureux pour vous d'avoir marié votre fille à un Veveysan, et surtout sous les auspices de notre célèbre et généreuse abbaye. Je suis persuadé que votre enfant se trouvera bien de la complaisance avec laquelle elle s'est prêtée à nos cérémonies.

— Elle n'entrera pas sans dot dans la maison de son mari, répondit le père avec un plaisir mêlé de quelque orgueil; car ceux à qui les chances de la vie ont laissé si peu de sources de satisfaction, sentent doublement le prix de celles qui ne leur ont pas été refusées.

— C'est bien; vous êtes un bon, un digne couple! et je ne doute pas que vos enfants ne vous ressemblent. Monsieur le notaire, nommez à haute voix ces braves gens, afin d'entourer leur signature d'une formalité plus respectable.

— C'est impossible, répondit avec promptitude le fonctionnaire public, qui était nécessairement dans le secret de l'origine de

Christine, et dont la discrétion avait été bien payée ; ce serait déranger l'ordre et la régularité de nos procédés.

— Comme vous voudrez ; car je ne veux certainement rien d'illégal, et moins encore rien qui trouble l'ordre. Mais, au nom du ciel ! terminons ce travail de plume, on vient de me dire que le banquet ne pouvait pas se retarder plus longtemps sans inconvénient. Savez-vous écrire, brave homme?

— Pas trop bien, *mein herr;* mais assez pour passer un contrat dans les formes légales.

— Donnez la plume à la mariée, monsieur le notaire, et ne différons plus l'heureuse conclusion.

Ici le bailli se détourna, et donna tout bas l'ordre à un de ses subordonnés d'aller sur-le-champ presser l'heure du repas. Christine reçut la plume d'une main tremblante, et en pâlissant ; déjà elle la posait sur le papier, quand un cri soudain vint détourner l'attention de tous les assistants.

— Qui ose interrompre d'une manière si indécente cette grave cérémonie, honorée de notre présence? demanda sévèrement le bailli.

Pippo, que la pression de la foule avait repoussé, avec les autres prisonniers, assez près de l'estrade, s'avança plus encore ; et, ôtant son chapeau avec une convenable expression de respect, il se présenta humblement devant Péterchen.

— C'est moi, illustre et excellent gouverneur, répondit le rusé Napolitain que les excès de la soirée rendaient plus audacieux, mais qui avait recouvré sa perspicacité ordinaire; c'est moi, Pippo, artiste obscur, mais, je l'espère, très-honnête homme, et de plus, rempli de respect pour la loi, et véritable ami de l'ordre.

— Il faut laisser ce brave homme s'expliquer franchement ; celui qui a de tels principes mérite d'être entendu. Dans ce siècle, où les innovations les plus coupables, les tentatives les plus atroces, menacent sans cesse de renverser l'autel, l'État et le crédit public, de tels sentiments sont semblables à la rosée sur le gazon altéré.

Le lecteur ne doit pas conclure des paroles du bailli, que Vaud fût à la veille de quelque grande commotion politique; mais comme le gouvernement était lui-même une usurpation fondée sur un faux principe d'exclusion, il était aussi ordinaire alors qu'à présent de s'élever contre l'agonie morale et la justice outragée ; le même empressement de posséder, et une égale rapacité pour retenir des biens injustement acquis, et la même audace d'assertions téméraires, souvent avancées dans le seul but de mystifier, envahissaient le monde chrétien, il y a un siècle, comme aujourd'hui.

Le malin Pippo vit que l'amorce avait pris, et il continua d'un air plus respectueux et plus franc encore.

— Quoique étranger, illustrissime gouverneur, j'ai assisté avec le plus grand plaisir à ces joyeuses et excellentes cérémonies; elles sont renommées de près et de loin, et il n'y aura guère d'autre sujet d'entretien, dans l'année qui s'approche, que Vevey et ses jeux. Mais un grand scandale est suspendu sur vos honorables têtes, il dépend de moi de le détourner; et saint Janvier ne permet pas que moi, étranger, si bien reçu dans votre ville, je cède dans cette circonstance à une fausse modestie. Sans doute, digne gouverneur, Votre Excellence croit que cette honnête Veveysan va s'unir à une fille recommandable, dont le nom honoré peut être prononcé dans cette auguste solennité, et devant cette noble assemblée?

— Que dites-vous? cette jeune fille est belle, même modeste, au moins en apparence; si tu en sais quelque autre chose, dis ton secret à l'oreille de son mari ou de ses amis; mais ne viens pas ainsi troubler notre harmonie par les paroles de mauvais augure, au moment où nous sommes prêts à faire un épithalame en l'honneur de cet heureux couple. Ces pointilleuses recherches dans le passé sont funestes à l'hymen, mes amis, et j'ai grande envie d'envoyer ce drôle passer un mois ou deux dans notre cachot de Vevey, en dépit de son amour de l'ordre, qui me paraît ressembler à un sentiment tout contraire.

Pippo hésita; il n'avait pas encore le libre exercice de toutes ses facultés, et sa subtilité ordinaire était un peu en défaut. Cependant, accoutumé à braver l'opinion publique, à couvrir les fautes de son jeu, en mettant à contribution la patience et la crédulité de son auditoire, il se détermina à persévérer, persuadé que c'était la meilleure manière de se tirer de l'embarras où l'avait placé son indiscrétion.

— Un million de pardons, grand bailli, répondit-il; il n'y a au monde que le désir ardent de rendre justice à Votre Honneur, et à la célébrité des fêtes de l'abbaye qui a pu..... m'entraîner si loin. Mais.....

— Parle donc, coquin, et mets un terme à toutes ces périphrases.

— J'ai peu à dire, Signore, si ce n'est que le père de cette *illoustrious* fiancée, qui est au moment d'honorer la ville de Vevey, en célébrant ses noces dans son sein, est le bourreau de Berne, — un misérable qui, dernièrement, a presque causé la perte d'un grand nombre de chrétiens que la loi n'avait pas condamnés, et qui est si bien favorisé du ciel, qu'il est capable d'attirer le destin de Gomorrhe sur votre ville.

Pippo alla reprendre sa place parmi les prisonniers avec l'air d'un homme qui s'est déchargé d'un dépôt important; et on le perdit de vue sur-le-champ. L'interruption avait été si rapide et si imprévue, et l'Italien avait débité sa tirade avec tant de véhémence, qu'aucun des assistants n'avait eu assez de présence d'esprit pour l'interrompre; quelques uns cependant en avaient prévu, mais trop tard, le funeste résultat. Une sourde agitation parcourut la foule; elle frémit, semblable à une vaste étendue d'eau qu'un tourbillon passager trouble un instant, et qui rentre ensuite dans son calme habituel. Le bailli fut celui qui manifesta le moins de surprise et de chagrin; car, pour lui, le dernier ministre de la loi était un objet, sinon de respect, du moins d'une bienveillance politique, bien éloignée du mépris.

— Que signifie cela? dit-il avec l'accent de celui qui s'attendait à une révélation beaucoup plus importante, est-il possible que ce soit vrai! Ecoutez, mon ami, êtes-vous réellement le notable Balthazar, celui dont la famille a rendu tant de services au canton?

Balthazar vit que son secret était découvert, et qu'il était plus sage de convenir simplement du fait, que d'avoir recours à d'inutiles dénégations. La nature l'avait doué d'une forte et pure inclination pour le vrai, et il portait toujours en lui la profonde conviction de l'injustice dont les lois d'une société inhumaine le rendaient victime. Relevant la tête, il regarda autour de lui avec fermeté, car il avait aussi malheureusement l'habitude d'agir en public, et il répondit à la question du bailli avec sa douceur ordinaire, mais non sans dignité.

— Herr bailli, je suis par héritage le dernier vengeur de la loi.

— Par mon siége de bailli! ce titre me plaît, il est très-bon! le dernier vengeur de la loi! Si les fripons volent, si les mécontents conspirent, il est bien juste qu'il y ait une main qui mette un terme à leurs coupables menées; et pourquoi ne serait-ce pas la tienne, aussi bien que celle d'un autre? Officiers, que ce coquin d'Italien soit enfermé pendant une semaine au pain et à l'eau, pour s'être joué avec tant d'impudence de la patience du public. Ainsi, honnête Balthazar, cette respectable dame est ta femme, cette belle personne est ta fille. — Existe-t-il d'autres rejetons d'une si bonne race?

— Dieu a béni ma famille, *mein herr*.

— Oui, Dieu t'a béni! — C'est une grande félicité, je le sais par une amère expérience, — n'étant pas marié, je connais le malheur d'être sans enfants. — Je n'en dirai pas davantage. Signe le contrat, honnête Balthazar, avec ta femme et ta fille, et terminons tout ceci.

La famille proscrite allait obéir, quand Jacques Colis se dépouilla brusquement de tous ses ornements de marié, déchira le contrat et déclara publiquement qu'il avait changé d'avis, et qu'il ne voulait pas épouser la fille d'un bourreau. Une franche déclaration en faveur d'un préjugé reçu entraîne d'ordinaire l'esprit public; et, après le premier moment de surprise, un cri unanime d'applaudissement, suivi d'un rire général et ironique, accueillit la détermination du jeune homme. La foule se pressait avec une intensité toujours croissante sur les gardiens des limites, sa masse impénétrable rendait toute circulation impossible; un silence de mort régna tout à coup; on aurait dit que la respiration de tous les assistants s'était suspendue pour attendre le résultat de cette scène singulière.

La résolution de Jacques Colis avait été si soudaine, si peu prévue, que ceux qu'elle touchait de plus près ne comprirent pas d'abord toute l'étendue de la disgrâce qui venait de les frapper. L'innocente et inexpérimentée Christine était semblable à la froide statue d'une vestale, sa main indécise tenait la plume prête à tracer son nom encore sans tache, et ses regards étonnés suivaient les agitations de la multitude, comme l'oiseau craintif guette, avant de prendre son vol, les feuilles tremblantes du buisson. Mais l'illusion était impossible; et l'humiliante réalité ne s'offrait que trop tôt à sa pensée; tandis que le calme d'une curiosité profonde avait remplacé l'émotion momentanée des spectateurs, elle offrait l'exquise mais douloureuse image d'une femme blessée dans tous ses sentiments.

Ses parents aussi restèrent stupéfaits de ce choc inattendu; ils furent longtemps avant de recouvrer la faculté de repousser comme ils le devaient une insulte si grossière.

— Ceci est tout à fait inusité, observa sèchement le bailli, qui rompit le premier ce long et pénible silence.

— Cela est tout à fait brutal, dit vivement le signor Grimaldi ; si le marié n'a pas été trompé, il est entièrement sans excuse.

— Votre expérience, Signore, vous a suggéré sur-le-champ le véritable point de vue de cette question compliquée ; je vais tâcher de l'éclaircir sans délai.

Sigismond se rassit quand il entendit ces paroles, et sa main quitta la garde de son épée, qu'elle serrait par un mouvement involontaire.

— Pour l'amour de votre pauvre sœur, restez ! dit à voix basse Adelheid épouvantée, tout ira bien, — cela doit être. — Il est impossible qu'un être si doux, si innocent, soit ainsi outragé.

Un effrayant sourire contracta les lèvres du jeune homme ; il parut tel, du moins, à Adelheid ; mais son maintien conserva une apparente tranquillité. Pendant ce temps Peterchen, après avoir dépêché un autre message aux cuisiniers, tourna son attention vers la difficulté qui venait de s'élever.

— Le conseil a plus d'une fois remis entre mes mains d'honorables affaires ; mais jamais jusqu'à ce jour je n'ai été chargé de juger une mésintelligence conjugale, peut-on dire, avant même l'union des parties. C'est une grave interruption des cérémonies de l'abbaye, c'est une espèce d'affront pour le notaire et le public ; ceci mérite d'être approfondi. Herr fiancé, persistez-vous à terminer d'une manière si irrégulière, si inusitée, la cérémonie de votre mariage ?

Jacques Colis ne ressentait plus dans toute sa violence l'impulsion qui l'avait porté à l'acte inconsidéré de détruire un engagement légalement contracté ; mais ce premier élan avait fait place à la ferme résolution de persévérer dans son refus, n'importe à quel prix.

— Je ne veux pas épouser la fille d'un homme repoussé de la société, et que tout le monde évite, répondit-il avec brusquerie.

— Il n'y a pas de doute que la réputation des parents ne soit la première chose à considérer dans le choix d'une femme, répondit le bailli ; mais un homme de votre âge n'a pas attendu ce moment-ci pour s'informer de la famille dans laquelle il allait entrer.

— On avait juré de garder le secret ; la jeune fille a été bien élevée, et j'avais reçu la promesse solennelle qu'on ne connaîtrait jamais ses parents. La famille des Colis est estimée dans le canton de Vaud, et je ne veux pas qu'il soit dit que le sang d'un bourreau a souillé une source aussi pure que la nôtre.

— Et cependant vous le vouliez bien à condition qu'on n'en saurait rien ; votre objection porte donc moins sur le fait en lui-même que sur ce qu'on pourrait en dire.

— Sans les parchemins et les discours, monsieur le bailli, notre naissance à tous serait égale. Demandez au noble baron de Willading, qui est assis près de vous, pourquoi il vaut mieux qu'un autre. Il vous dira qu'il est issu d'une ancienne famille. Mais, si, dans son enfance, on l'avait enlevé de son château, caché sous un faux nom ; si les hommes ne savaient pas ce qu'il est en effet, à quoi lui serviraient les actions de ses ancêtres? Ce qui, dans un tel cas, aurait ravi au baron de Willading l'estime du monde, l'aurait assurée à Christine ; et, de même que la découverte de la vérité serait favorable au baron, elle perd Christine en la faisant connaître pour la fille de Balthazar. Je l'aurais épousée dans son ancienne position ; mais je vous demande bien pardon, monsieur le bailli, si j'ajoute que je ne l'épouserai pas dans celle où elle se trouve à présent.

Cette plausible et prompte apologie fut suivie d'un murmure flatteur ; car les hommes sont facilement convaincus par une moralité douteuse et de faibles arguments, quand il s'agit de justifier une amère répugnance profondément gravée dans leurs esprits.

— Cet honnête jeune homme n'est pas tout à fait dépourvu de raison, observa le bailli embarrassé en secouant la tête, je voudrais qu'il fût moins habile dans la discussion, ou que le secret eût été mieux gardé! Mais il est clair, comme le soleil dans le ciel, ami Melchior, que, si vous n'aviez pas été connu pour être l'enfant de votre père, vous n'auriez pas hérité de votre château ni de vos biens. — Non, par saint Luc! pas même des droits du Bürgerschaft.

— A Gênes nous avons l'habitude d'entendre les deux parties, reprit gravement le signor Grimaldi, afin de mieux connaître le bon droit. Si quelqu'un réclamait les honneurs et le nom du signor Willading, vous ne les lui accorderiez pas sans avoir interrogé notre ami sur ses propres prétentions.

— Bien, très-bien! c'est la justice, tandis que le discours du fiancé n'est, après tout, qu'un raisonnement. Ecoutez, Balthazar, et vous, excellente femme, la sienne, son épouse, et vous aussi, jolie Christine, qu'avez-vous tous à répondre au sensé plaidoyer de Jacques Colis?

Balthazar, que le genre de ses fonctions et ses devoirs comme homme avaient souvent exposé à recevoir de cruels témoignages de la haine publique, avait bientôt retrouvé son calme habituel, quoiqu'il ressentît les angoisses d'un père et qu'il éprouvât un juste ressentiment de l'outrage que recevait la plus douce, la meilleure des filles. Mais le coup avait porté une plus forte atteinte à Marguerite, l'ancienne et fidèle compagne de sa pénible existence.

La femme de Balthazar n'était plus jeune, mais elle conservait un noble maintien et quelques traces de la beauté qui l'avait rendue si remarquable dans sa jeunesse. Quand les paroles qui annonçaient la perte de sa fille frappèrent son oreille, une pâleur mortelle se répandit sur son visage : on aurait pu croire, durant plusieurs minutes, qu'elle venait de dire un éternel adieu aux intérêts et aux émotions de la vie, tandis qu'elle luttait en effet contre une des plus violentes douleurs que le cœur humain puisse contenir, celle d'une mère blessée dans l'objet de sa maternelle affection. Le sang commençait à circuler lentement dans ses veines, quand le bailli leur adressa la parole; sa figure ranimée exprima alors une foule de sentiments qui menaçaient de frustrer ses propres désirs, en lui ôtant la faculté de s'exprimer.

— Tu peux lui répondre, Balthazar, dit-elle avec précipitation, cherchant à l'encourager. — Tu es accoutumé aux dédains de cette multitude. — Tu es un homme, tu peux nous faire rendre justice.

— Herr bailli, dit le bourreau, qui s'écartait rarement de la douceur qui le caractérisait, Jacques a dit la vérité sur beaucoup de points; mais tous ceux qui sont ici peuvent voir que la faute ne vient pas de nous; on ne peut en accuser que cet inhumain vagabond. Le misérable a tenté de me faire périr sur le lac pendant notre dernière et malheureuse traversée; et, non content d'avoir voulu priver mes enfants de leur père, il vient m'outrager d'une manière mille fois plus cruelle. Ma naissance m'a destiné aux fonctions que je remplis, vous le savez, herr Hofmeister : elles n'auraient pas été ambitionnées par moi; mais les hommes regardent comme juste ce que la loi a voulu. Cette jeune fille ne peut jamais être appelée pour me remplacer; et, connaissant depuis l'enfance le mépris qui s'étend sur ma famille entière, j'ai cherché les moyens d'alléger pour elle le poids de la terrible malédiction qui pèse sur nous.

— Je ne sais si cela est tout à fait légal, interrompit le bailli. Quelle est votre opinion, herr von Willading? Ne pensez-vous pas que, si quelqu'un pouvait éluder ses devoirs héréditaires dans notre canton, aucun privilége héréditaire ne pourrait plus être réclamé? C'est une grave question; une innovation en amène une autre, et nos vénérables lois, nos saints usages, doivent être conservés, si nous voulons détourner le danger d'un changement.

— Balthazar a fait observer avec raison qu'une femme ne peut remplir les fonctions d'exécuteur.

— C'est vrai; mais ses enfants le pourraient. C'est une subtile question pour les docteurs en droit; elle doit être examinée. Parmi les offenses qui méritent l'enfer, puisse le ciel me préserver de désirer jamais un seul changement! Pourquoi établirait-on ce qui devrait un jour être changé? Toute variation est le péché le plus impardonnable en politique, signor Grimaldi, puisque ce qui est souvent changé perd sa valeur, même la monnaie.

— La mère voudrait dire quelques mots, dit le Génois, dont le coup d'œil rapide, mais observateur, s'était souvent porté sur cette famille si méprisée, et qui avait remarqué, tandis que le bailli divaguait avec son ordinaire prolixité sur les choses en général, l'anxiété toujours croissante de Marguerite, incapable de contenir plus longtemps ses douloureuses sensations.

— Avez-vous quelque chose à dire, bonne femme? demanda Peterchen, assez bien disposé à entendre les deux parties dans les cas douteux, à moins qu'il ne fût question de la suprématie du grand canton. Pour parler franchement, les raisons de Jacques Colis sont plausibles et spécieuses; il me semble qu'elles pèsent beaucoup dans la balance.

Le front de Marguerite redevint pâle, et elle tourna sur sa fille un regard si tendre, si protecteur, qu'on y lisait la complète concentration de tous ses sentiments, dans le plus fort de tous, l'amour d'une mère.

— Si j'ai quelque chose à dire? répéta lentement Marguerite, regardant avec fermeté cette foule curieuse et misérable qui, entraînée par son penchant pour tout ce qui est nouveau, et excitée par ses préjugés, se pressait sur les hallebardes des soldats. Une mère a-t-elle quelque chose à dire pour la défense de son enfant insultée et outragée? Pourquoi n'as-tu pas demandé aussi, herr Hofmeister, si j'étais une créature humaine? Balthazar et moi, nous sommes d'une race proscrite, je le sais; mais comme toi, orgueilleux bailli, comme le noble assis à tes côtés, nous sommes les enfants de Dieu! L'opinion et le pouvoir des hommes pèsent sur nous depuis l'enfance, et nous sommes accoutumés aux dédains du monde comme à son injustice.

— Ne dites pas cela, bonne femme; rien n'est plus nécessaire que la sanction de la loi. Vous parlez à présent contre vos intérêts, et je vous interromps par pure bienveillance; il serait scandaleux de me voir siéger ici pour écouter une personne qui ose diffamer la loi elle-même.

— Je ne sais rien des subtilités de tes lois; mais je connais bien leur cruauté et leurs crimes envers moi et les miens! Toutes créatures naissent avec l'espérance; mais nous, nous sommes opprimés dès le berceau. Celui qui ôte l'espoir ne peut être un homme juste : le pécheur le plus coupable a droit d'espérer dans la miséricorde céleste; et nous qui vivons sous tes lois, nous n'avons pas d'autre perspective que la honte et le mépris!

— Mais non, vous êtes dans l'erreur, ma brave Dame; ce privilège a d'abord été accordé à votre famille en récompense de ses bons services, je n'en doute pas, et pendant longtemps cet emploi a été considéré comme très-estimable.

— Je ne sais si, dans des siècles reculés, quand notre pays gémissait sous l'oppression, que les hommes du premier rang étaient aussi barbares que le sont aujourd'hui ceux du dernier, quelques uns de nos ancêtres ont été assez cruels pour choisir de telles fonctions; mais je nie qu'excepté celui qui tient l'univers dans sa main, et qui a l'éternité pour compenser les maux de cette vie, il existe un seul être qui ait le droit de dire à un fils :
— Tu seras l'héritier du malheur de ton père!

— Comment! vous mettez en question le système de l'hérédité! bientôt vous discuterez les droits du Bürgerschaft.

— Je ne connais pas, herr bailli, les distinctions délicates de vos droits dans la cité, et je n'ai pas le projet de rien dire pour ou contre; mais le mépris et l'amertume déversés sur l'existence entière inspirent de tristes rêveries et de profondes réflexions ; j'aperçois une grande distance entre la conservation de priviléges bien acquis, lors même qu'ils entraîneraient, comme ils le font en effet, des abus pénibles à supporter, et l'opposition non méritée d'une famille châtiée pour les fautes de ses ancêtres! Ce n'est pas là cette justice qui émane du ciel; et il viendra un jour où il faudra rendre un terrible compte de cette sanglante cruauté!

— Le chagrin que vous cause cette charmante fille, bonne Marguerite, vous inspire d'étranges paroles.

— N'est-elle pas l'enfant d'un bourreau et d'une femme issue aussi de ces races proscrites, comme la belle personne qui est placée près de toi est l'enfant du noble assis à tes côtés? Dois-je l'aimer moins, parce qu'un monde cruel la repousse? N'ai je donc pas ressenti les mêmes douleurs à sa naissance, la même joie à son premier sourire, la même espérance dans les promesses de son enfance, la même sollicitude, quand j'ai consenti à remettre son bonheur entre les mains d'un autre, que la femme qui porta dans son sein cette jeune fille plus fortunée, mais non plus belle? Dieu a-t-il créé deux natures? nous a-t-il donné d'autres entrailles, un autre amour pour nos enfants? a-t-il ainsi distingué ceux qui sont riches et honorés de ceux qui sont méprisés, foulés aux pieds?

— Allons, bonne Marguerite, vous posez la question sous un point de vue qui n'est pas ordinaire. Nos usages vénérés, nos édits solennels, les règlements de nos cités, la fermeté de notre gouvernement qui produit de si heureux effets, tout cela n'est donc rien?

— C'est beaucoup; car je crains qu'ils ne l'emportent sur le bon droit, qu'ils ne durent encore quand les larmes de l'opprimé seront épuisées, quand ils seront oubliés, eux et leurs malheurs!

— Votre fille est belle et modeste, observa le signor Grimaldi; et d'autres offres vous dédommageront sans doute de cette injure; celui qui a pu la repousser n'était pas digne d'elle!

Marguerite tourna encore ses yeux étincelants vers sa fille, toujours pâle et immobile; l'impression de son regard s'adoucit; elle l'entoura de ses bras, l'attira sur son sein comme la colombe cherche à couvrir sa jeune couvée. Toute la violence de ses sentiments parut se confondre dans son amour maternel.

— Mon enfant est belle, herr Peter, continua-t-elle sans s'apercevoir de l'interruption. Mais elle est plus que belle, elle est bonne!

Christine est bonne et soumise ; elle ne voudrait pas, pour le monde entier, briser le cœur d'un autre, comme le sien l'a été aujourd'hui ; tout humiliés, tout méprisés que nous sommes, bailli, nous avons nos pensées, nos désirs, nos espérances, nos souvenirs, et tous les autres sentiments des heureux du monde. Quand mon esprit s'est torturé à raisonner sur la justice d'un destin qui a condamné toute ma race à n'avoir avec leurs semblables qu'un seul lien, celui du sang ; quand l'amertume a gonflé mon cœur jusqu'à le briser, que j'étais prête à maudire la Providence et à mourir ; cette douce, cette tendre créature, est venue éteindre le feu qui me consumait, me racheter à la vie ; son amour, son innocence, m'ont rendu la volonté de vivre, même sous le poids d'un fardeau plus lourd encore que le mien. Ta famille est honorée, bailli, et tu ne peux pas comprendre la plupart de nos souffrances ; mais tu es homme, et tu dois savoir ce que c'est que d'être blessé dans un autre, quand cet autre nous est mille fois plus précieux que notre propre chair !

— Vos paroles sont étranges, bonne Marguerite, interrompit de nouveau le bailli qui sentait un malaise dont il aurait voulu être débarrassé. Juste ciel ! qui peut aimer quelque chose de mieux que sa propre chair ? En outre, vous devriez vous rappeler que je suis célibataire, et que les célibataires sont naturellement portés à ressentir plus d'affection pour eux que pour les autres. Mettez-vous de côté, laissez passer le cortége, que nous puissions enfin nous rendre au banquet qui nous attend. Si Jacques Colis ne veut plus de votre fille, je n'ai pas le pouvoir de changer sa volonté. Doublez la dot, bonne femme, et vous aurez des maris à choisir, en dépit de la hache et de l'épée qui figurent dans votre écusson. Que les soldats fassent faire place à ces honnêtes gens, qui sont, après tout, les fonctionnaires de la loi, et qui doivent être protégés comme nous-mêmes.

La foule obéit, et livra un libre passage à tous ceux qui avaient accompagné les mariés et le dieu de l'hymen, et ceux-ci disparurent promptement, sentant le double ridicule qui frappe une folie, lorsqu'elle n'atteint pas même le but absurde qu'elle se proposait.

CHAPITRE XIX.

> Jamais tu ne répandis de larmes amères dans le sein d'une femme, jamais une femme ne versa sur tes blessures la pitié de ses regards.
>
> BURNS.

UNE grande partie des curieux suivit les masques déconcertés ; d'autres se hâtèrent de rompre leur longue abstinence, dans les différents lieux disposés pour satisfaire à ce devoir qui jouait un rôle si important dans la fête du jour ; presque tous ceux qui remplissaient l'estrade la quittèrent, et il ne resta dans le petit espace réservé, en face du bailli, qu'une centaine de personnes dont la sensibilité l'emportait sur leurs propres besoins. Peut-être cette distribution de la multitude offre-t-elle la proportion qui se rencontre d'ordinaire parmi les masses spectatrices de scènes où s'agitent des intérêts généraux auxquels elles sont totalement étrangères, et dont l'égoïsme ne sait s'il doit céder à la compassion et à la sympathie pour l'opprimé.

Le bailli, ses connaissances les plus intimes, les prisonniers et la famille de Balthazar se trouvaient avec quelques gardes. Parmi ceux qui restaient, l'affairé Peterchen avait un peu perdu de vue le banquet en cherchant à résoudre la difficile question qui s'était élevée ; il était aussi tranquillisé par la certitude que rien d'essentiel en gastronomie ne se passerait en son absence. Nous serions injustes envers son cœur si nous n'ajoutions pas qu'il ressentait quelques scrupules de conscience, qui l'avertissaient intérieurement que le monde traitait avec rigueur la famille de Balthazar. De plus, il fallait régler le sort de Maso et de ses compagnons, et soutenir le caractère d'un magistrat aussi juste que ferme. A mesure que la foule diminuait, lui et ceux qui l'entouraient descendirent de leurs sièges élevés, et se mêlèrent au petit nombre d'assistants qui se trouvaient dans l'enceinte encore gardée en face du théâtre.

Balthazar restait immobile près de la table du notaire ; car, à présent qu'il était connu, il frémissait de s'exposer avec sa femme

LE BOURGEAU DE BRESSE.

et sa fille aux insultes de la foule, et il attendait le moment favorable pour disparaître sans être aperçu ; Marguerite pressait encore Christine dans ses bras, comme si elle craignait quelque insulte nouvelle pour sa fille bien aimée. Le lâche fiancé avait saisi la première occasion de s'échapper ; on ne le revit plus à Vevey pendant le reste des fêtes.

Peterchen, en descendant de l'estrade, regarda le groupe d'un air un peu embarrassé ; et, se tournant vers les archers, il leur fit signe de s'approcher avec leurs prisonniers.

— Ta maudite langue a troublé un des plus doux moments de cette joyeuse journée, dit le bailli à Pippo, avec un accent sévère ; je ferais bien de t'envoyer à Berne, balayer les rues pendant un mois, pour te punir de ton indiscrétion. Mais, au nom de tous les saints, de toutes les idoles que Rome honore, dis-moi pourquoi tu es venu détruire le bonheur de cette honnête famille, d'une si étrange manière ?

— Mon seul motif, Excellence, est l'amour de la vérité, et une juste horreur pour l'homme de sang.

— Je comprends aisément que toi et tes pareils aimiez peu les ministres de la loi, et il est probable que ta répugnance va s'étendre jusqu'à moi ; car je vais prononcer un juste arrêt contre toi et tes compagnons pour avoir dérangé l'ordre de mes cérémonies, et surtout pour l'énorme crime d'outrage envers nos agents.

— Pourriez-vous m'accorder une minute ? demanda tout bas le Génois.

— Une heure, noble Gaëtano, si vous le désirez.

Ils s'entretinrent quelques instants à l'écart, et durant ce court dialogue le signor Grimaldi, ayant regardé par hasard Maso, dont le calme avait l'apparence du repentir, étendit le bras vers le Léman pour faire comprendre aux prisonniers le sujet de leur conversation. A mesure qu'herr Hofmeister écoutait, on voyait sa sévérité officielle se changer en une expression d'intérêt, et bientôt un total relâchement dans les muscles de son visage annonça ses indulgentes dispositions. Quand le Génois cessa de parler, il s'inclina en signe d'assentiment, et retourna vers les prisonniers.

— Comme je l'observais tout à l'heure, je suis obligé de prononcer un jugement définitif sur ces hommes et sur leur conduite. Je considère d'abord qu'ils sont étrangers ; et comme tels, non seulement ils ignorent nos lois, mais ils ont des droits à notre hospitalité; ensuite ils ont été suffisamment punis pour leur première offense par leur exclusion de la fête. Quant au crime commis contre nous-mêmes dans la personne de nos officiers, il est pardonné; car la clémence est une généreuse impulsion, et elle devient une forme paternelle de gouvernement. — Ainsi partez tous, pour l'amour de Dieu, et tâchez à l'avenir d'être plus discrets. Signore, et vous, herr baron, ne pourrions-nous pas aller à présent prendre place au banquet?

Déjà les deux amis marchaient en avant, causant d'une voix basse, mais animée; ce qui obligea le bailli à chercher un autre compagnon. Sigismond s'offrit seul à sa vue; depuis qu'il avait quitté l'estrade, il était plongé dans un état d'indécision et de découragement complet, malgré sa grande énergie physique et l'activité ordinaire de son âme. Prenant le bras du jeune soldat avec cette familiarité qui dénote la condescendance, le bailli l'entraîna sans remarquer sa répugnance et sans observer qu'en conséquence de la désertion générale, Adelheid restait seule avec la famille de Balthazar : peu de personnes étant disposées à se livrer à leur compassion, si ce n'est en présence des autorités et de la noblesse.

—Cet emploi de bourreau, herr Sigismond, dit le peu pénétrant Peterchen, trop préoccupé de ses opinions et du droit de les exprimer devant un jeune homme qu'il regardait comme son inférieur, pour s'apercevoir de son trouble, est, dans le fond un dégoûtant office, quoique la prudence et notre propre intérêt nous obligent, nous autres hommes placés dans des postes élevés, de paraître en public le considérer autrement. Tu as souvent eu l'occasion de remarquer dans la discipline militaire qu'on doit quelquefois présenter les choses sous un faux point de vue, de peur que ceux qui sont très-nécessaires à l'Etat ne s'avisent de penser que l'Etat ne leur est pas tout à fait aussi utile. Que pensez-vous de la conduite de Jacques Colis, capitaine Sigismond, vous dont l'avenir et les espérances s'appuient encore sur cette douce moitié du genre humain? — doit-on l'approuver, ou le condamner?

— Je le regarde comme un homme cruel, sans foi et sans honneur.

A l'énergie concentrée de ces paroles inattendues, le bailli s'arrêta, et regarda son compagnon comme pour en deviner la cause. Mais déjà tout était calme, car le jeune homme avait une trop longue habitude de maîtriser ses impressions quand la corde sensible de son origine était touchée, ce qui arrivait fréquemment, pour ne pas surmonter sur-le-champ une émotion involontaire.

— Oui, cette opinion est naturelle à votre âge, reprit Peterchen; vous êtes à cette époque de la vie où une jolie figure et un doux regard ont plus d'attraits que l'or lui-même : une fois trente ans arrivés, nous pensons à nos intérêts ; et il est rare que ce qui n'est pas lucratif nous semble digne de beaucoup d'admiration. — Mais la fille de Melchior de Willading est une femme à troubler toute une ville; car, outre son noble sang, elle possède l'esprit, la richesse et la beauté. — Qu'en pensez-vous?

— Qu'elle mérite tout le bonheur que ce monde peut accorder.

— Ah! herr Sigismond, vous êtes moins loin de la trentaine que je ne pensais! Mais, à l'égard de Balthazar, il ne faut pas que les paroles bienveillantes que je lui ai adressées vous persuadent que mon aversion pour ce malheureux est moins forte que la vôtre, que celle de tout honnête homme : il aurait été inconvenant et peu sage pour un bailli d'abandonner dans une circonstance publique celui qui exécute en dernier ressort les décrets de la loi. Il y a des sensations et des sentiments qui nous sont naturels à tous, et l'on doit placer parmi eux l'honneur, le respect accordés à une noble naissance (ce discours était exprimé en allemand); comme la haine et le mépris pour ceux que les hommes ont condamnés. Ce sont là des impressions qui appartiennent à la nature humaine elle-même ; et que Dieu me préserve, moi qui ai passé l'âge des illusions, d'entretenir aucun sentiment qui ne soit pas strictement dans les limites tracées par la nature.

— Mais ne sont-ils pas plutôt inspirés par nos abus, par nos préjugés?

— La différence n'est pas importante dans la pratique, jeune homme. Ce qui s'insinue en nous par l'éducation et l'habitude finit par l'emporter sur l'instinct, et même sur nos sens. Si vous avez près de vous un objet dont la vue soit pénible, ou si vous sentez une odeur désagréable, vous pouvez vous en délivrer en détournant les yeux, ou en ayant recours à votre mouchoir ; mais je ne trouverais jamais les moyens d'affaiblir un préjugé, une fois qu'il est bien établi dans l'esprit. Vous pouvez porter vos regards où bon vous semble, vous préserver des sensations peu agréables par tous les moyens que l'imagination peut fournir; mais si un homme est condamné par l'opinion, sa seule ressource est d'en appeler à la justice divine; il n'y a plus ici de pitié pour lui. C'est une vérité dont mon expérience, comme fonctionnaire public, ne me permet pas de douter.

— J'espère cependant que ce n'est pas la doctrine légale de notre ancien canton, répondit le jeune homme, qui se contenait mais non sans efforts.

— Elle en est aussi loin que Bâle l'est de Coire : nous nous gardons bien d'émettre de tels dogmes. Je défie de découvrir dans le monde entier une nation qui possède une plus belle collection de maximes que la nôtre, et nous tâchons même d'accorder la pratique avec la théorie, toutes les fois que nous le pouvons en sûreté. Pour tous ces détails Berne est un parfait modèle de société, et on n'y est pas plus sujet à y faire le contraire de ce qu'on dit que dans tout autre gouvernement que vous pourriez rencontrer. Je vous parle à présent, jeune homme, avec tout l'abandon qui suit une fête; le plaisir, comme vous savez, dispose à la confiance et à la franchise. Nous agissons en public avec une entière bonne foi, une parfaite égalité devant la loi, sauf les droits des cités, et nous jurons d'être toujours guidés par la sainte, la divine justice ; voilà la théorie : mais, bon Dieu ! si vous voulez connaître la réalité, allez devant le conseil ou les magistrats du canton, et vous serez témoin d'une sagesse, d'une fine pénétration dans l'art de la chicane, qui ferait honneur à Salomon même!

— Malgré cela les préjugés gouvernent le monde.

— Comment pourrait-il en être autrement? Un homme peut-il cesser d'être homme? ne suivra-t-il pas toujours le poids qui l'entraîne? L'arbre ne croît-il pas du côté où penchent ses branches? J'adore la justice, herr Sigismond, comme un bailli doit le faire; et cependant, en réfléchissant bien, je suis forcé d'avouer qu'il y a en moi préjugé et partialité. Tout à l'heure cette jeune fille, la jolie Christine, a perdu quelques unes de ses grâces à mes yeux, comme aux vôtres sans doute, quand elle a été connue pour l'enfant de Balthazar. Elle est belle, modeste, ses manières sont remplies d'attraits ; mais il y a quelque chose que je ne puis expliquer, que je ne puis dire : — un je ne sais quoi tant soit peu infernal, une teinte.... un coloris... qui m'a démontré son origine au moment où j'apprenais le nom de son père..... N'avez-vous pas éprouvé la même sensation?

— Quand sa naissance a été connue, mais pas auparavant.

— Oui, sans doute, c'est bien ainsi que je l'entends. Mais une chose ne perd rien à être vue dans son entier, quoiqu'on puisse en prendre une fausse idée si des voiles trompeurs cachent sa laideur. La philosophie réclame une parfaite exactitude. L'ignorance est un masque qui dérobe à la science les petits détails qui lui sont nécessaires ; un Maure peut être pris pour un chrétien dans une mascarade ; ôtez-lui son déguisement, et la couleur de sa peau sera mise à découvert. N'avez-vous pas observé, par exemple, la différence frappante qui existe entre les grâces et la beauté de la fille de Melchior de Willading, et celles de la fille de Balthazar ?

— C'est la différence qui se trouve entre l'heureuse et noble héritière que le monde accueille, et la malheureuse fille qu'il accable de ses mépris.

— La demoiselle de Willading n'est-elle pas la plus belle ?

— La nature a sans doute comblé de ses dons l'héritière de Willading, herr bailli ; on ne sait si elle est plus séduisante par ses grâces et sa beauté qu'heureuse par son rang et sa naissance.

— Je savais fort bien que vous ne pourriez pas, dans le fond, penser autrement que le reste des hommes ! s'écria d'un air de triomphe Peterchen, car la vivacité de son compagnon passa dans son esprit pour un assentiment forcé.

La conversation finit là : Melchior et le signor Grimaldi ayant terminé l'entretien qui les occupait, le bailli se hâta de les joindre, et Sigismond fut délivré d'une discussion qui avait ébranlé toutes les facultés de son âme, tandis qu'il méprisait le sot bavardage de celui qui avait été l'instrument de son supplice.

Adelheid s'était déjà séparée de son père ; on savait que les hommes seuls devaient se rendre au banquet, et l'on avait pourvu à cet arrangement d'une manière convenable. Elle était donc restée près de Christine et de sa mère sans être remarquée même par ceux qui lui inspiraient une sympathie si naturelle à son âge et à son sexe. Un des serviteurs de son père, portant sa livrée, était derrière elle ; protection suffisante pour lui permettre, non seulement de traverser en sûreté les rues encombrées par la foule, mais encore pour lui assurer les témoignages de respect dus à son rang, de la part de ceux mêmes dont la raison commençait à céder aux suites de la fête. C'est dans ces circonstances que la plus honorée, et, aux yeux du vulgaire, la plus heureuse de ces jeunes filles, s'approcha de l'autre, au moment où la curiosité, tout à fait calmée, laissait la famille de Balthazar presque seule dans le centre de la place.

— N'y a-t-il pas quelque toit hospitalier qui puisse vous offrir un asile? demanda l'héritière de Willading à la mère de la pâle Christine, encore presque insensible. Vous feriez bien de chercher un abri, une retraite pour cette enfant, si douce et si outragée. Si quelques uns de mes gens pouvaient vous être de quelque utilité, je vous prie d'en disposer aussi librement que des vôtres.

Jamais Marguerite n'avait eu jusque-là de rapports avec une femme d'un rang supérieur à la classe ordinaire. La fortune considérable de son père et de son mari lui avait procuré tout ce qui peut servir à une bonne éducation ou à perfectionner l'esprit d'une personne placée dans une telle position; elle était peut-être redevable de la pureté de son langage et de ses manières aux préjugés qui lui avaient interdit toute relation avec les femmes qu'elle aurait pu regarder comme ses égales. Suivant l'ordinaire de ceux dont la pensée est exercée, mais qui sont étrangers aux usages de convention reçus dans la classe élevée, elle avait une teinte légère de ce qu'on pourrait appeler exagération, sans qu'on pût remarquer en elle rien de bas ni de vulgaire. La douce voix d'Adelheid s'insinua dans son âme; elle la regarda longtemps avec affection sans lui répondre.

— Qui donc êtes-vous? vous qui pensez que la fille d'un bourreau peut recevoir une insulte qu'elle n'a pas méritée, et qui daignez m'offrir vos gens, comme si le plus humble vassal ne refuserait pas d'obéir au maître qui lui ordonnerait de nous rendre un service?

— Je suis Adelheid de Willading, la fille du baron de ce nom, et une personne qui voudrait pouvoir adoucir la cruelle épreuve que la pauvre Christine vient de souffrir. Permettez-moi de m'occuper des moyens de faire conduire votre fille dans un lieu sûr.

Marguerite pressa sa fille encore plus étroitement sur son sein, et passa une main sur son front comme pour se rappeler un souvenir à demi effacé.

— J'ai entendu parler de Madame. — Je sais que vous êtes indulgente pour les coupables, et bonne pour les malheureux; que le château de votre père est un asile honoré et hospitalier, dont l'étranger ne s'éloigne jamais sans regrets. Mais avez-vous bien réfléchi sur les conséquences de votre générosité envers une race proscrite de génération en génération, — depuis celui que la cruauté de son cœur et une insatiable avidité porta le premier à remplir volontairement ce sanglant emploi, jusqu'à celui dont le courage égale à peine cet horrible devoir? Avez-vous réfléchi, ou votre jeunesse n'a-t-elle fait que céder à une impulsion spontanée ?

— J'ai ma manière de voir sur tout cela, dit avec précipitation Adelheid. Quelle que soit l'injustice des autres, vous n'avez rien à craindre de la mienne.

Marguerite quitta sa fille en lui laissant pour soutien le bras de son père, et s'approcha d'Adelheid avec un regard où se peignait le plus vif intérêt et une agréable surprise; celle-ci rougissait, mais son maintien était calme. Marguerite prit sa main, et, d'un accent où la reconnaissance se mêlait à une secrète sympathie, elle laissa tomber lentement ces paroles, comme si elle se fût entretenue avec elle-même plutôt qu'avec un autre:

— Je commence enfin à comprendre, murmura-t-elle; le monde renferme encore de la gratitude et un sentiment sur lequel on peut compter. Je ne conçois pas pourquoi cet être si beau et si doux ne se détourne pas de moi avec horreur : l'instinct de la justice est plus fort en elle que ses préjugés mêmes. Nous lui avons rendu un service, et elle ne rougit pas de la source d'où il provient.

Le cœur d'Adelheid battait avec violence, et, pendant une minute, elle craignit de ne pouvoir maîtriser son émotion. Mais la conviction que Sigismond avait été réservé et délicat, même dans les épanchements les plus intimes de sa tendresse filiale, vint la rassurer, et lui donna même un instant de bonheur : si les torts d'un objet chéri sont pour une âme élevée la plus douloureuse des sensations, elle n'en connaît pas de plus douces que la certitude qu'il mérite l'estime et l'affection qu'elle lui accorde.

— C'est à peine si vous me rendez justice, reprit celle qui n'avait pas écouté sans plaisir ces flatteuses expressions qui semblaient s'échapper presque involontairement. Nous sommes, il est vrai, très-reconnaissants; mais, lors même que ce lien n'existerait pas, je pense que nous pourrions encore être justes. A présent, voulez-vous permettre que mes gens vous servent?

— Cela n'est pas nécessaire, Madame; éloignez-les plutôt, car leur présence attirerait l'attention sur nous. La ville est dans ce moment distraite par les jeux, et nous n'avons pas oublié la nécessité d'assurer une retraite à celui qui est toujours poursuivi, persécuté; nous pouvons nous y rendre sans être aperçus. Pour vous-même...

— Je veux être près de Christine dans un tel moment, reprit vivement Adelheid avec cette émotion de l'âme qui manque rarement de retentir dans une autre âme.

— Que Dieu vous bénisse! qu'il pose sa main sur vous, ange de bonté! Oui, il vous bénira : dans cette vie même peu de fautes échappent au châtiment, et peu de bien passe sans récompense. Renvoyez ceux qui vous entourent, ou, si vos habitudes vous rendent leur présence nécessaire, que du moins ils se tiennent à l'écart tandis que vous serez attentive à nos mouvements; et quand tous les regards seront fixés sur d'autres objets, vous pourrez nous suivre. Soyez bénie une fois encore!

Marguerite conduisit alors sa fille vers une des rues les moins fréquentées. Elle était accompagnée du silencieux Balthazar, et suivie de près par un des gens d'Adelheid. Quand elle fut arrivée sans accident, le domestique retourna pour indiquer la maison à sa maîtresse, qui durant ce temps avait paru s'occuper des jeux et des tours qui amusaient la multitude. Renvoyant alors ceux qui l'accompagnaient, en leur ordonnant cependant de rester à quelque distance, l'héritière de Willading trouva bientôt le moyen de pénétrer dans l'humble demeure qui servait d'asile à la famille proscrite; et, comme elle était attendue, on l'introduisit sur-le-champ dans la chambre où Christine et sa mère s'étaient réfugiées.

Le cœur de Christine savait apprécier les douces consolations de la jeune et tendre Adelheid. Elles pleurèrent ensemble; car la faiblesse de son sexe l'emporta sur sa fierté, quand elle ne fut plus contenue par les regards observateurs d'une foule curieuse, et elle s'abandonna aux torrents d'émotions qui s'échappaient de son sein, malgré tous ses efforts pour les y renfermer.

Marguerite, seul témoin de la silencieuse mais expressive expansion de ces deux âmes si jeunes et si pures, se sentit profondément touchée par une compassion si inattendue dans une personne placée si haut et qu'on croyait si heureuse.

— Vous avez le sentiment de l'injustice qui nous opprime,

dit-elle quand le premier élan de sensibilité fut un peu calmé, et vous pouvez comprendre que l'enfant d'un bourreau est semblable à celui d'un autre homme, et ne doit pas être chassé comme la progéniture d'une bête féroce.

— C'est l'héritière du baron de Willading, ma mère, dit Christine; serait-elle là si elle n'avait pas pitié de nous?

— Oui, elle nous plaint; — mais qu'il est dur d'inspirer la pitié! Sigismond nous a parlé de sa bonté, et je vois qu'elle sait, en effet, s'associer au malheur.

Cette allusion à son fils amena une brûlante rougeur sur le front d'Adelheid, tandis qu'un frisson mortel parcourait sa poitrine. La première de ces sensations venait de la secrète alarme si prompte à s'éveiller dans le cœur d'une femme, et l'autre était l'effet du choc inévitable reçu par cette preuve si claire, si évidente du lien étroit qui unissait Sigismond à la famille d'un bourreau. Elle l'aurait mieux supporté, si Marguerite avait parlé de son fils avec moins de familiarité ou avec plus de cette feinte ignorance de leurs mutuels rapports qu'Adelheid avait cru exister entre ce jeune homme et ses parents, sans trop examiner à quel point son opinion était fondée.

— Ma mère! s'écria Christine d'un ton de reproche et de surprise, comme si une indiscrétion venait d'être commise.

— Peu importe, mon enfant; j'ai lu aujourd'hui dans les yeux étincelants de Sigismond que notre secret ne serait pas longtemps gardé. Le noble soldat montrera plus d'énergie que ceux qui l'ont précédé; il quittera pour toujours un pays qui l'a condamné, même avant sa naissance.

— Je connais, il est vrai, votre parenté avec M. Sigismond, dit Adelheid, rassemblant toutes ses forces pour faire l'aveu qui devait lui faire obtenir la confiance entière de la famille de Balthazar; et vous n'ignorez pas l'immense dette que nous avons contractée envers votre fils, et qui explique la nature du sentiment que vos malheurs m'inspirent.

L'œil pénétrant de Marguerite étudia les traits déconcertés d'Adelheid jusqu'au moment où ils reprirent leur circonspection ordinaire : elle craignait de découvrir un sentiment que redoutent même ceux qui l'éprouvent. Aussitôt que la mère du jeune homme eut baissé les yeux, elle devint soucieuse et pensive; cet embarras mutuel et expansif produisit un pénible silence que toutes deux auraient voulu rompre, si elles n'avaient été entièrement absorbées par le tumulte et l'intensité de leurs pensées.

— Nous savions que Sigismond avait eu le bonheur de vous être utile, observa enfin Marguerite, qui déjà s'adressait à sa jeune compagne avec l'aisance que motivait la différence d'âge, plutôt qu'avec la respectueuse déférence qu'Adelheid avait l'habitude de rencontrer dans tous ceux qui lui étaient inférieurs; il nous en a parlé, mais avec une modeste réserve.

— Il avait le droit de parler avec franchise à ses parents. Sans son secours, mon père n'aurait plus d'enfant; sans son courage, je serais orpheline. Deux fois il s'est placé entre nous et la mort.

— J'en ai entendu dire quelque chose, répondit Marguerite, attachant encore son regard perçant sur l'expressive figure d'Adelheid, qui se colorait et s'animait toutes les fois qu'elle faisait allusion à la bravoure et au dévouement de celui qu'elle aimait en secret. Quant à ce que vous venez de dire de l'origine de ce pauvre enfant, de cruelles circonstances s'opposent encore à nos désirs. Si Sigismond ne vous a pas caché sa naissance, il vous a sans doute dit aussi de quelle manière il passe dans le monde pour ce qu'il n'est pas.

— Je crois qu'il ne m'a rien caché de ce qu'il savait, de ce qu'il était convenable de m'apprendre, répondit Adelheid, baissant les yeux sous le regard observateur de Marguerite; il a parlé librement et...

— Il vous aurait dit...

— Il a parlé honorablement, et comme il convient à un soldat, continua Adelheid avec fermeté.

— Il a bien fait! Ceci, au moins, décharge mon cœur d'un fardeau. Dieu nous a condamnés à un destin sévère, mais j'aurais été affligée que mon fils eût manqué de principes dans la circonstance de la vie qui en réclame le plus. Vous semblez étonnée, Madame!

— Oui, de tels sentiments, dans une position semblable à la vôtre, me surprennent autant qu'ils m'enchantent. S'il existe une chose qui puisse excuser quelque relâchement dans la manière d'envisager les liens ordinaires de la vie, c'est sans doute d'être en butte, sans l'avoir mérité, aux mépris et aux injustices du monde, et cependant là où l'on pouvait s'attendre à trouver quelque irritation contre la fortune, je rencontre des sentiments qui honoreraient un trône!

— Vous pensez comme une personne plus accoutumée à considérer, dans le jugement qu'elle porte de ses semblables, les biens imaginaires que les choses réelles. C'est l'image qu'une jeune et pure inexpérience se plaît à tracer, ce n'est pas celle de la vie. Ce n'est pas la prospérité, mais l'infortune qui purifie, en nous démontrant notre insuffisance pour le vrai bonheur, et en conduisant l'âme à s'appuyer sur un pouvoir plus grand que tous ceux que la terre renferme. Le bonheur et ses écueils nous abattent, l'adversité nous relève. Si vous pensez que les sentiments nobles et justes sont l'apanage assuré de l'homme heureux, vous suivez un guide qui vous égare. La vie peut offrir, il est vrai, des épreuves supérieures à notre faiblesse, mais à l'exception de ces malheurs sans nom, nous sommes plus justes, nous sommes meilleurs quand les séductions de la vanité et de l'ambition n'existent pas pour nous. On voit plus souvent le mendiant, à demi mort de faim, se refuser à voler le morceau de pain qu'il implore, que le riche rassasié, se refuser à lui-même le superflu qui le tue. Ceux qui plient sous la verge, voient et sentent la main qui la tient. Ceux que les grandeurs de la terre entourent, finissent par croire qu'ils méritent les distinctions passagères dont ils jouissent. Quand vous êtes descendu dans l'abîme de la misère, vous n'avez plus rien à craindre que la colère du ciel! C'est celui qui est le plus élevé au-dessus des autres qui doit trembler le plus pour sa propre sûreté.

— Ce n'est pas ainsi que le monde a coutume de raisonner.

— Parce qu'il est gouverné par ceux qui ont intérêt à faire tourner la vérité vers leurs propres buts, et non par ceux dont les devoirs, les désirs s'accordent avec la justice. Mais n'en parlons plus, Madame; les sentiments de ma pauvre enfant sont trop cruellement froissés pour nous permettre une entière franchise.

— Te trouves-tu mieux? une voix amie peut-elle pénétrer jusqu'à toi, chère Christine? demanda Adelheid, serrant la main de la fille proscrite avec la tendresse d'une sœur.

Christine n'avait encore prononcé que le peu de mots que nous avons rapportés et qui contenaient un doux reproche sur l'indiscrétion de sa mère; ses lèvres desséchées, sa voix étouffée, la pâleur mortelle qui couvrait son visage, tout enfin trahissait les angoisses de son âme. Mais ce témoignage d'un intérêt si tendre émané d'une personne de son âge et de son sexe, qu'elle avait depuis longtemps appris à connaître par les descriptions animées de l'ardent Sigismond, et dont la sincérité avait pour gage ce vif et rapide instinct qui unit si promptement les âmes jeunes et pures, produisit en elle un changement subit. La douleur qui s'agitait, renfermée dans son sein, obtint enfin un libre passage; elle se précipita en pleurant et en sanglotant dans les bras de sa nouvelle amie, et s'y abandonna à une douce mais déchirante émotion. Marguerite sourit à cette preuve de l'amitié d'Adelheid, mais l'expression même du plaisir était austère et contenue dans cette femme qui avait tant à se plaindre du sort. Un instant après, Marguerite quitta la chambre; elle pensait que l'influence d'un esprit non moins pur, non moins expérimenté que l'était celui de Christine, influence si nouvelle pour elle, produirait plus facilement un heureux effet, si elle ne gênait pas les deux jeunes filles par sa présence.

Elles pleurèrent ensemble longtemps après le départ de Marguerite. Cette liaison récente, mais formée sous les auspices d'une vive douleur et rendue plus douce par la confiante ingénuité de l'une et la généreuse pitié de l'autre, ressemblait déjà à une longue intimité. La confiance n'est pas toujours le fruit du temps. Il y a des êtres qui ont ensemble une espèce d'affinité qui rappelle les propriétés de l'aimant; ils s'unissent alors avec une rapidité, une promptitude qui appartient à la pure essence dont ils sont formés. Mais quand un sentiment commun, aussi tendre que celui qu'elles ressentaient pour le même objet, vient se joindre à cette attraction des âmes, son pouvoir se fait sentir, non seulement avec plus de force, mais encore avec plus de rapidité. En exceptant le secret le plus intime d'Adelheid, que Sigismond chérissait comme un dépôt trop sacré pour le partager même avec sa sœur, elles connaissaient si bien leurs craintes, leur position, leurs espérances respectives, qu'elles ne pouvaient dans aucune circonstance se rencontrer comme des étrangères. La connaissance intime qu'elles avaient l'une et l'autre servit à éloigner d'elles la gêne de ces formalités qui se seraient opposées à l'épanchement de leurs sentiments et de leurs pensées. Adelheid possédait un tact beaucoup trop sûr pour avoir recours au langage des consolations vulgaires. Quand elle put parler, ce qu'elle fit la première comme il convenait à son rang et à sa situation plus exempte d'embarras, elle n'employa que de générales, mais tendres allusions.

— Si tu voulais, dit-elle en essuyant ses larmes, venir avec nous en Italie, mon père et le signor Grimaldi quittent Blonay avec le soleil de demain, et tu pourrais nous accompagner ?

— J'irai où tu voudras, — où je pourrai être avec toi, — partout où je pourrai cacher ma honte !

Le sang d'Adelheid reflua sur son front, son expression parut imposante à la simple et naïve Christine, quand elle répondit avec la vertueuse indignation d'une femme :

— La honte est un mot qui s'applique à l'homme bas et mercenaire, vil et sans foi, mais il ne peut s'appliquer à toi, mon ange.

— Oh non ! ne le condamnez pas ainsi, balbutia Christine, en se couvrant le visage de ses mains. Il ne s'est pas senti la force de supporter le poids de notre infamie, et il doit plutôt inspirer de la pitié que de la haine.

Adelheid se tut un instant, mais elle considérait la tremblante Christine, dont la tête était retombée sur sa poitrine avec l'expression d'une profonde mélancolie.

— Le connaissiez-vous beaucoup ? demanda-t-elle à voix basse, suivant la chaîne de ses propres pensées, sans trop réfléchir à la question qui lui échappait : j'avais espéré que ce refus ne vous causerait pas d'autre peine que l'inévitable et mortifiante sensation d'un amour-propre blessé, qui, je le crains, appartient à la faiblesse de notre sexe et à nos habitudes.

— Tu ne sais pas combien une préférence a de valeur pour celui qui ne connut que le mépris ; combien la pensée d'être aimé devient chère à ceux qui, hors des limites étroites de leur famille, n'ont jamais rencontré que le dédain et l'aversion ! Tu as toujours été estimée, honorée, heureuse ! Tu ne peux pas savoir combien l'apparence même d'une préférence est précieuse à celui que le monde entier repousse !

— Ne me parle pas ainsi, je t'en supplie ! dit avec précipitation Adelheid, frappée au cœur par ces paroles ; il est rare dans cette vie de parler avec franchise de soi-même. Nous ne sommes pas toujours ce que nous paraissons ; lors même que nous serions accablés de tous les malheurs, si nous avons évité ceux que le vice amène, n'avons-nous pas l'assurance d'une existence meilleure, où nous trouverons une pure, une inaltérable justice !

— J'irai avec toi en Italie, répondit Christine, paraissant calme et résolue, et le rayon d'une sainte espérance brilla sur ses traits ; plus tard nous irons ensemble dans un monde plus heureux.

Adelheid serra sur son cœur cette faible plante mûrie par la douleur. Elles pleurèrent encore, mais avec moins d'amertume.

CHAPITRE XX.

> Je te chercherai les sources les plus limpides, je
> te cueillerai des fruits.
> SHAKSPEARE. *La Tempête.*

LE lendemain de la fête de l'Abbaye des Vignerons, un jour pur et sans nuage se leva sur le Léman. Plusieurs centaines de Suisses, sobres et avares du temps, avaient quitté la ville bien avant l'aurore, et une foule d'étrangers se pressaient dans les barques au moment où le soleil paraissait brillant et radieux ; sur les riants sommets des côtes voisines. Malgré cette heure matinale, une grande agitation régnait dans le château élevé de Blonay et autour de cette habitation, les domestiques couraient de chambre en chambre, montaient et descendaient : on les voyait circuler dans les cours, sur les terrasses. Les paysans qui travaillaient dans les champs voisins suspendirent leurs travaux, et appuyés sur les instruments du labour, ils considéraient, la bouche entr'ouverte et dans une muette admiration, les préparatifs du château. Quoique les faits que nous sommes chargés de raconter ne se soient pas passés précisément dans l'âge de la féodalité, ils précèdent néanmoins de beaucoup d'années les grands événements politiques qui ont apporté des changements si considérables à l'état social de l'Europe. La Suisse était dans ce temps une contrée fermée, même aux habitants des pays adjacents ; les routes et les auberges ne ressemblaient en rien à ce qu'elles sont à présent, non-seulement chez ces montagnards, mais dans tout le reste de ce qui était appelé alors, avec plus de justice qu'aujourd'hui, la seule portion civilisée du globe. On n'osait pas souvent se confier aux chevaux pour le passage des Alpes ; le voyageur avait recours aux pieds plus sûrs de la mule, et il n'était pas rare de la voir employer aussi par les voituriers et les contrebandiers les plus habitués à parcourir ces sentiers escarpés. Des routes existaient comme dans le reste de l'Europe, dans le pays de plaine, si ce nom peut s'appliquer à aucune des parties de la grande surface ondulée de cette région ; mais une fois dans les montagnes, à l'exception de quelques chemins de traverse tracés très-naturellement dans les étroites vallées, nul moyen de transport n'était usité ni praticable que celui des bêtes de somme.

Aussi, les voyageurs qui sortirent des portes de Blonay, au moment où les brouillards se répandaient sur les vastes prairies nées des alluvions du Rhône, formaient-ils une longue cavalcade. Un courrier, suivi d'une mule qui portait les bagages, était parti dans la nuit, et d'actifs et jeunes montagnards avaient été dépêchés successivement, chargés de différents ordres, dont le but était de pourvoir à tout ce qui pouvait être commode ou agréable.

Quand les voyageurs passèrent sous la dernière voûte, un cor, aux sons vifs et animés, fit retentir l'air d'adieu, auquel l'usage attachait un souhait de bonheur. Ils se dirigèrent vers le plateau du Léman, par une route pittoresque qui circulait au travers des pics, des bois, des rochers et des chalets, et conduisait en sûreté sur les rivages du lac. Roger de Blonay et ses deux hôtes les plus distingués ouvraient la marche ; le premier montait un cheval qui avait été le compagnon de plusieurs de ses campagnes : les montures des deux autres, préparées pour eux, étaient bien habituées aux montagnes. Adelheid et Christine les suivaient, placées près l'une de l'autre, et dans la modeste réserve de leur âge. Elles se parlaient à voix basse et à de longs intervalles. Quelques domestiques marchaient à peu de distance ; Sigismond s'avançait ensuite, placé entre l'ami du signor Grimaldi et un ami de la famille de Blonay, qui devait accompagner le baron, quand celui-ci aurait quitté ses hôtes qu'il devait reconduire jusqu'à Villeneuve. L'arrière-garde était formée par les muletiers, les valets, et les conducteurs des animaux chargés des bagages. Tous ceux qui devaient passer les Alpes portaient à l'arçon de leur selle l'arme à feu alors connue ; chacun avait sa rapière, son couteau de chasse, ou une arme encore plus militaire, disposée autour de sa personne de manière à prouver que l'occasion d'en faire usage était considérée comme très-possible.

Le départ de Blonay n'ayant donné lieu à aucune de ces séparations qui laissent au voyageur une impression de mélancolie, la plupart d'entre eux, animés par l'air du matin si vif et si pur, se trouvaient disposés à jouir des charmes du paysage, et à se livrer aux délicieuses sensations qu'inspire un si magnifique spectacle à tous ceux qui sont sensibles aux beautés de la nature.

Adelheid s'empressait de faire remarquer à sa compagne les différents objets qui se déroulaient devant elles ; elle espérait ainsi distraire Christine de sa tristesse, augmentée encore par le regret d'avoir quitté sa mère, dont elle était tout à fait séparée pour la première fois de sa vie ; car durant les années qu'elles n'avaient pas habité sous le même toit, leurs rapports étaient secrets, mais continuels. Christine se prêta aux douces intentions de sa nouvelle amie, et s'efforça de prendre plaisir à ce qu'elle voyait, mais ce n'était pas sans la jalouse restriction que les malheureux font toujours en faveur des causes secrètes de leur douleur.

— Cette tour vers laquelle nous avançons est Châtelard, dit l'héritière de Willading à la fille de Balthazar, avec le même motif de bienveillance : un manoir presque aussi antique, aussi honorable que celui que nous venons de quitter, mais qui n'a pas été si constamment la demeure d'une même famille ; celle de Blonay habite depuis mille ans sur le même rocher, et toujours elle fut renommée pour sa fidélité et son courage.

— Sûrement, si quelque chose dans le monde peut compenser les peines journalières de la vie, observa Christine avec l'expression d'un doux regret, et peut-être avec l'opiniâtreté du malheur, ce doit être de descendre de ceux qui ont occupé un rang honorable parmi les grands et les heureux de la terre ? C'est à peine si la vertu, la bonté, les grandes actions inspirent un respect égal à celui que nous éprouvons pour le sire de Blonay, dont la famille, comme vous le disiez tout à l'heure, occupe depuis un millier d'années ce rocher que nous voyons au-dessus de nous.

Adelheid se tut : elle apprécia le sentiment qui avait conduit si naturellement sa compagne à une semblable réflexion, et elle sentit combien il était difficile de verser un baume consolateur sur une blessure aussi profonde.

— Il ne faut pas supposer que ceux que le monde honore le plus soient toujours les plus heureux, répondit-elle enfin ; les respects auxquels nous sommes habitués finissent par nous devenir nécessaires, sans être pour cela une source de plaisir, et la crainte d'en être privés est plus qu'égale à la satisfaction d'en jouir.

— Mais on doit admettre, du moins, que rien ne peut nous réconcilier avec le malheur d'être méprisés, repoussés.

— Parlons à présent d'autre chose, chère amie ; peut-être ne reverrons-nous pas de sitôt la scène imposante qui nous entoure : ces rochers, ces cascades, ces sombres montagnes, et ces brillants glaciers ; ne soyons pas assez ingrates pour mêler aux jouissances qui nous sont accordées, de vains regrets pour celles qui nous sont refusées.

Christine céda sans résistance au désir de son amie, et elles suivirent en silence les nombreux détours du sentier, jusqu'au moment où toute la caravane, après une longue mais douce descente, atteignit la route, qui était presque baignée par les eaux du lac. Nous avons déjà parlé, dans les premières pages de cet ouvrage, des remarquables beautés de cette rive du Léman. Après avoir gravi la hauteur de la saine et jolie ville de Montreux, les voyageurs redescendirent sous un ombrage de noyers, jusqu'aux portes de Chillon ; là, ils côtoyèrent les bords du lac, et atteignirent Villeneuve à l'heure désignée pour le repas du matin. Tandis qu'ils prenaient de légers rafraîchissements, ils reçurent les adieux de Blonay et de sa suite, non sans un mutuel échange de vœux aussi vifs que sincères.

Le soleil pénétrait à peine dans les profondeurs des vallons, lorsque ceux qui se dirigeaient vers le Saint-Bernard remontèrent à cheval. La route s'était éloignée du lac et traversait les alluvions considérables qui ont été déposées depuis trente siècles par les flots du Rhône, aidés, s'il faut en croire les phénomènes géologiques et les traditions anciennes, par de certaines commotions violentes de la nature. Pendant plusieurs heures les regards des voyageurs furent frappés d'une telle fertilité, d'un tel luxe de végétation, qu'ils auraient pu se croire dans les riches plaines de la Lombardie, plutôt que dans un passage de la Suisse, si, au lieu de l'étendue sans bornes des jardins de l'Italie, la vue n'avait pas été limitée par des masses de rochers perpendiculaires, qui se perdaient dans les nues, et qui n'étaient qu'à trois ou quatre milles les unes des autres, distance qui était diminuée de moitié à l'œil, par la simple conséquence de la grandeur de l'échelle sur laquelle s'élèvent ces vastes piliers de la nature.

Il était midi quand Melchior de Willading et son respectable ami traversèrent le Rhône impétueux sur le célèbre pont de Saint-Maurice. On entrait ici dans le Valais, qui était alors, aussi bien que Genève, allié, mais non confédéré des cantons suisses ; et tous les objets animés ou inanimés commençaient à offrir ce mélange d'aridité et de grandeur, de fertilité et de sauvages horreurs, qui rendent ces régions si renommées. Quoique l'imagination d'Adelheid, préparée par des récits de voyageurs, eût été même au-delà de la vérité, elle frissonna involontairement quand les portes de Saint-Maurice, retombant sur leurs gonds, semblèrent les enfermer dans cette contrée désolée, et cependant romantique. Mais en s'avançant sur les bords du Rhône, elle et ceux de ses compagnons pour qui la scène était nouvelle, étaient surpris à chaque instant des contrastes imprévus qui les faisaient passer de l'admiration à la crainte, qui arrêtaient sur leurs lèvres une exclamation de plaisir, pour faire place au froid désappointement; rien n'adoucissait l'âpreté des montagnes, dépouillées de tout pâturage, mais la plupart des vallées étaient riches et fertiles. Une vaste étendue de terrain était ravagée par les eaux, car l'un de ces réservoirs qui se forment par les glaciers au sommet des rochers, s'était rompu, et, se précipitant comme un torrent, avait effacé sur son passage toute trace de culture, et couvert des plaines immenses de débris, triste image du chaos!

La nudité la plus affreuse et la fertilité la plus riante se trouvaient en contact. Des pièces de gazon, favorisées accidentellement par quelque heureuse combinaison, apparaissaient parfois comme l'oasis du désert dans le centre même d'une stérilité qui mettrait pendant des siècles l'art du laboureur en défaut; et pour dernier trait à cette peinture terrifiante, un *crétin* était assis là, avec ses attributs semi-humains, sa langue épaisse, ses facultés émoussées, et ses goûts dégradés. En sortant du cercle de cette nature anéantie, la scène redevenait aussi attrayante que l'imagination pouvait la désirer, l'œil la chercher; des cascades tombaient de rochers en rochers en réfléchissant les rayons du soleil; le vallon était vert et frais, les contours même des montagnes devenaient agréables et variés; on apercevait des figures riantes et heureuses, plus fraîches, plus régulières peut-être dans une autre partie de la Suisse. Enfin, le Valais était alors comme à présent une contrée qui réunit les extrêmes les plus opposés, mais qui penche peut-être vers une disposition répulsive et inhospitalière. Malgré la terrible distance qu'avaient parcourue les voyageurs, il était nuit quand ils arrivèrent à Martigny, où des dispositions avaient été faites avec soin, pour les recevoir pendant les heures du repos. On avait tout préparé pour qu'ils pussent se retirer de bonne heure, afin d'être mieux disposés à supporter les fatigues de la journée suivante.

Martigny est située à l'endroit même où la grande vallée du Rhône change sa direction du nord au sud, pour s'étendre de l'est à l'ouest ; c'est de ce même point que partent trois routes célèbres qui se dirigent vers les Hautes-Alpes. Celles du petit et du grand Saint-Bernard qui conduisent toutes deux en Italie, et celle du Col de Balme qui traverse une pointe des Alpes dans la Saône, et va se rendre à la vallée si connue de Chamouny. Le baron de Willading et ses amis avaient l'intention de suivre cette dernière route, la capitale du Piémont étant le but de leur voyage, comme le lecteur le sait déjà. Le grand Saint-Bernard, renommé depuis si longtemps par son couvent hospitalier, l'habitation la plus élevée de l'Europe, rendu plus fameux encore dans ces dernières années par la marche d'une armée victorieuse, n'est cependant qu'un passage secondaire des Alpes, si on le compare à la sublimité de la scène qui l'entoure. La montée, que l'art n'a pas adoucie, même à présent, est longue et ne présente que peu de dangers ; elle est presque directe, n'offrant aucune des descentes précipitées du Gemmi, du Grimsel et de tant d'autres passages de la Suisse et de l'Italie, excepté à la gorge même de la montagne, où il faut à la lettre gravir le roc à l'aide des plates-formes graduées comme des échelons qui se rencontrent si souvent dans les défilés des Alpes et des Apennins.

La fatigue de ce passage vient plus de sa longueur et de la nécessité de le faire rapidement que des efforts exigés pour gravir la montagne. La réputation que s'est acquise le plus grand capitaine de notre siècle en conduisant une armée à travers ses rochers, a plutôt été obtenue par les combinaisons militaires, dont cette marche formait le trait principal, par la hardiesse de la conception, le secret et la promptitude qui présidèrent à une opération si étendue, que par les difficultés physiques qu'il eut à surmonter ; et sous ce rapport le passage du Saint-Bernard, comme ce *coup de main* célèbre est appelé ordinairement, a souvent été surpassé dans nos déserts ; des armées ont plus d'une fois traversé pendant des semaines entières de larges fleuves, des montagnes escarpées et des forêts immenses, et les souffrances d'un jour pris au hasard l'emportaient sur tout ce que les compagnons de Napoléon ont eu à supporter. L'estime que nous accordons à un exploit dépend tellement de la grandeur de ses résultats, qu'il est bien rare que les hommes le jugent avec une entière impartialité, la plus simple, la moins sanglante des victoires ou des défaites, qui ébranle ou consolide les intérêts d'une nation civilisée, étant toujours aux yeux du monde un événement bien plus important que les plus heureuses combinaisons de la pensée et de la valeur qui influent seulement sur le bien-être de quelque peuple éloigné et inconnu. En réfléchissant à cette vérité, on comprend combien il est précieux pour une nation de posséder une grande confiance en elle-même, une puissance étendue et une unité proportionnée avec ses moyens; puisque des Etats faibles et divisés s'épuisent en vains exploits qui n'entrent pas dans la balance générale, et dissipent les richesses de leur intelligence aussi bien que leurs trésors et leur sang pour soutenir des intérêts qui n'éveillent aucune sympathie au-delà des limites resserrées de leur propre frontière. La nation, que des circonstances opposées, l'infériorité du nombre, la pénurie des ressources, le manque d'occasion ou de courage, empêchent de s'élever à une juste renommée, est dépourvue du premier et du plus indispensable élément de grandeur; la gloire comme la fortune se nourrit d'elle-même, on la retrouve chez les peuples qu'elle a déjà comblés de ses dons. Cet exemple nous montre entre autres choses l'importance d'acquérir la fermeté de pensées qui nous rend capables de louer ou de blâmer ce qui se passe au milieu de nous, et de secouer cette soumission à un jugement étranger que nous sommes beaucoup trop portés à honorer du nom de déférence pour un goût plus exercé, mais qui en effet a quelque ressemblance avec cette défiance, cet abaissement de soi-même dont un valet fait parade quand il s'enorgueillit de la gloire de son maître.

Mais reprenons le récit dont cette courte digression nous a détourné pendant quelques instants. Nos voyageurs arrivaient à Martigny dans cette saison avancée, où personne parmi ceux qui en avaient les facultés, ne se serait aventuré dans les régions orageuses des Alpes supérieures, sans réclamer l'assistance d'un ou de plusieurs guides. Ces hommes savent se rendre utiles de plusieurs manières, mais surtout par les avis que leur longue habitude de l'état du ciel, de la température de l'air, et de la direction des vents les met à même de donner. Le baron de Willading et son ami envoyèrent sur-le-champ un message à un montagnard, nommé Pierre Dumont, qui était renommé par sa fidélité, et qui passait pour être plus familiarisé avec les difficultés de la montée et de la descente qu'aucun de ceux qui parcouraient les vallons de cette portion des Alpes. A présent que la curiosité seule attire au couvent des centaines de voyageurs, chaque paysan d'une force ou d'une intelligence ordinaire, devient un guide, et la petite république du Bas-Valais trouve dans le passage continuel des hommes riches et oisifs une source de revenus si abondante, qu'elle a réglé tout ce qui s'y rapporte par des ordonnances très-justes et très-utiles; mais à l'époque de notre histoire, ce Pierre était le seul habitant qui, favorisé par d'heureuses circonstances, avait obtenu un nom auprès des étrangers distingués, et il était le seul qu'ils demandassent. Il ne tarda pas à se présenter dans la salle de l'auberge.—C'était un homme de soixante ans, vigoureux et frais encore, et qui conservait toutes les apparences de la santé et de la vigueur, mais avec une légère et presque imperceptible difficulté de respirer.

— N'es-tu pas Pierre Dumont? demanda le baron qui observait avec plaisir la physionomie ouverte et la taille bien prise du Valaisan; plus d'un voyageur a écrit ton nom dans son livre de souvenirs.

L'intrépide montagnard se redressa avec orgueil, et chercha à répondre au compliment avec une courtoisie brusque, mais franche; car la politesse, avec sa finesse et ses détours, n'avait pas encore pénétré dans les vallées de la Suisse.

— Ils m'ont fait beaucoup d'honneur, Monsieur, dit-il, et la fortune m'a favorisé en me faisant traverser le Col avec tant de braves gentilshommes et de belles dames; — et deux fois avec des princes. (Quoique ferme républicain, Pierre n'était point insensible aux distinctions de rang.) Les pieux moines me connaissent; et ceux que j'amène dans leur couvent n'y sont pas mal reçus. Je serai très-content de faire échanger à une si noble société ce froid vallon contre les coteaux dorés de l'Italie; car pour parler franchement, la nature ne nous a pas placés sur le côté le plus agréable de la montagne, mais nous prenons notre revanche sur ceux qui habitent Turin ou même Milan, dans des matières de plus grande importance.

— Quelle peut être la supériorité d'un Valaisan sur les Lombards ou les Piémontais? demanda vivement le signor Grimaldi, comme un homme curieux d'entendre la réponse; un voyageur doit chercher tous les genres de connaissances, et celle-ci me présente un fait tout à fait nouveau.

— La liberté, Signore ! nous sommes nos propres maîtres; nous le sommes devenus le jour où nos pères ont saccagé les châteaux des barons, et forcé ces tyrans à devenir nos égaux. Je pense à cela toutes les fois que j'approche des plaines de l'Italie, et je retourne dans ma chaumière plus satisfait par cette réflexion.

— C'est un langage digne d'un Suisse, quoiqu'il soit tenu seulement par un de leurs alliés! s'écria avec chaleur Melchior de Willading. C'est là, Gaëtano, le noble sentiment qui soutient nos montagnards, et qui les rend plus heureux au milieu des glaces et des rochers, que ta Gênes ne l'est sur le golfe et sous le ciel le plus doux.

— Ce mot de liberté, Melchior, est plus usité que compris, et on en abuse plus souvent encore qu'on ne s'en sert, répondit gravement le signor Grimaldi. Un pays que Dieu a si peu favorisé de ses dons, a besoin de la consolation d'un fantôme semblable à celui qui paraît donner tant de satisfaction à cet honnête Pierre. — Mais, signor guide, le passage a-t-il été tenté vainement? et que pensez-vous du résultat de notre entreprise? nous avons quelquefois entendu raconter de tristes aventures, arrivées dans les défilés qui conduisent à cette Italie dont tu fais si peu d ecas.

— Pardonnez-moi, noble Signore, si la franchise de nos montagnes m'a entraîné trop loin; je suis bien éloigné de mépriser le Piémont, tout en préférant le Valais. Une contrée peut être excellente, même lorsqu'une autre serait meilleure. Quant aux voyageurs, aucun étranger de marque n'a, dans ces derniers temps, traversé le Col; mais il l'a été par le nombre accoutumé de vagabonds et d'aventuriers. Ces coquins sentent d'ici l'odeur des mets du couvent, quoique nous en soyons à une distance de douze lieues.

Le signor Grimaldi attendit qu'Adelheid et Christine, qui se préparaient à aller prendre du repos, se fussent retirées, pour continuer ses questions.

— Tu n'as rien dit du temps?

— Nous sommes, Messieurs, dans un des mois de la saison les plus incertains et les plus trompeurs; l'hiver s'amoncèle sur les Hautes-Alpes, et dans un temps où les frimas voltigent sur nos têtes comme des oiseaux inquiets qui ne savent où se reposer. C'est à peine si on peut deviner s'il faut ou non prendre son manteau.

— San Francisco! penses-tu donc que je m'amuse à penser au choix d'un vêtement plus ou moins chaud? Je te parle des avalanches, de la chute des rochers, des tourbillons et des tempêtes.

Pierre se mit à rire et secoua la tête tout en répondant vaguement comme son intérêt l'exigeait.

— Ce sont là, Signore, les opinions que les Italiens se plaisent à avoir sur nos montagnes. Notre passage n'est pas si souvent troublé par les avalanches, même dans la fonte des neiges, que d'autres défilés bien connus. Si de l'extrémité du lac vous aviez considéré les sommets des montagnes, vous auriez vu qu'à l'exception des blancs glaciers ils sont tous d'une sombre nudité. Il faut que la neige tombe du ciel avant de former des avalanches, et nous sommes, je pense, encore peu éloignés de l'hiver.

— Tes calculs ne manquent pas de finesse, mon ami, reprit le Génois, qui n'était nullement fâché cependant d'entendre le guide parler du temps avec tant d'assurance, et notre reconnaissance ira en proportion. Que dis-tu des voyageurs dont tu m'as parlé? Y a-t-il des brigands sur notre route?

— Elle a été longtemps infestée par eux; mais en général leur gain serait trop faible en comparaison du danger. On ne voit pas tous les jours dans nos rochers de riches voyageurs, et vous savez bien, Signore, que celui qui attend sur la route trouve peu à gagner et beaucoup à perdre.

L'Italien avait sur de tels sujets l'habitude de la méfiance, il jeta sur son guide un regard vif et soupçonneux. Mais la contenance franche et ouverte de Pierre éloignait tous les doutes, sans parler de l'effet d'une réputation bien établie.

— Mais tu as parlé de certains vagabonds qui nous ont précédés?

— De ce côté les choses pourraient être mieux, répondit le franc montagnard penchant la tête dans une attitude méditative qui paraissait assez naturelle pour ajouter du poids à ses paroles. Des hommes de très-mauvaise mine sont certainement montés aujourd'hui; tels qu'un Napolitain nommé Pippo, qui n'est rien moins qu'un saint; — un certain pèlerin, qui se trouvera plus

près du ciel au couvent qu'il ne le sera certainement à l'heure de la mort : — que saint Pierre prie pour moi si je lui fais quelque injustice! — et un ou deux autres du même genre. Il y a aussi un homme qui a pris la même route avec beaucoup de précipitation ; ce n'est pas sans motif, car on dit qu'il s'est rendu la risée de Vevey, pour je ne sais quelle folie dans les fêtes de l'Abbaye.
— C'est un certain Jacques Colis.

Ce nom fut répété par plusieurs assistants.

— Lui-même, Messieurs : il paraîtrait que le sieur Colis avait feint de prendre pour sa femme, pendant les divertissements publics, une jeune fille dont tout à coup la naissance vint à être connue, et l'on découvrit que sa fiancée était la fille de Balthazar, le bourreau de Berne!

Un silence général trahit l'embarras de la plupart des auditeurs.

— Et ce conte a déjà pénétré dans ce vallon ? dit Sigismond avec un accent si ferme et si sombre, que Pierre tressaillit en l'écoutant, tandis que les deux nobles vieillards se détournaient, feignant de ne pas observer ce qui se passait.

— La renommée a le pied plus léger qu'une mule, jeune officier, répondit l'honnête guide ; le conte, comme vous l'appelez, aura traversé les montagnes plus vite que ceux qui l'apportent.

— Je n'ai jamais pu comprendre comment un tel miracle pouvait arriver. — Mais c'est ainsi ; une nouvelle va plus vite que la langue qui la répand, et s'il s'y mêle un peu de mensonge pour la soutenir, le vent même est à peine plus rapide. Le bon Jacques Colis s'est imaginé qu'il prenait les devants sur son aventure ; mais je gagerais ma vie que, malgré toute son agilité à s'éloigner des mauvais plaisants, il trouvera à son arrivée à Turin, son histoire bien établie dans l'auberge avec tous ses commentaires.

— Ces hommes sont-ils seuls? interrompit le signor Grimaldi, qui vit à la respiration précipitée de Sigismond qu'il était temps d'intervenir.

— Non, Signore. — Ils ont un compagnon que j'aime encore moins ; c'est un de vos compatriotes, qui s'appelle lui-même assez impudemment *Il Maledetto*.

— Maso?

— Précisément.

— L'honnête et courageux Maso! Et son noble chien!

— Signore, vous dépeignez si bien l'homme sous plusieurs rapports, que je m'étonne que vous le connaissiez si peu sous les autres. Maso n'a pas son égal sur la route pour l'activité et le courage, et son chien n'a de rivaux, pour les mêmes qualités, que parmi ceux du couvent. Mais quand vous citez la probité de son maître, vous parlez d'une chose qui inspire en général peu de confiance, ce qui fait honte au pauvre animal qui est, à cet égard, le meilleur des deux.

— Ceci peut être vrai, répondit le signor Grimaldi en se tournant avec inquiétude vers ses compagnons. — Cet homme est un composé si étrange de bien et de mal; ses actions, abandonnées à leur impulsion naturelle, sont si différentes de ce qu'elles deviennent par le calcul, qu'on peut à peine répondre d'un tel caractère. Nous savons que Maso est un ami très-utile; il pourrait, par les mêmes raisons, être un ennemi très-dangereux; ses qualités ne lui ont pas été accordées avec réserve. Nous avons cependant une forte chance en notre faveur; l'homme qui a rendu un service, ressent pour celui qu'il a sauvé une espèce de sentiment paternel, et se sent peu porté à se priver lui-même du plaisir de penser que quelques uns de ses semblables se souviennent de lui avec reconnaissance.

Melchior de Willading appuya cette observation, et le guide s'apercevant que sa présence n'était plus nécessaire, se retira.

Bientôt après les voyageurs allèrent aussi chercher le repos.

CHAPITRE XXI.

> L'année déjà incertaine est encore souvent troublée par l'hiver, dont les brises du soir augmentent encore l'âpreté; il glace les pâles matinées, et réunit la pluie et la neige pour chasser les bienfaits du jour.
> THOMPSON.

LE cor de Pierre Dumont retentit dès le point du jour, sous les fenêtres de l'auberge de Martigny. Les domestiques, à demi éveillés, vinrent seller les mules rétives, et charger les bagages; et peu de minutes après, toute la petite caravane, car elle méritait presque ce nom, se mit en route pour les sommets des Alpes.

Les voyageurs quittèrent alors la vallée du Rhône pour s'enfoncer dans ces masses confuses des montagnes qui forment l'arrière-plan du tableau que nous avons aperçu du château de Blonay et des rives du Léman. Ils descendirent bientôt dans un vallon et suivirent les sinuosités d'un torrent bruyant qui les conduisit par de nombreux détours dans une région de pâturages froids et élevés, dont les habitants soutiennent du produit de leurs laiteries une existence assez peu heureuse.

A quelques lieues au-dessus de Martigny la route se sépare de nouveau, l'on incline à gauche vers la haute vallée, devenue depuis si célèbre dans les fastes de ce pays sauvage, par la formation d'un petit lac au milieu de ces glaciers, qui bientôt, trop pesant pour ses bases, rompit ses barrières de glaces, descendit vers le Rhône, traversant comme une masse imposante une distance de plusieurs lieues, renversant et entraînant tout ce qui se rencontrait sur son passage, et rendant même, en plusieurs endroits, la face de la nature méconnaissable aux habitants de ces lieux désolés. On découvrait la pointe brillante du Vélan, et quoiqu'elle fût beaucoup plus rapprochée de l'œil qu'à Vevey, c'était toujours une colonne éclatante entourée de mystère et de solitude, sur laquelle la vue aimait à se reposer, comme elle se plaît parfois à contempler les contours purs et variés d'un nuage immobile.

Nous avons déjà dit que la pente du grand Saint-Bernard, si on excepte quelques inégalités accidentelles, n'était très-rapide qu'à l'endroit même où il faut surmonter le dernier obstacle que présentent les rochers. Une route assez praticable, malgré la direction ascendante qu'elle conserve nécessairement, circule au travers des vallées, dont la plupart sont cultivées, quoique l'aridité du sol et le peu de durée de la saison favorable n'accordent au laboureur qu'un faible prix de ses travaux. Elle diffère sous ce rapport de presque tous les autres passages des Alpes; mais s'il manque des caractères variés, sauvages et sublimes que déploient le Splugen, le Saint-Gothard, le Gemmi, c'est encore une pyramide d'une arête magnifique. Le voyageur qui s'élève par degrés insensibles vers le sommet, sent peu à peu disparaître les liens qui l'attachent au monde qu'il voit sous ses pieds.

Depuis l'instant où ils avaient quitté l'auberge jusqu'à la première halte, Melchior de Willading et le signor Grimaldi marchèrent à côté l'un de l'autre comme le jour précédent. Les deux amis avaient de mutuelles confidences à se faire, et la présence de Roger de Blonay, jointe aux importunités du bailli, ne leur avait pas encore permis de causer en liberté. Tous deux avaient réfléchi sur la situation d'Adelheid, sur ses espérances et sur son avenir, et tous deux en parlaient comme il est naturel de supposer que deux vieillards de ce siècle, non exempts de sympathie pour la classe qui était la leur, et cependant habitués à considérer le monde et ses liens, devaient raisonner sur une affaire d'une nature si délicate.

— J'ai ressenti un sentiment de regret, et peut-être dois-je dire d'envie pour l'appeler par son véritable nom, dit le Génois en continuant le sujet qui occupait le plus leur temps et leurs pensées, comme ils cheminaient lentement, laissant flotter les rênes sur le cou de leurs mules, — quand j'ai vu pour la première fois la belle créature qui te donne le nom de père, Melchior. Dieu a daigné m'accorder presque tous les biens qui rendent l'homme heureux; mais mon mariage a été rempli d'amertume et ses fruits ont été maudits. Ta fille est soumise, aimante, elle réunit tout ce qui peut flatter l'orgueil d'un père; et cependant, les belles, les justes espérances que tu formais pour son bonheur, sont troublées, sinon détruites, par cette affection si extraordinaire! Ce n'est pas une de ces faibles impressions qui cèdent à quelques menaces, à la distraction d'un voyage, mais un attachement profond, qui n'est que trop fermement appuyé sur l'estime. — Par san Francisco, je pense quelquefois que tu feras bien de ne plus t'opposer à la cérémonie!

— Si nous rencontrons par hasard, à Turin, Jacques Colis, il pourra nous donner un autre conseil, répondit sèchement le vieux baron.

— Notre vœu le plus cher trouve, il est vrai, un terrible obstacle! Si ce jeune homme était tout autre chose que le fils d'un bourreau! je ne pense pas, Melchior, que tu eusses aucune objection à faire s'il descendait simplement d'un laboureur ou de quelque serviteur de ta famille?

— Il vaudrait beaucoup mieux encore que sa naissance égalât la nôtre, Gaëtano. Je ne raisonne pas d'après les principes de telle ou telle secte politique; je sens et je pense dans cette circonstance, comme le père d'un seul enfant. Convenons-en, mon ami, ces usages, ces opinions, absurdes ou raisonnables, justes ou oppressives, qui nous entraînent ou nous tyrannisent, sont autant d'ingrédients dont se forme le bonheur; et tout en souhaitant qu'une justice entière soit rendue à tous les hommes, je désirerais commencer à mettre l'innovation en pratique sur toute autre que sur ma propre fille. Que ceux qui ressentent tant d'amour pour la philosophie, l'équité et les droits naturels, nous donnent l'exemple.

— Tu viens, mon cher Melchior, de toucher l'écueil sur lequel sont venus échouer les mille plans combinés pour le perfectionnement du monde. Si nous pouvions travailler avec les bras des autres, donner avec leur bourse; si leurs larmes étaient le prix de nos sacrifices, nous serions tous laborieux, désintéressés, notre générosité serait sans bornes! et cependant il est mille fois dommage qu'une jeune fille si douce, si noble, ne soit pas enchaînée.

— Ce serait une chaîne en effet, ou plutôt un joug pour une fille de la maison de Willading, reprit le baron avec emphase; j'ai envisagé cette affaire sous les différents points de vue qui étaient dignes de moi, Gaëtano, et sans vouloir repousser avec rudesse celui qui m'a sauvé la vie, et l'éloigner de nous, dans une circonstance où les étrangers même s'associent pour se prêter aide et protection, je suis cependant décidé à m'en séparer pour toujours à Turin.

— Je ne sais comment t'approuver ni comment te blâmer, mon pauvre Melchior! C'était un triste spectacle que le refus d'épouser la fille de Balthazar, devant tant de milliers d'hommes!

— Et moi je le regarde comme un exemple salutaire, qui nous a avertis du précipice vers lequel une folle tendresse nous entraînait tous deux, mon ami.

— Tu as peut-être raison, et cependant je souhaite que tu ne sois pas dans la plus grande erreur où jamais chrétien soit tombé. Ces montagnes sont escarpées, Melchior; une fois que nous les aurons franchies, ne peut-on pas s'arranger de manière à faire oublier pour toujours la Suisse à ce jeune homme? Il pourrait devenir Génois, et un tel changement ne t'offrirait-il pas le moyen de surmonter l'obstacle qui nous embarrasse?

— L'héritière de ma maison, signor Grimaldi, n'est pas une fille sans nom pour renoncer ainsi à sa patrie et à sa famille.

— Je suis sans enfants, ou du moins comme si je n'en avais pas; et lorsque la volonté et le pouvoir se trouvent réunis, on ne doit pas manquer son but. Nous reparlerons de ceci sous le ciel plus chaud de l'Italie; on dit qu'il sait disposer les cœurs à la tendresse.

— Les cœurs des jeunes gens et des amants, bon Gaëtano ; mais à moins qu'il ne fût bien changé depuis peu, il est aussi propre à endurcir celui des vieillards que tous ceux sous lesquels j'ai vécu, reprit le baron en secouant la tête, sans pouvoir sourire même à ses propres plaisanteries quand elles avaient trait à ce sujet pénible. Tu sais que dans cette circonstance j'agis seulement pour le bien-être d'Adelheid sans le moindre retour sur moi-même ; mais il serait peu convenable pour elle de rendre le baron d'une ancienne maison l'aïeul d'enfants qui descendraient d'une race d'exécuteurs.

Le signor Grimaldi sourit plus facilement que son ami, car, plus habitué à sonder l'abîme des faiblesses humaines, il démêla avec rapidité le mélange de sentiments dont la puissante influence s'exerçait silencieusement sur un cœur rempli de bienveillance.

— Toutes les fois que tu me diras qu'il est sage de respecter les opinions des hommes, que tu crains d'anéantir le bonheur de ta fille en le mettant en opposition avec les idées reçues, je serai tout à fait de ton avis ; mais il me semble qu'on peut arranger cette affaire de manière à persuader au monde que tout est en règle ; tout alors deviendra convenable. Si nous pouvons nous vaincre nous-mêmes, Melchior, il ne me semblera pas très-difficile d'aveugler les autres.

La tête du Bernois s'inclina sur sa poitrine : il conserva cette attitude pensive, se plongeant dans de profondes réflexions sur la marche qu'il convenait le mieux de suivre, et luttant avec les sentiments opposés qui troublaient son esprit droit, mais prévenu. Le signor Grimaldi comprit la nature de ce combat intérieur ; il cessa de parler, et un long silence succéda à leur entretien.

Cet exemple n'était pas suivi par leurs compagnes : habituées à considérer de loin les montagnes de leur patrie, elles en parcouraient les vallées pour la première fois ; les sentiers du Saint-Bernard leur offraient tout l'attrait de la nouveauté, et l'admiration pour les travaux sublimes de la nature vint bientôt distraire leurs imaginations jeunes et vives de la pensée de leurs propres chagrins.

Le goût exercé d'Adelheid était surtout prompt à saisir ces beautés à la fois subtiles et exquises, qui échappent à l'observateur ordinaire. Elle trouvait une jouissance de plus à les faire observer à Christine, aussi surprise qu'ingénue, qui, s'initiant à ce grand spectacle de la nature, source de délices si pures, recevait ses leçons avec une reconnaissance et une aptitude qui enchantaient l'institutrice.

Sigismond était l'heureux témoin d'un entretien qui captivait toute son attention, et cependant ses excursions fréquentes sur la montagne, qu'il avait si souvent parcourue sous un ciel plus doux, lui laissaient peu de choses à apprendre même d'un maître si habile et si séduisant.

A mesure qu'ils avançaient, l'air devenant plus pur, plus dégagé des vapeurs humides des régions inférieures, changeait, par un phénomène aussi admirable que ceux de la chimie, la couleur et l'aspect de chaque objet. Le soleil échauffait de ses rayons une vaste portion de la montagne; se jouant sur ses masses arrondies, ils créaient des centaines de longues raies d'un rouge foncé, sur chaque plateau de verdure qui, semblable au velours, recevait de leurs vives clartés mille impressions variées; tandis que les ombres, passant de ce *foyer de lumière*, pour parler le langage du peintre, à toutes les gradations des teintes obscures, allaient enfin se perdre dans *la colonne de vigueur* formée par les branches pendantes d'un bois de mélèses, situé dans les profondeurs d'un ravin où la vue pénétrait à peine. Telles étaient les beautés sur lesquelles Adelheid se plut à s'arrêter; ce sont celles dont les charmes frappent le plus vite le véritable admirateur de la nature, lorsque planant au-dessus des couches les plus épaisses de l'atmosphère, il se trouve dans ces régions inondées de lumière. C'est ainsi qu'au physique, non moins qu'au moral, nous obtenons en nous éloignant de ce monde corrompu quelques étincelles de je ne sais quel instinct pur et sublime, qui semble nous dévoiler quelques mystères de la création. Symbole poétique, mais vrai, de la jouissance plus parfaite, plus intime que l'âme ressent lorsqu'une vive impulsion, la détachant de la terre, la rapproche du ciel.

Suivant l'usage, nos voyageurs s'arrêtèrent pendant plusieurs heures au petit hameau de Liddes; à présent qu'un sentier commode est tracé dans cette portion de la route, il n'est pas rare de gravir la montagne et de revenir à Martigny dans la même journée; et la descente surtout exige peu de temps dès qu'on atteint le village que nous venons de nommer. Mais à l'époque de notre histoire, un tel exploit, si jamais il avait eu lieu, n'était nullement commun. La fatigue d'être resté si longtemps à cheval fit faire à toute la caravane un séjour à l'auberge beaucoup plus long qu'il n'est d'usage de le faire maintenant, et tout ce qu'ils espéraient était d'arriver au couvent avant que les derniers rayons du soleil eussent cessé d'éclairer la pointe du Velan.

Christine fut aussi la cause d'un délai inattendu ; elle s'était retirée avec Sigismond en arrivant à l'auberge, et elle ne rejoignit la société que lorsque l'impatience du guide se fut plus d'une fois manifestée par les expressions dont les gens de sa profession se servent en pareil cas. Adelheid s'aperçut avec peine, au retour de son amie, qu'elle paraissait avoir beaucoup pleuré ; mais trop délicate pour faire aucune question sur un sujet qu'il semblait évident que le frère et la sœur désiraient tenir caché, elle s'occupa de presser le départ des domestiques, sans se permettre la plus légère allusion sur le changement qu'on remarquait dans Christine, ni sur le retard qu'elle avait causé.

Lorsque Pierre vit se terminer cette longue halte, il marmotta une prière en actions de grâces, fit, d'une main, le signe de la croix, tandis que l'autre agitait un fouet au milieu d'une foule d'enfants ébahis, et de crétins idiots, pour leur faire céder la place à ceux qu'il guidait. Ses compagnons étaient en général dans des dispositions fort différentes. S'il arrive trop souvent au voyageur affamé d'entrer dans l'auberge, disposé à tout blâmer, il en sort d'ordinaire satisfait et heureux, restauré, comme on dit en France, par un bon repas, remis de ses fatigues ; le bien-être qu'il ressent se communique à son esprit : il faudrait une humeur bien difficile et une bien mauvaise chère pour s'opposer à ce retour de l'âme vers un état plus doux. La société que Pierre dirigeait ne fit pas exception à la règle générale ; les deux vieillards oublièrent assez le sujet de leur entretien du matin pour se livrer à la gaieté, ils étaient presque devenus joviaux, et bientôt leurs jeunes compagnes se trouvèrent disposées à rire de leurs saillies, malgré le fardeau d'inquiétudes accablantes qui pesait avec tant de force sur chacune d'elles : en un mot, telle est la variation de nos sentiments ; et il est si vrai que la constance du chagrin est aussi difficile que celle du bonheur, que l'hôtesse satisfaite du généreux salaire qui avait été le prix d'un repas assez médiocre, aurait affirmé, en faisant la révérence d'adieu sur un seuil très-mal tenu, que jamais voyageurs plus gais, plus contents, n'avaient quitté sa maison.

— Nous prendrons ce soir notre revanche de la boisson acide de l'auberge sur les caves des bons Augustins, n'est-ce pas, honnête Pierre? demanda le signor Grimaldi en s'arrangeant sur sa selle, au moment où, laissant derrière eux les cailloux, les toits avancés et les immondices du village, ils se trouvaient de nouveau sur un terrain plus agréable. Notre ami le trésorier est prévenu de notre visite, et comme nous avons déjà passé ensemble des heures bonnes et mauvaises, le plaisir de le revoir me semble une compensation aux mets assez frugals que nous venons de partager.

— Le frère Xavier est un prêtre bienveillant et hospitalier, Signore, et il conservera longtemps les clefs du couvent, si le ciel écoute la prière de tous les muletiers, guides ou pèlerins qui traversent le Col. Je voudrais, Messieurs, que nous gravissions, dans ce moment même, le sentier escarpé qui nous fera franchir le dernier rocher de la montagne, et que cette partie de la route ait été aussi heureuse que celle que nous avons déjà parcourue.

— Prévoyez-vous quelque obstacle, mon ami? demanda l'Italien en s'appuyant sur ses arçons, car il avait remarqué le regard soupçonneux que le guide avait jeté autour de lui.

— Obstacle, Signore, est un mot que les montagnards ne prononcent pas légèrement, et je suis un des derniers à y penser ou à redouter son approche. Mais nous touchons à la fin de la saison; l'air de ces montagnes est froid et piquant, et nous sommes suivis de plantes délicates qui supporteraient mal le souffle de la tempête. Le souvenir d'une fatigue est plus doux que son attente. Je n'ai pas eu l'intention de dire autre chose.

En cessant de parler, Pierre suspendit sa marche, se plaça sur une petite éminence de la route, d'où, en se retournant, il découvrait une vaste portion de montagnes qui indiquent le site de la vallée du Rhône; il y plongea un regard long et intelligent, puis il revint et se remit à marcher de l'air d'un homme plus disposé à agir qu'à réfléchir sur l'avenir. Sans le peu de paroles qui venaient de lui échapper, ce mouvement tout naturel n'aurait pas attiré l'attention; il ne fut même remarqué que du signor Grimaldi, qui n'aurait attaché que peu d'importance à ces circonstances si le guide avait conservé son pas habituel.

Comme c'est l'usage dans les Alpes, le conducteur était à pied, réglant sa marche de la manière qu'il jugeait la plus commode pour les hommes et les animaux qui le suivaient. Jusque là Pierre avait marché sans se presser, obligeant ainsi toute la caravane à n'avancer qu'assez lentement. Mais alors il marchait beaucoup trop vite, et son pas devenait parfois assez rapide pour forcer les mules à abandonner leur allure naturelle pour ne pas déranger l'ordre de la marche. Tout cela, néanmoins, fut attribué par la plupart des voyageurs à la nature du terrain, qui, en sortant de Liddes, offre une assez grande étendue de ce qu'on peut appeler dans les Hautes-Alpes une route unie. Ils pensèrent aussi qu'il était nécessaire de réparer le temps perdu à l'auberge, car le soleil penchait déjà vers les bornes occidentales de leur étroit horizon, et la température annonçait, sinon un changement soudain du temps, au moins l'approche de la fin du jour.

— Nous parcourons une route très-ancienne, observa le signor Grimaldi quand sa pensée, que les démarches du guide avaient fixée un instant, se reporta sur leur situation présente, on pourrait même dire très-respectable, en honneur des dignes religieux qui contribuent à la rendre moins périlleuse, et aussi à cause de sa grande antiquité; l'histoire nous parle souvent de capitaines qui l'ont traversée à la tête de leurs armées, et elle servit longtemps de communication à ceux qui passaient du nord au sud, dans des vues guerrières ou pacifiques; et dans le siècle d'Auguste, les légions romaines la choisirent fréquemment pour leurs marches victorieuses dans l'Helvétie ou vers les Gaules. Les soldats de Cœcinna s'enfoncèrent dans ces gorges profondes, pour venir attaquer Othon, et les Lombards les imitèrent cinq cents ans plus tard. Ce sol fut souvent foulé par des compagnies armées dans les guerres de Charles de Bourgogne, dans celles de Milan, et pendant les conquêtes de Charlemagne. Je me rappelle avoir lu je ne sais quel conte où l'on prétend qu'une horde de corsaires de la Méditerranée pénétrèrent par cette route, dans des projets de pillage, et s'emparèrent même du pont Saint-Maurice. Comme nous ne sommes pas les premiers, il est probable que nous ne serons pas les derniers qui se confieront à ces régions élevées dans un but hostile ou dans un but bienveillant.

— Signore, observa Pierre d'un ton respectueux, quand le Génois eut cessé de parler, si Votre Excellence voulait bien s'exprimer en termes moins savants et employer ces paroles familières qui se prêtent à une marche rapide, cela serait plus en rapport avec l'heure et la nécessité où nous sommes d'être diligents.

— Craindrais-tu quelque danger? Sommes-nous en retard? Parle, je déteste les réticences.

— Le danger est une expression bien forte dans nos bouches,

Signore ; car ce qu'on nomme sécurité, sur cette route, pourrait sans doute porter un autre nom dans la vallée ; je ne dis pas le contraire, mais le soleil touche aux rochers, comme vous le voyez, et nous approchons d'un endroit où le faux pas d'une mule dans l'obscurité peut nous coûter cher. Je voudrais que nous missions à profit la lumière du jour tandis que nous le pouvons encore.

Le Génois ne répondit rien, mais il fit prendre à sa mule une allure qui s'accordait mieux avec les désirs de Pierre. Toutes les autres suivirent naturellement la même impulsion, et la petite troupe se mit à un trot qui égalait à peine, cependant, les longues et impatientes enjambées du guide, qui, malgré son âge, paraissait glisser sur la terre avec une parfaite aisance. La chaleur avait été assez forte durant la journée, et son influence se fit sentir dans cette atmosphère si pure tout le temps que les rayons du soleil frappèrent la vallée ; mais dès qu'ils furent interceptés par une des pointes de la montagne, le refroidissement de l'air prouva combien leur présence est nécessaire au bien-être de ceux qui se trouvent à une si grande élévation. Les femmes s'enveloppèrent de leurs mantes, au moment où le crépuscule vint remplacer la lumière du jour ; et bientôt après, les plus âgés des gentilshommes déployèrent leurs manteaux et prirent les précautions ordinaires contre l'effet de l'air du soir.

Le lecteur ne doit pas supposer que tous ces petits incidents du voyage se passèrent dans un espace de temps aussi court que celui que nous avons employé à le raconter. Une assez longue partie de la route fut parcourue, plusieurs petits hameaux furent traversés avant que le signor Grimaldi et son ami se fussent couverts de leurs manteaux. Ce passage de la chaleur du jour à la fraîcheur du soir fut aussi accompagné d'un égal changement dans l'aspect des objets. Le dernier village est Saint-Pierre, amas de chaumières dont les toits sont en pierre et qui portent tous les caractères de la contrée inhospitalière dans laquelle elles sont construites. On trouve encore un hameau près du pont d'Hudri ; il se compose de cabanes dont l'aspect est si repoussant, qu'elles semblent tenir le milieu entre la demeure de l'homme et la caverne des bêtes sauvages. Depuis longtemps la végétation s'appauvrissait de plus en plus, et l'on en voyait alors les derniers vestiges disparaître dans le sein d'une stérilité qui aurait défié tous les efforts de l'art. C'est ainsi que les ombres d'un tableau, passant par toutes les gradations du coloris, vont se perdre dans les profondeurs de l'arrière-plan. Les cèdres et les mélèses diminuèrent graduellement en nombre et en hauteur, et le dernier s'offrit enfin sous l'aspect d'une touffe d'un vert pâle, qui, fixée dans la crevasse d'un rocher, ressemblait beaucoup à de la mousse. L'herbe même pour laquelle la Suisse est célèbre à si juste titre, devenait maigre et effilée sur la montagne; et quand les voyageurs furent parvenus au bassin circulaire qui se trouve au pied de la pointe du Vélan, et qui se nomme la plaine de Prou, il ne restait plus, dans la saison la plus féconde de l'année, et seulement dans quelques terrains épars au milieu des rochers, que la nourriture suffisante pour un petit troupeau de chèvres errantes et à demi affamées.

La plaine dont nous venons de parler s'étend au milieu de hauts créneaux, et se trouve presque entourée de roches nues et escarpées. Le sentier qui circule au centre, en suivant un plan incliné, disparaît à travers une gorge étroite, et se perd dans le sommet blanchâtre d'une colline. Pierre désigna ce dernier passage comme le plus périlleux de ce côté du Col, à l'époque de la fonte des neiges, par la chute des avalanches qui se détachent des rochers. Mais il n'y avait aucun motif de redouter ce danger, si connu dans les Alpes, rien de ce qui les entourait ou les dominait n'offrant, à l'exception du mont Vélan, que l'aspect d'une affreuse stérilité. L'imagination ne concevrait pas aisément une peinture plus éloquente d'une nature désolée que celle qui frappa les regards des voyageurs quand ils arrivèrent au centre de cette vallée inhospitalière, guidés par le filet d'eau qui circulait au travers, et qui leur offrait une indication certaine de la direction générale de leur course.

C'était l'heure du crépuscule; mais la sombre teinte des rochers, sillonnés par la main du temps, portant l'empreinte de son sceau vénérable, et la profondeur du vallon, répandaient sur tous les objets un caractère plus mélancolique que l'obscurité; de l'autre côté, la lumière se reposait encore, brillante et glorieuse, sur la pointe neigeuse du Vélan, toujours à quelques milliers de pieds au-dessus de leurs têtes, quoique dans la plaine, en apparence assez peu éloignée, de riches touches du soleil couchant éclairassent plusieurs des sombres remparts que les Alpes ont reçus de la nature, et qui, noircis par les tempêtes qu'ils bravent, en couronnent le sommet. La voûte azurée qui les dominait offrait l'image de cette gloire éloignée, de ce repos profond qui tant de fois vient se placer sous les regards et s'insinuer avec tant de force dans l'âme de celui qui parcourt les vallées de la Suisse, ou qui navigue sur ses lacs. Le glacier de Valsorey, descendu des régions supérieures, presque aux bords de la vallée, dans tout l'éclat de sa blancheur, voit ses contours rayés et salis par les débris des rochers suspendus au-dessus de lui, comme si rien ne pouvait échapper au destin qui condamne tout ce qui se rapproche de la terre à être souillé par elle.

Il n'existait plus d'habitation entre le point où les voyageurs étaient parvenus et le couvent; une spéculation plus moderne, dans ce siècle de curiosité et d'agitation, a tenté d'élever une auberge dans le terrain que nous venons de décrire, avec l'espoir de recueillir un faible tribut de ceux qui arriveraient trop tard pour réclamer l'hospitalité du couvent. La fraîcheur s'augmentait avec plus de rapidité que l'heure peu avancée de la soirée n'aurait porté à le présumer; il y avait des instants où le bruit sourd du vent parvenait à leurs oreilles, et cependant le souffle le plus léger n'agitait pas le brin d'herbe desséché et presque solitaire qui était à leurs pieds; une fois ou deux des nuages sombres et épais traversèrent l'étroite ouverture qui était au-dessus de leurs têtes, semblables au vautour qui, planant dans le vide des airs, se prépare à fondre sur sa proie.

CHAPITRE XXII.

> Avancez en silence dans cette gorge étroite; pas un mot, pas un souffle; il pourrait précipiter sur vos têtes ces neiges de l'hiver, qui engloutiraient en un instant les bataillons que l'on vit, jour et nuit, descendre en désordre, de sommets en sommets, pour aller vaincre à Marengo
> ROGERS. *Italie.*

PIERRE DUMONT s'arrêta au milieu de la plaine bordée et stérile dont nous venons de parler, en faisant signe à ceux qu'il conduisait de continuer leur marche; chaque mule, en passant devant lui, sentit l'impression de la main ou du pied du guide impatient, qui, ne jugeant pas nécessaire de traiter ces pauvres animaux avec beaucoup d'égards, avait choisi cette méthode assez simple, pour accélérer leur course.

L'expédient était si naturel et s'accordait si bien avec les usages des muletiers et des hommes de cette classe, qu'il n'excita aucun soupçon dans la plupart des voyageurs, qui continuèrent leur route en réfléchissant, ou en se livrant aux émotions nouvelles et profondes que la situation présente faisait naître ; d'autres discouraient légèrement à la manière des gens insouciants que rien ne peut émouvoir. Le signor Grimaldi, dont la vigilance avait été éveillée par le léger mouvement de défiance qu'il avait déjà ressenti, fut le seul qui prit garde à la conduite de Pierre. Quand tout le monde fut passé, le Génois se retourna et jeta derrière lui un regard indifférent en apparence, mais en effet inquiet et perçant. Le guide était debout, ses yeux étaient fixés sur le ciel; d'une main il retenait son chapeau, l'autre était étendue et ouverte. Une parcelle brillante tomba sur cette dernière, et Pierre se mit aussitôt en marche pour reprendre son poste. Quand il approcha de l'Italien, il rencontra un regard si interrogatif, qu'il lui laissa voir un léger flocon de neige, si entièrement congelé, que la chaleur naturelle de la peau n'avait pu encore le dissoudre. Les yeux de Pierre semblaient recommander le secret, et cette silencieuse confidence échappa à l'observation du reste des voyageurs qui se trouva au même moment dirigée sur un objet heureusement fort différent, par le cri d'un des trois muletiers qui accompagnaient le guide. Il montrait des hommes qui s'avançaient comme eux vers le Col; l'un était monté sur une mule, l'autre était à pied ; ils étaient seuls et sans guide ; leur marche était rapide : on les vit disparaître, au bout d'une minute, derrière l'angle du rocher qui fermait presque la vallée du côté du couvent, et qui était précisément l'endroit déjà cité comme le plus dangereux à l'époque des fontes de neiges.

— Connais-tu les voyageurs qui nous précèdent? Sais-tu quel est le but de leur voyage? demanda le baron de Willading à Pierre.

Ce dernier réfléchit; il était évident qu'il ne s'attendait pas à rencontrer des étrangers dans cette partie du défilé.

— Nous ne pouvons rien savoir de ceux qui viennent du couvent; mais peu d'hommes auraient envie de s'éloigner d'un asile si sûr à une heure si avancée, répondit-il ; et cependant, jusqu'à l'instant où j'ai vu ces voyageurs de mes propres yeux, j'aurais juré qu'il n'y avait personne dans le Col qui suivît la même direction que nous. Tous les autres doivent être arrivés depuis longtemps.

— Ce sont sûrement des villageois de Saint-Pierre, qui portent des provisions, observa un des muletiers. Personne n'a traversé Liddes dans l'intention de se rendre en Italie, depuis la bande de Pippo, et certainement ils sont à présent bien tranquilles dans l'hospice. N'avez-vous pas vu un chien avec eux? Ce pourrait être un de ceux des religieux.

— C'est le chien que j'ai remarqué, c'est sa tournure qui m'a porté à vous questionner, reprit le baron ; cet animal a l'air d'une ancienne connaissance. Gaëtano, il me paraît ressembler à notre ami Neptune, et celui qu'il suit de si près a beaucoup de rapports avec notre compagnon du Léman, le courageux et actif Maso.

— Qui est parti sans récompense pour un service si éminent! répondit le Génois d'un air pensif ; le refus étrange de cet homme de rien accepter est aussi étonnant que les autres parties de sa conduite, si inusitée, si inexplicable. Je voudrais qu'il fût moins obstiné ou moins orgueilleux ; car cette obligation, qui n'est pas acquittée, reste comme un poids sur ma pensée.

— Tu as tort. J'avais chargé notre ami Sigismond de remplir secrètement ce devoir, tandis que nous recevions les prévenances de Roger de Blonay et du bon bailli ; mais ton compatriote traita l'affaire légèrement, comme un marin considère d'ordinaire le danger passé, et il ne voulut écouter aucune offre, ni de protection ni de récompense. J'ai été plus mécontent que surpris de ce que tu nommes très-bien son obstination.

— Dites à ceux qui vous envoient, m'a-t-il dit, ajouta Sigismond, qu'ils peuvent remercier les saints, Notre-Dame, ou le frère Luther, selon que cela s'accorde mieux avec leurs habitudes, mais qu'ils n'ont rien de mieux à faire que d'oublier qu'il y a au monde un homme qui s'appelle Maso ; le connaître ne peut être pour eux ni un honneur, ni un avantage. Dites cela, spécialement de ma part, au signor Grimaldi, quand vous serez partis pour l'Italie et que nous serons séparés pour toujours. Ce sont là les propres paroles de ce brave garçon, dans l'entrevue que j'ai eue avec lui après qu'il eut obtenu sa liberté.

— La réponse est remarquable dans un homme de sa condition, et ce message, spécial pour moi, me paraît étrange. J'ai observé durant la traversée que ses regards étaient souvent fixés sur moi avec une expression singulière, et je n'ai pu encore en deviner le motif.

— Le signor est-il de Gênes? demanda le guide ; serait-il par hasard attaché de quelque manière au gouvernement?

— Je suis de la république, et même de la ville de Gênes, et j'ai sans doute quelques légers rapports avec ses autorités, répondit l'Italien en jetant un coup d'œil à son ami, tandis qu'un imperceptible sourire courait sur ses lèvres.

— Alors il n'est pas nécessaire de chercher plus loin la raison qui rend vos traits familiers à Maso, dit Pierre en riant; il n'existe pas en Italie d'homme qui ait eu des occasions plus fréquentes de connaître ceux qui sont en place. Mais nous n'avançons pas en parlant de ce rusé compère. Etienne, presse les mules. — Presto, presto!

Les muletiers répondirent à cet appel par un de leurs avis prolongés qui ont quelque ressemblance avec un signal bien connu, le bruissement du serpent venimeux de ces contrées, qui veut avertir le voyageur de presser le pas, et ces voix produisirent sur les mules le même effet désagréable que l'homme ressent au sifflement du serpent; mais il amena le même résultat. Cette interruption fit cesser l'entretien, et chacun continua sa marche en rêvant de différentes manières à ce qui venait d'arriver. Peu de minutes après, la troupe tourna le rocher dont nous avons parlé; et quittant la vallée ou le bassin stérile qu'ils parcouraient depuis une demi-heure, ils entrèrent par une gorge étroite dans un lieu où l'on pouvait se croire au milieu d'une collection des matériaux qui, dans l'origine des siècles, servirent à la fondation du monde. Toute apparence de végétation avait disparu; si un brin d'herbe se montrait encore çà et là, c'était à l'abri de quelques pierres; ils étaient si maigres, et en si petit nombre, qu'ils passaient inaperçus dans ce sublime tableau du chaos. Des rochers ferrugineux s'élevaient autour d'eux, dans leur triste et sombre nudité, dérobant même à la vue la pointe brillante du Vélan, qui les avait guidés si longtemps. Pierre Dumont fit remarquer une place sur le sommet visible de la montagne, où un léger intervalle entre les rochers laissait apercevoir le ciel; il dit à ceux qu'il guidait que c'était le Col, et qu'une fois qu'il serait franchi, la barrière des Alpes serait surmontée. La lumière qui régnait paisible encore dans cette portion du ciel formait un contraste frappant avec l'obscurité toujours croissante de la vallée, et tous saluèrent cette première lueur qui leur annonçait la fin de leurs fatigues, comme un gage de repos, et l'on peut ajouter de sécurité ; car quoique personne, excepté le signor Grimaldi, n'eût pénétré les secrètes inquiétudes de Pierre, il était impossible de se trouver à une heure si tardive dans un lieu si désolé et si sauvage, loin de toute communication avec ses semblables, sans se sentir troublé et comme humilié de l'entier assujétissement de l'homme aux décrets éternels de la Providence divine.

On pressa de nouveau la marche des mules, et la pensée de tous les voyageurs se porta avec plaisir vers le repos et les rafraîchissements qui les attendaient sous le toit hospitalier du couvent. Le jour disparaissait des vallons et des ravins avec une rapidité effrayante, et dans leur impatience d'arriver ils gardaient le silence. La pureté excessive de l'atmosphère qui, à cette grande élévation, semble tenir plutôt de la nature de l'esprit que de celle du corps, rend les objets déterminés avec précision et clarté. Mais personne, excepté les montagnards et Sigismond, qui étaient accoutumés à cette déception (car tel est le nom qui convient pour la vérité à ceux qui passent leur vie au milieu des illusions), et qui comprenaient la grandeur de l'échelle sur laquelle la nature a travaillé dans les Alpes, ne savait calculer la distance qui les séparait encore du but de leur course. Il restait encore à gravir plus d'une lieue d'un sentier pénible et pierreux, et cependant Adelheid et Christine laissèrent échapper une légère exclamation de joie quand Pierre, leur montrant, entre les affreux rochers qui les entouraient, un point de la voûte azurée, leur dit qu'il indiquait la position du couvent. On découvrait parfois de petits monceaux des neiges du dernier hiver placés sous l'ombre de roches pendantes, et destinés probablement à braver l'ardeur du soleil jusqu'au retour du nouvel hiver : signe certain qu'ils étaient parvenus à une hauteur bien supérieure à celle des habitations ordinaires de l'homme. Le froid piquant de l'air était une autre preuve de leur situation, car tous les voyageurs ont répété que les moines du Mont-Saint-Bernard vivent au milieu des glaces éternelles, ce qui est presque littéralement vrai.

La petite troupe déployait alors plus d'activité et d'intelligence que dans aucun autre moment de la journée. Le simple voyageur ressemble sous ce rapport à celui qui parcourt la grande route de la vie, et qui se trouve souvent obligé de réparer, par des efforts tardifs et peu proportionnés à son âge, les négligences et les fautes d'une jeunesse qui, mieux employée, aurait rendu la fin de la course facile et heureuse. Chacun se prêtant au mouvement général, la vitesse de la marche s'augmentait plutôt qu'elle ne diminuait, et Pierre Dumont, les yeux fixés sur le ciel, semblait découvrir à chaque instant de nouveaux motifs de hâter le pas. Les bêtes de somme ne montraient pas tout à fait autant de zèle que le guide, et ceux qui les conduisaient murmuraient déjà de la lenteur de leur marche dans un sentier étroit, inégal et pierreux, qui ne permettait pas toujours aux mules de conserver une allure aussi rapide, lorsqu'une obscurité plus profonde que celle produite par les ombres des rochers se répandit autour d'eux, et l'air se remplit de neige si subitement qu'on aurait pu croire que toutes ses particules venaient d'être condensées par une opération chimique.

Cette révolution de l'atmosphère fut si inattendue et cependant si complète, que tous arrêtèrent leurs montures, et contemplèrent avec plus de surprise et d'admiration que de crainte, les millions de flocons qui s'abattaient sur leurs têtes. Un cri de Pierre vint les tirer de leur extase et les rappeler au sentiment de leur véritable position. Debout sur une petite éminence, déjà séparé d'eux par quelques centaines de toises, couvert de neige, il gesticulait avec violence en appelant les voyageurs.

— Pour l'amour de la bienheureuse Vierge! poussez vos mules, criait-il; car Pierre, catholique, comme la plupart des habitants du Valais, avait l'habitude de se rappeler ses protecteurs célestes au moment du danger. Animez-les, si vous faites quelque cas de la vie! Ce n'est pas ici le temps d'admirer ces montagnes; quoiqu'elles soient sans doute les plus belles et les plus hautes du monde, un Suisse ne perd jamais sa profonde vénération pour ces rochers chéris, mais il vaudrait mieux pour nous qu'elles fussent d'humbles plaines placées sur la terre que d'être ce qu'elles sont. Venez vite, au nom du ciel!

— Tu montres à l'arrivée d'un peu de neige une frayeur inutile et même indiscrète pour un homme qui a besoin de calme, mon ami Pierre, observa le signor Grimaldi, quand les mules s'approchèrent du guide, et s'exprimant avec l'ironie d'un soldat familiarisé avec le péril. Nous autres Italiens, moins habitués aux frimas que ne doivent l'être les montagnards, nous ne sommes pas à beaucoup près aussi troublés que toi, guide du Saint-Bernard!

— Blâmez-moi autant qu'il vous conviendra, Signore, dit Pierre se retournant et pressant encore le pas sans pouvoir néanmoins cacher entièrement le ressentiment que lui causait un reproche qu'il savait si peu mérité. Mais tâchez d'avancer ; tant que vous ne connaîtrez pas mieux la contrée dans laquelle vous voyagez, vos paroles ne seront pour moi qu'un vain son ; il ne s'agit pas de la bagatelle d'un manteau de plus, ce n'est pas ici un jeu d'enfants, mais une affaire de vie ou de mort. Vous êtes à une demi-lieue dans l'air, signor Génois, dans la région des tempêtes où les vents s'agitent parfois comme si tous les démons déchaînés les chargeaient d'éteindre le feu qui les dévore ; c'est ici que les corps les plus robustes, les cœurs les plus fermes ne sont que trop souvent contraints de voir et de sentir leur faiblesse.

En prononçant cette énergique remontrance, le vieillard avait découvert ses cheveux blancs par respect pour l'Italien ; puis il se remit en marche, dédaignant de protéger un front qui avait déjà supporté tant de fois les efforts de la tempête.

— Couvre-toi, bon Pierre, je t'en supplie, dit le Génois d'un ton de repentir, j'ai montré la vivacité d'un jeune homme, et l'excès d'une qualité qui convient peu à mon âge. Tu es le meilleur juge de notre position, et nous devons nous en rapporter à toi seul.

Pierre reçut l'apologie avec un salut à la fois fier et respectueux, et continua sa marche précipitée.

Dix minutes s'écoulèrent sombres et inquiètes ; la neige tombait de plus en plus fine et épaisse. De temps en temps des signes précurseurs semblaient annoncer que le vent allait s'élever ; ce phénomène peu important par lui-même devenait, à l'élévation où se trouvaient les voyageurs, l'arbitre de leur destinée. La diminution du calorique nécessaire à l'homme est, à cette hauteur de six à sept mille pieds au-dessus de la mer, et par une latitude de quarante-six degrés, une source fréquente de souffrances, même dans les circonstances les plus favorables ; mais ici elle augmentait de beaucoup le péril. L'absence seule des rayons du soleil suffit pour causer un froid pénétrant, et quelques heures de nuit amènent la gelée, au milieu même de l'été. C'est ainsi que des orages, qui n'auraient ailleurs rien de redoutable, anéantissent les plus fortes constitutions, déjà privées de leurs moyens de résistance, et quand on ajoute à la connaissance de ce fait celle que la lutte des éléments est beaucoup plus violente sur les points élevés de là terre que dans ceux qui leur sont inférieurs ; les motifs des inquiétudes de Pierre peuvent être mieux compris du lecteur qu'ils ne l'étaient probablement de lui-même, malgré la longue et pénible expérience qui suppléait à la théorie dans ce guide fidèle.

A l'heure du danger, les hommes sont rarement prodigues de paroles. Le faible se renferme en lui-même, abandonnant toutes ses facultés au pouvoir d'une imagination troublée, qui augmente les motifs d'alarme, et diminue les chances de salut ; tandis que l'âme courageuse, recueillie dans sa propre force, rallie et rassemble toutes ses puissances pour le moment de l'épreuve. Telles furent dans cette circonstance les sensations diverses de ceux qui suivaient Pierre. Un silence général et profond régna dans toute la troupe : chacun considérait sa situation sous les couleurs que lui prêtaient ses habitudes et son caractère. Les hommes, sans aucune exception, étaient graves, et remplis d'ardeur dans leurs efforts pour faire avancer les mules ; Adelheid avait pâli, mais elle était calme, soutenue par la simple fermeté de son âme ; Christine était faible et tremblante, tout en étant un peu rassurée par la présence de Sigismond et la confiance qu'il lui inspirait ; les femmes de l'héritière de Willading avaient couvert leurs têtes, et suivaient leur maîtresse avec cette foi aveugle dans leurs supérieurs, qui tient quelquefois lieu de courage aux personnes de cette classe.

Dix minutes suffirent pour changer entièrement l'aspect des objets. L'élément glacé ne pouvait pas s'attacher aux flancs ferrugineux et perpendiculaires des montagnes, mais les vallons, les ravins, et les vallées devinrent aussi blancs que la pointe du Vélan. Pierre conservait dans sa démarche silencieuse et rapide une contenance qui laissait quelques lueurs d'espérance à ceux qui s'étaient entièrement confiés à son intelligence et à sa fidélité. Ils désiraient se persuader que cette neige si subite était un de ces événements ordinaires auxquels on doit s'attendre sur le sommet des Alpes, à cette époque de l'année, et qui ne sont que des symptômes de la rigueur bien connue de l'hiver qui s'approche. Le guide, de son côté, ne paraissait pas disposé à perdre le temps en explications, et comme sa secrète impatience s'était communiquée à toute la troupe, il n'avait plus à se plaindre de leur lenteur à le suivre. Sigismond se tenait près d'Adelheid et de sa sœur, ayant soin d'empêcher leurs mules de se ralentir, et d'autres hommes remplissaient le même office auprès des femmes d'Adelheid. Ce fut ainsi que se passa le peu d'instants qui précédèrent la chute totale du jour.

Le ciel n'était plus visible, l'œil qui le cherchait ne rencontrait qu'une succession sans fin de flocons blancs et épais, et il devenait difficile de distinguer même les remparts de rochers qui limitaient le ravin irrégulier dans lequel ils se trouvaient. Ils savaient néanmoins qu'ils n'étaient pas à une grande distance du sentier, qui en effet passait quelquefois à leurs côtés. Dans d'autres momens ils traversaient des landes de montagnes, rudes et remplies de cailloux, si ce nom de landes peut s'appliquer à un terrain qui n'offre ni vestige, ni espoir de végétation ; les traces de ceux qui les avaient précédés devenaient de moins en moins visibles ; mais ils retrouvaient encore de temps en temps le ruisseau qui descendait des glaciers, en circulant autour de la route, et dont ils avaient suivi le cours durant un si grand nombre des heures de la journée. Pierre, tout en espérant qu'il n'avait pas quitté la vraie direction, était le seul qui sût qu'on ne pouvait plus compter sur ce guide ; car à mesure qu'on approchait du sommet de la montagne, le torrent, s'affaiblissant par dégrés, se séparait en une vingtaine de petits filets d'eau, que venaient alimenter les neiges accumulées entre les pointes des rochers.

L'air continuait d'être calme, et le guide voyant que les minutes se succédaient les unes aux autres sans apporter le moindre changement, pensa qu'il pouvait, appuyant sur ce fait, encourager ses compagnons en leur donnant l'espoir qu'ils pourraient arriver au couvent sans éprouver de calamité plus sérieuse. Comme pour se jouer de cette espérance, les flocons de neige se mirent à tourbillonner au moment même où ces paroles de bon augure allaient sortir de ses lèvres ; et le vallon fut traversé par un souffle qui mit en défaut la protection des mantes et des manteaux. Malgré sa résolution et son courage, l'intrépide Pierre laissa échapper une exclamation de désespoir, et il s'arrêta comme ne pouvant plus cacher les craintes qui s'étaient amoncelées dans son sein durant l'heure si longue et si pénible qui venait de s'écouler. Sigismond ainsi que la plupart des autres voyageurs marchaient depuis quelque temps à pied, dans la vue de se réchauffer. Le jeune homme avait souvent traversé les montagnes, et dès que le cri de Pierre eut frappé son oreille, il s'élança vers lui.

— A quelle distance sommes-nous encore du couvent? demanda-t-il vivement.

— Il nous reste plus d'une lieue, monsieur le capitaine, par un sentier difficile et escarpé, répondit Pierre désolé, et d'un ton qui en disait peut-être plus que ses paroles.

— Ce n'est pas ici le moment d'hésiter. Souvenez-vous que vous n'êtes pas ici le conducteur d'une bande de voituriers avec leur bagage; ceux qui nous suivent ne sont pas accoutumés à supporter les injures du temps, et quelques uns sont d'une faible santé. Quelle est la distance du dernier hameau que nous avons traversé?

— Le double de celle du couvent!

Sigismond se retourna, ses yeux se levèrent en silence sur les deux vieillards, comme pour demander leurs ordres, ou leurs avis.

— Il serait peut-être mieux de retourner sur ses pas, observa le signor Grimaldi, avec l'accent d'un homme qui exprime une résolution à demi formée. Ce vent est sur le point de devenir cruellement piquant, la nuit sera pénible. Qu'en penses-tu, Melchior? car pour moi, je suis, avec M. Sigismond, persuadé que nous n'avons pas de temps à perdre.

— Pardonnez-moi, Signore, interrompit le guide en toute hâte. Je n'entreprendrais pas de traverser dans une heure la plaine du Vélan, pour tous les trésors d'Ensiedlen et de Loretto! Les vents une fois engouffrés dans ce vallon s'y déchaînent avec furie, tout y sera bientôt bouleversé. Ici nous aurons, du moins de temps en temps, l'abri des rochers. La plus légère erreur dans ce terrain découvert peut nous égarer d'une lieue et plus, et il faudrait une heure pour regagner la route. Les animaux aussi montent beaucoup plus vite qu'ils ne descendent, et avec bien moins de dangers, surtout la nuit; puis le village ne possède rien qui soit convenable pour des gentilshommes, tandis que les bons moines ont tout ce qu'un roi pourrait désirer.

— Ceux qui sortent de ces lieux sauvages, honnête Pierre, n'ont point envie de critiquer la nourriture qu'on leur offre; ils se contentent d'un abri. Peux-tu répondre que nous arriverons au couvent sains et saufs, et dans un espace de temps raisonnable?

— Nous sommes dans les mains de Dieu, Signore; je ne doute pas que les pieux Augustins ne soient dans ce moment en prières pour tous ceux qui sont sur la montagne; mais nous n'avons pas une minute à perdre. Je demande seulement que chacun veille sur la personne qui est à côté de lui, que tous cherchent à employer leurs forces; nous ne sommes pas loin de la maison de refuge, et lors même que cet ouragan deviendrait une tempête, ce qui, pour ne pas cacher le danger plus longtemps, pourrait arriver dans ce mois, nous y arriverons toujours d'ici à quelques heures.

Cette assurance vint très à propos. La certitude qu'un asile sûr se trouvait à une distance qu'on pouvait atteindre, produisit sur les voyageurs un effet presque aussi heureux que la confiance du marin, qui trouve les hasards des vents moins à craindre, par la possibilité d'être conduit par eux dans un port. Pierre se remit en marche après avoir réitéré à toute la bande l'avis de marcher le plus près possible les uns des autres, et recommandé à ceux qui sentiraient les cruels effets du froid, de descendre sur-le-champ, et de chercher à rétablir la circulation par l'exercice. Mais tout avait empiré d'une manière sensible dans le peu de temps qu'avait exigé cette espèce de conférence. Le vent, qui n'avait pas de direction fixe, étant un courant violent de l'atmosphère supérieure, que les sommets et les ravins des Alpes avaient détourné de sa course véritable, tantôt les enveloppait comme dans un cercle, tantôt, les aidant à gravir, paraissait souffler derrière eux, puis, se retournant avec fureur dans le sens opposé, ne leur permettait plus d'avancer.

La température baissa rapidement de plusieurs degrés, et les plus robustes de la troupe commencèrent à ressentir, surtout dans les parties inférieures, l'influence glacée du froid, d'une manière à inspirer de sérieuses inquiétudes. Toutes les précautions que la tendresse peut suggérer furent employées pour protéger les femmes contre l'âpreté de l'air. Mais quoique Adelheid, qui seule conservait assez d'empire sur elle-même pour rendre compte de ses sensations, cherchât à atténuer le danger pour ne pas causer d'inutiles alarmes à ses compagnons, elle ne pouvait se dissimuler l'horrible vérité, que la chaleur vitale l'abandonnait avec une telle rapidité, qu'il lui serait impossible de conserver longtemps l'usage de ses facultés; mais elle sentait combien la trempe de son âme était supérieure à celle de ses compagnes, genre de supériorité qui, en de telles occasions, l'emporte même sur la force du corps. Après quelques minutes d'une souffrance silencieuse, elle arrêta sa mule, et pria Sigismond d'examiner la position de sa sœur et des autres femmes, qui depuis quelques instants n'avaient pas prononcé un seul mot.

Cette demande fit tressaillir celui à qui elle s'adressait; elle était faite dans un moment où la tempête semblait redoubler de violence, où il était impossible de distinguer la neige qui couvrait la terre, à vingt pas de l'endroit où la troupe frissonnante était réunie. Sigismond écarta les manteaux qui enveloppaient Christine, et la jeune fille, presque évanouie, tomba sur son épaule, comme l'enfant à demi endormi cherche à s'appuyer sur le sein qu'il chérit.

— Christine! — ma sœur! ma pauvre, mon angélique sœur! murmura le jeune soldat, qui, heureusement pour son secret, ne fut entendu que d'Adelheid. Éveille-toi, Christine; relève ta tête pour l'amour de notre excellente et tendre mère! Éveille-toi, Christine, au nom de Dieu!

— Parle-nous, chère Christine! s'écria Adelheid, sautant à terre et pressant dans ses bras la jeune fille, qui lui souriait à demi engourdie. Que Dieu me préserve de l'affreuse torture d'avoir causé ta perte, en t'amenant dans ces montagnes inhospitalières! Christine, si tu m'aimes, si tu as pitié de moi, éveille-toi!

— Prenez garde aux femmes, dit vivement Pierre, qui pensait alors qu'on touchait à une de ces terribles crises des montagnes, sources de malheurs, rares, il est vrai, mais non sans exemple, et dont, dans le cours de sa vie, il avait plus d'une fois été le témoin; veillez sur toutes les femmes, car ici, le sommeil, c'est la mort!

Les muletiers enlevèrent aussitôt aux femmes d'Adelheid les couvertures qui les entouraient, et déclarèrent que toutes deux étaient dans un péril imminent, l'une étant déjà sans connaissance. Le flacon de Pierre et les efforts des muletiers parvinrent à la ranimer assez pour éloigner toute crainte d'un danger immédiat; mais il était évident, pour le moins expérimenté des voyageurs, qu'une demi-heure de plus de souffrances rendrait probablement tout remède inutile, et, pour ajouter à l'horreur de cette conviction, tous, sans en excepter les muletiers, sentaient s'échapper cette chaleur vitale dont la perte totale est celle de la vie.

Chacun avait mis pied à terre, l'imminence du danger leur était connue; ils comprenaient que le courage seul pouvait les sauver, et que les minutes avaient un prix inestimable ; les femmes, y compris Adelheid, furent placées entre deux hommes, et soutenues par eux, et Pierre donna, d'une voix haute et ferme, l'ordre de se remettre en marche. Les mules, déchargées de leur fardeau, étaient conduites derrière eux par un des muletiers. Mais, faibles comme l'étaient Adelheid et ses compagnes, avec la neige qui couvrait les pieds et la brise qui glaçait les visages, on ne pouvait avancer que lentement et avec une extrême difficulté, dans un sentier cailloureux, inégal, et dont la pente était escarpée. Mais le mouvement ranima la circulation du sang, et on eut bientôt l'espoir de rappeler à la vie ceux qui avaient le plus souffert. Pierre, qui restait à son poste avec la fermeté d'un montagnard et la fidélité d'un Suisse, les encourageait et continuait à leur donner l'espérance que le couvent n'était plus éloigné.

Dans le moment où il était le plus nécessaire de redoubler d'efforts, où tous paraissaient en sentir l'importance et y être disposés, l'homme chargé de conduire les mules déserta son poste, préférant la chance de regagner le village en descendant la montagne, à celle d'arriver au couvent par une route si pénible et si lente. C'était un étranger, employé par hasard dans cette expédition, et qui n'avait avec Pierre aucun de ces liens qui sont les meilleurs gages d'une fidélité inébranlable, en nous mettant au-dessus de l'intérêt personnel et de notre propre faiblesse. Les bêtes qui portaient les bagages, se trouvant libres, en profitèrent d'abord pour s'arrêter ; puis elles se tournèrent de côté pour se soustraire à l'action du vent, et à la fatigue de monter ; et bientôt elles s'éloignèrent du sentier où il était nécessaire de rester.

Aussitôt que Pierre fut informé de cette circonstance, il donna l'ordre de tout faire pour rassembler ces animaux sans le moindre délai. Ce devoir n'était pas facile à remplir par des hommes troublés et à demi engourdis, et qui ne distinguaient aucun objet au-delà de quelques toises ; mais les mules portaient les effets de tous les voyageurs ; chacun d'eux se mit à leur poursuite, et, après dix minutes de délai, passées dans une agitation qui rendit quelque chaleur à leur sang et éveilla les facultés même des femmes, on reprit toutes les mules, on les attacha à la file l'une de l'autre, suivant la manière usitée pour conduire ces animaux, et Pierre se disposa à se remettre en route. Mais il ne fut plus possible de retrouver le sentier ; des recherches furent faites de tous côtés, et personne ne put en découvrir la moindre trace. Des fragments de rocs brisés, des cailloux raboteux, furent la seule récompense des plus minutieuses investigations ; et, après avoir trop inutilement perdu quelques unes de ces minutes qui étaient toutes si précieuses, ils se rassemblèrent d'un commun accord autour du guide, pour lui demander conseil. La vérité ne pouvait pas être cachée plus longtemps. — Ils étaient égarés.

CHAPITRE XXIII.

> Railleur téméraire, ne blâme pas la sagesse qui créa l'univers, aucune de ses œuvres n'est vaine ; elles tendent toutes vers un but admirable.
> THOMPSON.

Aussi longtemps que nous conservons le pouvoir de lutter avec la destinée, l'espérance est le dernier sentiment qui abandonne le cœur humain. Les hommes sont doués de tous les genres de courage, depuis la calme énergie d'une réflexion rendue plus imposante quand elle se joint à la force du corps, jusqu'à la témérité sans frein d'une âme impétueuse; depuis la fermeté qui devient plus remarquable, plus digne de respect, dans les occasions qui lui permettent de se montrer tout entière, jusqu'à l'affreuse et aveugle énergie du désespoir. Mais aucune langue ne renferme d'expressions capables de faire comprendre l'angoisse qui resserre le cœur quand une cause accidentelle et non prévue nous enlève subitement les ressources sur lesquelles nous avons l'habitude de compter. Le marin qui a perdu sa route ou sa boussole perd aussi son audace et son sang-froid, le danger ne peut les lui rendre ; le soldat fuit si vous lui retirez ses armes, et le chasseur de nos forêts natales, égaré loin de ses limites, n'est plus un agresseur ferme et intrépide, mais un fugitif inquiet et troublé, qui cherche à la dérobée des moyens de retraite : en un mot, quand l'âme se trouve privée à l'improviste de ses alliés, de ses soutiens ordinaires, nous sommes forcés de sentir que la raison, qui nous place tellement au-dessus du reste des créatures, que nous sommes leurs maîtres et leurs tyrans, devient une faculté moins utile que le simple instinct, dès que l'anneau qui unit la chaîne des causes à celle des effets vient à se rompre.

Les conséquences naturelles d'une plus grande expérience, rendaient Pierre Dumont plus capable de concevoir toute l'horreur de leur position, qu'aucun de ceux qui étaient avec lui. Le crépuscule, il est vrai, lui permettait encore de diriger ses pas à travers les rochers et les pierres, mais sa longue habitude des montagnes lui donnait la conviction qu'il y avait moins de danger à rester stationnaire qu'à changer de place, puisqu'une seule route pouvait les conduire au couvent, tandis que toute autre les rejetterait à une plus grande distance de l'asile qui était maintenant leur seule espérance. Et d'un autre côté, il était très-probable que quelques minutes d'un froid si intense, augmenté par la violence du vent, suffiraient pour glacer les sources de la vie dans les êtres si faibles qui étaient confiés à ses soins.

— As-tu quelque conseil à nous donner? demanda Melchior de Willading, tenant sous son ample manteau Adelheid pressée sur sa poitrine, et s'efforçant, dans son amour de père, de partager avec elle la faible chaleur que conservait ce corps affaibli par l'âge. Ne peux-tu rien imaginer qui puisse être fait dans cette affreuse position?

— Si les bons moines ont été vigilants, — reprit Pierre en hésitant; mais je crains que les chiens n'aient pas encore été exercés sur la route dans cette saison.

— En sommes-nous donc à ce point! Notre existence est-elle à la merci de l'instinct de quelques animaux!

— Mein herr, je bénirais la Vierge et les saints, s'il en était ainsi! mais cette tempête a été si soudaine, si imprévue, que j'ai peur que nous ne puissions pas même espérer leur secours.

Melchior gémit, et serra sa fille plus étroitement sur son cœur, tandis que Sigismond, avec sa taille d'Hercule, tâchait de mettre à l'abri sa faible sœur, comme l'oiseau réchauffe sous son aile sa couvée tremblante.

— Le moindre délai nous perd, dit le signor Grimaldi; j'ai entendu dire à des muletiers qui ont été forcés de tuer leurs mules, qu'on pouvait trouver dans leurs corps un abri et de la chaleur.

— C'est une horrible alternative, interrompit Sigismond: est-il donc impossible de retourner sur nos pas? En descendant toujours, on doit, avec le temps, arriver au village qui est dans la plaine.

— Le temps de ce trajet nous serait fatal, répondit Pierre. Je ne connais plus qu'une ressource : si vous voulez rester tous ensemble, et répondre à mes cris, je ferai de nouveaux efforts pour retrouver le sentier.

Cette proposition fut acceptée avec joie, l'énergie réveille l'espérance, et le guide allait les quitter, quand il sentit sur son bras la pression de la main vigoureuse de Sigismond.

— Je serai ton compagnon, dit le soldat avec fermeté.

— Vous ne me rendez pas justice, jeune homme, répondit Pierre avec l'accent du plus sévère reproche; si je suis assez lâche pour fuir, je conserve encore assez de force pour arriver en sûreté au bas de la montagne; mais si un guide des Alpes peut périr dans les neiges, comme un autre homme, le dernier battement de son cœur n'en est pas moins consacré à ceux qu'il a juré de servir !

— Mille, mille pardons, brave vieillard, — permets-moi de t'accompagner : nous aurons, étant deux, plus de chances pour réussir.

L'offensé Pierre, aussi satisfait du courage du jeune homme qu'il avait été mécontent de ses soupçons, reçut l'excuse; il lui tendit la main, et oublia le sentiment qu'avait excité, même au milieu de cette affreuse tempête, ce doute sur sa fidélité. Après cette courte concession accordée à ce volcan de passions humaines, qu'on peut étouffer, mais jamais éteindre, ils partirent pour faire une dernière tentative.

La neige avait déjà plusieurs pouces d'épaisseur; et comme la route n'était pas autre chose que le passage étroit d'un cheval, qu'on pouvait à peine distinguer en plein jour, parmi les débris dont le ravin était couvert, il n'y aurait pas eu le moindre espoir de réussir si Pierre n'avait pas su qu'on pouvait encore retrouver quelques traces des mules qui chaque jour montaient et descendaient la montagne. Les cris des muletiers répondaient à ceux des guides de minute en minute; tant qu'on restait à la portée de la voix les uns des autres, on ne courait pas le risque de se séparer; mais au milieu des sourds mugissements du vent et des sifflements continuels de la tempête, il n'était ni sûr, ni praticable de s'aventurer seul au loin. Plusieurs petites éminences, formées par le roc, avaient été montées et descendues, ils avaient aussi découvert un léger courant d'eau, mais il n'entraînait avec lui aucun vestige de la route. Le cœur de Pierre commença à sentir le frisson, qui déjà s'était emparé de son corps ; et le courageux vieillard, accablé de la responsabilité qui pesait sur lui, tandis que ses pensées errantes se portaient involontairement vers ceux qu'il avait laissés dans sa chaumière au pied de la montagne, s'abandonna enfin à toute la violence de ses sentiments ; et, dans l'excès de sa douleur, il se tordait les mains, pleurait, et implorait à grands cris le secours du ciel. Cette preuve si évidente du péril qui les pressait de toutes parts produisit sur Sigismond une impression qui s'éleva peu à peu jusqu'à une espèce de frénésie. Soutenu par la force de sa constitution, et en proie à un accès de désespoir et d'énergie peu différent de la folie, il s'élança dans un tourbillon de neige et de grêle, il disparut aux yeux de son compagnon, comme s'il était déterminé à tout remettre entre les mains de la Providence. Cet incident fit rentrer le guide en lui-même ; il appela à plusieurs reprises le téméraire jeune homme, en le conjurant de revenir ; il ne reçut aucune réponse, et se hâta de rejoindre la troupe stationnaire et presque glacée, dans l'espoir que leurs voix réunies pourraient être entendues. De longs cris s'élevèrent successivement, mais les vents seuls répondirent.

— Sigismond ! Sigismond, répétaient-ils l'un après l'autre, tous inquiets, désolés.

— Ce noble enfant est donc irrévocablement perdu ! s'écria avec désespoir le signor Grimaldi ; car les services déjà rendus par ce jeune homme, et la mâle élévation de son caractère, s'étaient insinués d'une manière insensible et profonde, dans le cœur du Génois. — Il mourra d'une mort affreuse, et n'aura pas la consolation de confondre ses souffrances avec ceux qui souffrent comme lui !

Un tourbillon sembla leur apporter dans cet instant un éclat de la voix de Sigismond.

— Sois bénie, divine Providence, voilà un de tes bienfaits ! s'écria Melchior de Willading ; il a retrouvé la route !

— Et l'honneur à toi, Marie, toi qui fus la mère d'un Dieu ! murmura l'Italien.

Au même moment un chien arrive, sautant et aboyant au milieu des neiges ; et bientôt il fut auprès des voyageurs, mêlant à ses caresses de petits cris plaintifs. Les exclamations de joie et de surprise étaient encore sur leurs lèvres quand Sigismond les rejoignit avec un autre homme.

— Honneur et actions de grâce aux bons Augustins, s'écria le guide enchanté ; voici le troisième service de ce genre dont je leur suis redevable.

— Je voudrais qu'il en fût ainsi, honnête Pierre, répondit l'étranger ; mais Maso et Neptune sont, dans une tempête comme celle-ci, d'assez mauvais remplaçants des serviteurs et des chiens du Saint-Bernard. Je suis, comme vous, égaré et perdu ; et ma présence ne peut vous apporter d'autre consolation que celle d'avoir un compagnon de plus dans le malheur. C'est pour la seconde fois que les saints m'amènent dans votre compagnie, quand la vie et la mort sont en suspens.

Maso fit cette dernière remarque lorsqu'il fut assez près du groupe pour reconnaître, à la faible clarté qui existait encore, ceux qui le composaient.

— Si tu es destiné à nous être aussi utile dans cette occasion que tu l'as déjà été dans une autre, répondit le Génois, ce sera fort heureux pour nous, et pour toi aussi. Mets à contribution ton esprit inventif, et je partagerai avec toi ce qu'une Providence généreuse m'a accordé.

Il était rare que *Il Maledetto* entendit la voix du signor Grimaldi sans une expression d'intérêt et de curiosité que ce dernier avait plus d'une fois remarquée, comme nous l'avons déjà dit, et qu'il s'expliquait d'une manière très-naturelle par la pensée que ses traits n'étaient pas inconnus à un homme qui avait déclaré lui-même que Gênes était sa patrie. Cette impression se manifesta également dans la cruelle position où ils se trouvaient, et le noble Italien, pensant que c'était d'un bon augure, renouvela des offres déjà repoussées, dans le but d'exciter un zèle qu'il supposait, avec quelque raison, susceptible d'être éveillé par l'espoir d'une récompense considérable.

— S'il s'agissait ici, *illustrious Signore*, répondit Maso, de conduire une barque, de raccourcir une voile, de faire manœuvrer un bâtiment, quel que fût son équipage ou sa construction, au milieu des raffales et des ouragans, ou de lutter dans un calme contre les courants, mon industrie et mon expérience pourraient être mises à profit ; mais, en mettant de côté la différence de force et de hardiesse, ce lis, qui semble déjà courbé par la tempête, ne vous est pas plus inutile que je le suis moi-même dans ce moment. Je suis tout aussi embarrassé que vous, Signore, et tout en étant peut-être plus habitué aux montagnes, je n'ai pas d'autre espoir que la faveur des saints ; si elle me manque, je finirai ma vie au milieu des neiges, au lieu de la terminer au milieu des vagues; destin que, jusqu'à présent, j'avais cru être le mien.

— Mais le chien, cet admirable Neptune !

— Ah ! *Eccellenza*, ici il n'est qu'un animal inutile : Dieu lui a donné une robe plus épaisse et plus chaude qu'à nous autres chrétiens, mais cet avantage même nuira bientôt à mon pauvre ami ; ses longs poils se couvriront de glaces, et leur poids ralentira sa marche. Les chiens du mont Saint-Bernard ont le poil plus lisse, les membres plus allongés, un odorat plus fin, et de plus, ils sont dressés à parcourir la montagne.

Maso fut interrompu par un cri perçant de Sigismond, qui, voyant que la rencontre inopinée du marin n'apporterait aucun changement à leur position, était reparti sur-le-champ pour continuer ses recherches, suivi de Pierre et d'un de ses compagnons. Le son fut répété par le guide et le muletier, et on les aperçut bientôt tous les trois, courant au travers des neiges et précédés par un énorme chien. Neptune, qui était resté tapi avec son énorme queue entre ses jambes, aboya, parut, en se levant, reprendre un nouveau courage, et sauta avec une joie et une bienveillance évidentes sur le dos de son ancien rival Uberto.

Le chien du Saint-Bernard était seul ; mais son air, tous ses mouvements étaient ceux d'un animal dont l'instinct s'élève au plus haut point accordé par la nature à une intelligence qui n'est pas celle de l'homme. Il courait de l'un à l'autre, frottait contre eux ses flancs polis et vigoureux. Il remuait la queue, et faisait enfin tous les gestes ordinaires des animaux de son espèce quand leurs facultés sont excitées. Il avait fort heureusement un très-bon interprète dans le guide, qui connaissait les habitudes et, si l'on peut s'exprimer ainsi, les intentions du chien qui, sentant qu'il n'y avait pas un seul instant à perdre si l'on voulait sauver les membres les plus faibles de la troupe, supplia qu'on fît à la hâte les dispositions nécessaires pour profiter de leur heureuse rencontre. On aida, comme auparavant, les femmes à marcher ; les mules furent liées ensemble, et Pierre, se plaçant à leur tête, appela le chien d'une voix joyeuse, et l'encouragea à les conduire.

—Est-il bien prudent de se laisser ainsi guider par un animal? demanda le signor Grimaldi, un peu incertain, quand, au milieu de l'obscurité et d'un froid qui s'accroissait sans cesse, il vit prendre le parti d'où dépendait leur existence à tous : ce qui était hors de doute, même pour une personne aussi peu accoutumée que lui aux montagnes.

— Ne craignez pas de vous confier au vieil Uberto, Signore, répondit Pierre marchant toujours, car on ne pouvait penser à un plus long délai. Sa fidélité et son expérience sont des guides sûrs. Les serviteurs du couvent dressent ces chiens à connaître les sentiers, et à ne pas les quitter, lors même que la neige les recouvre de plusieurs brasses. Il m'a souvent semblé que Dieu leur avait donné tout exprès des cœurs courageux, de longues pattes et un poil court, et certes ils font un noble usage de ces dons ! je connais leur caractère, car nous autres guides, nous étudions en général les ravins du Saint-Bernard, en servant d'abord les frères du couvent ; et pendant bien des jours j'ai monté et descendu ces rochers, avec une couple de ces animaux dressés dans ce but. Le père et la mère d'Uberto étaient mes compagnons favoris, le fils ne voudra pas tromper un vieil ami de sa famille.

Les voyageurs suivirent alors leur conducteur avec plus de confiance au milieu des ténèbres. Uberto s'acquittait de l'emploi dont il était chargé avec la prudence et la fermeté qui convenaient à son âge, et qui, à la vérité, étaient très-nécessaires pour la circonstance dans laquelle il se trouvait. Au lieu de courir en avant et de s'exposer à être perdu de vue, ce qui serait probablement arrivé à un animal plus jeune, le noble chien, ayant presque l'air de réfléchir, conserva un pas convenable à la marche lente de ceux qui soutenaient les femmes, et de temps en temps il s'arrêtait et regardait comme pour s'assurer si personne n'était resté en arrière.

Les chiens du Saint-Bernard sont, ou, pour mieux dire, étaient (car l'on assure que l'ancienne race n'existe plus) préférés à tous les autres, à cause de leur force, de la hauteur de leurs membres, et de leurs poils presque ras, comme Pierre venait de le dire tout à l'heure. La première de ces qualités était nécessaire pour porter les secours dont ils étaient souvent chargés et pour surmonter les obstacles des montagnes, et les deux autres les rendaient plus capables d'errer au milieu des neiges et de résister aux frimas. Leur éducation consistait à les rendre familiers et affectionnés avec la nature humaine, à leur apprendre à distinguer les sentiers, à ne jamais s'en écarter que lorsqu'ils étaient appelés à remplir la plus difficile partie de leur emploi, à découvrir ceux que les avalanches avaient engloutis, et aider à retirer leurs corps. Uberto remplissait depuis si longtemps ces différents devoirs, qu'il était reconnu qu'il n'existait pas sur la montagne un animal plus intelligent et plus fidèle. Pierre le suivait avec d'autant plus de confiance qu'il connaissait parfaitement toutes ses allures. Ainsi, quand il le vit couper à angles droits la route qu'il avait tenue jusqu'alors, il imita d'abord son exemple ; puis, écartant la neige pour être plus sûr du fait, il annonça avec un transport de joie que le sentier perdu était retrouvé. Ces paroles résonnèrent aux oreilles des voyageurs comme un sursis à celles d'un condamné. Les habitants du pays savaient cependant qu'il restait encore plus d'une heure de marche pénible avant d'atteindre l'hospice, dont l'approche surtout était difficile. Les êtres les plus faibles, qui succombaient aux besoins de ce sommeil, terrible précurseur de celui qui n'a pas de réveil, sentirent leur sang circuler avec plus de rapidité dans leurs veines, à l'exclamation que laissèrent échapper tous les hommes en apprenant l'heureuse nouvelle.

Ils avancèrent alors plus vite, malgré les embarras et les difficultés que faisaient naître sous leurs pas la tempête qui n'avait pas cessé une seule minute, et l'âpreté d'un froid si aigu que les plus robustes de la bande y résistaient avec peine. Sigismond gémissait intérieurement en pensant qu'Adelheid et sa sœur étaient exposées à une souffrance qui ébranlait les constitutions les plus fortes et les cœurs les plus fermes. Un de ses bras entourait la taille de Christine ; il la portait plutôt qu'il ne la soutenait, connaissant assez les localités de la montagne pour savoir qu'ils étaient encore à une distance effrayante du Col, et que la faiblesse de sa sœur ne lui permettrait pas d'y arriver sans ce secours.

De temps en temps Pierre parlait aux chiens, Neptune ne quittant pas le côté d'Uberto de peur de s'en séparer, le sentier ne pouvant plus être distingué qu'avec la plus grande attention, au milieu des ténèbres qui réduisaient la vue à ses limites les plus bornées. Chaque fois que le nom du dernier était prononcé, il s'arrêtait, remuait la queue, ou donnait d'autres marques d'affection, comme s'il eût cherché à rassurer ceux qui le suivaient sur son intelligence et sa fidélité. Après une de ces courtes haltes, le vieil Uberto et son camarade refusèrent, à l'étonnement général, d'aller plus loin : le guide, les deux gentilshommes, et enfin tous les autres voyageurs les entourèrent ; mais aucun avis, aucun encouragement des montagnards ne put décider les chiens à quitter leur place.

— Sommes-nous donc perdus de nouveau? demanda le baron de Willading, pressant Adelheid sur son cœur palpitant, et près de se livrer à la résignation du désespoir. Dieu nous a-t-il abandonnés ? — Ma fille! — Mon enfant bien-aimée !

Cette touchante expansion fut suivie d'un hurlement d'Uberto, qui, au même instant, s'élança et disparut. Neptune courut sur ses traces en aboyant avec force. Pierre n'hésita pas à les suivre, et Sigismond, pensant que son projet était de s'opposer à leur fuite, fut aussitôt près de lui. Maso montra plus de calme.

— Neptune n'est pas capable d'aboyer ainsi, s'il n'avait devant lui que la grêle, la neige et le vent, dit l'Italien dont le sang-froid ne se démentait pas, ou bien nous sommes près d'une autre bande de voyageurs; je sais qu'il y en a sur la montagne.

— Que Dieu nous en préserve! En êtes-vous bien sûr? demanda le signor Grimaldi, observant que Maso s'était arrêté tout à coup.

— Sûrement, Signore, il y en *avait* d'autres, reprit le marin après avoir réfléchi et paraissant peser chacune de ses paroles. Mais voici notre chien fidèle avec Pierre et le capitaine ; ils nous apportent des nouvelles, bonnes ou mauvaises.

Ils joignirent leurs amis comme Maso cessait de parler, et se hâtèrent de leur apprendre que le refuge tant désiré était près d'eux, et que la nuit et la blancheur de la neige les empêchaient seules de l'apercevoir.

— Saint Augustin lui-même a sans doute inspiré aux saints moines la pensée d'élever cet abri, s'écria Pierre qui ne jugeait plus nécessaire de cacher l'étendue du danger qu'ils avaient couru. Je n'aurais pas répondu d'avoir la force de gagner l'hospice par un temps semblable. Vous êtes sûrement de l'église mère, Signore, puisque vous êtes Italien?

— Je suis un de ses indignes enfants, répondit le Génois.

— Cette insigne faveur, si peu méritée, nous sera venue des prières de saint Augustin ou d'un vœu que j'ai fait d'envoyer une belle offrande à Notre-Dame d'Ensiedlen ; car jamais je n'ai vu un chien du Saint-Bernard conduire les voyageurs à la maison de refuge! Leur emploi est de découvrir l'homme enfoui dans les neiges, et de guider les vivants vers l'hospice. Vous voyez qu'Uberto même a hésité, mais le vœu a prévalu : ou peut-être sont-ce les prières, je ne sais.

Le signor Grimaldi était trop empressé de mettre Adelheid à l'abri, et, pour dire la vérité, d'y être lui-même, pour perdre le temps à discuter lequel des deux moyens, également orthodoxes, avait le plus contribué à leur salut. Comme tous les autres, il suivit en silence le pieux et confiant Pierre, marchant presque aussi vite que le guide crédule. Ce dernier n'avait cependant pas vu le refuge (tel est le nom bien mérité que ces endroits portent dans les défilés des Alpes) ; mais les mouvements du terrain l'avaient convaincu de sa proximité ; une fois certain de la place dans laquelle il était, toutes les localités environnantes s'offraient d'elles-mêmes à sa pensée, avec la même aptitude que montre le matelot lorsqu'il reconnait, au milieu de la nuit la plus sombre, chaque cordage de son vaisseau ; ou pour se servir d'une comparaison d'un genre plus ordinaire, avec la même aisance que chacun manifeste dans les détours de sa propre maison. Une fois la chaîne renouée, tout s'éclaircissait dans son esprit, et en quittant le sentier, le vieillard se dirigeait vers le lieu qu'il cherchait ; ligne aussi directe que s'il eût été guidé par le jour le plus éclatant. Une descente escarpée, mais peu longue, fut suivie d'une montée semblable, et l'on atteignit l'asile tant désiré.

Nous n'essaierons pas de décrire les premières émotions des voyageurs lorsqu'ils touchèrent à ce port de salut ; les muletiers eux-mêmes s'humiliaient avec reconnaissance devant la Providence ; tandis que les femmes, presque épuisées, pouvaient à peine exprimer par de faibles murmures leur ardente gratitude pour la puissance qui avait daigné les sauver en employant des intermédiaires si inattendus. Le refuge n'avait pas encore été aperçu, lorque Pierre, posant la main sur le toit couvert de neige, s'écria pénétré d'une vive et pieuse reconnaissance :

— Entrez, et remerciez Dieu. Une demi-heure de plus passée sans secours, aurait amené le plus ferme parmi nous à avouer sa faiblesse. Entrez, et remerciez Dieu.

Cet édifice dont le toit même était en pierres, comme tous ceux de cette contrée, avait la forme des celliers voûtés qui servent dans ce pays à conserver les légumes ; il n'avait cependant rien à craindre de l'humidité, la pureté de l'atmosphère et l'absence entière de terre végétale s'opposant à la plus légère moiteur ; il n'avait aussi à offrir que la simple protection de ses murailles ;

mais dans une telle nuit, son abri devenait le plus grand des bienfaits. Ce bâtiment n'avait qu'une issue ; quatre murs et un toit en formaient toute la construction ; mais il était assez spacieux pour recevoir une troupe deux fois aussi nombreuse que celle qui venait d'y entrer.

La seule transition du froid perçant et des vents glacés de la montagne, à l'abri du toit protecteur, fut assez forte pour produire sur tous les voyageurs une sensation qui ressemblait à de la chaleur ; des frictions et des cordiaux appliqués avec discernement sous la direction de Pierre, améliorèrent encore leur état. Le collier d'Uberto était garni d'une petite provision de ces derniers. Une demi-heure était à peine écoulée, qu'Adelheid et Christine dormaient paisiblement l'une à côté de l'autre, enveloppées dans tous les vêtements qu'on avait pu réunir, et la tête appuyée sur les housses des mules. Comme on ne monte jamais le Saint-Bernard sans porter avec soi tout ce qui est nécessaire pour les bêtes de somme, ce pays stérile n'offrant aucune ressource, le bois même étant transporté de plusieurs lieues sur le dos des mules, celles de nos voyageurs furent emmenées dans le refuge, et ces animaux, aussi patients que courageux, y trouvèrent aussi le dédommagement des fatigues et des souffrances de la journée. La présence de tant d'êtres vivants dans un lieu assez resserré y produisit une chaleur suffisante, et, après avoir partagé le repas exigu qu'ils devaient à la prévoyance du guide, ils se livrèrent au sommeil dont ils avaient un si grand besoin.

CHAPITRE XXIV.

L'un à côté de l'autre, ils reposent là ; c'est une triste compagnie.
ROGERS.

LE sommeil de ceux qui sont fatigués est doux. Plus tard, lorsque Adelheid habita des palais, qu'elle reposa sur le duvet, abritée par de riches étoffes, dans un climat plus généreux, on l'entendit souvent dire qu'elle n'avait jamais si paisiblement dormi que dans le refuge du mont Saint-Bernard. Ce sommeil avait été doux et rafraîchissant, exempt de ces rêves de précipices et d'avalanches qui longtemps après la poursuivaient dans ses songes; elle se réveilla la première le matin suivant, comme un enfant qui a joui d'un paisible repos. Les mouvements qu'elle fit éveillèrent Christine. Elles jetèrent les manteaux qui les couvraient, et elles s'assirent, regardant autour d'elles avec la curiosité que la nouveauté de leur situation occasionnait. Les autres voyageurs dormaient encore, et, se levant en silence, elles passèrent au milieu d'eux, puis à travers les mules qui s'étaient réunies à la porte, et quittèrent la hutte.

En dehors régnait une scène d'hiver; mais comme il arrive ordinairement dans les Alpes, n'importe dans quelle saison, c'était une scène grande, imposante et sublime. Le jour éclairait déjà le sommet des montagnes, tandis que les ombres de la nuit couvraient encore la vallée, formant un paysage qui ressemblait à l'exquise et poétique peinture que le Guide a faite de la terre dans son tableau de l'Aurore. Les ravins et les vallons étaient couverts de neige, mais les flancs raboteux des rocs offraient leur éternelle couleur d'un brun ferrugineux. Le petit monticule sur lequel le refuge était situé était aussi presque entièrement nu, le vent ayant balayé les légères particules de neige dans le ravin de la route. L'air du matin est frais à une aussi grande hauteur, même au milieu de l'été; et les deux jeunes filles transies croisèrent leur manteau autour d'elles, quoiqu'elles respirassent avec joie l'air élastique et pur des montagnes. La tempête était entièrement passée, et les nuages, d'un bleu d'azur, formaient un admirable contraste avec les ombres qui couvraient la terre. Cette vue éleva leurs pensées vers ce ciel qui brillait alors plus que jamais de cette harmonie et de cette gloire qui doit appartenir au séjour des bienheureux. Adelheid pressa la main de Christine, elles s'agenouillèrent toutes deux en inclinant leur tête sur la roche, et elles adressèrent à Dieu les prières les plus pures et les plus sincères que puissent offrir des mortels.

Ce devoir rempli, les deux jeunes filles se retirèrent plus rassurées : relevées de cette obligation impérieuse, elles regardèrent autour d'elles avec plus de confiance. Un autre bâtiment, semblable de forme et de matériaux à celui où leurs compagnons dormaient encore, se trouvait sur le même monticule, et leurs pas prirent naturellement cette direction. L'entrée de cette hutte ressemblait plutôt à une fenêtre qu'à une porte. Elles entrèrent avec précaution dans une chambre qui avait la tristesse et l'obscurité d'une caverne, et aussi timidement que le lièvre jette ses regards autour de lui avant de sortir de sa retraite. Quatre personnes, le dos appuyé contre la muraille, reposaient sous cette voûte. Elles dormaient profondément, car les jeunes filles surprises les regardèrent longtemps, et elles ne s'éveillèrent pas.

— Nous n'avons pas été seules sur la montagne pendant cette nuit terrible, murmura Adelheid en entraînant la tremblante Christine hors de ce lieu; vous voyez que d'autres voyageurs sont venus chercher ici du repos, probablement après des fatigues et des dangers semblables à ceux que nous avons courus.

Christine s'approcha de son amie plus expérimentée, comme les petits d'une colombe se rapprochent de leur mère lorsqu'ils abandonnent leur nid pour la première fois, et elles retournèrent à la hutte qu'elles avaient quittée, car le froid était assez intense pour les inviter à chercher un abri. Elles rencontrèrent Pierre à la porte; ce vieillard matinal s'était éveillé aussitôt que le jour avait frappé ses yeux.

— Nous ne sommes pas seuls ici, dit Adelheid en montrant l'habitation couverte de pierres qu'elles venaient de quitter. Il y a des voyageurs qui dorment dans cet autre bâtiment.

— Leur sommeil sera long, Madame, répondit le guide en secouant la tête d'un air solennel. Pour deux d'entre eux, il dure déjà depuis un an. L'autre est là depuis l'avalanche des derniers jours d'avril.

Adelheid recula, car ces paroles étaient trop claires pour n'être pas comprises. Après avoir regardé sa douce compagne, elle demanda si ceux qu'elles avaient vus étaient des voyageurs qui avaient péri sur la montagne.

— Oh! mon Dieu! oui, Madame, répondit Pierre. Cette hutte est pour les vivants, celle-là pour les morts. La mort et la vie sont aussi proches l'une de l'autre pour des hommes qui voyagent dans ces rochers sauvages pendant l'hiver. J'ai connu des voyageurs qui ont passé ici une nuit courte et agitée, pour ensuite dormir là d'un sommeil éternel avant la fin du jour. Un de ceux que vous avez vus était un guide comme moi; il fut enterré sous les neiges dans l'endroit où le sentier quitte la plaine du Vélan, au-dessous de nous. Un autre est un pèlerin qui périt par la nuit la plus claire qui brilla jamais sur le Saint-Bernard, et simplement parce qu'il avait un peu trop bu pour égayer sa route. Un troisième est un pauvre vigneron, venant du Piémont pour exercer son état dans nos vallées de la Suisse; la mort le surprit dans un sommeil imprudent auquel il s'abandonna probablement à la chute de la nuit. Je trouvai moi-même son corps sur ce roc décharné le lendemain d'un jour où nous avions bu ensemble à Aoste, et je le plaçai de ma main parmi les autres.

— Et ce sont là les funérailles qu'obtient un chrétien dans cette terre inhospitalière?

— Que voulez-vous, Madame! c'est la chance du pauvre et de l'inconnu. Ceux qui ont des amis sont cherchés et retrouvés; mais ceux qui meurent sans laisser de traces de leur famille ont le sort dont vous avez été témoin. La bêche est inutile parmi les rochers; puis il vaut mieux qu'un cadavre reste dans un lieu où il puisse être reconnu et réclamé, que d'être placé hors de vue. Les bons pères, et tous ceux qui ont des moyens, sont descendus dans les vallées et enterrés décemment, tandis que le pauvre et l'étranger sont conduits sous cette voûte, qui est un meilleur abri que celui que beaucoup d'entre eux ont eu là pendant leur vie. Oui, il se trouve là trois chrétiens qui étaient, il y a quelque temps, aussi gais et aussi actifs qu'aucun de nous.

— Il y a quatre cadavres!

Pierre parut surpris; il réfléchit un instant, et continua ainsi:

— Alors un nouveau malheureux vient de périr. Le temps viendra où mon sang se glacera aussi. C'est un sort qu'un guide doit toujours avoir présent à l'esprit, car il y est exposé à toutes les heures et dans toutes les saisons.

Adelheid ne poursuivit pas plus longtemps cette conversation; elle se rappela qu'elle avait entendu dire que la pure atmosphère des montagnes prévenait cette corruption qui s'associe ordinairement d'une manière si horrible avec l'idée de la mort: ce souvenir la réconcilia un peu avec les funérailles du Saint-Bernard.

Pendant ce temps, le reste de la société s'était éveillé, et se réunissait devant la hutte. On sella les mules, on chargea le bagage, et Pierre appelait les voyageurs pour partir, lorsque Uberto et Neptune vinrent en sautant sur le sentier et se mirent en route côte à côte, avec la meilleure harmonie possible. Les mouvements des chiens étaient de nature à attirer l'attention de Pierre et des muletiers, qui prédirent qu'on allait bientôt voir quelques serviteurs de l'hospice. Les résultats prouvèrent qu'ils ne se trompaient pas; car ils avaient à peine hasardé cette conjecture, qu'on vit, au milieu de la neige, déboucher, de la gorge sur la montagne, le long du sentier qui conduisait à la hutte, une société qui avait le père Xavier en tête.

L'explication fut brève et naturelle; après avoir conduit les voyageurs à l'abri, et avoir passé une partie de la nuit dans leur compagnie, à l'approche de l'aurore, Uberto était retourné au couvent, toujours accompagné par son ami Neptune. Là, il communiqua aux moines, par des signes qu'ils étaient habitués à entendre, qu'il y avait des voyageurs sur la montagne. Le bon quêteur savait que le baron de Willading était sur le point de traverser le défilé avec ses amis, car il s'était rendu en toute hâte au couvent, afin de les recevoir, et présageait qu'ils avaient été surpris par la tempête de la nuit précédente : il s'était joint promptement aux serviteurs qu'on avait envoyés à leur secours. Le petit flacon attaché au cou d'Uberto ne laissait point de doute qu'on avait fait usage de son contenu; il n'y avait rien de plus probable que les voyageurs chercheraient un abri et les pas du père Xavier se dirigèrent donc naturellement vers la hutte.

Le digne quêteur fit cette explication avec des yeux humides, et s'interrompait de temps en temps pour murmurer une prière d'actions de grâces. Il passait de l'un à l'autre, ne négligeant pas même les muletiers, examinant leurs membres, et plus particulièrement leurs oreilles, pour s'assurer si elles avaient échappé à la gelée, et ne parut tout à fait heureux que lorsqu'il se fut assuré par ses propres observations que le terrible danger qu'ils avaient couru n'aurait point de conséquences funestes.

— Nous sommes habitués à voir beaucoup d'accidents de cette nature, dit-il en souriant, lorsque l'examen fut terminé à sa satisfaction, et la pratique nous a rendu le coup d'œil prompt. Que la vierge Marie soit bénie, ainsi que son divin fils, pour vous avoir protégés pendant une nuit si terrible! Il y a un déjeuner chaud tout prêt dans la cuisine du couvent, et, lorsque nous aurons rempli un devoir solennel, nous monterons la montagne afin d'en profiter. Le petit bâtiment qui est près de nous est le dernier asile terrestre de ceux qui périssent de ce côté de la montagne, et dont les restes ne sont pas réclamés; aucun de nos moines ne passe dans ce lieu sans offrir à Dieu une prière pour le salut de leur âme. Agenouillez-vous avec moi, vous qui avez tant de raisons pour être reconnaissants envers Dieu, et joignez vos prières aux miennes.

Le père Xavier s'agenouilla sur les rochers, et tous les catholiques se joignirent à lui et prièrent pour les morts. Le baron de Willading et ses serviteurs restèrent debout, découverts pendant tout ce temps, car, bien que leurs opinions de protestants rejetassent cette médiation comme inutile, ils sentaient profondément la solennité et le saint caractère de cette scène.

Le frère quêteur se releva avec un visage brillant comme le soleil, qui en ce moment se montrait au-dessus du sommet des Alpes, jetant sa chaleur bienfaisante sur ce groupe solitaire, les huttes noirâtres et les flancs de la montagne.

— Vous êtes une hérétique, dit-il affectueusement à Adelheid, pour laquelle il ressentait l'intérêt que sa jeunesse, sa beauté et le danger qu'ils avaient courus de compagnie, étaient capables de lui inspirer; vous êtes une hérétique, et cependant nous ne vous renierons pas, malgré votre obstination et vos fautes. Vous voyez que les saints peuvent s'intéresser eux-mêmes en faveur des pécheurs obstinés, ou sans cela vous et les vôtres auriez sans doute été perdus.

Ces paroles furent prononcées de manière à attirer un sourire sur les lèvres d'Adelheid, qui reçut cette accusation comme on reçoit un reproche amical. Elle offrit sa main au moine comme un gage de paix, et lui demanda de l'aider à se mettre en selle.

— Remarquez-vous ces animaux? dit le signor Grimaldi en montrant les chiens qui étaient accroupis gravement devant la fenêtre du charnier, les naseaux ouverts et les yeux fixés sur l'entrée; vos chiens du Saint-Bernard paraissent dressés de toute manière au service des hommes, morts ou vivants.

— Leur attitude tranquille et leur attention peuvent en effet justifier cette remarque. Avez-vous jamais remarqué ces signes dans Uberto? reprit l'Augustin en s'adressant aux serviteurs du couvent; car les actions de leurs chiens étaient une étude d'un grand intérêt pour tous ceux qui habitaient le Saint-Bernard.

— On m'a dit qu'un nouveau cadavre avait été déposé dans le charnier depuis la dernière fois que j'ai descendu la montagne, répondit Pierre qui arrangeait tranquillement la selle de la mule d'Adelheid. Le chien sait la mort, c'est là ce qui l'amena à la hutte hier au soir, Dieu en soit loué!

Ces paroles furent prononcées avec cette indifférence que donne l'habitude, car l'usage de laisser les corps sans les enterrer paraissait au guide une chose toute simple : cela n'en frappa pas moins ceux qui arrivaient du couvent.

— Tu es le dernier qui est descendu, dit un des serviteurs ; et personne n'est monté que ceux qui sont maintenant à prendre du repos dans le couvent, après la tempête de cette nuit.

— Comment peux-tu faire ces mauvaises plaisanteries, Henri, lorsqu'il y a un nouveau cadavre dans le charnier? Cette jeune dame vient de les compter dans l'instant. Il y en a quatre; et il n'y en avait que trois que je montrai au noble Piémontais que j'ai conduit d'Aoste le jour dont vous parlez.

— Voyons, dit le quêteur en quittant vivement Adelheid qu'il allait aider à monter sur sa mule.

Ils entrèrent dans cette sombre caverne, d'où ils revinrent promptement portant un cadavre qu'ils placèrent à l'air, le dos appuyé contre le mur du bâtiment. Un manteau était jeté sur le visage et la tête, comme s'il avait été placé ainsi pour le garantir du froid.

— Il a péri la nuit dernière après avoir pris l'ossuaire pour le refuge! s'écria le frère quêteur ; que la vierge Marie et son fils aient pitié de son âme !

— Cet infortuné est-il réellement mort? demanda le seigneur Génois, plus habitué à l'examen : les personnes saisies par le froid dorment longtemps avant que le sang cesse de circuler.

L'augustin ordonna aux serviteurs du couvent de lever le manteau, quoique espérant peu que cette mesure fût utile. Lorsque le manteau fut retiré, on reconnut le teint livide, les traits cadavéreux d'un homme chez qui la vie était irrévocablement éteinte. Mais comme chez la plupart de ceux qui périssent de froid et qui s'endorment sans le savoir d'un sommeil éternel, il y avait sur le visage de l'étranger une expression de souffrance qui annonçait que son agonie avait été terrible, et que ce mystérieux principe qui unit l'âme au corps avait été séparé dans la douleur. Un cri de Christine interrompit l'examen pénible des voyageurs, et attira leurs regards vers une autre direction. Christine s'était précipitée au cou d'Adelheid, et ses bras la serraient contre elle avec effort, comme si elle eût voulu réunir leurs deux âmes.

— C'est lui! criait la jeune fille effrayée et hors d'elle-même, cachant son pâle visage dans le sein de son amie; oh! Dieu! c'e t lu

— De qui parlez-vous, chère Christine? demandait Adelheid surprise et non moins effrayée, et craignant que les nerfs affaiblis de la jeune fille ne fussent ébranlés par l'horreur de ce spectacle. C'est un voyageur comme nous-mêmes, qui a malheureusement péri par la tempête à laquelle, grâce à la Providence, nous avons échappé. Ne tremblez pas ainsi; car, tout effrayant qu'il est, il a subi un sort qui nous est réservé à tous.

— Si tôt, si tôt, si subitement, oh! c'est lui!

Adelheid, alarmée de la violence de l'émotion de Christine, ne savait plus à quoi l'attribuer, lorsque les bras et la voix défaillante de la jeune fille lui annoncèrent qu'elle venait de perdre connaissance. Sigismond fut un des premiers à venir au secours de sa sœur, qui fut promptement rappelée à la vie: elle fut portée à quelque distance sur un quartier de rocher, où son amie, son frère et les femmes d'Adelheid restèrent seuls près d'elle; Sigismond n'y resta qu'un instant, car un coup d'œil qu'il avait jeté de loin sur le cadavre l'engagea à s'en approcher plus près. Il revint lentement, d'un air pensif et triste.

— La sensibilité de notre pauvre Christine a été trop excitée depuis quelque temps, et elle est trop agitée pour pouvoir continuer son voyage, dit Adelheid après avoir annoncé à Sigismond que sa sœur venait de recouvrer ses sens; l'avez-vous vue quelquefois ainsi?

— Non: un ange ne pouvait pas être plus paisible que ma malheureuse sœur avant cette dernière infortune. Vous paraissez ignorer ce que Christine vient de découvrir?

Adelheid regarda Sigismond avec surprise.

— Cet homme est celui auquel la destinée de ma sœur a manqué d'être liée, et les blessures que l'on a trouvées sur son corps ne laissent aucun doute qu'il a été assassiné.

L'émotion de Christine était suffisamment expliquée.

— Assassiné! répéta Adelheid à voix basse.

— Il est impossible d'en douter. Votre père et nos amis font maintenant un examen qui pourra servir dans la suite à reconnaître l'auteur du crime.

— Sigismond!

— Que voulez-vous, Adelheid?

— Vous avez éprouvé du ressentiment contre ce malheureux homme?

— Je l'avoue : un frère pouvait-il penser autrement?

— Mais maintenant que Dieu l'a si sévèrement puni?

— Sur mon âme, je lui ai pardonné. — Si nous nous étions rencontrés en Italie, où je sais qu'il devait aller, — mais c'est de la folie.

— Pis que cela, Sigismond.

— Du fond de mon âme je lui pardonne : je ne l'ai jamais trouvé digne de celle dont les pures affections avaient été séduites par les premiers signes de son prétendu intérêt, mais je ne lui souhaitais pas une fin si prompte et si cruelle. Que Dieu lui pardonne comme je lui ai pardonné !

Adelheid reçut en silence la pression de main qui suivit cette pieuse satisfaction; puis ils se séparèrent, lui pour se joindre au groupe qui entourait le cadavre, elle pour retourner près de Christine. Le signor Grimaldi vint à la rencontre de Sigismond pour le prier de retourner immédiatement au couvent avec Adelheid et sa sœur, promettant qu'il serait suivi du reste des voyageurs aussitôt que leur triste devoir serait rempli. Comme Sigismond n'avait nulle envie de prendre part à ce qui se passait, et qu'il avait raison de penser que sa sœur s'éloignerait avec empressement de ce lieu, il se disposa promptement à suivre ce conseil. On prit aussitôt des mesures pour l'accomplir.

Christine monta sur sa mule, sans faire aucune remontrance, pour obéir aux désirs de son frère. Mais son visage, couvert d'une pâleur mortelle, ses yeux fixes, trahissaient la violence du choc qu'elle avait reçu. Pendant tout le trajet elle ne parla pas ; et comme ceux qui l'accompagnaient comprenaient et partageaient son chagrin, la petite cavalcade n'aurait pas été plus triste et plus silencieuse si elle eût emmené avec elle le cadavre de l'homme assassiné.

Tandis qu'une partie de la société s'éloignait, une nouvelle scène venait d'avoir lieu entre les deux maisons de la vie et de la mort. Comme il n'existait pas d'autres habitations à plusieurs lieues du couvent des deux côtés de la montagne, et comme les sentiers étaient très-fréquentés pendant l'été, les moines exerçaient une espèce de juridiction dans les cas qui exigeaient une prompte justice, ou un respect nécessaire pour ces formes qui plus tard pouvaient devenir importantes devant des autorités plus régulières. On n'eut pas plus tôt soupçonné un acte de violence que le bon frère quêteur prit tous les moyens nécessaires pour rendre authentiques les renseignements qu'on pouvait se procurer avec certitude.

On établit promptement l'identité du corps avec celui de Jacques Colis, petit propriétaire du canton de Vaud. Ce fait fut non seulement attesté par plusieurs des voyageurs ; mais Jacques Colis était aussi connu d'un des muletiers, duquel il avait loué une mule qui devait être laissée à Aoste, et l'on doit aussi se rappeler qu'il avait été vu par Pierre à Martigny tandis qu'il faisait des arrangements pour son voyage à travers la montagne. On ne trouvait pas d'autres traces de mule que l'empreinte de quelques pas tout autour du bâtiment, mais ils pouvaient être également attribués à celles qui attendaient les voyageurs. La manière dont ce malheureux avait cessé d'exister n'admettait aucune contestation.

Il avait plusieurs blessures sur le corps, et un couteau ressemblant à ceux dont les voyageurs d'une classe ordinaire faisaient alors usage, était resté enfoncé dans son dos, de manière à rendre impossible le soupçon d'un suicide. Les vêtements indiquaient une lutte, car ils étaient déchirés et salis, mais rien n'avait été dérobé. On trouva un peu d'or dans les poches, et il y en avait assez pour détruire la première impression que Jacques Colis avait été assassiné par des voleurs.

— Cela est surprenant, s'écria le bon frère quêteur en remarquant cette dernière circonstance. L'appât qui conduit tant d'âmes en enfer a été dédaigné, tandis que le sang humain a été répandu ! Cela semble un acte de vengeance plutôt qu'un acte de cupidité. Maintenant examinons si nous pouvons trouver quelques signes qui nous indiquent le lieu de cette tragédie.

Cette recherche fut inutile. Tout ce pays n'étant composé que de rocs ferrugineux, il n'aurait pas été facile de découvrir la marche d'une armée par la trace de ses pas. On ne découvrit nulle part la trace du sang, excepté dans le lieu où le cadavre avait été découvert. Le bâtiment lui-même ne fournissait aucune preuve particulière de la scène sanglante dont il avait été témoin. Les os de ceux qui étaient morts depuis longtemps reposaient sur les pierres, il est vrai, brisés et épars ; mais comme les curieux entraient souvent dans ce lieu, et maniaient ces tristes restes de l'humanité, il n'y avait rien de nouveau dans leur situation.

L'intérieur de l'ossuaire était sombre, et convenait sous ce dernier rapport à son lugubre emploi. Tandis qu'ils poursuivaient leur examen, le moine et les deux seigneurs, qui commençaient à éprouver un vif intérêt dans leurs recherches, s'arrêtèrent devant la fenêtre, regardant cette scène triste et instructive. Un des corps était placé de manière à recevoir quelques-uns des rayons du soleil levant, et il était plus visible que le reste, bien qu'il ne fût plus qu'une espèce de momie décharnée ayant à peine l'air d'avoir appartenu à la nature humaine. Ainsi que tous les autres, il avait été placé contre la muraille, dans l'attitude d'une personne assise dont la tête est tombée en avant. Cette dernière circonstance avait amené le visage noir dans la ligne de lumière. Il avait l'expression hideuse de la mort; le temps avait découvert une partie des os, et l'on n'aurait pu trouver un avertissement plus hideux, mais plus salutaire du sort qui nous est réservé.

— C'est le corps du pauvre vigneron, remarqua le moine, plus accoutumé à un tel spectacle que ses compagnons qui avaient reculé à une telle vue. Il s'endormit imprudemment sur ce rocher, et ce sommeil fut éternel. On a dit bien des messes pour le repos de son âme, mais ses restes n'ont pas été réclamés..... Qu'est-ce que cela veut dire! Pierre, tu es dernièrement passé à cette place; quel était le nombre des cadavres à ta dernière visite?

— Trois, révérend père, et cependant ces dames en ont vu quatre : j'ai cherché le quatrième lorsque je fus dans le bâtiment; mais il n'y avait rien de nouveau, si ce n'est le pauvre Jacques Colis.

— Viens ici, et dis-moi si l'on ne croirait pas qu'il y en a deux dans le coin là-bas. Ici, où le corps de ton vieux camarade le guide fut placé par respect pour son état : il y a certainement un changement dans sa position!

Pierre approcha, et ôtant son bonnet avec respect, il entra dans le bâtiment pour ne point être gêné par la lumière extérieure.

— Mon père, dit-il en reculant de surprise, il y en a réellement un autre, quoique je ne l'aie pas vu lors de ma première visite.

Il faut que nous examinions cela, le crime est peut-être plus grand encore que nous ne le supposions.

Les serviteurs du couvent et Pierre, que ses longs services avaient rendu familier de la confrérie, rentrèrent dans le bâtiment, tandis que ceux qui étaient en dehors attendaient impatiemment le résultat de cette visite. Un cri parti de l'intérieur préparait ces derniers à quelque nouveau sujet d'horreur, lorsque Pierre et ses compagnons reparurent promptement traînant après eux un homme vivant. Lorsque le visage de cet homme fut exposé à la lumière, ceux qui l'avaient déjà vu reconnurent Balthazar au regard doux, au maintien timide et embarrassé.

La première sensation des voyageurs fut un étonnement excessif; les soupçons suivirent promptement. Le baron, les deux Génois et le moine avaient été témoins de la scène qui avait eu lieu dans la grande place de Vevey. Le bourreau leur était si bien connu par le passage sur le lac et les événements que nous venons de raconter, qu'il n'y eut pas un moment de doute sur son identité, et ces circonstances, jointes à celles de la matinée, en laissèrent peu sur la cause de l'assassinat.

Nous ne nous arrêterons pas pour donner des détails sur l'interrogatoire. Il fut court, réservé, plutôt pour la forme que par aucune incertitude sur l'authenticité des faits. Lorsque cet interrogatoire fut terminé, les deux seigneurs montèrent sur leurs mules. Le père Xavier conduisait la marche, et toute la société gravit le sentier qui conduisait au sommet du Saint-Bernard, emmenant Balthazar prisonnier, et laissant le corps de Jacques Colis au repos éternel, dans le lieu où l'air avait dévoré avant lui tant de cadavres, jusqu'à ce que ceux qui l'avaient aimé vinssent réclamer sa dépouille mortelle.

La montée depuis le refuge jusqu'au sommet du Saint-Bernard est beaucoup plus rapide que dans aucun autre endroit de la route. L'extrémité du couvent couvrant le sommet septentrional de la gorge et ressemblant à une masse de ce roc ferrugineux et sombre qui donne à tout ce pays un aspect sauvage qui n'a rien de terrestre, devint bientôt visible sous la forme d'une grossière habitation humaine; les derniers degrés étaient d'autant plus rapides qu'ils avaient été taillés en forme de marches sur lesquelles les mules avancèrent avec difficulté, jusqu'au point le plus élevé du sentier; un instant après les voyageurs se trouvèrent à la porte du couvent.

CHAPITRE XXV.

> N'as-tu pas vu un homme marqué par la main de la nature, et qui porte sur son front le signe des infâmes? cet assassin ne m'était pas venu à l'esprit.
>
> SHAKSPEARE.

L'arrivée de Sigismond et d'Adelheid au couvent précéda de plus d'une heure celle des autres voyageurs. Ils furent reçus avec l'hospitalité qui distinguait alors cette célèbre maison. Les visites des curieux n'avaient pas encore lassé la bienveillance des moines qui, plus habitués à recevoir des gens ignorants et appartenant aux classes inférieures, se trouvaient toujours heureux de ranimer la monotonie de leur solitude par la conversation des gens d'esprit et bien nés. Le bon frère quêteur avait préparé leur réception; car, même sur le sommet du Saint-Bernard, il est toujours avantageux de porter avec soi le prestige du rang et de la considération dont on jouit au bas de la montagne. Quoique tous les chrétiens reçussent un bon accueil, l'héritière des Willading, nom qui était généralement connu et honoré entre les Alpes et le Jura, reçut ces preuves d'empressement et de déférence qui trahit les secrètes pensées en dépit des formes monacales, et qui prouvèrent que les solitaires augustins n'étaient pas fâchés de voir dans leurs sombres murailles un des plus beaux et des plus nobles échantillons de l'espèce humaine.

Tout cela était perdu pour Sigismond; il était trop occupé des événements de la matinée pour faire attention à autre chose, et, après avoir recommandé Adelheid et sa sœur aux soins de leurs femmes, il sortit pour attendre l'arrivée du reste de la société.

Comme nous l'avons déjà dit, le vénérable couvent du Saint-Bernard date d'une des époques les plus éloignées du christianisme. Il est construit sur le bord du précipice qui forme le dernier plateau pour monter au sommet. Le bâtiment est une espèce de baraque immense, haute et étroite, dont le toit est tourné du côté du Valais, et le fronton dans la direction de la gorge où il est situé. Devant sa porte principale, le roc s'élève en une colline mal formée, à travers laquelle passe la route d'Italie. C'est littéralement le point le plus élevé du sentier, comme le couvent lui-même est l'habitation la plus élevée de l'Europe. Dans ce lieu la distance d'un roc à un autre, à travers la gorge, peut être d'environ cent mètres; la masse sauvage et rougeâtre s'élève à plus de mille pieds de chaque côté : ce sont des nains cependant en comparaison de plusieurs autres masses qui, vues du couvent, s'élèvent à la hauteur des neiges éternelles. Lorsque ce point est atteint, le sentier commence à descendre, et l'écoulement d'un banc de neige placé devant la porte du couvent, qui avait résisté à la plus grande chaleur de l'été précédent, se répandait en partie dans la vallée du Rhône, en partie dans le Piémont. Les eaux, après une course longue et tortueuse à travers les plaines de France et d'Italie, se rejoignent dans la Méditerranée. Le sentier, en quittant le couvent, parcourt la base des rocs à droite, et laisse à gauche un petit lac limpide qui occupe presque entièrement la vallée de cette gorge. Il disparaît alors entre deux remparts de rochers, à l'autre extrémité du défilé. Là, le surplus des eaux du lac forme un ruisseau bruyant et rapide sur le côté des Alpes où le soleil répand sa chaleur. La frontière d'Italie est sur les bords de ce lac, à environ une bonne portée de fusil du couvent, et près des restes d'un temple que les Romains avaient élevé à Jupiter Tonnant.

Telle fut la vue qui se présenta aux regards de Sigismond lorsqu'il quitta le bâtiment pour attendre l'arrivée de ses compagnons de voyage. La matinée n'était pas encore avancée, quoique, vu son élévation excessive, le couvent fût déjà éclairé depuis une heure par les rayons du soleil. Il avait appris d'un des serviteurs du monastère qu'un grand nombre de voyageurs qui, dans la belle saison, arrivaient quelquefois par centaines, avaient couché au couvent et prenaient alors leur déjeuner dans le réfectoire des paysans; il voulait éviter les questions qu'on ne manquerait pas de lui faire lorsqu'on saurait l'événement qui venait d'arriver dans les montagnes. Un des religieux caressait quatre ou cinq énormes chiens, qui sautaient et aboyaient à la porte du couvent en ouvrant des gueules immenses, tandis que le vieil Uberto marchait au milieu d'eux avec la gravité qui convenait à ses années. Apercevant son hôte, l'Augustin quitta les chiens, et ôtant son bonnet oriental, il salua Sigismond avec politesse. Le religieux était jeune, et Sigismond lui rendit son salut avec la même expression de franchise. Ils causèrent amicalement ensemble, et se promenèrent sur le bord du lac, dans le sentier qui traversait le sommet de la montagne.

—Vous exercez bien jeune la charité, mon frère, dit Sigismond avec la familiarité qui venait de s'établir. Ce doit être un des premiers hivers que vous passez dans cet asile hospitalier.

— Ce sera le huitième, tant comme novice que comme religieux. Il faut s'habituer de bonne heure à notre manière de vivre, quoique bien peu d'entre nous puissent supporter l'intensité du froid et l'effet qu'il produit sur les poumons, pendant plusieurs hivers de suite. Nous allons de temps en temps à Martigny, pour respirer un air plus favorable à l'homme. Vous avez eu une terrible tempête la nuit dernière?

— Si terrible que nous devons de grands remerciements à Dieu d'être encore à même de recevoir votre hospitalité. Savez-vous s'il y avait beaucoup d'autres voyageurs sur la montagne? Est-il arrivé quelqu'un d'Italie?

—Il n'y avait que ceux qui sont ici dans le réfectoire; personne n'est arrivé d'Aoste : la saison des voyages est terminée. Voilà un mois que nous ne voyons que ceux qui sont pressés et qui ont leurs raisons pour se fier au temps. Dans l'été, nous avons quelquefois mille voyageurs à loger.

— Ceux que vous recevez doivent être reconnaissants, mon frère; car, en vérité, la nature n'est pas ici prodigue de ses trésors.

Sigismond et le moine regardèrent autour d'eux, et ne voyant que des rocs nus et noircis par le temps, ils sourirent en se regardant.

— La nature ne nous donne absolument rien, répondit le jeune moine. Notre bois de chauffage nous est apporté de plusieurs lieues et à dos de mulet : vous pensez bien qu'entre autres nécessités celle-ci en est une que nous ne pouvons pas oublier. Heureusement il nous reste encore quelques revenus qui étaient beaucoup plus considérables autrefois; et....

Le jeune moine hésita.

— Vous voulez dire, mon frère, que tous ceux qui ont le moyen de montrer leur reconnaissance n'oublient pas toujours les besoins de ceux qui partagent la même hospitalité, et qui ne sont pas assez fortunés pour donner eux-mêmes des gages de leur gratitude.

L'Augustin s'inclina, et il termina cette conversation en montrant du doigt les frontières d'Italie et la place de l'ancien temple, jusques auquel ils étaient parvenus. Un animal s'agita parmi les rochers et attira leur attention.

— Serait-ce un chamois! s'écria Sigismond avec la vivacité d'un chasseur. Je voudrais avoir des armes.

— C'est un chien, mais non pas un chien de nos montagnes. Les dogues du couvent ont manqué d'hospitalité, et le pauvre animal a été forcé d'aller chercher un refuge dans ce lieu retiré en attendant son maître, qui déjeune probablement dans le réfectoire. Voyez, on vient; le bruit des pas qui approchent a attiré ce prudent animal hors de son couvert.

Sigismond vit en effet trois piétons qui prenaient la route d'Italie. Un subit et pénible soupçon frappa son esprit. Ce chien était Neptune, il avait probablement été chassé jusque dans ce lieu par les chiens du couvent, comme venait de le dire le moine, et un de ceux qui s'approchaient, si l'on en jugeait à sa taille et à sa tournure, c'était son maître.

— Vous savez, mon père, dit-il d'une voix mal assurée, car il était fortement agité par la répugnance d'accuser Maso d'un crime, et par l'horreur que le sort de Jacques Colis lui faisait éprouver; vous savez qu'il y a eu un assassinat sur le passage?

Le moine fut peu étonné : un homme qui vivait sur cette route et dans ce siècle, ne pouvait être surpris par un événement aussi fréquent. Sigismond raconta rapidement à son compagnon toutes les circonstances qui étaient venues à sa connaissance, la manière dont il avait rencontré l'Italien sur le lac, et les impressions qu'il avait reçues de son caractère.

— Nous ne questionnons ni ceux qui arrivent, ni ceux qui partent, répondit le religieux. Notre couvent a été fondé dans un esprit de charité, et nous prions pour le pécheur sans nous informer de ses crimes. Cependant nous sommes revêtus d'autorité, et notre devoir est de veiller à la sûreté, afin que le but de notre maison ne soit pas inutile. Vous pouvez faire ce qui vous semblera le plus prudent dans une affaire aussi délicate.

Sigismond garda le silence, mais tandis que les piétons approchaient, il prit une ferme résolution. Les obligations qu'il devait à Maso le confirmèrent dans son dessein, car il se défiait de lui-même et craignait de ne pas remplir ce qu'il regardait comme un devoir. Les derniers événements dans lesquels sa sœur avait été si cruellement insultée, avaient aussi un grand poids sur un esprit si résolu et si droit. Se plaçant au milieu du sentier, il attendit l'arrivée de ces trois hommes, tandis que le moine se tenait paisiblement à ses côtés. Lorsque les voyageurs furent à la portée de la voix, le jeune homme découvrit que les compagnons d'*Il Maledetto*, étaient Pippo et Conrad. Il les avait rencontrés assez souvent pour les reconnaître à la première vue. Sigismond commença à penser que l'entreprise dans laquelle il s'était embarqué était plus grave qu'il ne l'avait d'abord imaginé, s'il y avait une disposition à la résistance : il était seul contre trois.

— *Buon giorno, signor capitano*, s'écria Maso en ôtant son bonnet, lorsqu'il fut suffisamment près du jeune soldat; nous nous sommes souvent rencontrés par tous les temps, le jour, la nuit, sur la terre et sur l'eau, dans la vallée et dans la montagne, dans les villes et sur le roc décharné, suivant les souhaits de la Providence; comme on se connaît à l'usage, nous nous connaîtrons avec le temps.

— Tu as raison, Maso, quoique je craigne que tu ne sois plus facile à rencontrer qu'à comprendre.

— Signore, je suis un être amphibie, comme Neptune, appartenant moitié à la terre, moitié à la mer, et comme disent les savants, je ne suis pas encore classé. Nous sommes récompensés d'une vilaine nuit par un bien beau jour, et nous descendrons en Italie d'une manière plus agréable que nous ne sommes montés ici. Ordonnerai-je à l'honnête Giacomo d'Aoste de préparer le souper et de faire les lits pour la noble compagnie qui nous suit? Vous aurez à peine le temps de gagner son hôtellerie, avant que vos jeunes et belles compagnes aient besoin de repos.

— Maso, je croyais que tu étais avec notre société lorsque j'ai quitté le refuge ce matin?

— Par saint Thomas! Signore, j'avais la même pensée relativement à vous!

— Il paraît que tu as été de bonne heure sur pied, ou tu ne m'aurais pas précédé depuis si longtemps?

— Écoutez, brave Signore, car je sais que vous êtes brave et que vous êtes un nageur presque aussi déterminé que Neptune. Je suis voyageur, le temps m'est précieux, c'est ma plus grande richesse. Nous autres animaux marins, nous sommes tantôt riches, tantôt pauvres, comme le vent souffle, et depuis quelque temps j'ai été ballotté par les mauvais vents et les vagues agitées. Pour un homme comme moi une heure de travail dans la matinée est souvent l'occasion d'un meilleur repas et d'un meilleur gîte. Je vous ai tous quittés dormant profondément dans le refuge, même les mules,—Maso se mit à rire en mêlant ainsi des animaux à la société,—et j'atteignis le couvent lorsque les premiers rayons du soleil éclairèrent de sa lumière empourprée ce pic couvert de neige qui est là-haut.

— Comme tu nous as quittés de si bonne heure, tu ne sais peut-être pas qu'on a trouvé un homme assassiné, dans l'ossuaire près du refuge où nous avons passé la nuit, et que c'est un homme qui nous est connu?

Sigismond parlait avec fermeté, comme s'il voulait arriver par degré à ses desseins; Maso tressaillit, et fit un mouvement qui annonçait si positivement l'intention de s'éloigner, que le jeune homme leva le bras pour l'arrêter. Mais la violence devint inutile, car le marin reprit son sang-froid et parut plus disposé à écouter.

— Puisqu'il y a un assassinat de commis, Maso, il faut qu'il y ait un assassin!

— L'évêque de Sion lui-même ne démontre pas la vérité au pécheur d'une manière plus claire que vous, signor Sigismondo! Mais votre ton et vos manières me portent à vous demander ce que j'ai à démêler avec tout cela?

— Il y a eu un assassinat, Maso, et l'on cherche le meurtrier. Le cadavre a été trouvé près du lieu où tu as passé la nuit. Je ne puis cacher de pénibles soupçons, qui sont bien naturels.

— *Diamine!* Où avez-vous passé la nuit vous-même, brave capitaine, si je puis être assez hardi pour faire une telle question à mon supérieur? Où le noble baron de Willading et sa jolie fille ont-ils cherché le repos, et un autre plus noble encore et plus illustre qu'eux, et Pierre le guide, et encore les mules nos amies?

Maso se mit à rire de nouveau et démesurément à cette seconde allusion aux paisibles animaux. Sigismond n'aimait pas cette légèreté qu'il trouvait forcée et peu naturelle.

— Ce raisonnement peut te satisfaire, malheureux homme, mais il ne satisfera personne. Tu étais seul, et nous voyagions en compagnie. A en juger par ton extérieur, tu es peu favorisé de la fortune, tandis que nous sommes plus heureux sous ce point de vue. Tu es pressé de partir, et c'est nous qui avons découvert l'assassinat. Il faut que tu retournes au couvent afin que cette affaire soit au moins examinée.

Il Maledetto parut troublé ; une ou deux fois il arrêta ses regards sur la taille athlétique du jeune homme, et puis il les tournait en réfléchissant, sur le sentier. Bien que Sigismond surveillât attentivement la contenance de Maso, regardant aussi de temps en temps Pippo et le pèlerin, il conservait extérieurement un calme parfait ; ferme dans ses desseins, habitué aux exercices les plus vigoureux, et confiant dans son extrême force, on ne pouvait l'intimider en aucune manière. Il est vrai que les compagnons de Maso se conduisaient de façon à n'exciter aucun soupçon sur leur compte ; car dès l'instant où ils connurent l'assassinat, ils s'éloignèrent de Maso, comme par l'horreur naturelle qu'on éprouve pour un meurtrier. Ils se consultaient ensemble, et se trouvant un peu derrière l'Italien, ils faisaient signe à Sigismond qu'ils étaient prêts à lui prêter leur assistance si cela était nécessaire. Il reçut cette assurance avec satisfaction ; car bien qu'il sût que c'étaient des fripons, il comprenait assez la différence qui existe entre le crime audacieux et la simple friponnerie, pour avoir confiance en eux.

— Tu vas retourner au couvent, Maso, reprit le jeune soldat, qui eût désiré éviter une lutte avec un homme qui lui avait rendu service ainsi qu'à ses amis ; cependant il était résolu à remplir un devoir impérieux. Ce pèlerin et son ami nous accompagneront, afin que, lorsque nous quitterons tous la montagne, il ne plane aucun soupçon sur notre compte.

— Signor Sigismondo, cette proposition est convenable, elle a même une apparence de raison, je l'avoue ; mais malheureusement elle ne convient pas à mes intérêts. Je suis engagé dans une mission délicate, et j'ai perdu déjà trop de temps pour en perdre encore sans y être forcé. Je plains beaucoup le pauvre Jacques Colis.

— Ah ! tu connais le nom de la victime. Ta malheureuse langue t'a trahi, Maso !

Il Maledetto parut de nouveau troublé. Son front se couvrit d'un nuage, comme un homme qui a commis une faute grave et qui lui peut devenir nuisible. Son teint olivâtre changea, et Sigismond crut apercevoir que ses yeux cherchaient à éviter les siens ; mais cette émotion passa rapidement, et, tressaillant comme s'il avait voulu chasser une faiblesse, son maintien devint encore une fois calme et naturel.

— Tu ne fais point de réponse?

— Signore, je vous ai déjà répondu; des affaires me pressent, et j'ai fait ma visite au couvent du Mont-Saint-Bernard. Je pars pour Aoste, et je serais bien aise de porter vos ordres au digne Giacomo. Je n'ai plus qu'un pas à faire pour me trouver sur les domaines de la maison de Savoie, et avec votre permission, brave capitaine, je vais m'y rendre.

Maso s'avançait un peu dans l'intention de passer devant Sigismond, lorsque Pippo et Conrad se jetèrent sur lui par derrière et lui saisirent les deux bras avec une grande force. Le visage de l'Italien devint livide, et il sourit avec le mépris et la haine d'un homme irrité. Rassemblant toutes ses forces, il les mit en usage avec l'énergie et le courage d'un lion, et s'écria :

— Neptune!

La lutte fut courte, mais terrible. Lorsqu'elle se termina, Pippo, sanglant, était étendu sur le roc, et le pèlerin se débattait sous les griffes terribles de Neptune. Maso était debout, mais pâle et le front sombre, comme un homme qui a concentré toute son énergie physique et morale pour affronter un danger.

— Suis-je un animal pour être abandonné à ce qu'il y a de plus bas sur la terre! s'écria-t-il; si vous voulez m'attaquer, signor Sigismond, levez votre propre bras, mais ne me frappez pas avec la main de ces vils reptiles. Vous me trouverez un homme par ma force et par mon courage, et peut-être un homme qui n'est pas tout à fait indigne de vous.

— Cette attaque contre ta personne, Maso, n'a point été faite par mes ordres ni d'après mes désirs, répondit Sigismond en rougissant. Je me crois capable de t'arrêter à moi seul, ou sinon voilà un secours qui m'arrive auquel tu ne jugeras peut-être pas prudent de résister.

Le religieux était monté sur un quartier de rocher au moment où cette lutte commença : là, il fit un signal qui amena près de lui tous les chiens du couvent. Ces animaux se mirent en groupe, leur admirable instinct venait de leur apprendre qu'un combat était engagé. Neptune lâcha aussitôt le pèlerin et attendit, trop fidèle pour abandonner son maître et cependant trop convaincu de la force qui lui était opposée pour commencer une lutte inégale. Heureusement pour ce noble animal, l'amitié du vieil Uberto le protégea. Lorsque les jeunes chiens virent leur patriarche disposé à la paix, ils différèrent l'attaque et attendirent un second signal. Pendant ce temps, Maso regarda autour de lui et prit une décision qui fut moins influencée par la surprise que celle qu'il avait prise d'abord.

— Signore, répondit-il, puisque vous le désirez, je vais retourner au couvent. Mais je demande comme simple justice que, si je dois être chassé par des chiens comme une bête fauve, tous ceux qui étaient dans les mêmes circonstances que moi soient soumis aux mêmes lois. Ce pèlerin et ce jongleur montèrent le sentier en même temps que moi, hier, et je demande qu'ils soient aussi arrêtés, jusqu'à ce qu'ils puissent rendre compte de ce qu'ils ont fait. Ce n'est pas la première fois que nous aurons habité la même prison.

Conrad se signa d'un air soumis, et ni lui ni Pippo ne firent aucune objection à cette demande; au contraire, ils convinrent franchement qu'elle était juste.

— Nous sommes de pauvres voyageurs auxquels bien des accidents sont déjà arrivés, dit le pèlerin, et nous pouvons être pressés d'arriver au gîte; mais nous nous soumettons sans murmure à ce qui est juste; je suis chargé des péchés de bien d'autres, outre les miens, et saint Pierre sait que ces derniers ne sont pas légers. Ce saint religieux fera dire des messes dans la chapelle de son couvent pour ceux pour lesquels je voyage. Ce devoir accompli, je me remets comme un enfant entre vos mains.

Le bon religieux assura que tout le couvent était toujours prêt à prier pour ceux qui en avaient besoin, à la simple condition qu'ils fussent chrétiens. Après cette explication la paix fut faite, et toutes les parties prirent immédiatement la route du couvent. Lorsqu'on eut atteint ce bâtiment, Maso et les deux voyageurs qui avaient été trouvés dans sa société furent placés dans une des chambres de ce solide édifice, jusqu'à ce qu'ils pussent prouver leur innocence au retour du père Xavier.

Satisfait de la fermeté qu'il avait montrée dans cette affaire, Sigismond se rendit à la chapelle, où, à cette heure, les religieux disaient constamment des messes pour les âmes des vivants et des morts. Il y était encore lorsqu'il reçut un billet du signor Grimaldi, qui lui apprenait l'arrestation de son père, et les affreux soupçons qui planaient naturellement sur lui. Il est inutile de nous arrêter sur la douleur que lui causa cette nouvelle. Après quelques moments d'une cruelle angoisse, il réfléchit à la nécessité de faire connaître cette nouvelle à sa sœur aussi promptement que possible.

On attendait à chaque instant l'arrivée des voyageurs, et il courait le risque que Christine apprît cette affreuse nouvelle par un autre que par lui ; aussitôt qu'il eut repris assez d'empire sur lui-même pour entreprendre ce devoir, il demanda une audience à Adelheid.

Mademoiselle de Willading fut frappée de la pâleur et de l'air agité de Sigismond, dès le premier regard qu'elle jeta sur lui.

— Cette découverte inattendue vous a bien affecté, Sigismond, dit-elle en souriant et en tendant la main au jeune soldat ; car elle pensait que, dans les circonstances présentes, le sentiment et la sincérité devaient faire place à une froide cérémonie. —Votre sœur est tranquille, sinon heureuse.

— Elle ne sait pas toute l'affreuse vérité ; elle va en apprendre tout à l'heure la plus cruelle partie, Adelheid. On a trouvé un homme caché parmi les morts, et on suppose qu'il est l'assassin de Jacques Colis ?

— Un autre ! dit Adelheid en pâlissant ; nous sommes donc environnés d'assassins !

— Non, cela ne peut pas être. Je connais trop le caractère de mon pauvre père et sa bonté naturelle ; sa tendresse pour tous ceux qui l'entouraient ; son horreur à la vue du sang, même lorsqu'il remplissait ses odieuses fonctions.

— Sigismond, votre père !

Le jeune homme fit entendre un gémissement, et cachant sa tête entre ses mains, il se laissa tomber sur son siége. Adelheid commença à deviner l'effrayante vérité, avec ses causes et ses conséquences. Tombant elle-même sur un siége, et glacée d'horreur, elle regarda longtemps en silence le jeune soldat dont les mouvements avaient quelque chose de convulsif. Il lui sembla que la Providence, pour quelque grand dessein secret, les visitait dans sa plus terrible colère, et qu'une famille maudite depuis tant de générations était sur le point de voir combler la mesure de tous ses maux. Cependant son noble cœur ne changea pas. Au contraire ses desseins secrets et si longtemps chéris acquirent plus de force par cet appel soudain à ses qualités généreuses, et jamais sa résolution de dévouer sa vie, son sort si envié, à consoler le malheur, ne fut si forte que dans ce moment affreux.

Peu de temps après, Sigismond recouvra assez d'empire sur lui-même pour détailler ce qui venait de se passer. Ils se concertèrent ensemble sur les meilleurs moyens à prendre pour annoncer à Christine ce qu'il était nécessaire qu'elle sût.

— Dites-lui la simple vérité, ajouta Sigismond, — elle ne peut pas être longtemps cachée; — mais dites-lui aussi que je suis fermement convaincu de l'innocence de notre père. Dieu, dans un de ces décrets qu'on ne peut scruter et qui défient l'intelligence humaine, l'a fait exécuteur public; mais cette malédiction ne s'est point étendue jusque sur son cœur. Croyez-moi, chère Adelheid, il n'existe pas d'homme plus doux que Balthazar, le bourreau persécuté et chargé de mépris. J'ai entendu raconter à ma mère les nuits d'angoisses et de souffrances qui ont précédé le jour où les devoirs de sa charge devaient être remplis, et j'ai souvent entendu dire par cette femme admirable, dont le courage supporte le mieux notre infortune, qu'elle avait prié Dieu de reprendre à mon père la vie qu'il lui avait donnée, ainsi qu'à toute la famille, plutôt que de voir un de ses enfants souffrir un jour une agonie aussi cruelle que celle dont elle avait été constamment le témoin!

— Quel affreux malheur qu'il se soit trouvé là dans ce moment! Quel motif a pu porter votre père à chercher un refuge aussi extraordinaire?

— Christine vous dira qu'elle attendait mon père au couvent. Nous sommes une race de proscrits, mademoiselle de Willading; cependant nous sommes des êtres humains.

— Cher Sigismond!

— Je sens mon injustice, et je ne puis que vous prier de l'oublier. Mais il y a des moments d'une si grande souffrance que je suis prêt à regarder tous mes semblables comme des ennemis. Christine est fille unique, et vous-même, Adelheid, si douce, si bonne, si remplie de l'idée de vos devoirs, vous n'êtes pas plus chérie du baron de Willading que ma sœur ne l'est parmi nous. Ses parents l'ont cédée à votre généreuse bonté, parce qu'ils ont pensé que c'était pour son bien, mais ils n'ont pas été moins sensibles à cette séparation. Vous ne le saviez pas, mais Christine a embrassé sa mère pour la dernière fois, sur cette montagne, à Liddes, et il fut convenu que son père surveillerait son voyage à travers le passage, et qu'il lui donnerait aussi sa dernière bénédiction à Aoste. Mademoiselle de Willading, vous voyagez avec faste, entourée de protecteurs qui s'honorent de vous rendre service, mais ceux qui sont méprisés et bannis, doivent ne laisser agir leurs affections même aux plus sacrées, qu'avec mystère et dans l'obscurité! L'amour et la tendresse paternelle de Balthazar passeraient pour des moqueries parmi le vulgaire! Tel est l'homme dans ses habitudes et dans ses opinions, lorsque l'injustice usurpe la place du droit.

Adelheid vit que le moment n'était pas favorable pour offrir ses consolations, et elle ne répondit rien. Elle se réjouit cependant d'apprendre le but du voyage de Balthazar, quoiqu'elle ne pût entièrement chasser de sa pensée que la faiblesse de la nature humaine, qui change subitement nos meilleures qualités en défauts, avait pu permettre que Balthazar, souffrant de sa séparation d'avec sa fille et ayant rencontré tout à coup l'homme qui causait ses peines, eût écouté quelque violente impulsion de ressentiment et de vengeance. Elle voyait aussi que Sigismond, en dépit de sa confiance dans les principes de son père, en avait le pénible pressentiment, et qu'il soupçonnait malgré lui ce qu'il y avait de plus affreux, tout en professant la plus grande confiance dans l'innocence de l'accusé. L'entrevue fut promptement terminée, et ils se séparèrent, essayant l'un et l'autre d'inventer des raisons plausibles pour ce qui était arrivé.

Bientôt après, les voyageurs qui étaient restés près du refuge parurent. Ils racontèrent avec plus de détail ce qui s'était passé. Une consultation eut lieu entre les chefs de la confrérie et les deux seigneurs, et l'on discuta avec calme et prudence sur ce qui devait être fait.

Le résultat de cette conférence ne fut connu que quelques heures plus tard; on proclama dans le couvent qu'une enquête légale sur les faits aurait lieu dans le plus bref délai possible.

Le sommet du Saint-Bernard est situé, comme nous l'avons déjà dit, dans le canton de Vaud, tel qu'il existe maintenant; mais alors il faisait partie du Valais; le crime avait donc été commis dans la juridiction de ce pays; mais comme le Valais était alors un Etat allié de la Suisse, il existait entre les deux gouvernements une intimité qui ne permettait pas qu'aucune poursuite eût lieu contre un citoyen de l'une ou de l'autre contrée, sans une grande déférence envers le pays de l'accusé. On dépêcha des messagers à Vevey pour informer les autorités d'une affaire qui compromettait la sûreté d'un officier du grand canton (tel était le titre de Balthazar), et qui avait coûté la vie à un citoyen du pays de Vaud. D'un autre côté, on envoya une communication semblable à Sion, ces deux villes étant à peu près à égale distance du couvent, avec une pressante invitation aux autorités d'être promptes, car une enquête paraissait nécessaire. Melchior de Willading, dans une lettre à son ami le bailli, lui représenta les inconvénients de son retour avec Adelheid dans une saison si avancée, et l'importance du témoignage d'un fonctionnaire ; de son côté le supérieur se chargea de faire des représentations dans le même sens aux chefs de sa république. Dans ce siècle, la justice n'était pas administrée aussi franchement et aussi ouvertement qu'elle le fut depuis ; les procédures étaient enveloppées de ténèbres ; la divinité aveugle était beaucoup mieux connue par ses décrets que par ses principes, et le mystère était alors considéré comme un auxiliaire important du pouvoir.

Après cette courte explication, nous passerons au troisième jour après l'arrivée des voyageurs au couvent, renvoyant le lecteur au chapitre suivant, pour connaître les événements que ce jour amena.

CHAPITRE XXVI.

> Une nouvelle personne entra avec un calme imposant, une fierté pleine de suffisance, et regardant d'un air paisible toutes ces scènes de malheur. A peine entrée, sa précipitation annonçait qu'elle voudrait être partie ; elle ordonnait à la foule curieuse de s'écarter : elle portait la destinée d'un homme dans ses regards.
> CRABBE.

Il existe un second champ de repos pour ceux qui meurent sur le Saint-Bernard, assez près du couvent. Au moment qui termine le dernier chapitre, à l'approche de la nuit, Sigismond se promenait parmi les rochers sur lesquels la petite chapelle est construite, accablé par les réflexions que les événements qui avaient eu lieu depuis quelques jours faisaient naître dans son esprit. La neige qui était tombée pendant la dernière tempête avait entièrement disparu, et n'était visible que sur les plus hauts pics des Alpes. Le crépuscule s'étendait déjà dans les vallées, mais les régions supérieures étaient encore éclairées par les derniers rayons du soleil. L'air était froid, car à cette heure et dans cette saison, quel que soit le temps, le soir amène toujours un froid intense dans les gorges du Saint-Bernard, où il gèle toutes les nuits, même dans le cœur de l'été. Cependant le vent, quoique fort, était doux et embaumé; il soufflait à travers les plaines chaudes de la Lombardie, et atteignait les montagnes encore imprégné des vapeurs de l'Adriatique et de la Méditerranée. Comme le jeune homme se retournait et faisait face à la brise, une pensée d'espérance et de patrie ranima son cœur. La plus grande partie de son existence s'était passée dans le pays chaud d'où venait cette brise, et il y avait des moments où ses peines présentes étaient effacées par les souvenirs que le vent lui apportait. Mais lorsqu'il se retournait vers le nord, et que ses yeux tombaient sur les rocs sauvages de son pays natal, les glaciers et les sombres ravins lui semblèrent être l'image de sa vie orageuse et inutile, et lui prédirent une carrière qui, sans être dépourvue de grandeur, n'aurait rien de doux ni de consolant.

Tout était paisible dans l'intérieur du couvent comme à l'extérieur. La montagne avait un air imposant de profonde solitude, au milieu d'une nature aussi magnifique que sauvage. Peu de voyageurs avaient traversé le défilé depuis l'orage, et, heureusement pour ceux qui désiraient le mystère, ils avaient suivi sans s'arrêter leurs différentes routes. Aucun n'était resté dans le couvent, à l'exception de ceux qui avaient intérêt dans l'interrogatoire qui allait avoir lieu. Un juge de Sion, portant le costume du Valais, parut à une croisée, ce qui était un signe que les autorités régulières du pays avaient pris connaissance de la cause; puis il disparut, et le jeune homme se retrouva dans sa solitude. Les chiens eux-mêmes étaient enfermés, et les pieux moines étaient occupés aux offices du soir.

Sigismond tourna les yeux vers l'appartement habité par Adelheid et sa sœur; mais, dès que le moment solennel de l'interrogatoire s'était approché, elles s'étaient retirées dans leur intérieur, cessant toute communication au dehors, afin de n'être pas distraites dans les saintes et pures prières qu'elles adressaient au ciel. Jusque-là, il avait été de temps en temps favorisé par de tendres regards de l'une ou de l'autre de ces jeunes filles affectionnées, qu'il aimait tant toutes les deux, quoique avec des sentiments différents. Il semblait qu'elles aussi, l'avaient abandonné à sa vie isolée et privée d'espérance. Honteux de cette faiblesse passagère, le jeune homme continua sa promenade, et, au lieu de revenir sur ses pas comme auparavant, il marcha lentement devant lui, et ne s'arrêta que lorsqu'il eut atteint la petite chapelle des morts.

L'ossuaire du couvent, différent de celui du passage, est divisé en deux bâtiments; l'un extérieur, et l'autre qu'on peut appeler intérieur, quoique l'un et l'autre soient exposés à l'injure du temps. Le premier contient des piles d'ossements humains blanchis par les eaux des orages, tandis que l'autre est consacré à couvrir ceux qui conservent quelque apparence de formes humaines. Dans le premier, des fragments d'ossements des deux sexes, d'hommes jeunes ou vieux, de nobles et de pauvres, de pénitents et de pécheurs, sont entassés dans une inextricable confusion, éloquent reproche pour l'orgueil de l'homme, tandis que les murailles de l'autre supportaient une vingtaine de cadavres noircis et décharnés, et prouvaient à quelle dégoûtante et effrayante difformité la race humaine peut être réduite lorsqu'elle est privée de ce noble principe qui la rend semblable à son divin Créateur. Sur une table, au centre du groupe de ces repoussants compagnons d'infortune, on avait placé les restes de Jacques Colis, qui avaient été retirés de l'ossuaire du passage, afin d'être examinés par les juges. Le corps avait été placé dans une attitude qui permettait aux dernières lueurs du jour d'éclairer le visage, car le pauvre Jacques n'était couvert que des habits qu'il portait pendant sa vie. Sigismond contempla longtemps ses traits livides. Ils étaient encore empreints de l'agonie qui saisit un homme lorsque son âme se sépare de son corps. Tout ressentiment des injures de sa sœur fut éteint par la pitié qu'il éprouva pour le sort d'un malheureux qui avait été si subitement enlevé aux passions, aux intérêts, à l'activité de la vie. Puis son imagination conçut la crainte cruelle que son père, dans un moment de colère, excité par le malheur qui pesait sur lui et sur sa famille, n'eût été l'instrument de cette mort si subite. Accablé de cette pensée, le jeune homme se détourna et dirigea ses pas vers le sentier. Un tumulte de voix le rappela à lui-même.

Des mules grimpaient la dernière éminence, où le sentier prend l'apparence d'un escalier. Là, le jour suffisait encore pour distinguer les voyageurs, et Sigismond reconnut le bailli de Vevey et sa suite, dont on attendait l'arrivée pour commencer l'interrogatoire.

— Bonsoir, herr Sigismond. Voici une heureuse rencontre ! s'écria le bailli aussitôt que sa mule fatiguée, et qui se reposait souvent sous un si lourd fardeau, l'eût amené à la portée de la voix. Je ne croyais pas vous revoir si promptement, et moins encore arrêter mes regards sur ce saint couvent ; car vous auriez pu revenir, mais rien qu'un miracle, — ici le bailli cligna de l'œil, car il était un de ces protestants qui croient manifester leur foi en faisant continuellement de moqueuses allusions aux pratiques des catholiques, — rien qu'un miracle, dis-je, et un miracle de quelque saint dont les os se sont séchés depuis dix mille ans, jusqu'à ce que tous les morceaux de notre faible chair aient disparu, ne pouvait amener le vieux couvent du Saint-Bernard sur les rivages du Léman. J'ai connu beaucoup de personnes qui ont quitté le canton de Vaud pour traverser les Alpes et revenir passer l'hiver à Vevey ; mais je n'ai jamais vu des pierres, placées les unes sur les autres par un ouvrier, quitter leur assise sans être aidées par la main de l'homme. On dit que les pierres ont particulièrement le cœur dur ; et cependant les saints et les faiseurs de miracles ont le talent de les toucher.

Peterchen se mit à rire de sa plaisanterie, satisfait de son esprit comme un homme en place, et souriant aux personnes de sa suite, comme s'il eût voulu les inviter à témoigner du soufflet qu'il venait de donner aux papistes, jusque sur leurs propres terres. Lorsqu'il eut atteint le plateau de la montagne, il fouetta sa mule et continua sa conversation, car le manque de respiration avait arrêté ses plaisanteries dans leur essor.

— Voilà une triste affaire, herr Sigismond, une bien mauvaise affaire ! Elle m'attire hors de chez moi dans une vilaine saison, elle a arrêté herr Von Willading dans son voyage, et dans un moment où l'on ne peut trop se hâter de traverser les Alpes. Comment la belle Adelheid supporte-t-elle l'air froid du Saint-Bernard ?

— Dieu soit loué ! monsieur le bailli, cette excellente jeune dame n'a jamais eu une meilleure santé.

— Que Dieu soit loué en effet ! C'est une tendre fleur qui

pourrait être promptement abattue par les gelées du Saint-Bernard. Et le noble Génois qui voyage avec une simplicité si modeste, belle leçon pour les orgueilleux, j'espère qu'il ne pense pas trop à son soleil parmi nos rochers.

— Il est Italien, et doit nous juger ainsi que notre climat, par comparaison ; mais sa santé est fort bonne aussi.

— Bien ; c'est une consolation, herr Sigismond. Si la vérité était connue... et il se pencha en avant de sa mule aussi bas qu'une certaine protubérance put le permettre ; puis, reprenant subitement sa position première, il dit d'un air important : Mais c'est un secret de l'Etat, c'est un secret de l'Etat, et il ne doit point échapper à un homme qui est véritablement et légitimement un enfant de l'Etat. Ma tendresse, mon amitié pour Melchior de Willading est grande et de bon aloi ; mais je ne serais pas venu sur cette montagne si je n'avais pas voulu faire honneur au seigneur génois. Je ne voudrais pas que le noble étranger quittât nos montagnes avec une mauvaise opinion de notre hospitalité. L'honorable châtelain de Sion est-il arrivé ?

— Il est ici depuis le milieu du jour, mein herr, et il confère maintenant avec ceux que vous venez de nommer, sur l'affaire qui est l'objet de votre voyage et du sien.

— C'est un honnête magistrat ! et comme nous, maître Sigismond, il descend de pure race allemande, ce qui fait supposer le mérite, quoique je ferais mieux de laisser dire cela par d'autres. A-t-il fait un bon voyage ?

— Je ne l'ai point entendu se plaindre.

— C'est bien : lorsqu'un magistrat se déplace pour aller rendre la justice, il a le droit d'espérer du beau temps. Alors, tout va à merveille, le noble Génois, l'honorable Melchior et le digne châtelain. Et Jacques Colis ?

— Vous connaissez son malheureux sort, herr bailli, répondit Sigismond d'un ton bref, car il était un peu piqué du flegme du bailli dans une affaire qui le touchait de si près.

— Si je ne le savais pas, herr Steinbach ! croyez-vous que je serais ici, au lieu de me mettre dans un lit chaud non loin de la grande place de Vevey ? Pauvre Jacques Colis ! Cependant il joua un vilain tour à l'abbaye des Vignerons en refusant d'épouser la fille du bourreau, mais je ne dis pas qu'il méritait un si triste sort.

— Dieu nous fasse la grâce que tous ceux qui furent peut-être avec raison blessés de sa conduite et de son manque de foi, ne pensent pas qu'il méritait un aussi cruel châtiment!

— Vous parlez comme un jeune homme sensible, comme un chrétien, herr Sigismond, répondit le bailli, et j'approuve vos paroles. Refuser de se marier avec une jeune fille et être assassiné sont deux choses fort différentes et ne peuvent être confondues.

— Croyez-vous que ces Augustins aient du kirschwasser dans leur cave? C'est un travail pénible que de grimper jusqu'à leur couvent, et il faut boire quand on est fatigué; enfin, s'ils n'en ont pas, nous nous contenterons de leurs autres liqueurs. Herr Sigismond, faites-moi le plaisir de me donner le bras.

Le bailli descendit de sa mule, ses jambes étaient engourdies, et il marcha doucement vers le couvent en s'appuyant sur le bras de Sigismond.

— Il est condamnable de garder rancune, et doublement de garder rancune contre les morts! Ainsi, je vous prie de prendre note que j'ai tout à fait oublié la conduite récente du défunt relativement à nos jeux publics, comme il convient à un juge impartial de le faire: pauvre Jacques Colis! La mort est affreuse dans tous les temps, mais il est dix fois plus horrible de mourir d'un train de poste semblable, et encore sur une route où l'on ne peut mettre un pied devant l'autre sans ressentir la plus grande fatigue; voici la neuvième visite que je fais aux moines Augustins, et quoique je leur souhaite beaucoup de bien, je ne puis pas leur faire compliment de leur route. Le révérend frère quêteur est-il de retour?

— Oui, et il a montré beaucoup d'activité dans cette affaire.

— L'activité est sa plus grande fortune, et celui qui mène la vie d'un montagnard en a besoin, herr Steinbach. Le noble Génois et mon vieil ami Melchior, ainsi que sa fille, la charmante Adelheid, et l'équitable châtelain, sont donc en bonne santé comme vous venez de me le dire?

— Ils peuvent remercier Dieu d'avoir échappé à la dernière tempête.

— C'est bien, mais c'est dommage que ces saints moines n'aient point de kirschwasser.

Peterchen entra dans le couvent, où l'on n'attendait plus que sa présence pour terminer l'affaire. Les mules furent mises à l'abri, les guides reçus comme à l'ordinaire dans l'intérieur du bâtiment, et l'on se prépara à l'interrogatoire.

Nous avons déjà dit que le couvent de Saint-Bernard avait une ancienne origine; il fut fondé en 962, par Bernard de Menthon, religieux augustin d'Aoste, en Piémont, dans le double dessein de donner aux voyageurs des secours corporels et des consolations spirituelles. La pensée d'établir une communauté religieuse au milieu de rochers sauvages, et sur le plus haut point qui fut jamais foulé par le pied de l'homme, était digne d'un chrétien et d'une bienveillante philanthropie. Le succès de cette entreprise fut en rapport avec ses nobles intentions; car des siècles se sont écoulés, la civilisation a produit mille changements, des empires se sont formés et ont disparu, des trônes ont été détruits, la moitié du monde a été retirée de la barbarie, et ce saint édifice existe toujours sous sa pieuse utilité; il est encore aujourd'hui le refuge du voyageur et l'abri du pauvre.

Les bâtiments du couvent sont vastes, et comme on fut obligé de transporter à dos de mulet tous les matériaux qui servirent à sa construction, on se servit principalement de la pierre ferrugineuse qui forme le principe du roc sur lequel il s'élève. Des cellules, de longs corridors, des réfectoires pour différentes classes de voyageurs, ainsi que ceux des religieux et de leurs serviteurs, des appartements commodes et de différents degrés de magnificence, une chapelle assez remarquable et d'une grandeur suffisante, composaient alors comme aujourd'hui l'intérieur du couvent. On ne voit pas de luxe; mais quelques commodités pour ceux qui sont habitués aux biens de la vie, et beaucoup de cette hospitalité frugale qui prévient tous les besoins de l'existence. Tout se termine là, et le bâtiment lui-même, et l'entretien de la confrérie, sont marqués au coin d'une sévère abnégation monacale, qui semble participer du caractère de la mélancolie du paysage dans une région de neige et de stérilité.

Nous ne nous arrêterons pas sur toutes les politesses qui s'échangèrent dans cette occasion entre le bailli de Vevey et le prieur du couvent. Peterchen était connu des religieux, et quoiqu'il fût protestant et toujours disposé à plaisanter Rome et ses ouailles, on avait assez d'estime pour sa personne. Dans toutes les quêtes du couvent, le Bernois avait montré une belle âme et une grande humanité, même en servant la cause de son mortel ennemi, le pape. Le quêteur était toujours bien reçu, non seulement dans son bailliage, mais dans son château, et en dépit de quelques petites escarmouches en fait de doctrine et de théologie, ils se rencontraient toujours avec plaisir et se quittaient en paix.

Ce sentiment d'amitié s'étendait depuis le supérieur jusqu'aux autres membres de la confrérie ; il faut aussi convenir qu'il était utile dans les intérêts des deux parties de l'entretenir. A l'époque que nous décrivons, les vastes possessions dont avaient joui les moines du Saint-Bernard, étaient déjà bien diminuées par les séquestres qui avaient été mis sur leurs biens en différents pays, particulièrement en Savoie, et ils étaient réduits, comme aujourd'hui, à implorer la générosité des chrétiens pour satisfaire aux besoins des voyageurs. Les moines pensaient donc qu'ils ne payaient pas trop cher la libéralité de Peterchen en supportant ses plaisanteries, tandis que, d'un autre côté, il se présentait de si fréquentes occasions, tant pour lui que pour ses amis, de visiter le couvent, que le bailli avait bien soin que ces petites disputes ne dégénérassent jamais en querelles.

— Soyez le bien-venu, herr bailli, et pour la neuvième fois, soyez le bien-venu, continua le prieur en prenant la main de Peterchen, et en le conduisant dans son parloir particulier, vous serez toujours bien accueilli sur la montagne, car nous savons que nous recevons un ami.

— Et un hérétique, ajouta le bailli en riant de toutes ses forces, quoique cette plaisanterie fût répétée pour la neuvième fois. Nous nous sommes déjà souvent rencontrés, herr prieur, et j'espère que nous nous rencontrerons finalement, lorsque nous aurons cessé de grimper sur la montagne, aussi bien que de courir après les biens du monde, et cela dans un lieu où tous les honnêtes gens iront en dépit du pape, de Luther, des livres, des sermons, des *ave* ou du diable ? Cette pensée me fait plaisir lorsque je vous donne la main, — et il secoua la main du prieur avec affection, — car je n'aime pas à penser, père Michel, que lorsque nous partirons pour notre dernier voyage, nous suivrons des routes différentes. Vous pourrez vous reposer un peu, si vous le jugez convenable, dans votre purgatoire : c'est un logement qui doit vous convenir, puisque c'est vous qui l'avez construit ; mais moi, je continuerai ma route jusqu'à ce que je sois bien établi dans le ciel, misérable pécheur que je suis.

Peterchen parlait avec la confiance d'un homme habitué à s'adresser à des inférieurs qui n'osent pas ou ne jugent pas prudent de contredire, et il termina ce discours par un nouvel éclat de rire qui retentit dans la cellule du prieur. Le père Michel prit en bonne part toutes ces plaisanteries, répondant comme à son ordinaire avec douceur et charité; car c'était un prêtre d'un grand savoir, profondément réfléchi, et humble de cœur. La communauté qu'il dirigeait avait été créée dans un but charitable; les religieux qui en faisaient partie avaient de constants rapports avec les hommes, et ce n'était pas la première fois qu'ils rencontraient des hommes en place, importants, satisfaits d'eux-mêmes, quoique bons au fond du cœur, de la classe dont Peterchen était membre, et d'ailleurs, nous l'avons déjà dit, ce n'était pas non plus la première visite du bailli sur le Saint-Bernard. Le prieur connaissait donc, non seulement l'espèce, mais l'échantillon, et il était tout à fait disposé à montrer de l'indulgence pour les plaisanteries de son compagnon. S'étant débarrassé du superflu de ses habits de voyage et de ses plaisanteries, ayant salué plusieurs religieux et dit quelques mots aimables à de jeunes novices, Peterchen déclara qu'il désirait se restaurer un peu, et le prieur le conduisit à un réfectoire particulier, où des préparatifs avaient été faits pour un souper convenable, le bailli étant généralement connu pour gourmand.

— Vous ne serez pas aussi bien servi que dans votre jolie ville de Vevey, qui surpasse beaucoup de villes d'Italie par ses agréments et ses fruits; mais vous pourrez boire de votre propre vin, dit le prieur en traversant un long corridor, et une honorable société vous attend pour partager le repas et jouir de votre compagnie.

— Avez-vous du kirschwasser dans votre couvent, frère Michel?

— Non seulement du kirschwasser, mais nous avons le baron de Willading et un noble Génois qui est avec lui. Ils n'attendent que vous pour se mettre à table.

— Un noble Génois!

— C'est un Italien, il n'y a pas de doute, et je crois qu'on m'a dit qu'il était de Gênes.

Peterchen s'arrêta, mit un doigt sur ses lèvres d'un air mystérieux, mais il ne parla pas, car il vit sur le visage du moine qu'il ne comprenait rien à ses signes.

— Je parierais ma charge de bailli contre celle de ton frère quêteur, qu'il est en effet ce qu'il paraît, c'est-à-dire Génois.

— Vous ne risqueriez pas beaucoup, car il nous l'a dit lui-même. Nous ne faisons ici aucune question; tous ceux qui arrivent sont les bien-venus, et nous quittent en paix.

— Cela convient à des Augustins qui logent sur le sommet des Alpes. A-t-il une suite?

— Il était avec un ami et était suivi d'un valet. Son ami cependant est parti pour l'Italie, lorsque le noble Génois s'est déterminé à rester jusqu'à l'interrogatoire. On parla d'importantes affaires et d'explications qui devaient être données sur le retard du seigneur italien.

Peterchen regarda de nouveau fixement le prieur, et sourit de son ignorance.

— Écoutez, bon prieur, ce que je vais vous dire. Quoique je vous aime beaucoup, ainsi que Melchior de Willading et sa fille, je me serais cependant épargné le voyage sans ce même Génois. Ne me faites aucune question : le temps de parler viendra, et Dieu sait que je ne précipite rien. Vous verrez alors comme un bailli du grand canton sait se conduire. Maintenant je me confie à la prudence. L'ami est parti en hâte pour l'Italie, afin que ce délai ne cause aucune surprise! Chacun peut faire ce qu'il lui plaît sur la grande route. C'est mon plaisir de voyager avec honneur et sécurité; d'autres peuvent avoir un goût différent. N'en disons pas plus sur ce sujet, bon père Michel; que nos regards eux-mêmes soient prudents. — Et maintenant, pour l'amour du ciel, un petit verre de kirschwasser !

Ils étaient à la porte du réfectoire, et la conversation cessa ; en entrant, Peterchen chercha son ami le baron, le signor Grimaldi et le châtelain de Sion, grave et puissant magistrat d'extraction allemande, ainsi que le bailli et le prieur, mais dont la famille, par une longue résidence sur les confins de l'Italie, avait pris quelques-unes des particularités du caractère méridional. Sigismond et le reste des voyageurs furent exclus du repas, auquel les prudents religieux avaient l'intention de donner un caractère semi-officiel.

La rencontre entre Peterchen et ceux qu'il venait de quitter n'eut rien d'extraordinaire. Mais celle du châtelain et du bailli, qui représentaient les autorités de deux États voisins et amis, fut marquée par une profusion de politesses politiques et diplomatiques. Beaucoup de questions furent échangées sur des objets personnels et publics, essayant de se surpasser l'un l'autre en manifestant leur intérêt sur les plus petits détails. Quoique la distance entre les deux capitales fût de quinze bonnes lieues, ils exploitèrent alternativement chaque pouce de terrain, louant ses bontés ou ses productions utiles.

— Nous descendons l'un et l'autre des Teutons, herr châtelain, ajouta le bailli en concluant, au moment où chacun se plaçait à table et lorsque les révérences mutuelles furent terminées, quoique la Providence ait placé notre fortune dans des pays différents. Je vous jure que le son de votre langage est une musique à mes oreilles ! Il a échappé d'une manière miraculeuse à la corruption, quoique vous soyez obligé de converser tous les jours avec des Italiens, des Celtes et des Bourguignons, dont vous avez une si grande quantité dans votre État. Il est curieux d'observer (car Peterchen avait, parmi beaucoup d'autres originalités, un goût décidé pour les antiquités) que, lorsqu'un sentier bien battu traverse un pays, les habitants de ce pays prennent l'humeur aussi bien que les opinions de ceux qui le traversent, de même que l'ivraie semée par les vents ! C'est ainsi que le Saint-Bernard a été un lieu de passage depuis le temps des Romains, et vous trouverez autant de races différentes, parmi ceux qui l'habitent, qu'il y a de différents villages entre le couvent et Vevey. Il n'en est pas ainsi dans le haut Valais, herr châtelain, la race pure existe comme elle vint de l'autre côté du Rhin, et puisse-t-elle continuer ainsi, intacte et honorée, pendant mille ans encore !

Il y a peu de gens assez bas placés dans leur opinion pour ne pas tirer vanité de leur origine et de leur réputation. L'habitude d'envisager nos motifs, notre conduite et nous-mêmes sous le point de vue le plus favorable, touche de bien près à l'amour-propre ; cette faiblesse, adaptée à une société, est souvent la cause que des populations entières se targuent mainte fois de mérites et de qualités qu'elles n'ont pas. Le châtelain, Melchior de Willading et le prieur, qui avaient la même origine, reçurent tous cette remarque avec complaisance, car chacun d'eux trouvait que c'était un honneur d'être descendu de tels ancêtres, tandis que le plus poli des Italiens parvint à cacher le sourire, qui, dans une semblable occasion, errait naturellement sur les lèvres d'un homme dont l'origine remontait aux consuls et aux patriciens de Rome, descendant probablement eux-mêmes de ces Grecs ingénieux et rusés qui se distinguaient déjà par leur civilisation lorsque les patriarches du nord étaient enfoncés dans les profondeurs de la barbarie.

Ce moment de vanité nationale passé, la conversation devint générale, et rien pendant le repas ne fit présumer que personne songeât à l'affaire pour laquelle on s'était réuni. Mais, lorsque le repas fut terminé, le prieur les invita à porter leur attention sur un sujet plus grave, et les arracha aux plaisanteries, aux discussions amicales et politiques auxquelles le bailli, le châtelain et Melchior, s'étaient abandonnés avec une certaine liberté, pour s'occuper d'une question d'où dépendaient la vie et la mort d'un de leurs semblables.

Les serviteurs du couvent s'étaient occupés pendant le souper des préparatifs qui leur avaient été commandés; et lorsque le père Michel se leva et annonça à ses compagnons que leur présence était attendue dans d'autres lieux, il les conduisit dans son appartement, qui avait été complètement préparé pour leur réception.

CHAPITRE XXVII.

> Jamais narrration fut-elle rehaussée par une semblable modestie?
>
> Homb.

Un but d'utilité, ainsi que d'autres buts liés aux opinions religieuses, pour ne pas dire aux superstitions de la plupart des prisonniers, avaient engagé les moines à choisir la chapelle du couvent pour salle de justice. Elle était suffisamment grande pour contenir ceux qui s'assemblaient ordinairement dans son enceinte; elle était décorée comme le sont ordinairement les églises catholiques : elle avait son maître-autel et deux autres plus petits, consacrés à des saints en honneur dans le couvent. Une lampe d'une grande dimension l'éclairait; mais le maître-autel restait dans une lumière douteuse, laissant à l'imagination à peupler et à orner cette partie de la chapelle. Dans l'intérieur du chœur il y avait une table, et un voile cachait l'objet qu'elle supportait. Au-dessous de la lampe, on en avait placé une autre pour le frère quêteur, qui remplissait les fonctions de clerc. Ceux qui remplissaient les fonctions de juges étaient assis près de lui. Un groupe de femmes étaient cachées à l'ombre d'un des petits autels, se serrant les unes contre les autres avec cette timidité particulière à leur sexe. On distinguait quelquefois dans ce petit groupe des sanglots étouffés et des mouvements convulsifs, trahissant une émotion qu'elles n'avaient pas la force de cacher. Les religieux et les novices étaient rangés d'un côté, les guides et les muletiers formaient l'arrière-plan, tandis que la belle figure de Sigismond s'élevait seule, morne, immobile comme une statue, sur les degrés de l'autel opposé à celui des femmes. Il surveillait la procédure jusque dans ses plus petits détails avec un calme qui était le résultat d'un grand empire sur lui-même, et avec une ferme détermination de ne laisser accumuler aucune nouvelle injure sur la tête de son père.

Lorsque la petite confusion produite par la société qui arrivait du réfectoire fut terminée, le prieur fit un signal à un des juges. Cet homme disparut, et rentra bientôt avec un des prisonniers, car l'interrogatoire devait concerner tous ceux qui avaient été arrêtés par la prudence des moines. Balthazar (car c'était lui) s'approcha de la table avec l'air de douceur qui lui était habituel; ses membres étaient libres et son extérieur calme; cependant l'inquiétude de ses regards et l'expression de son pâle visage, lorsque le sanglot étouffé d'une femme parvenait jusqu'à ses oreilles, trahissaient ses efforts pour conserver ce calme apparent. Lorsqu'il fut confronté avec ses juges, le père Michel s'inclina vers le châtelain; car, quoique les autres personnes de la société fussent admises par politesse à connaître de cette affaire, le droit légal de la juger, dans les limites du Valais, appartenait à ce fonctionnaire seul.

— On vous appelle Balthazar? dit le juge en regardant ses notes.

Balthazar répondit par une simple inclination de tête.

— Vous êtes le bourreau du canton de Berne?

Balthazar fit la même réponse silencieuse.

— Cette charge est héréditaire dans votre famille depuis des siècles?

Balthazar redressa sa taille, respira péniblement comme une personne dont le cœur est oppressé, mais qui veut réprimer son émotion avant de répondre.

— Oui, monsieur le châtelain, répondit-il d'une voix ferme; Dieu l'a voulu ainsi.

— Honnête Balthazar, vous mettez trop d'amertume dans votre accent, dit le bailli. Toute charge, quelle qu'elle soit, est honorable, et ne doit pas être considérée comme un mal. Des droits héréditaires, lorsqu'ils sont rendus vénérables par l'usage et le temps, doivent être doublement estimés, puisque le mérite de l'ancêtre soutient celui du descendant. Nous avons nos droits de bourgeoisie, et vous vos droits d'exécution. Il fut un temps où tes ancêtres étaient satisfaits de leur privilége.

Balthazar s'inclina d'un air soumis, et il parut penser que toute autre réponse était inutile. Les doigts de Sigismond s'agitèrent sur la poignée de son sabre, et un gémissement, que le jeune soldat reconnut pour sortir du sein de sa mère, se fit entendre dans le groupe des femmes.

— La remarque du digne et honorable bailli est juste, reprit le Valaisan. Tout ce qui dépend de l'Etat est pour le bien de l'Etat, et tout ce qui est institué pour le bien-être et la sécurité de l'homme est honorable. Ne soyez pas honteux de votre charge, Balthazar; on ne doit pas la condamner légèrement, puisqu'elle est nécessaire; mais répondez sincèrement à la question que je vais vous faire. Vous avez une fille?

— Oui. Dieu au moins ne m'a pas refusé ce bonheur !

L'expression avec laquelle Balthazar s'exprima causa une sensation parmi ses juges; ils se regardèrent avec surprise; car il est à présumer qu'ils ne s'attendaient pas à cette sensibilité chez un homme qui vivait dans une guerre ouverte avec ses semblables.

— Vous avez raison, dit le châtelain en reprenant sa gravité, car on dit qu'elle est à la fois belle et vertueuse. Vous étiez sur le point de la marier?

Balthazar reconnut la vérité de ces paroles par une nouvelle inclination.

— Avez-vous connu un Vevaisan nommé Jacques Colis?

— Sans aucun doute, mein herr, puisqu'il allait devenir mon fils.

Le châtelain fut de nouveau surpris, car le calme de cette réponse avait un air d'innocence, et il étudia attentivement le visage du prisonnier. Il trouva de la franchise là où il avait soupçonné de la duplicité; et, comme chez tous ceux qui sont habitués à questionner des criminels, sa défiance augmenta. La simplicité d'une personne qui n'avait rien à cacher, et cette apparence de fermeté qu'on prend quelquefois pour affecter l'innocence, mirent sa pénétration en défaut, quoique tous les expédients dont se servent ordinairement les criminels lui fussent familiers.

— Ce Jacques Colis devait épouser votre fille? continua le châtelain d'un ton plus sévère à mesure qu'il croyait découvrir plus de ruse dans l'accusé.

— Tout était convenu entre nous.

— Aimait-il votre enfant?

Les muscles de Balthazar furent agités de mouvements convulsifs, ses lèvres s'ouvrirent, il parut perdre un instant l'empire qu'il avait jusque-là conservé sur lui-même; mais il se calma par degré, et répondit :

— Mein herr, je le crois.

— Cependant il refusa de remplir ses engagements.

— Oui, mein herr.

Marguerite elle-même fut alarmée du ton dont cette réponse fut prononcée; et pour la première fois de sa vie elle trembla que ces épreuves accumulées eussent été trop fortes pour les principes de son mari.

— Vous fûtes irrité de cette conduite et de la publicité qu'il mit à vous humilier vous et votre famille.

— Herr châtelain, j'appartiens à l'humanité. Lorsque Jacques Colis répudia ma fille, il brisa une tendre fleur et causa une grande amertume au cœur de son père.

— Vous avez reçu une éducation supérieure à votre état, Balthazar?

— Nous sommes une famille d'exécuteurs publics, mais nous ne sommes pas au fond ce qu'un peuple ignorant nous suppose. C'est la volonté de Berne qui m'a fait ce que je suis, et ce n'est ni ma volonté ni mon manque de fortune.

— Cette charge est honorable comme tout ce qui vient de l'Etat, répondit le châtelain avec cette formalité qui accompagne toutes les phrases arrangées d'avance; cette charge est honorable pour un homme de votre naissance. Dieu assigne à chacun son rang dans le monde, et il a fixé nos devoirs. Lorsque Jacques Colis refusa la main de votre fille, il quitta son pays pour échapper à votre vengeance?

— Si Jacques Colis vivait encore, il ne voudrait pas proférer un semblable mensonge!

— Je connaissais son honnêteté et sa droiture, s'écria Marguerite avec énergie. Dieu me pardonne d'en avoir jamais douté!

Les juges tournèrent leurs regards sur le groupe indistinct des femmes; mais l'interrogatoire continua:

— Vous savez alors que Jacques Colis est mort?

— Comment puis-je en douter, mein herr, puisque je vois ici son cadavre sanglant?

— Balthazar, vous semblez disposé à aider notre examen; mais celui qui voit dans le fond de nos cœurs peut mieux juger que moi si vous êtes sincère. Je vais donc en venir tout d'un coup aux faits essentiels. Vous êtes natif de Berne, et vous habitez cette ville. Vous êtes le bourreau de ce canton. — C'est une charge honorable en elle-même, quoique l'ignorance et les préjugés des hommes ne la considèrent point ainsi. — Vous étiez sur le point de marier votre fille à un riche paysan du canton de Vaud; le fiancé répudia votre enfant en présence de milliers de personnes qui étaient venues à Vevey pour assister aux fêtes de l'Abbaye des Vignerons; il partit pour vous fuir ou pour fuir ses sentiments, ou bien encore la rumeur populaire, et fut assassiné sur cette montagne; son corps fut découvert, et on trouva un couteau enfoncé dans une plaie récente, et vous qui deviez vous en retourner dans votre ville natale, vous passâtes la nuit près du cadavre d'un homme assassiné. Votre propre raison doit vous convaincre des rapports qui existent entre tous ces événements, et je vous requiers d'expliquer ce qui nous semble suspect et ce qui doit être clair pour vous. Parlez librement; mais parlez avec sincérité, par respect pour Dieu et vos propres intérêts.

Balthazar hésita et parut rassembler ses pensées. Il baissa la tête dans une attitude pensive, puis regardant son accusateur avec calme, il répondit. Son maintien était assuré, et sa voix, si elle n'était pas celle d'un innocent, savait au moins en prendre le ton.

— Herr châtelain, dit-il, j'avais prévu les soupçons qui tomberaient sur moi dans ces malheureuses circonstances; mais habitué à me confier dans la Providence, je dirai sans crainte la vérité. Je ne savais rien de l'intention que Jacques Colis avait de partir. Il suivit secrètement sa route, et si vous voulez réfléchir un peu, vous penserez que j'aurais été le dernier homme auquel il eût confié son projet. Je montai le Saint-Bernard conduit par un sentiment d'affection que votre cœur comprendra si vous êtes père. Ma fille était sur la route d'Italie avec de bons et véritables amis qui n'étaient pas honteux de s'attendrir sur la fille d'un bourreau, et qui la prirent sous leur protection, afin de guérir la blessure cruelle qu'elle avait reçue,

— Cela est vrai! s'écria le baron de Willading; Balthazar ne dit ici rien que la vérité.

— Il est reconnu que le crime n'est pas toujours le résultat d'une froide détermination, mais qu'il prend quelquefois sa source dans la terreur, dans une pensée subite, dans une colère ou une tentation irrésistible et souvent dans une occasion favorable. Quoique vous ayez quitté Vevey ignorant le départ de Jacques Colis, n'avez-vous appris rien sur lui pendant sa route?

Balthazar changea de couleur. Il y avait évidemment une lutte dans son esprit, comme s'il craignait de faire un aveu qui fût contraire à ses intérêts; mais, jetant un regard sur les guides, il recouvra son calme et répondit avec fermeté :

— Oui : Pierre Dumont avait entendu raconter l'aventure de ma fille, et ignorant que j'étais son père et un père offensé, il m'apprit comment ce malheureux avait échappé aux railleries de ses compagnons. Je connus alors que nous étions sur la même route.

— Et cependant vous avez persévéré.

— En quoi, herr châtelain? devais-je abandonner ma fille, parce qu'un homme qui lui avait manqué de foi se trouvait sur mon chemin?

— Tu as bien répondu, Balthazar, interrompit Marguerite, tu as répondu comme il était convenable de répondre. Nous sommes peu, mais nous sommes tous les uns pour les autres. Tu ne devais pas abandonner notre enfant, parce qu'il plaisait à un homme de la mépriser.

Le signor Grimaldi se pencha vers le Valaisan, et lui parla bas à l'oreille.

— Tout ceci a un air naturel, observa-t-il, et cela n'explique-t-il pas suffisamment la présence du père sur la route qu'avait prise l'homme assassiné?

— Nous ne mettons pas en question ici la probabilité ou la justesse d'un tel motif, Signore, mais la vengeance peut être subitement changée en férocité dans une telle rencontre. Une personne accoutumée au sang doit céder facilement à ses passions et à ses habitudes.

La vérité de ces suggestions était plausible, et le noble Génois reprit silencieusement sa place. Le châtelain se consulta avec ceux qui l'entouraient, et ordonna que la femme de Balthazar fût amenée pour être confrontée avec son mari. Marguerite obéit : ses mouvements étaient lents et son maintien annonçait qu'elle cédait à une triste nécessité.

— Vous êtes la femme du bourreau ?

— Un bourreau me nommait aussi sa fille.

— Marguerite est une femme bonne et sensée, dit Peterchen, elle comprend qu'une charge de l'Etat ne peut jamais être déshonorante aux yeux des gens raisonnables, et elle ne veut nous cacher aucune partie de son histoire ou de son origine.

Le regard qui brilla dans les yeux de Marguerite était foudroyant ; mais le dogmatique bailli était trop satisfait de sa propre sagesse pour s'inquiéter de l'effet qu'elle produisait.

— Un bourreau vous nomme sa fille, continua le juge ; à quel titre êtes-vous ici ?

— Au titre d'épouse et de mère : comme mère, je viens dire adieu à ma fille sur la montagne, et comme épouse, je suis venue jusqu'au couvent pour être présente à cet interrogatoire. On prétend qu'il y a du sang sur les mains de Balthazar, et je suis ici pour repousser ce mensonge.

— Et cependant vous nous avez promptement avoué que vous étiez d'une race de bourreaux. Ceux qui sont habitués à voir mourir leurs semblables, devraient répondre avec moins de chaleur à un simple interrogatoire de la justice.

— Herr châtelain, je comprends ce que vous voulez dire. La Providence nous a chargés d'un poids bien lourd à supporter, mais jusqu'ici ceux que nous avons servis ont eu la politesse d'employer d'autres paroles. Vous avez parlé de sang ; celui qui a été répandu par Balthazar, par ses ancêtres ou par les miens, retombera sur la conscience de ceux qui ont commandé de le verser. L'instrument involontaire de votre justice est innocent devant Dieu.

— Voici un étrange langage pour des gens de votre état ! Balthazar, partagez-vous les opinions de votre femme ?

— La nature a donné aux hommes plus de courage, mein herr, je suis né pour remplir cette charge, on m'a appris qu'elle était innocente, sinon honorable, et j'ai fait tous mes efforts pour remplir mes devoirs sans murmurer. Le cas est différent pour ma pauvre Marguerite : elle est mère et elle vit dans ses enfants ; elle a vu la fille de son cœur publiquement insultée, et elle sent comme une mère.

— Et vous qui êtes père, de quelle manière avez-vous ressenti cette insulte ?

Balthazar était doux par nature, et comme il venait de le dire, il avait été habitué dès son enfance à l'exercice de ses fonctions ; mais il était capable d'une profonde tendresse. Cette question le touchait dans ce qu'il avait de plus cher, et il tressaillit d'émotion ; mais, accoutumé à se maîtriser en public et convaincu de sa dignité d'homme, ses puissants efforts pour réprimer l'agonie de son cœur furent récompensés par le succès.

— J'ai souffert pour ma pauvre fille, répondit-il, j'ai souffert pour celui qui avait manqué à sa foi et pour ceux qui ont été la cause de cette insulte.

— Cet homme est habitué à entendre prêcher l'oubli des injures aux criminels, et il profite de la leçon, murmura le juge à ceux qui étaient près de lui. Il faut essayer d'un autre moyen. Nous verrons si ses nerfs sont aussi solides qu'il est prompt à trouver une réponse.

Faisant un signe aux assistants, le Valaisan attendit tranquillement l'effet d'une nouvelle expérience. Le voile avait été soulevé et le corps de Jacques Colis exposé à la vue ; il était assis sur la table comme un homme vivant, en face du grand autel.

— L'innocent n'a point peur de ceux dont l'âme a déserté le corps, continua le châtelain, mais souvent Dieu frappe sévèrement la conscience du coupable lorsqu'on montre à ses yeux le cruel ouvrage de ses mains. Approchez-vous, Balthazar, ainsi que votre femme, et regardez ce cadavre afin que nous puissions juger de quel œil vous contemplez les morts.

On ne pouvait pas tenter une plus inutile expérience sur un bourreau, car une longue habitude avait affaibli l'horreur qu'on éprouve ordinairement devant un cadavre. Soit cette habitude ou son innocence, Balthazar se rendit près de la table et regarda longtemps avec le plus grand calme les traits décolorés de Jacques Colis. Il était réservé dans ses manières, et en général, ses sentiments ne s'échappaient pas en paroles. Quelque chose comme une expression de regret traversa ses traits. Il n'en fut pas ainsi de sa compagne, des larmes brûlantes coulèrent le long de ses joues lorsqu'elle contempla la malheureuse victime.

— Pauvre Jacques Colis! dit-elle de manière à être entendue de tous ceux qui étaient présents; tu avais tes défauts comme tous ceux qui sont nés des femmes, mais tu ne méritais pas un si affreux châtiment. La mère qui t'a porté, qui vivait dans ton sourire, qui t'a bercé sur ses genoux et pressé contre son sein, était loin de prévoir ta fin subite et terrible! Ce fut un bonheur pour elle d'être ravie depuis longtemps au fruit de son amour et de ses peines, car sa joie se fût changée en douleur et elle eût pleuré sur tes sourires. Nous vivons dans un triste monde, Balthazar, un monde dans lequel les méchants triomphent! Ta main qui ne détruirait pas volontairement la plus faible créature formée par la main de Dieu, est destinée à l'office de bourreau, et ton cœur, le plus tendre des cœurs, s'endurcit peu à peu en remplissant les devoirs de ta charge! Le siége de la justice est occupé par la corruption et la tromperie. La miséricorde doit être exercée par celui qui est impitoyable, et la mort est infligée par celui qui voudrait vivre en paix avec tous ses semblables. L'égoïsme des hommes se méprend ainsi sur les intentions de la Providence. Nous voudrions être plus sages que celui qui fit l'univers et nous jouons le rôle de faibles fous! — Allez, allez, grands de la terre, si nous avons répandu le sang, c'est par vos ordres, nos consciences sont nettes et pures devant Dieu. Le crime a été commis par la violence et la rapine, et non par la vengeance.

— Comment pouvons-nous savoir si ce que vous nous dites est vrai? demanda le châtelain, qui s'était avancé près de l'autel pour surveiller les effets de cette épreuve sur Balthazar et sa femme.

— Je ne suis pas surprise de votre question, herr châtelain, car les grands et les heureux sont prompts à ressentir une injure. Il n'en est pas ainsi des malheureux. La vengeance serait un faible remède pour nous. Cela nous ferait-il oublier notre position? Obtiendrions-nous plus de respect, après nous être vengés, qu'auparavant?

— Cela peut être vrai, mais l'homme irrité ne raisonne pas. Vous n'êtes soupçonnée que d'une chose, Marguerite, c'est d'avoir appris la vérité de votre mari depuis que le crime a été commis; mais votre propre discernement vous prouvera qu'une dispute sur ce qui venait de se passer peut avoir conduit Balthazar, qui est habitué à répandre le sang, à commettre un crime.

— Voilà donc votre justice tant vantée! Vos lois sont invoquées pour soutenir votre oppression. Si vous saviez avec combien de peine le père de Balthazar apprit à son fils à frapper, combien de longues et pénibles visites s'échangèrent entre ses parents et les miens, afin de lui apprendre son affreux état, vous ne le jugeriez pas si habile ! Dieu ne l'avait pas fait pour cet état, comme il n'avait pas fait beaucoup de grands pour remplir les hautes fonctions qui leur ont été accordées en faveur de leur naissance. Si j'étais accusée, châtelain, vos soupçons seraient plus raisonnables, mes impressions sont plus fortes et plus promptes, et mes passions l'emportent quelquefois sur la raison, quoique les humiliations que j'ai reçues chaque jour dans le cours de la vie aient depuis longtemps abaissé la fierté de mon cœur.

— Votre fille est présente ?

Marguerite montra le groupe où était sa fille.

— L'épreuve est sévère, dit le juge qui commençait à se sentir ému, ce qui est rare pour un juge ; mais il est nécessaire à la paix publique et à la justice que la vérité soit connue. Je suis forcé de confronter ta fille avec le cadavre.

Marguerite reçut cet ordre inattendu avec fermeté ; trop blessée pour se plaindre, mais tremblante pour sa fille, elle alla vers le groupe des femmes, pressa Christine contre son cœur, et la conduisit en silence vers les juges. Elle la présenta au châtelain avec une dignité si calme, que ce dernier en fut touché.

— Voilà la fille de Balthazar, dit-elle. Puis elle se retira d'un pas en arrière pour observer attentivement ce qui allait se passer.

Le juge contempla le pâle et charmant visage de la tremblante jeune fille, avec un intérêt qu'il avait rarement éprouvé pour aucun de ceux qui avaient paru devant lui pendant l'exercice de ses sévères fonctions. Il lui parla doucement et d'une voix encourageante, se plaçant avec intention entre elle et le cadavre, cachant ainsi momentanément à sa vue ce terrible spectacle, afin qu'elle eût le temps de rassembler son courage. Marguerite le bénit dans son cœur pour cette condescendance et se calma un peu.

— Vous étiez fiancée à Jacques Colis ? demanda le châtelain d'une voix douce qui formait un singulier contraste avec ses premiers interrogatoires.

Christine ne put répondre que par une inclination de tête.

— Votre mariage devait avoir lieu à la fête de l'Abbaye des

Vignerons? Nous sommes malheureux d'être obligé de vous faire une nouvelle peine lorsque nous voudrions guérir vos blessures; — mais votre fiancé refusa de vous donner sa foi.

— Le cœur est faible et abandonne quelquefois ses meilleurs projets, murmura Christine; il était homme, et il n'a pu supporter les railleries de ses amis.

Le châtelain était si ému par la douceur des manières de Christine, qu'il s'avançait pour écouter, de crainte qu'une de ses paroles lui échappât.

— Vous ne reconnaissez donc à Jacques Colis aucune mauvaise intention?

— Il eut moins de force qu'il ne croyait en avoir, mein herr, il ne put partager notre disgrâce, qu'on lui présenta trop précipitamment et avec trop de force.

— Vous aviez consenti librement à ce mariage, et vous étiez disposée à devenir sa femme?

Le regard touchant de Christine et sa respiration pénible ne produisirent aucun effet sur la sensibilité d'un juge criminel.

— Ce jeune homme vous était-il cher? répéta-t-il sans s'apercevoir de la blessure qu'il faisait à la délicatesse d'une femme.

Christine tressaillit. Elle n'était point habituée à être interrogée si brusquement sur les affections qu'elle regardait comme les plus sacrées de sa courte et pure existence; mais croyant que la sûreté de son père dépendait de sa franchise, elle fit un effort qui était presque surnaturel et trouva la force de répondre. La rougeur qui couvrit son front proclama le pouvoir de ce sentiment qui est instinctif parmi son sexe, et fit briller ses traits de toute la pudeur d'une jeune fille.

— Je suis peu habituée aux louanges, herr châtelain, et elles sont si douces aux oreilles de ceux qui sont méprisés de leurs semblables, que j'éprouvais de la reconnaissance pour la préférence que ce jeune homme me témoignait. Je pensais qu'il m'aimait, — et, — que voulez-vous de plus, mein herr?

— Personne ne peut te haïr, pauvre et malheureuse jeune fille, murmura le signor Grimaldi.

— Vous oubliez que je suis la fille de Balthazar, mein herr; on ne voit aucun membre de notre famille avec plaisir.

— Vous, au moins, serez toujours une exception!

— Laissons cela, continua le châtelain. Je voudrais savoir si vos parents montrèrent du ressentiment de la conduite de votre fiancé, et si quelque chose fut dit en votre présence qui puisse éclaircir cette malheureuse affaire.

Le magistrat du Valais détourna la tête, car il avait rencontré le regard mécontent et surpris du Génois, dont les yeux exprimaient avec vivacité le déplaisir qu'il éprouvait à entendre ainsi questionner un enfant sur un sujet qui touchait de si près à la vie de son père. Mais ce regard, et ce qu'il y avait d'irrégulier dans cet interrogatoire, échappa à l'attention de Christine. Elle se reposait avec une confiance filiale sur l'innocence de l'auteur de ses jours, et loin d'être choquée des questions qui lui étaient adressées, elle se réjouissait, avec la simplicité et la confiance de son âge, de pouvoir le justifier devant ses juges.

— Herr châtelain, répondit-elle avec vivacité, car la rougeur dont la modestie avait couvert son visage était devenue plus prononcée, et son front brûlait d'un saint enthousiasme : herr châtelain, nous pleurions lorsque nous étions seuls; nous priions pour nos ennemis comme pour nous-mêmes, mais nous n'avons jamais rien dit au préjudice du pauvre Jacques. Non, pas même un murmure.

— Pleurer et prier! répéta le juge, en regardant alternativement la fille et le père, comme un homme qui s'imagine n'avoir pas bien compris.

— Oui, men herr; si le premier sentiment était une faiblesse, le second était un devoir.

— Voilà un étrange langage dans la bouche de la fille d'un bourreau!

Christine parut ne pas comprendre d'abord, puis, passant une main sur son beau front, elle continua :

— Je crois comprendre maintenant ce que vous voulez dire, mein herr : le monde suppose que nous n'avons ni sentiment ni espérance, et nous sommes en apparence ce qu'on pense de nous, parce que la loi le veut ainsi; mais nous sommes en réalité comme les autres mortels, avec cette différence, que la conviction de notre abaissement parmi les hommes nous attache plus intimement à Dieu. Vous pouvez nous condamner de ce que nous remplissons une charge qui nous attire vos mépris, mais vous ne pouvez pas nous ravir notre confiance dans la justice du ciel. En cela, du moins, nous sommes les égaux des plus fiers barons de la Suisse.

— Il vaut mieux terminer ici l'interrogatoire, dit le prieur en s'avançant pour s'interposer entre la jeune fille et le juge. Vous savez, herr Bourrit, que nous avons d'autres prisonniers.

Le châtelain, qui sentait sa pénétration en défaut devant l'innocence et la sincérité de Christine, ne fut pas fâché de changer la direction de l'interrogatoire. On ordonna à la famille de Balthazar de se retirer, et on amena devant la cour Pippo et Conrad.

CHAPITRE XXVIII.

> Et lorsque vous paraîtrez devant ce haut tribunal de la justice aux yeux bandés, que dira votre auditoire ?
>
> Cotton.

Le bouffon et le pèlerin, quoique tous deux d'une tournure à exciter la méfiance, se présentèrent avec l'assurance que donne un cœur innocent. Leur interrogatoire fut court, car les détails qu'ils donnèrent de leur voyage furent clairs et précis. Des circonstances connues des moines aidèrent grandement à produire la conviction qu'ils n'avaient point pris part à l'assassinat. Ils avaient quitté la vallée quelques heures avant l'arrivée de Jacques Colis, et ils atteignirent le couvent fatigués, les pieds écorchés, comme tous ceux qui montent ce sentier pénible, peu de temps après le commencement de l'orage. Des mesures avaient été prises par les autorités locales pendant les jours qui s'étaient écoulés avant l'arrivée du bailli et du châtelain, afin de s'assurer de tous les faits utiles pour connaître la vérité ; et le résultat de ces informations fut favorable à ces gens dont les habitudes de vagabondage avaient d'abord excité de justes soupçons.

Le babillard Pippo fut le principal orateur dans ce court interrogatoire, et il répondit avec une précision et une franchise qui lui rendirent un grand service ainsi qu'à son compagnon. Le bouffon, quoique accoutumé au mensonge et à la ruse, avait assez d'esprit naturel pour comprendre la position critique dans laquelle il était placé, et qu'il était plus sage d'être sincère, que d'atteindre le même but par ses moyens ordinaires. Il répondit donc au juge avec une simplicité que l'on n'aurait pas attendue de ses habitudes, et en apparence avec une sensibilité qui fit honneur à son cœur.

— Ta franchise te sauve, dit le châtelain après avoir épuisé ses questions, les réponses de Pippo l'ayant persuadé que ses soupçons n'étaient point fondés. Elle m'a convaincu de ton innocence, et c'est en général le meilleur bouclier de ceux qui n'ont point commis de crime. Je m'étonne seulement qu'une personne de ton état ait eu le bon esprit de trouver ce moyen de justification.

— Permettez-moi de vous dire, signor castellano, ou podesta, n'importe quel est le titre de Votre Excellence, que vous faisiez injure à l'esprit de Pippo. Il est vrai que mon métier est de jeter de la poudre aux yeux, et de faire croire qu'on a tort quand on a raison; mais la nature nous a donné à tous l'instinct de nos intérêts, et le mien est assez prompt à deviner lorsque la vérité vaut mieux que le mensonge.

— Il serait heureux que tout le monde eût la même faculté, et la même disposition à la mettre en usage.

— Je ne prétendrai pas donner une leçon à une personne aussi sage et aussi expérimentée que Votre Excellence; mais si un pauvre homme peut parler librement dans cette honorable assemblée, je dirai qu'une petite vérité est souvent bien voisine d'un mensonge : ceux-là passent pour les plus sages, qui savent mêler artistement ces deux ingrédients ensemble, comme nous couvrons de sucre une médecine amère, afin que le palais la reçoive sans répugnance. Telle est du moins l'opinion d'un pauvre bouffon des rues, qui n'a pas d'autre mérite que d'avoir appris son état sur le Mole et dans le Toleda de bellissima Napoli, qui, comme chacun le sait, est un petit morceau du ciel tombé sur la terre.

La ferveur avec laquelle Pippo prononça l'éloge habituel au Napolitain de l'ancienne Parthénope, était si naturel et si caractéristique, qu'il excita un sourire sur le visage du juge, en dépit du devoir solennel qu'il remplissait, et on le regarda comme une nouvelle preuve de l'innocence de l'orateur. Le châtelain récapitula lentement l'histoire du bouffon et du pèlerin, dont voici le sommaire.

« Pippo admet naïvement la débauche de Vevey, l'attribuant aux fêtes du jour et à la faiblesse de la nature humaine. Conrad néanmoins, protestant de la pureté de sa vie et de sa régularité à suivre les devoirs sacrés de son état, se justifie de la société qu'il fréquente par la nécessité et par les mortifications auxquelles doit se soumettre celui qui entreprend un pèlerinage. Ils quittèrent ensemble le canton de Vaud dans la soirée des fêtes de l'Abbaye; et depuis ce moment jusqu'à celui de leur arrivée au couvent, ils avaient continuellement marché pour traverser la montagne avant que les neiges leur rendissent le passage dangereux. On les avait vus à Martigny, à Liddes et à Saint-Pierre, à des heures convenables, marchant avec zèle vers le couvent, et quoique nécessairement, plusieurs heures après avoir quitté ce dernier lieu, leurs actions n'eussent été observées que par l'œil de celui qui voit dans les profondeurs des Alpes comme dans les lieux les plus fréquentés, leur arrivée chez les moines avait été assez prompte pour donner lieu de croire qu'ils n'avaient point perdu de temps sur la route. Les détails qu'ils donnaient d'eux-mêmes étaient donc exacts et positifs, tandis que, d'un autre côté, le seul soupçon qui s'élevait sur leur compte provenait de ce qu'ils s'étaient trouvés sur la montagne au moment où le crime avait été commis. »

— L'innocence de ces deux hommes me semble si claire, et leur promptitude à répondre à nos questions est tellement en leur faveur, observa le châtelain, que je ne crois pas juste de les retenir plus longtemps. Le pèlerin en particulier a une tâche à remplir; j'ai entendu dire qu'il voyage pour d'autres aussi bien que pour lui-même, et il ne nous convient pas, à nous qui sommes de fidèles serviteurs de l'Eglise, de placer des obstacles sur sa route. Je serais donc d'avis de le laisser partir.

— Comme nous sommes près du terme de cet interrogatoire, interrompit gravement le signor Grimaldi, je crois qu'il vaudrait mieux retenir tous ceux qui sont ici, jusqu'à ce que nous sachions à quoi nous en tenir sur la vérité.

Pippo et le pèlerin déclarèrent promptement qu'ils étaient prêts à rester au couvent jusqu'à la matinée suivante. Cette petite concession néanmoins n'avait pas grand mérite, car l'heure avancée rendait imprudent un départ immédiat; on leur ordonna de se retirer, en les avertissant qu'à moins d'une nouvelle défense ils pourraient partir à la naissance du jour. Maso fut appelé: il était le dernier à interroger.

Il Maledetto se présenta avec un calme parfait. Il était accompagné de Neptune, les chiens du couvent ayant été enfermés pour la nuit. Depuis quelques jours Neptune s'était habitué à errer pendant le jour au milieu des rochers et à revenir le soir au couvent chercher sa nourriture ; le stérile Saint-Bernard ne possédait rien que ce que les moines pouvaient offrir pour la nourriture de l'homme et des animaux, car le chamois et le lammergeyer seuls, pouvaient monter jusqu'à ces neiges éternelles. Neptune trouvait dans son maître un ami constant, toujours prêt à partager ses repas avec lui, car pendant ses visites périodiques le fidèle animal était admis dans la prison où Maso avait été renfermé. Le châtelain attendit, pour poursuivre son interrogatoire, que le petit tumulte occasionné par l'entrée du prisonnier fût apaisé.

— Tu es Génois, et tu t'appelles Tomaso Santo ? demanda-t-il en consultant ses notes.

— Je suis généralement connu sous ce nom, Signore.

— Tu es marin, et l'on parle de ton courage et de ton habileté. Pourquoi t'es-tu donné le surnom d'*Il Maledetto* ?

— Les hommes m'appellent ainsi. C'est un malheur et non pas un crime d'être maudit.

— Celui qui néglige sa propre réputation ne doit pas être surpris qu'on l'accuse. Nous avons entendu parler de toi dans le Valais : on dit que tu es un contrebandier.

— Ce fait ne concerne ni le Valais ni son gouvernement, puisqu'on n'adresse de questions à aucun voyageur dans ce pays de liberté.

— Il est vrai que nous n'imitons pas la politique de nos voisins, mais cependant nous n'aimons pas voir chez nous ceux qui méprisent les lois des États avec lesquels nous sommes liés. Pourquoi voyages-tu sur cette route ?

— Signore, si je suis ce que vous croyez, le but de ma présence ici est assez clair. C'est probablement parce que les Lombards et les Piémontais sont plus sévères envers les étrangers que vous ne l'êtes dans vos montagnes.

— Tes effets ont été examinés, et ils n'offrent rien qui puisse justifier ce soupçon. Suivant toute apparence, Maso, tu n'es pas riche, et cependant ta mauvaise réputation t'accuse.

— Signore, ainsi vont les idées du monde : le florin d'un homme riche est promptement transformé en un sequin par les voix populaires, tandis qu'un homme pauvre est heureux si le marc d'argent qu'il possède peut être changé par lui contre une once d'un meilleur métal ! Le pauvre Neptune lui-même trouve difficilement sa vie dans le couvent, parce que la nature lui a donné une robe différente de celle des chiens du Saint-Bernard, et que son instinct lui a donné une mauvaise renommée parmi eux.

— Ta réponse est en rapport avec ton caractère. On dit que tu as plus d'esprit que d'honnêteté, et l'on te peint comme un homme capable de former une résolution désespérée et de l'exécuter au besoin.

— Je suis comme le ciel m'a fait naître, signor castellano, et comme m'ont fait les chances d'une vie fort occupée qui ont achevé son ouvrage. J'ai de la bravoure dans l'occasion, et peut-être ces nobles voyageurs témoigneront en faveur de l'activité que j'ai montrée pendant notre dernier voyage.

Quoique ces paroles fussent dites négligemment, cet appel à la reconnaissance de ceux auxquels il avait rendu un si grand service était trop direct pour n'être pas entendu. Melchior de Willading, le pieux quêteur et le signor Grimaldi, témoignèrent en faveur du prisonnier, reconnaissant avec franchise que, sans son adresse et son sang-froid, *le Winkelried* aurait été inévitablement perdu. Sigismond ne fut pas satisfait d'un si froid témoignage; il devait non seulement la vie de son père et la sienne au courage de Maso, mais celle d'une personne qui lui était plus chère encore. Ce dernier service semblait à sa jeune imagination devoir l'absoudre même d'un crime, et sa reconnaissance était proportionnée à son amour.

— J'attesterai plus vivement encore ton mérite, Maso, devant ce tribunal ou tout autre, dit-il en saisissant fortement la main de l'Italien. Un homme qui a montré tant de bravoure et tant d'amour pour ses semblables n'est point fait pour commettre un lâche assassinat. Tu peux compter sur mon témoignage en toute occasion. Si tu es coupable de ce crime, qui peut espérer d'être innocent?

Maso rendit avec force à Sigismond ce serrement de main amical. Ses regards prouvèrent qu'il n'était pas dépourvu de sympathies, quoique l'éducation et ses habitudes les eussent détournées de leur véritable direction. En dépit de ses efforts pour réprimer sa faiblesse, une larme jaillit de ses yeux, et coula sur sa joue brûlée par le soleil, comme un ruisseau solitaire à travers une ruine déserte.

— Voilà la franchise qui convient à un soldat, Signore, dit-il, et je reçois ce témoignage comme une preuve de bonté et d'affection. Mais nous ne parlerons pas davantage de cette affaire du lac. Ce châtelain expérimenté n'a pas besoin qu'on lui dise que je ne pouvais pas sauver votre vie sans sauver la mienne ; et, à moins que je ne me méprenne sur l'expression de ses yeux, il est sur le point de dire que la nature nous a faits comme cette contrée sauvage, contrée où des champs fertiles sont mêlés à de stériles rochers; et que celui qui fait une bonne action aujourd'hui peut s'oublier, et en faire une mauvaise demain.

— Tous ceux qui t'entendent ont le droit de s'affliger de te voir poursuivre une carrière si peu honorable, répondit le juge. Un homme qui peut raisonner si bien, et dont l'esprit est si pénétrant, pèche plutôt par calcul que par ignorance.

— Vous êtes injuste envers moi, signor castellano, et vous faites aux lois plus d'honneur qu'elles n'en méritent. Je ne nierai pas qu'il existe une justice, ou ce qu'on appelle une justice, car je m'y connais, j'ai habité plus d'une prison avant celle qui m'a été procurée par ces saints moines, et j'ai vu tous les degrés que parcourt le coupable; depuis celui qui est effrayé de son premier crime, qui se le reproche dans ses rêves, et qui croit que chaque pierre de sa prison l'accuse, jusqu'à celui qui n'a pas plus tôt commis une faute qu'il l'oublie, en cherchant les moyens d'en commettre une seconde. Je prends le ciel à témoin que le débutant dans le vice en apprend plus par ce qu'on appelle le ministère de la justice, que par ses défauts naturels, ses besoins ou la force de ses passions. Si un juge avait les sentiments d'un père, les lois posséderaient cette pure justice qui n'est point pervertie, et la société deviendrait une communauté où chacun s'aiderait mutuellement. Sur ma vie! châtelain, vos fonctions perdraient la moitié de leur poids, et toute leur oppression.

— Ce langage est hardi, mais sans but. Explique la manière dont tu as quitté Vevey, Maso ; la route que tu as suivie, les heures de ton passage par les différents villages, la raison pour laquelle tu fus découvert seul près du refuge, et pourquoi tu quittas les compagnons avec lesquels tu avais passé la nuit, si clandestinement et de si bonne heure?

L'Italien écouta attentivement ces différentes questions; puis il y répondit d'un air calme et grave. Il raconta son départ de Vevey, sa présence à Saint-Maurice, Martigny, Liddes et Saint-Pierre ; et tout cela était dans une parfaite harmonie avec les informations secrètes qui avaient été prises par les autorités. Il avait dépassé la dernière habitation sur la montagne, à pied et seul, environ une heure avant que l'homme à cheval, que l'on savait être Jacques Colis, eût paru dans la même direction, et il convenait qu'il avait été dépassé par lui au moment où il atteignait l'extrémité supérieure de la plaine, au-dessus du Vélan, où les voyageurs, conduits par Pierre, les avaient vus de loin marchant en compagnie.

Jusque-là, les détails donnés par Maso étaient conformes à ce qui était connu du châtelain; mais, après qu'on eut tourné le roc déjà mentionné dans un chapitre précédent, tout était enveloppé de mystère, à l'exception des incidents que nous avons détaillés. L'Italien ajouta que bientôt il quitta son compagnon, qui était impatient d'arriver, et désirait atteindre le couvent avant la nuit, tandis que lui, Maso, s'était un peu détourné du sentier pour se reposer, et faire quelques petits préparatifs avant de se diriger vers le couvent. Toute cette histoire fut racontée avec un calme aussi grand que celui qui venait d'être montré par Pippo et le pèlerin, et il était impossible à aucune personne présente d'y découvrir la plus légère improbabilité ou contradiction. Maso attribuait sa rencontre avec les autres voyageurs, pendant l'orage, au repos auquel il s'était livré, et pendant lequel ils l'avaient dépassé, ainsi qu'à sa marche plus rapide lorsqu'il se remit en route, deux circonstances qui semblaient aussi probables que le reste. Il avait quitté le refuge aux premiers rayons du jour, parce qu'il était en retard, et que son intention était d'arriver à Aoste dans la soirée, chose nécessaire pour réparer le temps perdu.

— Cela peut être vrai, reprit le juge; mais comment peux-tu excuser ta vie vagabonde? Tes effets ne valent pas beaucoup mieux que ceux d'un mendiant; ta bourse même est vide, quoiqu'on connaisse tes succès comme contrebandier dans tous les États où les douanes sont établies.

— Les plus grands joueurs, Signore, sont ceux qui sont le plus souvent ruinés. Qu'y a-t-il d'extraordinaire et de nouveau à voir un contrebandier dépouillé de ses marchandises!

— Cela est plus plausible que convaincant. Tu es signalé comme ayant l'habitude de transporter des articles de joaillerie de Genève dans les États environnants, et l'on sait que tu viens de cette ville. Tes pertes doivent avoir été bien subites pour te laisser ainsi au dépourvu. Je crains qu'une mauvaise spéculation dans ton commerce ordinaire ne t'ait conduit à réparer tes pertes en assassinant ce malheureux qui partit de chez lui la bourse remplie d'or, et qui portait aussi des bijoux précieux. Ces particularités sont mentionnées dans une note de ses effets que ses amis ont remise au bailli de Vevey.

Maso réfléchit en silence et parut profondément occupé; puis il exprima le vœu que la chapelle fût évacuée par tous les voyageurs, excepté par les personnes de condition, les moines et les juges. Cette demande fut accordée, car on supposait qu'il allait faire une importante révélation, et sous quelques rapports on ne se trompa point.

— Si je me justifie de l'accusation de pauvreté, signor castellano, dit-il, lorsque les inférieurs eurent quitté la chapelle, serai-je acquitté à vos yeux de l'accusation de meurtre?

— Non certainement; cependant tu auras éloigné une des principales sources de la tentation, et tu y gagneras beaucoup, car nous savons que Jacques Colis a été volé aussi bien que tué.

Maso parut délibérer de nouveau comme un homme qui va prendre un grand parti relativement à ses intérêts; puis, se décidant subitement, il appela Neptune, et, s'asseyant sur une marche d'un des autels, il continua à faire sa révélation avec le plus grand calme.

Ecartant les poils longs et épais de son chien, *Il Maledetto* montra aux spectateurs attentifs et curieux qu'il avait ingénieusement placé une ceinture de cuir autour du corps de l'animal, près de la peau. Elle était ainsi cachée à la vue de tous ceux qui n'en faisaient pas une recherche particulière, essai que Neptune n'aurait pas permis à un étranger, si l'on en jugeait à la manière dont ses yeux s'enflammaient, et dont il montrait les dents à tous ceux qui l'approchaient. La ceinture fut ouverte, et Maso montra un collier brillant de pierres précieuses, où se confondaient les émeraudes et les rubis, et l'étala avec la coquetterie d'un marchand, à la lueur de la lampe.

— Vous voyez les fruits d'une vie de hasards et de fatigues, signor châtelain, dit-il; si ma bourse est vide, c'est que ces juifs de calvinistes génevois ont pris jusqu'à mon dernier liard en paiement de ce bijou.

— C'est un ornement d'une rare beauté et d'une valeur excessive, répondit le Valaisan peu habitué au luxe. Je m'étonne qu'il soit en ta possession.

— Signore, il coûta cent doppies[1] en or pur, et je dois en avoir cinquante de bénéfice. Il m'a été commandé par un jeune seigneur de Milan, qui espère gagner avec son aide les faveurs de sa maîtresse. Mes affaires allaient mal, j'ai été saisi plusieurs fois, et j'ai hasardé cette entreprise dans l'espoir d'un gain prompt et considérable. Comme il n'y a rien dans tout cela qui concerne les lois du Valais, j'espère que ma franchise me donnera gain de cause. Une personne qui possède un pareil trésor n'aurait pas répandu le sang d'un homme pour la bagatelle qui a pu être trouvée sur la personne de Jacques Colis.

— Tu as encore quelques bijoux, observa le juge, laisse-moi voir tout ce que contient la ceinture.

— Pas le plus petit bijou, ni la plus commune des pierres.

— Je vois une autre ceinture parmi les poils du chien.

Maso éprouva ou feignit d'éprouver une grande surprise. Il avait placé Neptune dans une attitude commode pour ses projets; et, comme il avait l'intention de remettre la ceinture, le chien se tenait tranquille dans la même position, ce qui avait dérangé ses poils épais, et permis au châtelain de découvrir l'objet dont il venait de parler.

— Signore, dit le contrebandier en changeant de couleur, mais essayant de parler légèrement de cette découverte, que tous ceux qui étaient présents considéraient comme des plus graves, il semblerait que ce chien, habitué à rendre ces petits services à son maître, a été tenté, par le succès, d'entreprendre une spéculation pour son propre compte. Par mon saint patron et la vierge Marie! je ne connais rien de cette seconde découverte.

— Ne plaisante pas, Maso, mais défais cette ceinture, ou je fais museler ce chien, et d'autres s'acquitteront de cette commission, dit le châtelain d'un air sévère.

L'Italien obéit avec une mauvaise grâce qui n'était que trop visible pour son intérêt. Ayant défait les liens, il donna l'enveloppe avec répugnance au Valaisan. Ce dernier coupa le drap et fit tomber sur la table différents articles de bijouterie. Les spectateurs s'approchèrent avec curiosité, tandis que le juge lisait sur sa note le détail des effets de l'homme assassiné.

— Une bague de brillants avec une émeraude de prix enchâssée, lut le Valaisan.

---

[1]. *Doppia*, monnaie d'or de Bologne, valant environ 18 francs.

— Dieu merci! elle n'est pas ici, s'écria le signor Grimaldi. Car chacun désirait qu'un si brave marin fût innocent d'un si grand crime.

Le châtelain, s'imaginant qu'il était sur les traces d'un mystère qui commençait à l'embarrasser, entendit avec mécontentement la déclaration du noble Génois, car peu de personnes sont assez humaines pour préférer l'avantage d'un autre à leur propre succès.

— Une croix de turquoises de deux pouces de longueur, entremêlées de perles d'une faible valeur, continua le juge.

Sigismond fit entendre un gémissement et s'éloigna de la table.

— Malheureusement en voilà une qui répond trop bien à cette description, dit lentement et avec tristesse le signor Grimaldi.

— Qu'on la mesure, demanda le prisonnier.

L'expérience fut faite, et la mesure était exacte.

— Des bracelets de rubis montés en feuilles, au nombre de six, continua le méthodique châtelain dont l'œil brillait de triomphe.

— Ils ne sont pas là, s'écria Melchior de Willading, qui, comme tous ceux qui s'étaient trouvés sur la barque, prenait un vif intérêt au sort de Maso; il n'y a point ici de bijou de cette description.

— Poursuivez, herr châtelain, dit Peterchen, qui penchait du côté du triomphe de la justice.—Poursuivez, au nom de Dieu!

— Une broche en améthyste, la pierre de nos montagnes; elle est montée en feuilles d'une forme ovale et de la grandeur d'un huitième de pouce.

Elle était sur la table sans aucune contestation possible. Tous les autres articles, qui étaient principalement des bagues en pierres de peu de valeur, telles que du jaspe, du granit, des topazes, furent aussi reconnus et répondirent parfaitement à la description fournie par le joaillier qui les avait vendus à Jacques Colis la nuit de la fête, lorsque, en véritable Suisse, il les avait achetés pour en faire commerce, afin de diminuer les frais de son voyage.

— C'est un principe de la loi, homme infortuné, remarqua le châtelain en ôtant les lunettes qu'il avait mises afin de lire la note, que des effets appartenant à une personne assassinée accusent celui dans la possession duquel ils se trouvent, à moins qu'il ne puisse prouver clairement de quelle manière ils sont venus en sa possession.—Qu'as-tu à dire à ce sujet?

— Pas une syllabe, Signore; il faut que je vous renvoie tous à mon chien, qui peut seul vous fournir l'histoire de ces bagatelles. Il est clair que je suis peu connu dans le Valais; car Maso n'a jamais vendu des babioles aussi insignifiantes que celles-ci.

— Cette justification ne vaut rien, Maso; tu plaisantes dans une affaire de vie ou de mort. Veux-tu confesser ton crime avant que nous en venions aux extrémités?

— Il y a longtemps que je joue avec les lois, signor castellano, cela est vrai; mais je suis aussi innocent de la mort de cet homme que le noble baron de Willading: il est vrai encore que les autorités de Gênes me cherchent relativement à quelque affaire secrète de la république avec ses anciens ennemis les Savoyards, je l'avoue franchement; mais c'était une affaire d'argent, et non pas de sang. J'ai eu le malheur de tuer dans mon temps, mais c'était dans des combats réguliers, que la cause en fût juste ou non.

— Assez de preuves ont été accumulées contre toi pour justifier l'emploi de la torture, afin de savoir ce qui nous reste à apprendre.

— Je n'en vois pas la nécessité, remarqua le bailli. Voici la victime, voici son bien, et devant nous le criminel. C'est une affaire qui n'a besoin que des formes pour être envoyée à la hache du bourreau.

— De toutes les offenses contre Dieu et contre les hommes, reprit le Valaisan du ton de l'homme qui va prononcer une sentence, celle qui envoie une âme, sans être préparée et avec toutes ses fautes, comparaître en la terrible présence du juge tout-puissant, est la plus condamnable et la plus sévèrement punie par la loi. Tu es moins excusable qu'un autre, Tomaso Santo; car ton éducation a été supérieure à ta fortune, et tes vices étaient en opposition à ta raison et aux conseils que tu as reçus dans ton enfance. Il te reste donc peu d'espérance, puisque l'Etat que je sers veut que justice soit faite dans toute sa sévérité.

— Noblement parlé, herr châtelain, s'écria le bailli, et d'une manière qui doit enfoncer comme avec un poignard le repentir dans l'âme du criminel. Ce qu'on pense et ce qu'on dit dans le Valais, nous le pensons et nous le disons dans le pays de Vaud, et je ne voudrais pas qu'une personne que j'aime fût dans ta peau, Maso, pour toutes les richesses de l'Empereur.

— Signore, vous avez parlé tous les deux comme des hommes que la fortune a favorisés depuis leur enfance. Il est aisé pour ceux qui sont heureux de n'avoir rien à se reprocher en tout ce qui concerne les affaires d'argent, quoique, j'en atteste la vierge Marie, je croie que ce métal est plus convoité par ceux qui ont beaucoup que par le pauvre. Je ne suis point étranger à ce que les hommes appellent justice, et je sais comment je dois honorer et respecter ses décrets. La justice, Signori, est le fouet qui frappe le faible et l'épée qui défend le fort. C'est un bouclier pour l'un, et pour l'autre une arme dont il doit se défendre ; enfin, c'est un mot d'une grande importance dans le langage, et d'une application bien inégale en réalité.

— Nous pardonnons l'amertume de tes paroles en considération de ton malheur, quoiqu'elles aggravent tes fautes puisqu'elles prouvent que tu as péché contre toi-même et contre nous. Cette affaire est terminée. Le bourreau et les autres voyageurs sont acquittés ; qu'on mette cet Italien aux fers.

Maso écouta cet ordre sans s'émouvoir, quoiqu'il parût soutenir un violent combat intérieur ; il arpentait rapidement la chapelle en parlant entre ses dents : ses paroles n'étaient point intelligibles, quoiqu'elles fussent prononcées avec autant de force que de violence ; enfin il s'arrêta subitement comme venant de prendre un parti.

— Cette affaire devient sérieuse, dit-il, elle n'admet point d'hésitation. Signor Grimaldi, ordonnez à tous ceux dans la discrétion desquels vous n'avez pas une entière confiance de quitter la chapelle.

— Je ne me défie de personne, répondit le Génois surpris.

— Alors je vais parler.

CHAPITRE XXIX.

> Ta voix est comme le vent dans les bois solitaires.
> SHELLEY.

Malgré la gravité des faits qui étaient dirigés contre lui, Maso avait conservé pendant toute cette scène ce calme et ce discernement qui étaient le fruit d'une vie aventureuse et de dangers multipliés. On pouvait ajouter à toutes ces causes de sang-froid la force des nerfs que lui avait donnés la nature, et qui n'étaient pas facilement ébranlés, quelque critique que fût sa situation. Cependant il avait changé de couleur, et son maintien pensif annonçait qu'il croyait avoir besoin de toute sa présence d'esprit. Mais sa décision sembla prise lorsqu'il demanda à être entendu, et il attendait seulement que les importuns se retirassent avant de poursuivre son dessein. Lorsque la porte fut fermée et qu'il se trouva seul avec ses juges, Sigismond, Balthazar et le groupe des femmes, il s'adressa exclusivement au signor Grimaldi, comme si le jugement qui allait décider de son sort dépendait seulement de lui.

— Signore, dit-il, il y a eu entre nous de nombreuses allusions, et je suppose qu'il m'est inutile de dire que je vous connais.

— Je t'ai déjà reconnu pour un compatriote, répondit froidement le seigneur génois. Mais tu te tromperais si tu supposais que cette circonstance pût être favorable à un meurtrier. Si quelque considération pouvait m'induire à oublier les droits de la justice, ce serait plutôt le souvenir de tes services sur le lac Léman. De toute manière je crains de ne pouvoir rien faire pour toi.

Maso garda le silence, il regardait le seigneur génois en face, comme s'il eût voulu étudier son caractère, quoiqu'il conservât toujours l'apparence d'un profond respect.

— Signore, dit-il enfin, vous avez été favorisé par le sort dès votre enfance. Vous êtes l'héritier d'une puissante maison, dans laquelle il y avait plus d'or que d'infortune dans la cabane du pauvre, et vous n'avez pas appris par expérience combien il est difficile de réprimer ce goût des plaisirs qu'un vil métal procure, lorsque nous voyons les autres rouler sur l'or.

— Ce plan de défense ne peut te servir, infortuné Maso, ou aucune institution humaine ne pourrait plus exister. La différence dont tu parles est une simple conséquence des droits de la propriété. Les barbares eux-mêmes regardent comme un devoir sacré de respecter ce qui appartient aux autres.

— Un mot d'un homme tel que vous, illustre Signore, m'ouvrirait la route du Piémont, continua Maso sans s'émouvoir. Une fois au-delà des frontières, je prendrai soin de ne plus reparaître sur les rocs du Valais. Je demande seulement ce que je vous ai sauvé, Excellence, — la vie.

Le signor Grimaldi secoua la tête, quoiqu'il fût évident qu'il refusait son intercession avec répugnance. Il échangea un regard avec Melchior de Willading, et ceux qui remarquèrent cette conversation silencieuse comprirent qu'ils pensaient l'un et l'autre qu'un devoir envers Dieu était une obligation plus sacrée qu'un service qu'ils avaient reçu.

— Demande-moi de l'or, ou tout ce que tu voudras, mais ne me demande rien contre la justice. Je voudrais que tu m'eusses demandé vingt fois la valeur des misérables bagatelles qui t'ont porté au mal. Mais je ne puis partager ton crime en t'épargnant la punition qu'il mérite. Il est trop tard, je ne puis plus t'être utile.

— Tu entends la réponse de ce gentilhomme, reprit le châtelain, elle est sage et convenable, et tu te trompes fortement si tu crois qu'aucun de ceux qui sont présents ici pourrait interrompre le cours des lois. Fusses-tu noble toi-même, ou le fils d'un prince, la justice n'en serait pas moins exécutée dans le Valais.

Maso sourit d'un air sauvage, et l'expression de son regard brillait d'une telle ironie, que ses juges en éprouvèrent une espèce de malaise. Le signor Grimaldi remarqua avec dégoût cette audacieuse confiance, car son cœur avait été saisi d'une alarme secrète sur un sujet qui était rarement absent de ses pensées.

— Si vous avez encore quelque chose à nous apprendre, s'écria-t-il, au nom de la sainte vierge Marie, expliquez-vous!

— Signor Melchior, continua Maso en se tournant vers le baron, je vous ai rendu un grand service, ainsi qu'à votre fille, sur le lac.

— Oui, Maso, nous le reconnaissons tous, et si nous étions à Berne; — mais les lois sont faites pour les grands comme pour les petits, pour ceux qui ont des amis, comme pour ceux qui n'en ont pas.

— J'ai entendu parler de ta conduite sur le lac, dit le bailli, et à moins que la renommée ne mente, et on sait qu'elle exagère souvent, excepté lorsqu'elle parle du mérite de ceux qui sont en place, — tu t'es conduit dans cette affaire, Maso, comme un loyal et habile marin; mais l'honorable châtelain a sagement remarqué que la justice doit passer avant tout. La justice est représentée aveugle, afin qu'on sache qu'elle ne respecte personne, et tu serais un avoyer, que la condamnation aurait lieu. Réfléchis donc sensément sur tous ces faits, et tu verras l'impossibilité de prouver ton innocence. D'abord tu quittas le sentier, étant en avant de Jacques Colis, afin d'y rentrer dans un moment convenable, puis tu l'assassinas pour t'emparer de ses effets.

— Mais vous affirmez ce que d'autres ne font que supposer, signor bailli, interrompit *Il Maledetto*. Je quittai le sentier pour attacher la ceinture de cuir à Neptune loin des regards curieux; quant au vol dont vous parlez, le possesseur du collier que vous avez vu voudrait-il perdre son âme pour les misérables bijoux de Jacques Colis?

Maso parlait avec un mépris qui ne servit pas sa cause, car il convainquit ses auditeurs qu'il pesait la moralité ou l'immoralité de ses actes simplement par leurs résultats.

— Il est temps de terminer cette affaire, dit le signor Grimaldi, qui réfléchissait d'un air mélancolique, tandis que les autres parlaient. Tu as quelque chose à m'apprendre, Maso; mais si tu n'as à réclamer que les droits d'un compatriote, je suis fâché de te dire qu'il est inutile de le faire.

— Signore, la voix d'un doge de Gènes ne s'élève pas souvent en vain lorsqu'il l'élève en faveur d'un malheureux!

A cette annonce subite du rang de Gaëtano Grimaldi, les moines et le châtelain tressaillirent de surprise, et les auditeurs se parlèrent à voix basse pendant un instant dans la chapelle. Le sourire du bailli et le calme du baron de Willading prouvèrent qu'eux au moins connaissaient la vérité. Le bailli murmura quelques mots à l'oreille du prieur, et depuis ce moment ses manières envers le seigneur génois prirent un caractère de respect encore plus prononcé. Le signor Grimaldi conserva le sang-froid d'un homme habitué à la déférence, mais son maintien perdit ce léger degré de contrainte qu'il s'était imposée en cachant son titre.

— La voix du doge de Gênes ne peut s'élever qu'en faveur de l'innocent, dit-il en arrêtant son regard sévère sur le visage de l'accusé.

Il *Maledetto* sembla de nouveau retenir avec effort quelque secret prêt à lui échapper.

— Parle, continua le prince de Gênes, car c'était en effet ce puissant personnage qui voyageait incognito, dans l'espérance de rencontrer son ancien ami aux fêtes de Vevey; parle Maso, si tu as quelque chose à dire en ta faveur. Le temps presse, et il est pénible pour nous de voir en danger un homme qui nous a rendu service, sans pouvoir le tirer de ce mauvais pas.

— Signor Doge, vous êtes sourd à la pitié, le serez-vous à la nature?

Le visage du doge devint livide, ses lèvres tremblèrent comme si elles eussent été agitées de convulsions.

— Dévoile ce mystère, homme de sang, dit-il avec énergie. Que veux-tu m'apprendre?

— Je supplie Votre Excellence d'être calme. La nécessité me force à parler; car, vous le voyez, je me trouve placé entre cette révélation et le bourreau. Je suis Bartholo Contini!

Le gémissement qui sortit de la poitrine du doge, l'horreur avec laquelle il se renversa sur son siége, la pâleur qui couvrit ses traits altérés par l'âge, et qui répandit sur son visage une teinte plus livide encore que celle de la malheureuse victime d'un assassinat, attirèrent autour de son siége tous les assistants surpris et alarmés. Faisant signe qu'on s'éloignât, le prince regarda fixement Maso, et ses yeux semblaient sortir de leur orbite.

— Toi Bartolomeo! dit-il d'une voix glacée par l'horreur.

— Oui, Signore, je suis Bartolo; celui qui joue différents rôles a besoin de plusieurs noms. Votre Grandeur voyage quelquefois elle-même enveloppée d'un nuage.

Le doge ne cessait d'arrêter ses regards fixes sur Maso, comme sur un être surnaturel.

— Melchior, dit-il lentement, Melchior, nous sommes de faibles et misérables créatures devant celui qui regarde les plus fiers et les plus heureux d'entre nous comme nous regardons les vers qui fourmillent sur la terre! Qu'est-ce que c'est que l'espérance, que l'honneur, que nos plus chères affections dans la multitude d'événements que le temps tire de son sein ! Sommes-nous orgueilleux, la fortune se venge de nous par ses mépris. Sommes-nous heureux, ce n'est que le calme qui précède l'orage. Sommes-nous grands, cela nous conduit à des abus qui justifient notre chute. Sommes-nous honorés, des taches viennent ternir notre renommée en dépit de nos soins !

— Celui qui met sa confiance dans le fils de Marie ne doit jamais se désespérer ! murmura le digne quêteur, touché jusqu'aux larmes du malheur subit d'un homme respectable ; que la fortune du monde passe ou change, son amour survivra à tous les temps !

Le signor Grimaldi, car tel était en effet le nom de famille du doge, tourna un instant ses regards sur le moine, mais il les reporta promptement sur Maso et Sigismond, car ce dernier, touché de son état, s'était approché de lui, et se livra de nouveau à la tristesse de ses pensées.

— Oui, dit-il, il existe un être tout-puissant, un être grand et bienfaisant, qui égalise ici-bas nos fortunes, et lorsque nous passerons dans un autre monde, chargés des fautes de celui-ci, on nous rendra justice selon nos œuvres. Dis-moi, Melchior, toi qui me connus dans ma première jeunesse, qui lus dans mon cœur lorsque je n'avais rien de caché, méritais-je un semblable châtiment ? Voici Balthazar issu d'une race de bourreaux, un homme que le monde exile de son sein, que les préjugés accablent de haine, qu'on montre au doigt ; Balthazar est le père de ce brave jeune homme, dont les formes sont si parfaites, dont l'esprit est si noble, dont la vie est si pure ; tandis que moi, le dernier d'une race dont l'origine se perd dans l'obscurité des temps, le plus riche de mon pays, l'élu de mes pairs, je me trouve avoir un proscrit, un brigand, un assassin pour rejeton de ma maison prête à s'éteindre. — *Il Maledetto* est mon fils.

Un mouvement de surprise se manifesta dans l'assemblée : le baron de Willading lui-même n'avait pas soupçonné la cause réelle du désespoir de son ami. Maso seul ne fut point ému, car tandis que le vieux père trahissait sa douleur, le fils ne laissait voir aucune de ces sympathies dont, malgré sa vie coupable, la nature aurait pu placer un reste dans son cœur. Il était froid, observait tout, maître de ses plus simples actions.

— Je ne puis pas le croire, s'écria le doge, dont l'âme se révolta de cette insensibilité, plus encore que de la honte d'être le père d'un tel fils. Tu n'es pas ce que tu prétends être ; tu mens, tu te joues de la nature, afin que je puisse me placer entre toi et l'échafaud ! Prouve la vérité de ce que tu avances, ou je t'abandonne à ton sort.

— Signore, j'aurais voulu vous sauver cette malheureuse explication, mais vous vous y êtes opposé. Je suis Bartolo : ce seing, votre propre don, envoyé pour être ma sauve-garde dans une position semblable à celle-ci, vous le prouvera assez. Il m'est encore plus facile de vous en convaincre, par le témoignage de cent personnes qui sont maintenant à Gênes.

Le signor Grimaldi étendit sa main tremblante pour recevoir la bague, joyau de peu de valeur, puis un seing qu'il avait en effet envoyé à son fils pour faciliter une reconnaissance entre eux, si jamais il était frappé d'une calamité subite. Il gémit en reconnaissant ces emblèmes, car leur identité n'était que trop certaine.

— Maso, Bartolo, Gaëtano, car tels sont tes noms, misérable jeune homme, tu ne peux savoir quel affreux désespoir un mauvais fils cause au cœur de son père, sans quoi ta conduite aurait été différente. Oh ! Gaëtano ! Gaëtano ! Qu'êtes-vous pour les espérances d'un père, qu'êtes-vous pour son amour ! La dernière fois que je te vis, tu souriais comme un ange dans les bras de ta nourrice, et je te retrouve avec une âme corrompue, un visage marqué par le sceau du vice, les mains teintes de sang, vieux avant l'âge, et ayant déjà dans toute ta personne ce quelque chose d'infernal qui n'appartient qu'aux damnés !

— Signore, vous me retrouvez comme les chances d'une vie aventureuse m'ont fait. Le monde et moi, nous ne sommes pas bien ensemble depuis plusieurs années, et je me venge en me moquant de ses lois, de ses torts envers moi, répondit avec chaleur *Il Maledetto* ; car il commençait à s'animer. Vous êtes dur envers moi, Doge, — mon père, car je ne sais comment vous nommer ; et je ne serais pas digne de mon lignage si je ne répondais à ces accusations de la même manière qu'elles m'ont été adressées. Comparez votre carrière à la mienne, et qu'on proclame au son de la trompette, si vous le voulez, quel est celui qui a le plus de droit d'être fier. Vous fûtes élevé au milieu des honneurs, vous avez consacré votre jeunesse à la carrière des armes, parce que c'était votre goût ; et lorsque, fatigué du bruit des camps, vous voulûtes des plaisirs plus paisibles, vous cherchâtes autour de vous une jeune fille pour devenir la mère de vos héritiers ; vous choisîtes une personne jeune, belle et noble, mais dont les affections et la foi avaient été jurées à un autre.

Le doge frémit en se voilant les yeux; mais il interrompit vivement Maso :

— Son parent était indigne de son amour! s'écria-t-il : c'était un proscrit; il valait à peine mieux que toi, infortuné jeune homme!

— N'importe, Signore : Dieu ne vous avait pas fait l'arbitre de son sort. En séduisant sa famille par vos grandes richesses, vous brisâtes deux cœurs et vous détruisîtes les espérances de vos semblables! En elle, on sacrifia un ange doux et pur comme cette fille charmante qui m'écoute en respirant à peine; en lui, un esprit fier, indomptable, qu'on devait ménager d'autant plus, qu'il pouvait se porter vers le mal ou vers le bien. Avant que votre fils fût né, ce malheureux rival, pauvre en espérance comme en richesse, s'était livré au désespoir; et la mère de votre enfant était en proie aux regrets les plus amers...

— Elle fut trompée, Gaëtano; elle ne connut jamais les fautes de son cousin : sans cela, une âme comme la sienne eût rougi de son amour!

— Signore, n'importe encore, continua *Il Maledetto* avec une persévérance et une froideur de manières qui méritaient le titre qu'on lui avait donné, et cette expression infernale que lui avait reprochée le seigneur génois. Elle l'aimait avec la tendresse, la confiance et l'ingénuité d'une femme : elle attribua ses fautes au désespoir de l'avoir perdue.

— Oh! Melchior! Melchior! cela n'est que trop vrai! murmura le doge.

— Cela est si vrai, Signore, qu'il faudrait l'écrire sur la tombe de ma mère! Nous sommes les enfants d'un climat de feu : dans notre Italie, les passions sont brûlantes comme le soleil qui l'éclaire. Lorsque le désespoir fit de votre rival un proscrit, la vengeance suivit de près : votre enfant vous fut volé, élevé loin de vos yeux et jeté dans une vie d'amertume, exposé aux mépris, sinon aux malédictions de ses semblables. Tout cela, signor Grimaldi, est le fruit de vos erreurs. Si vous aviez respecté les affections d'une fille innocente, nous ne nous trouverions point l'un et l'autre dans une aussi cruelle position.

— Faut-il en croire cet homme, Gaëtano? demanda le baron, qui avait souvent éprouvé le désir de châtier l'insolence de l'orateur.

— Je ne puis le nier. Je n'avais jamais jusqu'ici entrevu ma conduite sous un jour aussi criminel et aussi vrai.

Il Maledetto se mit à rire, et cette gaieté intempestive ressemblait à la moquerie d'un démon.

— Voilà comme les hommes s'endurcissent dans leur faute, ajouta-t-il, et réclament cependant le mérite de l'innocence ! Que les grands de la terre mettent à prévenir une faute le même soin qu'ils mettent à la punir, et les offenses contre ce qu'ils appellent la justice ne seront plus pour eux un moyen de vivre aux dépens du pauvre. Quant à moi, je suis une preuve de ce qu'un sang noble et d'illustres ancêtres peuvent produire : enfant dérobé à mes parents, la nature avait beau jeu avec mon tempérament, qui, j'en conviens, est plus disposé aux courses aventureuses et aux dangers qu'aux plaisirs des palais. Mon noble père, si cet homme indomptable était façonné sous la forme d'un sénateur ou d'un doge, Gênes n'en irait pas mieux peut-être !

— Malheureux jeune homme ! s'écria le prieur indigné, est-ce là le langage dont un fils doit se servir envers son père ? Oublies-tu que tu as sur la conscience le sang de Jacques Colis ?

— Digne prieur, la candeur avec laquelle je conviens de mes fautes devrait inspirer de la confiance. Par la sainteté de votre révérend patron d'Aoste et le fondateur de votre ordre, je suis innocent de ce crime ! Questionnez Neptune, si vous voulez ; arrangez cette affaire comme il vous plaira, réunissez contre moi toutes les apparences, et je n'en jurerai pas moins que je suis innocent. Si vous pensez que la crainte du châtiment m'engage à faire un mensonge et à prendre les saints à faux témoignage, vous faites injure à mon courage et à ma piété (en prononçant ces paroles, Maso fit le signe de la croix) ; et d'ailleurs, le fils unique du doge régnant de Gênes craint peu la hache du bourreau !

Maso se mit à rire de nouveau. C'était avec la confiance d'un homme qui connaît le monde, et qui était trop audacieux pour garder même les apparences, à moins que cela ne convînt à son humeur. Un homme de sa trempe n'en était pas à apprendre que le bandeau placé sur les yeux de la justice signifie moins son impartialité que son habitude de fermer les yeux sur les fautes des privilégiés. Le châtelain, le prieur, le bailli, le frère Xavier, le baron de Willading, se regardaient les uns les autres d'un air surpris : l'agonie mentale du doge formait un contraste si pénible avec l'insensibilité cruelle de son fils, que ce tableau glaçait leur sang. Chacun d'eux pensait intérieurement qu'on serait forcé de mettre cet enfant dénaturé en liberté; car jusqu'alors on n'avait jamais conduit le fils d'un prince à l'échafaud, à moins que ce ne fût pour un crime politique. Beaucoup de belles maximes ont été débitées sur la nécessité d'une impartialité rigide dans l'administration des affaires de la vie, mais personne n'est arrivé jusqu'à l'âge mûr sans reconnaître qu'en toute chose la pratique diffère de la théorie; et sans prévoir l'impunité de Maso, on attaquerait avec trop de violence un édifice déjà tremblant, si l'on savait que le fils d'un prince ne vaut pas mieux que celui d'un vilain.

L'embarras et le doute furent heureusement fixés, et d'une manière inattendue, par l'entremise de Balthazar. Jusqu'à ce moment, le bourreau avait écouté en silence tout ce qui s'était passé; mais alors il s'avança dans le cercle, et, regardant l'auditoire avec son calme habituel, il parla avec l'assurance que la certitude d'avoir quelque chose d'important à communiquer donne au plus humble en la présence de ceux qu'il est habitué à respecter.

— Ce que vient de raconter Maso, dit-il, soulève un nuage qui depuis près de trente ans était devant mes yeux. Est-il vrai, illustre doge, car il paraît que tel est votre titre, qu'un fils de votre noble maison ait été enlevé à vos affections par la vengeance d'un rival?

— Hélas, cela n'est que trop vrai! Ah! pourquoi le ciel ne l'a-t-il pas rappelé à lui en même temps que sa mère; il lui eût épargné bien des crimes!

— Pardonnez-moi, grand prince, si je vous presse de questions dans un moment aussi pénible, mais c'est dans votre intérêt. Souffrez que je vous demande dans quelle année ce malheur est arrivé à votre famille?

Le signor Grimaldi fit signe à son ami de se charger de répondre, tandis qu'il cachait son vénérable visage afin de dérober sa douleur aux regards curieux. Melchior de Willading regarda le bourreau d'un air surpris, et pendant un instant il eut l'air disposé à repousser une question qui lui était importune; mais le regard suppliant de Balthazar et son maintien décent triomphèrent de sa répugnance à continuer ce sujet.

— L'enfant fut enlevé dans l'automne de l'année 1693, répondit-il, ses conversations antérieures avec son ami l'ayant instruit des faits principaux de cette histoire.

— Quel était son âge?

— Environ un an.

— Pouvez-vous m'apprendre ce que devint le misérable gentilhomme qui commit ce rapt?

— Le sort du signor Pantaleone Cerani n'a jamais été parfaitement connu, quoiqu'on ait entendu dire qu'il avait été tué dans une querelle en Suisse. Mais il est mort, il n'y a pas moyen d'en douter.

— Et sa personne, noble baron? j'ai besoin que vous décriviez sa personne pour jeter du jour sur un événement qui a longtemps été dans les ténèbres.

— J'ai connu le misérable Pantaleone dans sa première jeunesse. Au temps dont nous parlons, il pouvait avoir trente ans. Sa taille était bien prise et d'une moyenne hauteur; ses traits portaient le caractère italien : il avait les yeux noirs, la peau brune, et les cheveux épais. Une particularité qui aurait suffi pour le faire reconnaître, c'est qu'il avait perdu un doigt dans une des affaires de Lombardie.

— C'est assez, reprit l'attentif Balthazar; consolez-vous, prince de Gênes, et que votre cœur passe de l'affliction à la joie. Dieu prend pitié de vos longues peines, et au lieu de vous avoir donné ce contrebandier pour fils, il vous en a accordé un qui honorerait un trône : Sigismond est votre fils !

Un cri d'alarme s'échappa du sein de Marguerite, qui s'avança au milieu de la chapelle, tremblante et inquiète comme si on était sur le point de lui ravir un trésor.

— Qu'entends-je? s'écria Marguerite dont la sensibilité fut la première à prendre l'alarme ; mes soupçons sont-ils fondés, Balthazar? Suis-je en effet privée d'un fils? Je sais que tu ne voudrais pas jouer avec les sentiments d'une mère, ni tromper ce malheureux seigneur. Parle de nouveau, que je puisse savoir la vérité. — Sigismond...

— N'est point notre enfant, répondit le bourreau avec une expression de vérité capable de convaincre. — Notre fils mourut dans son enfance, et pour épargner ta sensibilité, ce jeune homme lui fut substitué.

Marguerite s'approcha de Sigismond et le regarda fixement : ses traits étaient animés, le chagrin d'être arrachée à une famille qu'il avait toujours regardée comme la sienne, se mêlait d'une manière effrayante au délire que lui causait le soulagement subit d'un poids qu'il avait trouvé si difficile à porter.

Marguerite ne comprit que trop bien cette dernière expression; elle pencha la tête sur son sein, et se retira en silence pour pleurer parmi ses compagnes.

Pendant ce temps, une surprise tumultueuse avait pris possession des différents auditeurs; elle était modifiée et exprimée suivant leurs caractères respectifs et l'intérêt qu'ils prenaient à la vérité ou au mensonge qui venait d'être annoncé. Le doge s'attachait à cette espérance, toute improbable qu'elle semblât, avec une ténacité proportionnée à l'agonie qu'il venait d'éprouver. Les regards de Sigismond se portaient de l'homme bienveillant, mais dégradé, qu'il avait jusqu'alors cru son père, sur les traits vénérables et imposants de celui qu'on lui présentait aussi sous ce caractère sacré. Les sanglots de Marguerite frappèrent son oreille et le rappelèrent à lui-même; ceux de Christine s'y mêlèrent bientôt, comme si la mort lui eût enlevé un frère et un fils. Il distinguait aussi l'émotion d'une autre femme qui avait encore des droits plus chers sur son cœur.

— Cela est si surprenant, dit le doge, tremblant que de nouvelles paroles ne vinssent détruire cette heureuse illusion; cela est si improbable, que, quoique mon âme s'attache à cette croyance, ma raison s'y refuse malgré moi. Ce n'est point assez que de faire une semblable révélation, Balthazar, il faut la prouver : fournis-moi la moitié des preuves qui sont nécessaires pour établir un fait légal, et je te rendrai l'homme le plus riche de ton état. — Et toi, Sigismond, viens sur mon cœur, ajouta-t-il en ouvrant les bras; que je te bénisse tandis que j'espère encore; que je sente battre le cœur d'un fils; que je goûte un instant la joie d'un père!

Sigismond s'agenouilla devant le vénérable prince, qui appuya sa tête sur son épaule, et leurs larmes se mêlèrent; mais dans ce moment d'extase, ils étaient tourmentés l'un et l'autre par un sentiment de crainte, comme si ce bonheur était trop grand pour pouvoir durer. Maso regardait cette scène avec un froid mécontentement; son visage exprimait une sorte de doute, quoique le pouvoir de la nature fût assez fort pour tirer des larmes des yeux de tous les autres assistants.

— Que Dieu te bénisse, mon enfant, mon fils bien-aimé, murmura le doge, se confiant dans la révélation de Balthazar, et embrassant le visage de Sigismond avec la tendresse que l'on aurait pour un enfant au berceau; que le Dieu du ciel et de la terre, son fils, et la sainte vierge Marie, te bénissent dans ce monde et dans l'éternité, quelle que soit ta naissance! Je te dois un instant de bonheur comme je n'en avais jamais goûté; c'est moins de retrouver un enfant qui me cause cette joie indicible, que de croire que c'est toi qui es mon fils.

Sigismond baisa avec ardeur la main que le vieillard venait de poser sur sa tête; puis sentant la nécessité d'avoir quelque preuve qui légitimât des émotions si douces, il se leva, et supplia avec chaleur celui qui depuis si longtemps passait pour son père, de s'expliquer plus clairement, et de justifier par des preuves ses nouvelles espérances; car bien que cette révélation eût été faite d'un ton si solennel, et qu'il connût le respect profond que Balthazar avait pour la vérité, respect qu'il avait inculqué à tous ceux qui lui appartenaient, ce changement lui semblait trop grand pour qu'il pût résister aux doutes qui naissaient en foule dans son esprit.

CHAPITRE XXX.

> Nous dormons..., un rêve a le pouvoir d'empoisonner notre sommeil. Nous nous éveillons, une pensée pénible attriste la journée. Nous sentons, nous raisonnons, nous pleurons, nous rions, nous nous attachons à notre malheur, et nous secouons loin de nous nos regrets.
> SHELLEY.

La narration de Balthazar fut simple, mais éloquente. Son union avec Marguerite, en dépit de l'injustice du monde, avait été bénie par l'être miséricordieux qui mesure le vent à la toison de l'agneau.

— Nous savions que nous étions tout l'un pour l'autre, ajouta-t-il après avoir fait allusion à leur naissance et à leur amour, et nous sentions la nécessité de vivre pour nous-mêmes. Vous qui êtes nés dans les honneurs, qui ne voyez autour de vous que des sourires et du respect, vous connaissez peu les liens qui unissent les infortunés. Lorsque Dieu nous envoya notre premier né, tandis qu'il souriait sur nos genoux avec une innocence qui fait presque ressembler l'homme aux anges, Marguerite répandait des larmes amères à la pensée qu'une aussi charmante créature était destinée par les lois à répandre le sang de ses semblables, et qu'il était à jamais banni de la société. Nous avons fait des offres considérables au canton pour être délivrés de cette charge : — vous devez vous rappeler, herr Melchior, avec quelle ardeur nous avons prié le conseil de nous permettre de rejeter loin de nous cette fonction maudite; — mais on ne le voulut pas. On nous dit que cet usage était ancien, que les innovations étaient dangereuses, et qu'il fallait se soumettre à la volonté de Dieu. Nous ne pouvions supporter la pensée que notre malheur s'étendît jusque sur nos descendants. Seigneur doge, ajouta Balthazar en levant la tête avec une noble fierté, que ceux qui possèdent des honneurs soient fiers de leurs priviléges, mais lorsqu'on ne peut laisser qu'un héritage de mépris, mais lorsque les regards de nos semblables se fixent sur nous avec horreur, le cœur se révolte. Tels furent nos sentiments lorsque nos yeux contemplèrent pour la première fois notre premier né. Le désir de lui faire éviter notre honte l'emporta, et nous en cherchâmes les moyens.

— Ah! interrompit Marguerite avec tristesse, je me séparai de mon fils, et je maîtrisai ce chagrin, fiers seigneurs, afin qu'il ne devînt pas l'instrument de vos lois injustes; je me privai du bonheur que goûte une mère à nourrir ses enfants, afin que le pauvre petit innocent pût vivre parmi ses semblables, comme Dieu l'avait créé, leur égal, et non pas leur victime.

Balthazar s'arrêta comme il avait coutume de le faire, lorsque sa femme manifestait avec énergie les mouvements de son âme forte; elle cessa de parler, et il reprit :

— Nous ne manquions pas de fortune; tout ce que nous demandions, c'était d'être délivrés du mépris. Avec de l'argent, et dans un autre canton, il nous fut facile de trouver à placer notre petit Sigismond : une mort supposée fit le reste. Cette supercherie ne fut point découverte, car qui s'inquiète du chagrin ou de la joie d'un bourreau ! — L'enfant avait atteint le terme de sa première année, lorsque je fus chargé de l'exécution d'un étranger. Le criminel avait commis un assassinat pendant une querelle, dans une des villes du canton; on supposait que cet homme avait oublié ce qu'il devait à son rang, et qu'il était d'une condition élevée. Je partis avec douleur, car jamais je ne frappai sans demander à Dieu que ce fût le dernier coup; mais ma douleur fut bien plus grande encore, lorsque j'atteignis la ville où le coupable attendait son sort. J'appris la mort de mon pauvre fils en mettant le pied sur le seuil de la prison, et je m'en retournai pleurer sur mon propre malheur avant de voir ma victime. Le condamné se désespérait de mourir; il m'avait envoyé chercher longtemps avant le moment fatal, pour faire connaissance, disait-il, avec la main qui devait l'envoyer devant son souverain juge.

Balthazar s'arrêta : il paraissait méditer sur une scène qui avait probablement laissé dans son esprit un souvenir ineffaçable. Il frémit involontairement et leva les yeux qu'il tenait fixés sur la terre, puis il continua son récit avec l'air calme et paisible qui lui était habituel.

— J'ai été l'instrument involontaire de plus d'une mort violente; j'ai vu les plus grands pécheurs dans l'agonie d'un repentir subit, mais je n'ai jamais été témoin d'un combat aussi terrible entre la terre et le ciel, le monde et le tombeau, que celui que soutint ce malheureux à ses dernières heures. Il y avait des moments, il est vrai, où la douceur de l'Évangile pénétrait dans son esprit; mais en général ses passions étaient si violentes, que les puissances de l'enfer seules pouvaient leur donner naissance dans un cœur humain. Il avait près de lui un enfant qui venait d'être sevré; cette innocente créature paraissait élever de nouveaux remords dans son âme; il le surveillait avec les soins d'un père, et cependant détestait sa vue, mais la haine paraissait prévaloir.

— C'est horrible! murmura le doge.

— C'était plus horrible encore de la part d'un homme qui était condamné à mort. Il rejetait l'assistance des prêtres; j'essayai de le consoler, moi qui n'inspirais jamais d'intérêt; mais il eût été cruel d'abandonner un homme sur le point de mourir. Enfin, il me remit l'enfant avec une somme assez considérable pour l'élever jusqu'à l'âge mûr, et me laissa d'autres objets précieux, que j'ai gardés comme des preuves qui pourraient quelque jour m'être utiles. Tout ce que je pus apprendre de l'origine de l'enfant fut simplement ceci : Il était né en Italie, et de parents italiens; sa mère mourut peu de temps après sa naissance; son père vivait encore, et était l'objet de la haine implacable du condamné, comme sa mère l'avait été de son ardent amour; sa naissance était noble, et il avait été baptisé dans le sein de l'Église, sous le nom de Gaëtano.

— Ce doit être lui, c'est lui! c'est mon fils bien-aimé!'s'écria le doge, incapable de se contenir davantage. Il étendit les bras, et Sigismond se précipita sur son sein, bien qu'ils craignissent encore que tout ce qu'ils entendaient ne fût un rêve. — Continue, continue, ajouta le signor Grimaldi en s'essuyant les yeux, et faisant tous ses efforts pour paraître calme; — je n'aurai point de repos que tu n'aies révélé toute cette bienheureuse histoire.

— Il me reste peu de choses à vous apprendre, signor doge; l'heure fatale arriva, et le criminel fut transporté sur la place où il devait perdre la vie. Lorsqu'il fut sur le siège dans lequel il devait recevoir le coup fatal, son âme souffrit des tourments infernaux. J'ai raison de croire qu'il y eut des moments où il eût voulu faire sa paix avec Dieu; mais le démon l'emporta, et il mourut impénitent. Depuis le moment où il remit le petit Gaëtano à mes soins, je le suppliai de me confier le secret de la naissance de l'enfant; mais la seule réponse que je reçus fut de faire usage de l'or pour mes propres besoins et d'adopter l'enfant. La hache était dans ma main, le signal était donné lorsque, pour la dernière fois, je lui demandai le nom de la famille de l'enfant et celui de sa ville natale. — Il est à toi, il est à toi, me répondit-il. Balthazar, ajouta-t-il, on m'a dit que ta charge était héréditaire? — Je fus obligé de dire la vérité. — Alors adopte cet enfant, et qu'il s'engraisse du sang de ses semblables. — Il était inutile de lui en demander davantage; et lorsque sa tête tomba, ses traits conservaient l'impression de l'infâme triomphe qu'il croyait avoir remporté!

— Ce monstre fut justement sacrifié par les lois du canton, s'écria le bailli. Vous voyez, herr Melchior, que nous faisons bien d'armer la main de l'exécuteur en dépit de la sensibilité des faibles. Un tel misérable était indigne de vivre.

On fit peu d'attention à cette interruption de Peterchen, qui ne négligeait aucune occasion de mettre sous un jour favorable l'ordre de choses existant, comme la plupart de ceux qui préfèrent leur propre avantage à la chance des innovations. Tous ceux qui étaient présents étaient trop absorbés dans le récit de Balthazar pour en détourner leur esprit.

— Que devint l'enfant? demanda le digne frère Xavier, qui avait pris le plus grand intérêt à cette narration.

— Je ne pouvais pas l'abandonner, mon père, et je ne le désirais pas non plus. Il m'arriva dans un moment où Dieu, pour nous punir de nos murmures sur l'état qu'il nous a choisi, avait repris notre propre enfant, que je remplaçai par celui qui venait de m'être confié; je lui donnai le nom de mon fils, et je puis dire avec sincérité que je transportai sur lui l'amour que je portais à mon enfant; le temps, l'habitude, et peut-être la connaissance du caractère de Sigismond, produisirent une partie de cette affection. Marguerite ne connut jamais cette supercherie, quoique l'instinct maternel élevât souvent des soupçons dans son cœur; nous n'avons jamais parlé franchement sur ce sujet, et, comme vous, elle entend aujourd'hui la vérité pour la première fois de sa vie.

— Ce fut un terrible mystère entre Dieu et mon cœur, murmura Marguerite. Sigismond méritait mes affections, et j'essayais d'être satisfaite. Ce jeune homme m'est cher, et me le sera toujours, quand vous le placeriez sur un trône! Mais Christine, la pauvre Christine, est réellement l'enfant de mon cœur!

Sigismond alla s'agenouiller devant celle que jusqu'alors il avait crue sa mère, et lui demanda sa bénédiction, ainsi que la continuation de son amour. Les larmes s'échappèrent des yeux de Marguerite; elle le bénit, et lui promit de l'aimer toujours.

— Quelques bijoux ou quelques vêtements vous furent-ils remis avec l'enfant? Où pourrait-on les trouver? demanda le doge, dont l'esprit était trop profondément occupé du soin d'apaiser ses doutes pour pouvoir écouter autre chose.

— Oui; j'ai des preuves dans ce couvent même. L'or fut employé à son équipement comme soldat. Cet enfant reçut son éducation d'un savant prêtre jusqu'à ce qu'il fût en âge d'entrer au service; puis il porta les armes en Italie. Je savais que c'était le pays de sa naissance, quoique j'ignorasse à quel prince il devait la vie. Le temps était venu où je pensais qu'il était de mon devoir d'instruire le jeune homme de son origine; mais je redoutais le chagrin qu'éprouverait Marguerite, celui que j'éprouverais moi-même, et je pensais aussi que Sigismond préférerait nous appartenir, tout humbles et tout méprisés que nous étions, que de se trouver sans nom, sans pays, sans famille. Cependant il était nécessaire de parler, et j'avais formé le projet de lui révéler ici la vérité en présence de Christine. Pour cette raison, et pour faciliter à Sigismond les moyens d'être reconnu de sa famille, j'avais placé secrètement parmi les bagages les effets qui m'ont été donnés par le criminel. Ils sont maintenant dans le couvent.

Le vénérable prince fut saisi d'une violente agitation; il éprouvait en même temps la crainte que ses plus chères espérances ne fussent anéanties, et le plus grand désir de consulter ces témoins muets, mais sincères.

— Qu'on me les montre! qu'on me les montre, et que je les examine! dit-il vivement, et d'une voix étouffée, à tous ceux qui l'entouraient. Puis, s'adressant à l'immuable Maso, il lui demanda : — Et toi, homme de sang et de mensonge, qu'as-tu à répondre à la vérité?

Il Maledetto sourit, comme s'il était supérieur à la faiblesse qui avait aveuglé tous les assistants. Son expression était remplie de ce calme que donne la certitude opposée au doute.

— J'ai à vous dire, signor et honoré père, répondit-il froidement, que Balthazar a fort bien arrangé une fort ingénieuse histoire. Doge de Gênes, je suis Bartolo Contini.

— Il dit la vérité, répondit le prince en courbant la tête. Oh! Melchior, je n'ai eu que trop de preuves de ce que j'avance! Je suis certain depuis longtemps que ce misérable Bartolo est mon fils, quoique jamais jusqu'ici je n'eusse été affligé de sa présence; et je le trouve encore plus coupable que mes craintes ne me l'avaient dépeint!

— N'est-ce pas quelque mensonge? N'avez-vous pas été dupe de quelque conspiration qui avait l'argent pour but?

Le doge secoua la tête, comme pour assurer qu'il ne pouvait pas se flatter de cette espérance.

— Non, toutes mes offres d'argent ont été refusées.

— Pourquoi prendrais-je l'or de mon père? ajouta *Il Maledetto*; mon courage et mon adresse sont plus que suffisants pour mes besoins.

La nature de cette réponse et le maintien assuré de Maso produisirent un moment de silence embarrassant.

— Qu'ils s'avancent tous deux, et qu'ils soient confrontés, dit le frère quêteur : la nature révèle souvent la vérité lorsque la science des hommes est en défaut; nous trouverons peut-être dans les traits du fils véritable quelque ressemblance avec ceux de son père.

Cet expédient, quoique douteux, fut adopté avec ardeur, tant le mystère excite d'intérêt parmi les hommes. Le désir de percer ces ténèbres était général, et les plus faibles moyens de parvenir à ce but acquéraient une importance proportionnée à la difficulté.

Sigismond et Maso furent placés sous la lampe, et tous les regards se tournèrent vers eux, afin de découvrir ou de s'imaginer découvrir quelques uns des signes mystérieux de la nature. Jamais examen ne fut plus minutieux. Tous les deux offraient des preuves convaincantes de ce qu'ils annonçaient, par la forme et l'expression de leurs traits. Le teint olivâtre, l'œil noir et brillant, la taille de Maso avaient l'avantage ; son profil et l'expression pénétrante de son regard offraient aussi avec le doge une ressemblance plus frappante qu'on n'aurait pu le désirer.

Les habitudes du marin avaient probablement détruit une partie de cette ressemblance, mais elle était encore trop parfaite pour échapper à l'observation. Son teint hâlé, ses traits altérés par une existence vouée aux fatigues de tout genre, qui empêchaient de prononcer sur son âge à dix ans près, contribuaient un peu à cacher ce qu'on pourrait appeler le caractère primitif de sa physionomie ; mais ses traits eux-mêmes étaient sans contredit une copie grossière de ceux du prince.

L'avantage d'une jeunesse vigoureuse rendait cette ressemblance moins parfaite à l'égard de Sigismond ; c'était comme un de ces portraits de vieillard peints dans leur jeunesse et dans des jours heureux. Les nobles traits du jeune homme étaient bien ceux du vénérable prince, mais ni les yeux, ni le teint, ni les cheveux, n'étaient ceux de l'Italie.

— Vous le voyez, dit Maso avec ironie lorsque le frère quêteur résumait ces différentes particularités, c'est une imposture manifeste. Je vous jure, par tout ce qu'il y a de plus sacré pour l'homme et le chrétien mourant, qu'autant qu'on peut connaître son père, je suis le fils de Gaëtano Grimaldi, le présent doge de Gênes. Que les saints m'abandonnent, que la mère de Dieu soit sourde à mes prières ! que tous les hommes me poursuivent de leurs malédictions, si je ne dis pas la sainte vérité !

L'effrayante énergie avec laquelle Maso prononça ces paroles solennelles, la sincérité de ses manières, et peut-être pourrions-nous ajouter en dépit de ses principes, son caractère, servirent grandement à affaiblir l'opinion qui s'était élevée en faveur de son adversaire.

— Et ce noble jeune homme, demanda le doge avec effroi; lui dont l'esprit est si généreux, si élevé; lui que j'avais déjà pressé sur mon cœur avec la joie d'un père, qui est-il?

— Signore, je ne veux rien dire contre le jeune Sigismond; c'est un excellent nageur, et un homme utile dans les cas de danger; mais il est juste de prendre ses propres intérêts avant ceux d'un autre. Il serait beaucoup plus agréable de demeurer dans le palais Grimaldi, sur notre golfe brillant et chaud, honoré comme l'héritier d'une noble maison, que de couper des têtes à Berne; et je conçois que l'honnête Balthazar suive son premier plan, et cherche de l'avancement pour son fils!

Tous les yeux se tournèrent vers le bourreau, qui resta impassible comme un homme qui n'a rien à se reprocher.

— Je n'ai pas dit que je connaissais le père de Sigismond, répondit-il toujours avec le même calme qui avait gagné la confiance de ses auditeurs. J'ai seulement dit qu'il ne m'appartenait pas. Un père ne pourrait pas désirer un meilleur fils, et le ciel sait que je cède mes droits avec une douleur qu'il me serait difficile de supporter, si je n'espérais pour lui, en effet, une meilleure fortune. La ressemblance de Maso, ressemblance qui manque à Sigismond, prouve peu de chose, nobles gentilshommes et révérends moines, car tous ceux qui ont un peu d'expérience savent que ces ressemblances se trouvent souvent entre les branches éloignées de la même famille, comme entre celles qui sont plus rapprochées. Sigismond n'est point notre fils, et l'on ne peut voir dans ses traits aucune affinité avec ceux de ma famille ou avec celle de Marguerite.

Balthazar s'arrêta, afin qu'on pût examiner ce fait, et réellement l'imagination la plus ingénieuse n'aurait pu découvrir la moindre ressemblance entre le jeune soldat et ceux qu'il avait si longtemps crus ses parents.

— Que le doge de Gênes interroge ses souvenirs, dit Balthazar, ne peut-il trouver quelques rapports entre ce jeune homme et ceux qu'il a autrefois connus et aimés?

Le prince tourna ses regards avec anxiété sur Sigismond, et un rayon de joie éclaira son visage; il étudia les traits du jeune soldat pendant un moment, et s'écria:

— Par saint François, Melchior! l'honnête Balthazar a raison.

La mère de mon père était Vénitienne; elle avait les cheveux blonds et les yeux bleus de ce jeune homme, etc... (Le doge voila ses yeux avec sa main.) Je trouve le regard mélancolique de la douce et malheureuse Angiolina, lorsque ses parents l'eurent forcée à me donner sa main! Misérable, tu n'es pas Bartolo, tu es un imposteur qui cherche à éviter le châtiment de son crime !

— Admettez que je ne sois pas Bartolo, Excellence ; le signor Sigismond prétend-il l'être? Ne vous êtes-vous pas assuré qu'un certain Bartolo Contini, un homme en hostilité ouverte avec les lois, est votre fils? N'avez-vous pas employé votre confident et votre secrétaire pour vous informer de ces faits ? N'apprit-il pas de la bouche d'un saint prêtre, qui connaissait toutes ces circonstances, que Bartolo Contini était le fils de Gaëtano Grimaldi, l'allié de votre implacable ennemi Cristoforo Serrani? Ne vous le jura-t-il pas aussi? N'avez-vous pas vu des papiers qui furent pris avec votre enfant, et n'avez-vous pas envoyé ce seing comme un témoignage que Bartolo pourrait réclamer votre assistance dans les circonstances qui pourraient naître de la carrière qu'il avait embrassée, lorsque vous apprîtes qu'il préférait ses habitudes aux honneurs de votre palais sur la strade de Balbi?

Le doge fut de nouveau anéanti, car tous ces faits étaient irrécusables.

— Il y a ici quelque triste méprise, dit-il avec un amer regret. Sigismond appartenait à d'autres parents infortunés, Balthazar; mais, quoique je ne puisse prouver que Sigismond est mon fils, il trouvera cependant un père en moi. S'il ne me doit pas la vie, je lui dois la mienne, cette dette formera entre nous un lien aussi tendre que ceux que la nature peut former.

— Seigneur doge, reprit le bourreau, ne nous pressons pas de décider : s'il y a des faits évidents en faveur de Maso, il y a aussi bien des circonstances en faveur de Sigismond. Relativement à moi, l'histoire de ce dernier est probablement plus claire qu'elle ne peut être pour tout autre. L'époque, le pays, l'âge de l'enfant, et les terribles révélations du criminel sont pour moi de fortes preuves. Voici les effets qui me furent remis avec l'enfant, il est possible qu'ils nous éclairent.

Balthazar avait trouvé les moyens de se procurer le paquet qu'il avait placé dans le bagage de Sigismond, et il exposait son contenu, tandis que le silence des auditeurs trahissait l'intérêt avec lequel ils attendaient le résultat. Il répandit sur le pavé de la chapelle une collection d'effets d'enfant. Ils étaient élégants et riches suivant la mode du temps, mais ils n'offraient aucune preuve positive sur l'origine de celui qui les avait portés; ils annonçaient seulement qu'il était né dans une classe élevée. Comme ces différents objets étaient étalés sur le pavé, Adelheid et Christine s'agenouillèrent auprès, trop absorbées l'une et l'autre pour se conformer dans ce moment aux habitudes réservées de leur sexe. La dernière paraissait oublier ses propres chagrins dans un nouvel intérêt pour la fortune de celui qu'elle chérissait toujours comme un frère, tandis que la seconde écoutait avec une anxiété que l'amour seul pouvait produire.

—Voici une cassette contenant des objets précieux, ajouta Balthazar. Le condamné m'assura qu'ils avaient été pris par inadvertance; et il les abandonnait à l'enfant pour lui servir de jouets dans sa prison.

—Voici les premiers dons que je fis à ma femme lorsqu'elle m'eut rendu père d'un garçon! dit le doge d'une voix étouffée, en examinant ces bijoux avec le respect qu'on porte aux objets qui ont appartenu aux personnes qui ont cessé d'exister. Chère Angiolina! ces bijoux me rappellent ton pâle et heureux visage, lorsque dans le moment sacré tu ressentis la joie d'une mère, et que tu pus sourire même à ton coupable époux!

—Voici un talisman en saphir; on y voit gravés des caractères orientaux. On m'a dit qu'il appartenait à chaque fils aîné de la famille de l'enfant, et qu'il était mis à son col, à sa naissance, par les mains de son père.

—Je n'en veux pas davantage, je n'en veux pas davantage. Voilà la meilleure preuve que Dieu puisse nous envoyer! s'écria le prince en joignant les mains avec ferveur. J'ai porté moi-même ce bijou dans mon enfance, et je l'ai placé, de mes mains, autour du cou de l'enfant, comme vous venez de le dire. Je n'en veux pas davantage!

— Et Bartolo Contini! murmura *Il Maledetto*.

—Maso! s'écria une voix qui jusqu'alors avait été muette. C'était celle d'Adelheid. Les cheveux de la jeune fille s'étaient détachés, et tombaient en désordre sur ses épaules, et ses mains étaient jointes avec ferveur, comme si elle eût conjuré cet esprit de ténèbres qui était venu si souvent arracher la coupe de l'espérance à leurs lèvres, lorsqu'ils allaient céder au désir de croire Sigismond le fils d'un prince de Gênes.

— Tu es d'un sexe trop faible et trop tendre pour ne pas augmenter la liste de ces esprits confiants qui se laissent abuser par la fausseté des hommes, répondit le marin avec ironie. Va, va, jeune fille, fais-toi religieuse; ton Sigismond est un imposteur.

Adelheid, par un mouvement prompt comme la pensée, retint l'impétuosité du jeune soldat, qui aurait renversé son audacieux rival à ses pieds. Toujours à genoux, elle parla avec la modestie, mais en même temps avec la fermeté qu'un sentiment généreux peut donner aux femmes lorsque les circonstances extraordinaires exigent le sacrifice de cette réserve derrière laquelle se retranche habituellement leur faiblesse.

— Je ne sais pas de quelle manière vous avez connu le lien qui m'attache à Sigismond, dit-elle; mais je ne prétends pas le cacher plus longtemps. Qu'il soit le fils de Balthazar ou celui d'un prince, il a reçu ma foi avec l'approbation de mon père, et nos destinées vont bientôt être unies. Il y a peut-être de la hardiesse dans une jeune fille à avouer sa préférence en public; mais opprimé par de longs malheurs, incertain de sa naissance, il a des droits au moins à toute mon affection. N'importe quel soit son père, je parle ici avec l'autorisation du mien; dès ce moment il appartient à notre famille.

— Melchior, est-ce vrai? s'écria le doge.

— Les paroles de ma fille sont l'écho de mon cœur, répondit le baron, regardant fièrement autour de lui, comme s'il voulait défier ceux qui auraient pu penser que ce mariage était une mésalliance.

— Je n'ai pas perdu de vue l'expression de ta physionomie, Maso, reprit Adelheid, car je suis intéressée à connaître la vérité; et maintenant je te demande, au nom de ce que tu connais de plus sacré, de nous parler avec franchise. Tu peux avoir été sincère sur quelques points; mais l'amour clairvoyant d'une femme m'a révélé que tu avais fait quelque réticence. Parle donc, et soulage l'esprit de ce vénérable prince de la torture que tu lui fais subir.

— Et que je condamne mon propre corps à la roue, n'est-ce pas! Cela peut paraître tout naturel à l'imagination d'une fille amoureuse; mais nous autres contrebandiers, nous connaissons trop bien les hommes pour abandonner ainsi un avantage.

— Tu peux avoir confiance en nous, Maso. Je t'ai beaucoup

observé depuis peu de jours, et je ne te crois pas capable d'avoir commis un crime épouvantable, quoique je craigne que tu n'aies que trop de fautes à te reprocher ; non, je ne veux pas croire que le héros du Léman soit l'assassin du Saint-Bernard.

— Lorsque vos jeunes rêves seront passés, belle fille, et que vous verrez le monde sous ses véritables couleurs, vous saurez que le cœur de l'homme tient autant de l'enfer que du ciel.

Maso se mit à rire démesurément après avoir prononcé cette sentence.

— Il est inutile de vouloir nous cacher que vous êtes sensible, continua la jeune fille d'un air calme. Vous avez en secret plus de bonheur à rendre service à vos semblables qu'à leur faire du mal. Vous ne pouvez pas avoir vécu quelque temps dans la société du signor Sigismond sans avoir pris quelque chose de sa générosité. Vous avez réuni vos efforts communs pour notre bien ; vous venez du même Dieu ; vous avez le même courage ; votre cœur est également rempli de force, et vous êtes prêts tous les deux à rendre service aux autres. Un homme comme vous est assez noble et assez humain pour être juste. Parlez alors, et je vous jure que vous obtiendrez plus par votre candeur que par votre mensonge. Pensez, Maso, que le bonheur d'un vieillard, celui de Sigismond, et, je ne rougis pas de le dire, le mien, sont en votre pouvoir. Dites-nous la sainte vérité, la vérité sacrée, et nous pardonnons le passé.

Il Maledetto fut ému par les supplications de la belle Adelheid. La solennité de ses paroles, la franchise avec laquelle elle avouait son amour, ébranlèrent sa résolution.

— Vous ne savez pas ce que vous demandez, Madame ; vous demandez ma vie, répondit-il après avoir réfléchi d'une manière à donner une nouvelle impulsion aux espérances presque anéanties du doge.

— Quoiqu'il n'y ait rien de plus sacré que la justice, interrompit le châtelain, qui, dans une semblable cause, avait seul de l'autorité dans le Valais, nous avons le pouvoir de pardonner un crime lorsque nous pouvons tirer un bien de ce sacrifice. Si tu peux faire une révélation d'une grande importance aux intérêts du doge, ta grâce sera la récompense d'un tel service.

Maso écouta d'abord froidement cette proposition ; il éprouvait la répugnance d'un homme qui connaît assez le monde pour savoir qu'on trouve mille expédients pour ne pas exécuter une promesse. Il questionna le châtelain sur ce qu'il voulait dire, et ce ne fut qu'au dernier moment, et après de longues et fatigantes explications de chaque côté, que les parties entrèrent en arrangement.

De la part de ceux qui étaient les représentants de ce haut attribut de la Divinité, que parmi les hommes on appelle justice, il était clair qu'ils entendaient l'exercer avec de certaines réserves qui pouvaient être faites dans leurs propres intérêts. Maso de son côté ne cherchait point à cacher qu'il pourrait se repentir d'avoir, par des révélations, affaibli les preuves de sa parenté avec le prince de Gênes.

Comme il arrive ordinairement lorsqu'il y a un mutuel désir d'éviter d'en venir aux extrémités, et que les intérêts divers sont ménagés avec une égale adresse, la négociation se termina par un compromis. Comme le résultat en sera connu dans le cours de cette histoire, nous renvoyons le lecteur au chapitre suivant.

CHAPITRE XXXI.

> Parlez, oh, parlez ! arrachez-moi à cette incertitude.
> YOUNG.

On se rappellera que trois jours s'étant écoulés dans le couvent, pendant l'intervalle qui eut lieu entre l'arrivée des voyageurs et celle du châtelain et du bailli, la détermination relative à Sigismond, si franchement avouée par Adelheid dans le chapitre précédent, avait été prise dans ce laps de temps. Séparé du monde et au milieu de cette magnifique solitude où les passions et les intérêts vulgaires de la vie deviennent plus insignifiants à mesure que la majesté de Dieu se déploie, le baron avait été amené graduellement à donner son consentement, son amour pour sa fille étant aidé par les belles qualités de Sigismond, qui dans ce lieu se montraient en relief comme ces masses des Alpes qui, avec leurs neiges éternelles, paraissaient aux yeux bien supérieures à ces montagnes couvertes de vignobles, à ces vallées verdoyantes qui s'apercevaient dans le lointain.

On ne doit pas supposer que le seigneur bernois vainquit facilement ses préjugés; ce fut une victoire qu'il remporta sur lui-même, ayant toutes les opinions qu'il était alors d'usage de croire nécessaires à la civilisation. Le combat fut violent, et il n'est pas trop certain que les douces insinuations d'Adelheid, l'appel silencieux et éloquent que Sigismond faisait à sa raison par sa conduite journalière, ou les arguments de son vieil ami, le signor Gaëtano, dont la philosophie mettait devant ses yeux le bonheur de sa fille unique en contrepoids avec ses préjugés, fussent parvenus à vaincre sa répugnance, s'il n'eût été jeté par la Providence hors des circonstances habituelles de son rang et de son existence.

Le pieux quêteur, qui avait obtenu des droits à sa confiance par ses services et les dangers qu'ils avaient courus ensemble, augmenta le nombre des amis de Sigismond. D'une humble famille lui-même, il s'attacha à ce jeune homme, non seulement à cause de son mérite, mais parce que sa conduite sur le lac avait gagné son estime; et lorsqu'il eut connu ses espérances d'amour, il ne négligea aucune occasion de lui être utile dans l'esprit de Melchior. Pendant qu'ils se promenaient ensemble sur les rochers arides qui étaient dans le voisinage du couvent, le moine faisait tomber l'entretien sur la nature périssable des espérances humaines et l'inconséquence des préjugés mondains. Il discourait avec une pieuse ferveur sur l'utilité de rappeler ses pensées sur un point de vue plus large des vérités de l'existence. Montrant la scène sauvage dont ils étaient environnés, il comparait la masse confuse des rochers, leur stérilité, leurs tempêtes effrayantes, au monde, avec sa stérilité de bonheur, avec ses désordres et ses passions violentes.

Puis dirigeant l'attention de son compagnon vers la voûte azurée au-dessus de leur tête, qui, à cette élévation, ressemblait à un dais coloré des teintes les plus douces, il en appelait à cette sainte et éternelle tranquillité à laquelle ils étaient près d'arriver l'un et l'autre, et dont le calme imposant de cette solitude immense était l'image. Sa morale ne condamnait point une jouissance modérée des avantages terrestres, mais il prêchait l'amour et la justice envers tous les êtres estimables, quel que fût leur rang; mais il blâmait ces préjugés qui courbent les meilleurs sentiments sous un joug de fer, et qui ne sont fondés que sur la vanité et l'égoïsme.

Ce fut pendant un de ces entretiens que le cœur de Melchior de Willading, ému par les espérances du ciel, écouta d'une oreille plus indulgente la déclaration qu'Adelheid lui fit de passer sa vie dans le célibat, par respect pour elle-même et pour ses affections, si elle ne devenait pas l'épouse de Sigismond. Nous ne dirons pas que la jeune fille s'appuyait sur une philosophie aussi sublime que celle du moine, car son cœur seul avait formé cette résolution; cependant elle avait la raison de son côté, et elle ne négligeait pas non plus d'en faire usage. Le baron éprouvait le désir si naturel à l'homme de perpétuer son existence dans celle de ses descendants. Alarmé d'une résolution si contraire à ses désirs, et touché par les exhortations du moine, il promit que si Balthazar pouvait se décharger de l'accusation du meurtre, il ne s'opposerait pas plus longtemps à cette union. Nous donnerions à nos lecteurs une opinion un peu trop favorable du seigneur de Willading, si nous ne disions pas qu'il se repentit de sa promesse aussitôt après l'avoir donnée. L'état de son esprit ressemblait aux girouettes de son château, prêtes à changer de direction suivant chaque courant d'air; mais il avait trop d'honneur pour violer jamais la foi qu'il avait jurée. Il y avait des moments où il doutait de la sagesse de cette promesse, mais c'étaient de ces regrets avec lesquels on attend un mal inévitable. S'il avait quelques espérances d'être relevé de son serment, elles étaient fondées sur une vague croyance de la culpabilité de Balthazar; quoique les protestations constantes de Sigismond à l'égard de son père eussent peu à peu affaibli cette croyance. Les espérances d'Adelheid étaient les plus fortes, car les craintes de Sigismond l'empêchaient de participer entièrement à cette confiance. Lorsque les bijoux furent trouvés en la possession de Maso, et que Balthazar fut acquitté à l'unanimité, parce qu'on reconnut que son séjour dans l'ossuaire pouvait être attribué à une erreur que tout autre aurait pu commettre pendant l'orage, le baron se prépara à remplir courageusement sa promesse. Il est inutile de dire combien ce sentiment acquit de force par la déclaration du bourreau concernant la naissance de Sigismond. Maso assurait, il est vrai, que toute cette histoire avait été inventée en faveur du fils de Balthazar, mais elle était attestée par des preuves si palpables, pour ne rien dire de la manière naturelle avec laquelle elle avait été racontée, qu'il était difficile de douter de sa vérité. Quoiqu'on ignorât encore quels étaient réellement les parents de

Sigismond, chacun était convaincu qu'il ne devait pas son existence au bourreau.

Un sommaire des faits pourra aider le lecteur à mieux comprendre les circonstances d'où dépendait le dénouement.

Il a été dit, dans le cours de cette narration, que le signor Grimaldi avait épousé une femme beaucoup plus jeune que lui, dont les affections étaient accordées avant son mariage à un homme qui, par ses qualités morales, était indigne de son amour, mais qui, sous d'autres rapports, aurait peut-être été pour elle un mari plus convenable, que le puissant seigneur auquel sa famille l'avait livrée.

La naissance d'un fils fut promptement suivie de la mort de la mère et de l'enlèvement de l'enfant. Des années s'écoulèrent avant que le signor Grimaldi fût instruit de l'existence de ce dernier. Il avait reçu cette importante nouvelle, dans un moment où les autorités de Gênes poursuivaient activement des contrebandiers, et le motif de cette révélation fut un appel à sa tendresse paternelle, en faveur d'un fils qui allait devenir la victime de ses fautes. Retrouver un enfant dans de semblables circonstances était un coup plus cruel que sa perte, et l'on peut supposer que la vérité des prétentions de Maso, qui portait alors le nom de Bartolomeo Contini, ne fut admise qu'avec des preuves convaincantes. Les amis du contrebandier en avaient fait leur rapport à un moine mourant dont le caractère était au-dessus du soupçon, et qui confirma à son dernier soupir la révélation de Maso, jurant devant Dieu qu'autant qu'un homme pouvait être sûr d'un fait semblable, il savait que le contrebandier Maso était le fils du signor Grimaldi. Ce témoignage dans un moment aussi solennel, soutenu par des papiers importants qui avaient été pris avec l'enfant, détruisirent l'incrédulité du doge. Il usa de son autorité pour sauver le criminel, quoique après avoir, par l'entremise d'un confident, tenté inutilement de le ramener à une meilleure conduite, il se fût refusé à le voir jamais.

Lorsque la révélation du bourreau vint mettre une nouvelle espérance dans son cœur, malgré le bonheur que ressentait le doge de se trouver le père d'un fils tel que Sigismond, sa raison et ses souvenirs le portaient cependant à reconnaître les droits d'un autre. Dans l'interrogatoire secret qui suivit la scène de la chapelle, les révélations de Maso prirent un caractère vague et mystérieux, qui excitèrent un doute pénible dans l'esprit de ses auditeurs. Profitant de cet avantage il changea subitement de tactique. Il promit de nouvelles révélations importantes, à la condition qu'on le laisserait gagner les frontières du Piémont. Le prudent châtelain s'aperçut que la cause commençait à devenir une de celles dans lesquelles la justice doit devenir aveugle dans l'acception la plus favorable de ce mot. Il convint avec son loquace coadjuteur, le bailli, de laisser le doge terminer cette affaire suivant ses désirs. Ce dernier, avec l'aide de Melchior et de Sigismond, s'entendit avec le marin, et les conditions étaient faites lorsqu'ils se séparèrent pour aller se livrer au repos. *Il Maledetto*, sur lequel pesait l'assassinat de Jacques Colis, fût renvoyé dans sa prison temporaire, tandis que Balthazar, Pippo et Conrad furent mis en liberté.

Le jour se montra sur le Saint-Bernard, bien avant que les ombres de la nuit eussent abandonné la vallée du Rhône. Tout fut en mouvement dans le couvent longtemps avant le lever du soleil, car chacun savait que les événements qui avaient troublé l'ordre et les habitudes paisibles des religieux étaient sur le point d'avoir un terme, et que ces derniers allaient reprendre le cours de leurs pieux exercices. Des prières s'élèvent constamment vers le ciel du sommet du Saint-Bernard. Mais, dans l'occasion présente, la vivacité avec laquelle les bons moines traversaient les longs corridors pour se rendre à la chapelle, annonçait que les offices du matin allaient être célébrés avec une nouvelle ferveur.

L'heure était peu avancée lorsque tous les habitants du couvent se réunirent dans le lieu saint. Le corps de Jacques Colis avait été porté dans une des chapelles latérales où, couvert d'un voile, il attendait la messe des morts. Deux immenses flambeaux brûlaient sur les marches du grand autel, et une foule composée de personnages de tout rang et de tout âge, les entourait. Parmi les spectateurs silencieux, on voyait Balthazar, sa femme, Maso, prisonnier par le fait, mais libre de droit, le pèlerin et Pippo.

Le bon prieur, revêtu de ses habits sacerdotaux, était présent, ainsi que le reste de sa communauté. Pendant le moment qui précéda l'office, il causa avec le châtelain et le bailli, et tous les trois avaient cette dignité que prennent ordinairement les hommes qui respectent leurs fonctions en présence de leurs inférieurs. Cependant les manières de chacun des assistants avaient cette espèce d'exaltation qu'on éprouve un jour de fête, et à laquelle on ne peut résister, quoique des circonstances malheureuses et extraordinaires s'y soient mêlées à notre insu.

On ouvrit la porte, et une petite procession entra, conduite par le frère quêteur. Melchior de Willading donnait la main à sa fille, Sigismond venait ensuite, suivi de Marguerite et de Christine. Le vénérable doge fermait la marche. Quelque simple que fût cette noce, elle était imposante par la dignité des principaux acteurs et par la profonde émotion avec laquelle ils s'avancèrent vers l'autel. Sigismond faisait tous ses efforts pour maîtriser la sienne. Il y avait quelque chose de hautain et de fier dans son maintien, comme s'il eût senti qu'un nuage existait encore sur la partie de son histoire à laquelle le monde attachait la plus grande importance. Adelheid avait été en proie depuis quelque temps à des émotions si fortes, qu'elle se présenta devant le prêtre avec un tremblement moins grand que celui qu'éprouvent les jeunes filles dans de semblables occasions. Mais son regard fixe, ses joues colorées, son maintien respectueux, annonçaient la profondeur et la solennité des sentiments avec lesquels elle se préparait à prononcer un serment sacré.

Le mariage fut célébré par le bon quêteur, qui, non content d'avoir décidé le baron à céder aux vœux de sa fille, avait demandé la permission de compléter son ouvrage en prononçant la bénédiction nuptiale. Melchior de Willading assista à cette courte cérémonie avec une satisfaction intérieure. Il était disposé dans ce moment à croire qu'il avait agi sagement en sacrifiant ses préjugés, sentiment qu'il devait un peu à l'incertitude qui existait toujours sur l'origine de son gendre, qui pouvait être réellement le fils de son ami, aussi bien que par la satisfaction momentanée qu'il éprouvait à manifester son indépendance en accordant la main de sa fille à un homme dont le mérite lui tenait lieu de naissance. C'est de cette manière que les plus honnêtes gens se trompent eux-mêmes, cédant fréquemment à des motifs qui ne pourraient pas supporter l'examen ; le bon frère quêteur avait observé des opinions changeantes du baron ; et il avait demandé à officier dans cette cérémonie, poussé par la crainte secrète que, rendu aux habitudes du monde, le père incertain ne se fût trouvé plus disposé à consulter l'intérêt de son nom et de sa famille que le bonheur de son enfant.

Comme une des parties était protestante, le frère quêteur se dispensa de dire la messe, omission qui ne donne pas un caractère moins légal à un tel engagement.

Adelheid jura un amour et une fidélité inviolable avec la plus touchante modestie, mais avec le calme d'une femme dont les affections et les principes étaient supérieurs à la faiblesse que montrent ordinairement les jeunes filles. Le serment de chérir et de protéger sa femme fut prononcé par Sigismond avec une noble sincérité, car il sentait dans ce moment qu'une vie de dévouement paierait à peine l'attachement inaltérable d'Adelheid.

— Que Dieu te bénisse, ma fille, murmura le vieux Melchior, lorsque sa fille s'agenouilla devant lui, et en prononçant ces paroles, il pouvait à peine maîtriser son émotion ;— que Dieu te bénisse maintenant et pour jamais! La Providence a disposé d'une manière bien triste pour moi de tes frères et de tes sœurs, mais en te laissant à mon amour, il m'a fait riche en enfant. Voici ton ami, le bon Gaëtano : son destin a été plus sévère encore, mais espérons, espérons. Et toi, Sigismond, maintenant que Balthazar t'a désavoué, il faut que tu acceptes le père que le ciel t'enverra. Ton malheur est oublié, et Willading a un nouveau propriétaire et un nouveau seigneur!

Le jeune soldat embrassa le baron dont il connaissait la franchise, et qu'il aimait tendrement ; puis il se tourna en hésitant vers le signor Grimaldi ; ce dernier venait de succéder à son ami près d'Adelheid, et de déposer sur son front un baiser paternel.

— J'invoque pour toi Marie et son divin fils, dit le vénérable prince avec dignité. Vous allez avoir à remplir de nouveaux et sérieux devoirs, mon enfant, mais un cœur qui, à la pureté des anges joint une grande douceur d'esprit et des principes inébranlables, peut adoucir pour vous les malheurs de cette vie, et vous pouvez justement espérer de jouir d'une partie de cette félicité que votre jeune imagination a douée de couleurs si brillantes. Et toi, ajouta-t-il en se tournant vers Sigismond, qui que tu sois par les décrets de la Providence, tu m'es devenu cher comme un fils. Le mari de la fille de Melchior de Willading aurait toujours eu des droits à mes affections, mais nous sommes unis par un lien qui a l'intérêt d'un solennel mystère. Ma raison me dit que je suis puni de la vanité de ma jeunesse, en me trouvant le père d'un fils que peu d'hommes, dans aucune condition de la vie, voudraient réclamer, tandis que mon cœur voudrait se flatter d'être le père d'un fils dont un monarque serait fier. Tu es et tu n'es pas de mon sang. Sans les preuves que Maso m'a données, et les révélations du moine mourant, je proclamerais sans hésiter que tu m'appartiens, car tu es l'enfant de mon amour. Sois tendre et bon pour cette fleur fragile que la Providence place sous ta protection. L'amour confiant et généreux d'une femme vertueuse, Sigismond, est toujours un bienfait et souvent un appui pour les principes incertains des hommes. Oh! si Dieu m'avait donné Angiolina lorsque son cœur était libre, combien notre existence à tous deux eût été différente! Ce sombre voile ne serait pas suspendu sur la plus douce des affections humaines, et ma dernière heure serait bénie. Que Dieu et les saints vous protègent, mes enfants, et qu'ils vous conservent longtemps dans votre innocence et votre affection présente.

Le vénérable doge cessa de parler. Les efforts qu'il avait faits pour maîtriser son émotion l'abandonnèrent pour le laisser pleurer en silence.

Jusque-là, Marguerite avait gardé le silence; elle avait observé et écouté avec avidité tout ce qui s'était dit. C'était maintenant son tour. Sigismond s'agenouilla devant elle, pressa sa main de ses lèvres, de manière à prouver que son caractère noble mais sombre, avait laissé de profondes traces dans son souvenir. Dégageant sa main de l'étreinte convulsive de Sigismond, car dans ce moment ce jeune homme ressentait avec violence le chagrin de briser des liens qui avaient pour lui quelque chose de romanesque et de mystérieux, elle écarta les boucles blondes de son large front, et contempla longtemps son visage comme si elle eût voulu en étudier les traits.

— Non, dit-elle enfin en secouant tristement la tête, tu ne nous appartiens pas et Dieu a bien fait de reprendre l'innocente créature dont tu as si longtemps usurpé la place sans le savoir. Tu m'étais cher, Sigismond, bien cher, car je te croyais chargé de la même malédiction que nous, mais ne me hais pas si je dis que mon cœur est maintenant dans la tombe de...

— Ma mère! s'écria le jeune homme d'un ton de reproche.

— Oui, je suis encore ta mère, répondit Marguerite en souriant péniblement. Tu es un noble jeune homme et aucun changement de fortune ne peut altérer ton âme. C'est une cruelle séparation, Balthazar, et je ne sais pas après tout si tu as bien fait de me tromper, car ce jeune homme m'a causé autant de chagrin que de joie; des chagrins, un amer chagrin en pensant qu'un homme comme lui était condamné à vivre maudit par ses semblables; mais maintenant tout est fini, il n'est plus à nous!

Ces paroles furent prononcées d'un ton si plaintif que Sigismond cacha son visage dans ses mains et ne put retenir ses sanglots.

— Maintenant que les heureux et les orgueilleux pleurent, il est temps que les misérables sèchent leurs larmes, ajouta la femme de Balthazar en regardant autour d'elle avec un triste mélange d'angoisse et de fierté ; car, en dépit de ses paroles, il était certain qu'elle cédait ses droits sur Sigismond avec l'affliction la plus vive. — Nous avons une consolation au moins, c'est Christine ; tous ceux qui ne sont pas de notre sang ne nous mépriseront pas maintenant ! Ai-je raison, Sigismond ? Te réuniras-tu au monde entier pour haïr ceux que tu as aimés ?

— Ma mère ! ma mère ! Pour l'honneur de la sainte Vierge, ne déchirez pas mon âme !

— Je ne me défie pas de toi, mon ami, tu n'as point sucé de mon lait, mais tu as reçu assez de leçons de mes lèvres pour ne pas nous mépriser, et cependant tu ne nous appartiens pas. On prouvera peut-être que tu es le fils d'un prince, et le monde endurcit tellement le cœur. — Ah ! les infortunés sont soupçonneux.

— Si vous ne cessez pas, ma mère, vous briserez mon cœur !

— Viens ici, Christine. Sigismond, cette jeune fille part avec ta femme. Nous avons la plus grande confiance dans les principes de celle que tu as épousée, car elle n'a pas failli au jour de l'épreuve. Sois tendre envers cette enfant ; elle fut jadis ta sœur, et alors tu l'aimais.

— Ma mère, vous me ferez maudire le jour où je suis né !

Marguerite ne pouvait surmonter la froide méfiance que l'habitude du malheur lui avait inspirée ; cependant elle sentit qu'elle était cruelle, et elle n'en dit pas davantage. Elle baisa le front glacé du jeune soldat, embrassa sa fille avec ardeur, puis pria pendant une minute pour elle ; puis enfin elle la plaça, presque inanimée, dans les bras d'Adelheid. En ce moment affreux de leur séparation, elle sut vaincre, par un effort presque surnaturel, ses sentiments de mère ; et se tournant lentement vers la foule silencieuse qui avait observé avec attention son noble caractère :

— Quelqu'un ici, demanda-t-elle d'une voix sombre, soupçonne-t-il l'innocence de Balthazar ?

— Personne, bonne femme, personne ! répondit le bailli en essuyant ses yeux. Allez en paix, et que Dieu soit avec vous !

— Il est acquitté devant Dieu et devant les hommes! dit le châtelain d'un air plus digne.

Marguerite fit signe à Balthazar de la précéder, et se disposa à quitter la chapelle. Sur le seuil, elle se détourna, et jeta un dernier regard sur Sigismond et sur Christine; elle les vit pleurant dans les bras l'un de l'autre, et elle éprouva une vive tentation d'aller mêler ses larmes aux larmes de ceux qu'elle aimait si tendrement; mais, ferme dans ses résolutions, elle arrêta le torrent d'émotions dont rien n'eût égalé la violence si elle ne lui eût imposé des digues, et elle suivit son mari d'un œil sec. Ils descendirent la montagne avec un vide dans le cœur, qui apprit à ce couple persécuté que la nature avait des douleurs qui surpassent de beaucoup les chagrins que cause le monde.

Cette scène ne manqua pas d'émouvoir les spectateurs. Maso passa sa main sur ses yeux, et parut touché d'une émotion plus forte qu'il ne lui semblait bon d'en montrer, tandis que Conrad et Pippo ne pouvaient retenir leurs larmes. Ce dernier montra une sensibilité qui n'était pas incompatible avec le manque de principes. Il demanda même à baiser la main de la mariée comme un des compagnons des dangers qu'elle avait courus. Toute la société se sépara alors dans une bonne harmonie, qui prouvait que, quelque pervertis que soient les hommes, Dieu leur a quelquefois accordé d'assez grandes qualités pour qu'on regrette l'abus qu'ils font de ses dons. En quittant la chapelle, tous les voyageurs se préparèrent au départ. Le bailli et le châtelain descendirent vers le Rhône, aussi satisfaits d'eux-mêmes que s'ils eussent rempli leur devoir à l'égard de Maso, et discourant le long de la route sur les singulières chances du hasard qui avait amené devant eux un fils du doge de Gênes dans une si singulière situation. Les bons Augustins aidèrent les voyageurs à monter en selle, s'acquittant jusqu'au dernier moment de leurs devoirs d'hospitalité, et leur souhaitèrent une heureuse arrivée à Aoste.

Le passage du Saint-Bernard a déjà été décrit; il s'étend sur les bords du petit lac, traverse l'emplacement de l'ancien temple de Jupiter, à environ cent mètres du couvent, rasant l'extrémité septentrionale du petit bassin, où il traverse les frontières du Piémont, coupe le roc, et, après avoir tourné en corniche pendant une faible distance au bord d'un affreux précipice, il se plonge tout d'un coup dans les plaines de l'Italie.

Comme on désirait n'avoir aucun témoin des révélations promises par Maso, Conrad et Pippo avaient reçu l'ordre de quitter la montagne avant le reste de la société, et on enjoignit aux muletiers de se tenir un peu en arrière. Au point où le sentier quitte le lac, les voyageurs mirent pied à terre. Pierre marcha en avant, dans l'intention de faire à pied les pas les plus dangereux, et Maso se mit à la tête de la caravane. Lorsqu'il eut atteint le lieu d'où l'on découvre pour la dernière fois le couvent, il s'arrêta, et se détourna pour jeter un dernier regard sur ce monument vénérable.

— Tu hésites! dit le baron de Willading, s'imaginant que Maso avait l'intention de prendre la fuite.

— Signore, je regarde autour de moi : il est triste de regarder une chose pour la dernière fois, ne fût-ce qu'une pierre! J'ai souvent traversé ce défilé, mais je n'oserai plus y venir; car, quoique l'honorable châtelain et le digne bailli aient consenti d'assez bonne grâce à faire le sacrifice de leurs droits en faveur du doge de Gênes, ils seraient peut-être moins polis en son absence. *Addio, caro San-Bernardo!* comme moi, tu es solitaire et battu par les orages, et comme moi, malgré ton rude aspect, tu as ton utilité : nous sommes tous les deux des phares, toi pour prévenir le voyageur qu'il peut compter sur un refuge, et moi, pour l'avertir des dangers qu'il faut éviter.

Il y a dans les souffrances une dignité qui attire notre sympathie. Tous ceux qui entendirent cette allusion au couvent des Augustins furent frappés de sa simplicité et de sa moralité. Ils suivirent l'orateur en silence jusqu'à l'endroit où le sentier devient une descente rapide. Ce lieu était favorable aux desseins d'*Il Maledetto*. Quoique toujours au niveau du lac, le couvent était caché aux yeux des voyageurs par une barrière de rochers; au-dessous d'eux était un ravin ferrugineux, que l'éternelle action des différentes saisons avait découpé de mille manières : tout ce qui les entourait présentait l'apparence du chaos, comme au temps où les éléments n'avaient point encore reçu l'impulsion puissante du Créateur. L'imagination peut à peine se peindre une plus grande scène de solitude et de désolation.

— Signore, dit Maso en découvrant sa tête avec respect et parlant avec le plus grand calme, cette confusion de la nature ressemble à mon propre caractère. Ici, tout est brisé, stérile, sauvage; mais la patience, la charité, la bienfaisance, ont bien pu changer cette haute montagne en un asile hospitalier : il n'y a rien de si mauvais dont on ne puisse tirer quelque chose d'utile. Nous sommes semblables à la terre, notre mère : comme elle, nous restons dans l'état sauvage et sans rapport si l'on nous traque comme des bêtes fauves; mais nous payons au centuple les soins que nous recevons si l'on nous traite comme des hommes. Si les grands et les puissants voulaient devenir les amis et les mentors des faibles, au lieu d'attaquer et déchirer tous ceux qu'ils croient porter atteinte à leurs priviléges, comme le feraient des chiens de garde, dont le naturel est d'aboyer et mordre, ou comme des loups qui hurlent au moindre bêlement d'un timide agneau, le plus bel ouvrage de Dieu ne serait pas si souvent défiguré! J'ai vécu, et il est probable que je mourrai proscrit; mais les plus grandes douleurs que j'aie souffertes viennent de la raillerie qui accuse mon naturel de fautes qui sont le fruit de l'injustice des hommes... Cette pierre, ajouta-t-il en donnant un coup de pied à un petit morceau de rocher, et l'envoyant au fond du précipice; cette pierre n'est pas plus maîtresse de sa direction lorsque mon pied l'a mise en mouvement que le pauvre innocent qui est jeté dans le monde seul, sans secours, méprisé, soupçonné, condamné même avant d'avoir failli, n'est maître de sa destinée. Ma mère était belle et bonne; il ne lui manqua que la force de résister à l'artifice d'un homme honoré dans l'opinion de tous ceux qui le connaissent, et qui la déshonora. Il était noble et puissant, et elle n'avait que sa beauté et sa faiblesse : Signori, les chances contre elle étaient trop fortes. Je fus le châtiment de sa faute, et j'entrai dans un monde où chacun me méprisa avant que j'eusse commis une faute qui pût mériter le mépris...

— C'est tomber dans les extrêmes! interrompit le signor Grimaldi, qui écoutait avec anxiété toutes les paroles de Maso.

— Nous avons commencé, Signori, comme nous avons fini, nous méfiant l'un de l'autre et essayant de nous faire autant de mal que possible. Un révérend et saint moine, qui connaissait mon histoire, voulut rendre au ciel une âme que les injures du monde avaient déjà conduite aux portes de l'enfer; il ne réussit pas. Les préceptes sont de mauvaises armes pour combattre des insultes journalières, ajouta Maso en souriant avec amertume : au lieu de devenir un cardinal ou un conseiller de l'Eglise, je suis devenu l'homme que vous voyez. Signor Grimaldi, le moine qui me donna ses soins est le père Girolamo. Il a dit la vérité à votre secrétaire, car je suis le fils de la pauvre Annunziata Altieri, que vous jugeâtes digne d'une attention passagère. J'ai pris le nom d'un autre de vos enfants, parce que ce subterfuge était nécessaire à ma sûreté : les moyens m'en furent offerts par une relation accidentelle avec un des confidents de votre implacable ennemi et cousin, qui me procura des papiers qui avaient été dérobés avec le petit Gaëtano. La vérité de ce que j'avance vous sera prouvée à Gênes. Quant au seigneur Sigismond, il est temps que nous cessions d'être rivaux : nous sommes frères, avec cette différence dans nos fortunes qu'il est un enfant né dans le mariage, et que je suis le fruit d'une faute !

Un cri général, dans lequel étaient mêlés le regret, la joie, la surprise, se fit entendre. Adelheid se jeta dans les bras de son mari; et le doge, pâle et respirant à peine, resta quelques instants les mains étendues vers son fils, et offrant sur tous ses traits l'expression du repentir, de la joie et de la honte. Ses amis l'entouraient pour le consoler et le féliciter en même temps, car les émotions des grands ne passent jamais inaperçues comme les lamentations du pauvre.

— Laissez-moi respirer ! s'écria le prince, j'étouffe ! Où est le fils d'Annunziata, que je m'acquitte envers lui de mes torts avec sa mère !

Il était trop tard: le contrebandier s'était jeté avec une inconcevable hardiesse par-dessus le bord d'un precipice, et il était déjà hors de la portée de la voix, et descendait, par un sentier plus court, mais plus dangereux, vers Aoste. Neptune le suivit de près. Il était évident que Maso cherchait à dépasser Pippo et Conrad, qui étaient en avant, sur une route plus fréquentée ; quelques minutes après, il tourna derrière un rocher, et on le perdit de vue.

C'est tout ce qu'on sut d'*Il Maledetto*. A Gênes, le doge reçut secrètement la confirmation de tout ce qu'il avait appris, et Sigismond fut placé légalement dans les droits que lui donnait sa naissance. Ce dernier fit d'inutiles efforts pour découvrir ce qu'était devenu son frère. Avec une délicatesse qu'on aurait à peine pu attendre de lui, le proscrit s'était éloigné d'une scène qu'il ne trouvait plus convenable à ses habitudes, et jamais il ne leva le voile qui cachait sa retraite.

La seule consolation que ses parents obtinrent naquit d'un événement qui amena Pippo sur les bancs de la justice. Avant son exécution, le bouffon confessa que Jacques Colis était tombé sous les coups de Conrad et sous les siens ; et que sachant que Maso s'était servi de Neptune pour cacher des bijoux précieux, ils avaient imaginé le même expédient pour transporter leur vol au-delà des frontières du Piémont.

FIN DU BOURREAU DE BERNE.

www.ingramcontent.com/pod-product-compliance
Lightning Source LLC
Chambersburg PA
CBHW060556170426
43201CB00009B/797